东华理工大学地质资源经济与管理研究中心（编号15JJ04）资助出版

西部地区新农村建设中环境经济协同模式研究

Study on Collaborative Model between Economic Development and Environment Protection in New Rural Reconstruction in Western China

陈润羊　等/著

中国财经出版传媒集团

经济科学出版社

Economic Science Press

图书在版编目（CIP）数据

西部地区新农村建设中环境经济协同模式研究/陈润羊等著.
—北京：经济科学出版社，2017.9
ISBN 978-7-5141-8514-0

Ⅰ.①西⋯ Ⅱ.①陈⋯ Ⅲ.①农村经济发展-关系-环境保护-
研究-西南地区 ②农村经济发展-关系-环境保护-研究-西北地区
Ⅳ.①F327②X322

中国版本图书馆 CIP 数据核字（2017）第 242363 号

责任编辑：杜　鹏　张　燕
责任校对：隗立娜
责任印制：邱　天

西部地区新农村建设中环境经济协同模式研究

陈润羊　等/著

经济科学出版社出版、发行　新华书店经销

社址：北京市海淀区阜成路甲 28 号　邮编：100142

总编部电话：010-88191217　发行部电话：010-88191522

网址：www.esp.com.cn

电子邮箱：esp_bj@163.com

天猫网店：经济科学出版社旗舰店

网址：http://jjkxcbs.tmall.com

北京季蜂印刷有限公司印装

710×1000　16 开　19.75 印张　400000 字

2017 年 12 月第 1 版　2017 年 12 月第 1 次印刷

ISBN 978-7-5141-8514-0　定价：68.00 元

项目名称：

西部地区新农村建设中经济发展与环境保护协同模式研究

项目主持人：

陈润羊　兰州财经大学农林经济管理学院/丝绸之路经济研究院副教授、东华理工大学地质资源经济与管理研究中心特邀研究员

项目组成员：

花　　明　东华理工大学教授、博士生导师，
　　　　　江西生态文明制度研究中心主任

张永凯　兰州财经大学农林经济管理学院教授、硕士生导师

田万慧　兰州财经大学农林经济管理学院副教授

安江林　甘肃省社会科学院经济研究所原所长、兰州财经大学丝绸之路
　　　　　经济研究院特聘研究员

前　言

　　如何处理经济增长与环境保护的关系问题，一直是国家和地区面临的一个重要命题。2017年10月召开的党的十九大提出了要实施乡村振兴战略，在加快建设以生态文明为依归的美丽中国征程中，日益增大的环境压力是我国可持续发展面临的重大挑战，更是作为我国生态屏障区和社会经济发展滞后区——西部地区的关键制约因素。环境经济协同模式既是当前环境经济学的前沿问题，也是未来中国实施可持续发展战略的关注焦点。2005年开始实施的新农村建设，与2017年提出的乡村振兴战略在理论思想上是一脉相承的、在现实实践上是递次深入的。绿色发展的关键在于环境经济的协同推进，而美丽中国建设的难点无疑是在农村，因此实施乡村振兴战略势在必行。西部地区的乡村振兴，需要通过建立城乡融合发展的机制，弥合西部区域内部的巨大城乡差异。更进一步，以环境经济协同模式为支撑的西部地区乡村振兴，将有助于缩小中国不同区域之间的差距，促进区域协调发展战略的顺利实施，进而促成美丽中国建设长期目标的全面实现。

　　本书是陈润羊主持的国家社会科学基金项目"西部地区新农村建设中经济发展与环境保护协同模式研究"（项目批准号：10XJY0028）的最终成果。该项目申报灵感的源头可以追溯得更早，2005年中央提出了新农村建设的战略后，新农村建设对环境系统的作用效应就成了我们关注的领域。2007～2009年，我们连续3年分别完成了国家环境保护部关于农村环境问题的3个专题研究课题。在此研究过程中，我们发现就环保论环保的单向思维根本无法走出环境危机日益严峻的困境。于是在2010年我们以环境经济协同模式为主题成功申报到了国家社科基金项目。课题研究于2010年7月启动，2011年分三个阶段针对西北、西南的典型地区进行了实地调研，2013年底完成初稿，2014年6月向甘肃社科规划办提交了研究报告，2016年8月通过全国哲学社会科学规划办公室的鉴定。其后，我们用半年多的时间进行了数据资料更新和整体内容的修改完善，并于2017年4月提交了出版初稿。

　　本书在深入分析和梳理已有研究成果的基础上，通过对典型地区的实地调研，深入分析了西部地区新农村建设的现状、问题及趋势；在全面识别了新农村建设中环境问题的基础上，指出了新农村建设中环境保护的选择路径；搭建了新农村建设中经济发展与环境保护协同的体系框架，阐释了新农村建设复合系统中经济子系统和环境子系统作用的内在机理和外在联系；进行了环境经济耦合协调的量化测度，揭示了其时空演化的规律；基于协同的动力和区域差异，设计提炼了环境经济协同的总体模式和区域模式，并构建了西部地区新农村建设中经济发展与环境保护协同的机制；分析了西部地区新农村建设中环境经济协同的优势、劣势、机会和威胁，进而提出了环境经济协同的基本方略和对策建议。

　　科学界定"模式"的涵义是构建协同模式的前提。我们理解的"模式"是特定时空条件下，源于一定地区关于新农村建设发展动力、发展路径的基本经验和规律的理论提炼和深化，其应是一种相对稳定的结构，同时也是一种动态开放的系统。一定时期内，真正意义上的模式对相似地区具有较大价值的借鉴、示范和推广意义，其本身既有共性——可供其他地区借鉴的一面，同时也具有不断吸收外部系统经验、不断扬弃自身的一面。模式不仅仅是目前大多相似条件下成功经验的总结，而且更要侧重于对其他类似类型的路径选择的启示和借鉴。

　　基于动力和区域差异的模式构建是环境经济协同推进的核心。本书突出新农村建设中经济发展与环境保护协同的主题，探究了乡村振兴中正确处理经济发展与环境保护关系的可行途径与模式，针对经济发展、环境保护两个对象性系统，刻画二者的协同模式，以协同的基本动力及其地域差异作为构建协同模式的基准，即基于经济发展与环境保护协同关系的界定和识别，进而划定了地域差别化的协同模式。通过回答环境经济协同的五个基本问题：协同的指向何在？谁来协同？如何协同？怎么协同？协同什么？系统地解决了实施乡村振兴战略中环境经济协同的目标、主体、策略、手段和领域等重要的理论和现实问题。根据协同的目标取向、协同的主体作用和协同的重点领域以及它们相互之间的协调性联系的特点，设计构建了西部地区新农村建设中环境经济的协同模式为："环境优先—四位一体—协同推进"模式。基于不同的主导协同动力源，把协同模式分为三大类：政府引导型协同模式，企业带动型协同模式和社会组织服务型协同模式；基于区域类别，把协同模式分为六大类：城郊区、西南丘陵区、西南山区、西北旱作区、西北绿洲区、青藏高原区等协同模式。

协同模式的运行，有赖于建立相关的机制："环境优先"的协同目标与综合性的协同手段体系之间的双向反馈调节机制；"政府引导、企业带动、农户参与、社会组织服务"的协同主体作用机制；以生态补偿为核心的不同主体间、不同地区间的利益协调机制；农村城镇化、重点地区、关键产业和农村空间等协同重点领域的互推共促机制；以及达到协同目标、协同手段、协同主体和协同领域共同促进的组织管理机制。

环境经济协同发展的根本保障在于构建完善的制度体系：以科学的政绩考核为导向，完善综合决策的体制和机制；以合理的利益协同为核心，建立并完善生态补偿的制度；以环境评估为前置条件，不断完善生态环境管理制度；以发挥协同效应为目标，构建公众参与制度；以协同性发展为基本战略，建立严格的监测和评估制度。

西部地区新农村建设中环境经济协同推进面临六大突出矛盾：农村环境问题突出，制约区域经济发展；延续传统发展方式，农业绿色发展受限；工农城乡分割严重，特色功能定位不清；村庄空间布局分散，基础设施建设滞后；农村环境监管乏力，基础能力建设薄弱；持续资金投入不足，环境治理模式落后。从六个方面提出了相应的对策建议：创新环境宣传教育，培育生态文明意识；加快循环经济步伐，推动产业转型升级；提高科学规划水平，优化空间功能布局；分类推进村庄整治，完善公共服务体系；加强基本能力建设，强化农村环境监管；开辟多元互补渠道，加大资金投入力度。

本书是涉及系统论、协同论、环境经济学、农业经济学等多学科的整合研究，希冀为这些学科的交叉融合和相关理论体系的构建有所贡献，也期待能对实施乡村振兴战略和建设美丽中国起到积极作用。

本书的所有统计数据和政策性资料，我们更新到掌握的最新时间为止。考虑整体数据的可获得性，环境经济协调耦合水平的评价截止到2015年；一些政策性资料和单项指标的描述性数据，截止到2017年2月底，但对于那些当初课题调研获得的数据资料，限于条件，就无法再进行更新。全书直接引用和参考的论著都做了明确注明，对原作者在此表示感谢，也感谢所有为课题完成提供支持和配合的机构和人员。

本书的研究目标、基本内容和结构框架首先由陈润羊提出，并经课题组反复讨论，由陈润羊综合集中并最后确定研究的总体大纲。本书的具体分工如下：花明指导制定了本书的总体研究方案和书稿提纲，并对陈润羊撰写的第四章初稿进行了修改和完善；张永凯参与了整个研究过程，包括课题不定期的讨

论和实地调研，并承担了第二章中"三、（新）农村经济发展与环境保护的协
同研究"、第九章中"六、青藏高原区的协同模式"的撰写工作；田万慧完成
了第六章的写作，并对陈润羊撰写的第三章和第四章中涉及的统计数据和图表
进行了更新；安江林研究员指导了书稿的整体拟订和写作工作，并承担了第七
章"六、协同的重点领域"中"（三）关键产业融合推进"的写作任务。本书
其他部分的写作均由陈润羊完成。最后，陈润羊对全书进行了统稿，并根据出
版社提出的意见进行最终的修改定稿。

尽管在主观上，我们已经尽了最大的努力，但限于水平，肯定仍然存在许
多不足之处，恳请各位同仁和广大读者批评指正！

在本书即将付梓之际，欣获甘肃省教育厅原副巡视员程耀荣先生题诗一
首，该诗既是对我的莫大鼓励，更是我继续深入做好研究工作的巨大鞭策，我
定当铭记于心：

博士应当著妙文， 诚心入世为黎民。
如今污染侵环境， 它日丑行害子孙。
崇尚空谈无底气， 结合实际可扎根。
农村经济听高论， 西部学人最认真。

陈润羊

2017 年 10 月 20 日

目　　录

第一章

导　　论

本章内容摘要：本章是本书的总论部分，对全书研究内容具有导向意义。依据系统学、协同学、环境经济学、农业经济学、区域经济学、环境科学与工程等基本理论原理，在多学科交叉中寻求突破点，综合应用以下研究方法：系统分析和对比分析相结合的方法、实证分析与规范分析相结合的方法、静态分析与动态分析相结合的方法、定性分析与定量分析相结合的方法等。首先，对本书的选题背景作了基本交代；其次，从理论和实践两个角度论述了本书的研究意义，提出了课题的总体研究思路；最后，对本书的主要研究内容和各部分内容之间的关系作了交代，也点出了本书的研究特色和创新点。

一、选题背景

1. 西部地区在我国区域协调发展战略中具有重要地位，但目前发展过程中面临着一系列难题

西部地区是中华文明和我国主要大江大河的发源地，也是我国众多少数民族的发源地和世居地。西部是我国与外国的主要接壤区，也是国家安全的战略纵深和军事战略屏障区。西部地区是我国重要的战略资源基地，也是国家生态安全的重要的屏障区。西部地区是华夏文明和我国文化多样性的传承和创新区，也是中国革命的主要贡献区。西部地区是我国"老少边穷"的集中分布区，也是国家区域协调发展战略实施的难点地区。因此，西部地区在整个国家的发展格局中具有极为重要的政治、经济、军事、文化、生态等方面的战略价值。

尽管自国家实施西部大开发战略以来，特别是"十二五"期间，城镇居

民可支配收入年均增长10.5%，农村居民纯收入年均增长11.2%，分别高于全国0.2和1.0个百分点。但这种发展还只是产生了一些初步的效果，远没有改变西部尤其是农村地区经济社会发展过于滞后的状况。从反映经济社会发展水平的基本指标来看，西部农村过于落后的经济和社会状况，仍然是全国区域发展不协调的主要因素，西部农村地区仍然是全面建成小康社会的重点和难点地区。

也要看到，西部地区经济结构不合理、内生增长动力不足的问题仍然存在，抵御经济异常波动、防范系统性经济风险的能力仍然不强，基础设施薄弱、生态环境脆弱的"瓶颈"制约仍然突出，加强民族团结、维护社会稳定的任务仍然繁重，促进城乡区域协调发展的任务仍然艰巨。

目前，西部地区仍然是我国区域经济的"四大板块"中最落后的地区，西部与东部地区的差距仍然较大，基础设施还是比较落后、生态环境重要而又脆弱、经济结构尚不够合理、自我发展能力依然不强等，这些差距和不足依然制约着整个国家区域协调发展战略实施的成效。国家第十三个五年规划纲要中明确提出，要把深入实施西部大开发战略放在优先位置。因此，进一步加快西部的发展步伐，成为我国全面建成小康社会的重点任务和必然要求。由于受特殊的自然、经济、人文环境条件的影响和决定，西部小康社会建设和新农村建设的难度大于东中部地区。加快西部地区小康社会建设必须采取一些特殊的政策措施，克服难点、难关，取得重大成效，否则将制约全国社会经济发展目标的实现。

2. 西部地区是我国重要的生态安全屏障，但其生态环境的脆弱性成为我国现代化进程中的主要挑战

西部地区是我国大江大河的主要发源地，是森林、草原、湿地和湖泊等的集中分布区，生态地位极为重要但又极其脆弱，同步推进西部地区的经济发展与环境保护，是构建国家生态安全屏障，促进整个国家经济社会可持续发展的重大任务。西部地区是我国重要的生态屏障，但生态环境问题一直以来是西部大开发面临的主要挑战之一。

西部地区自然生态环境脆弱，西部12个省市区是我国生态脆弱区的集中分布区。因为人为活动的过度干扰，西部植被退化趋势明显，水土流失面积很大。受自然条件和人为活动的双重影响，目前西部地区生态环境问题突出，使其面临严峻的生态环境形势，这不但影响到西部地区本身的持续协调发展，其生态环境的脆弱性也已成为我国整个现代化建设的主要挑战。如何走出"生

态破坏—经济落后—生态破坏"的恶性循环,探索符合西部实际的经济发展与生态环保并行的新型发展之路,不但是西部开发的重要任务,也是国家区域协调发展战略得以有效实施的主要内容。

3. 西部地区新农村建设蓬勃发展,但环境问题成为其持续发展的制约因素之一

自 2005 年党的十六届五中全会决定推进社会主义新农村建设以来,以试点示范为基础的西部地区新农村建设,在国家多方面政策和中央有关部委的支持下,经过西部各地的努力,已取得了显著成绩,并初步形成了各具特色的新农村建设道路。目前,西部地区的新农村建设呈现多领域覆盖、分层次推动、多元化发展的格局。

但与此同时,环境问题已成为西部地区新农村建设持续发展的制约因素之一。随着西部地区新农村建设步伐的加快,小城镇和农村聚居点的规模迅速扩大,农村集聚化使乡镇和农村的生活污染物因基础设施和管理不善造成了严重的"脏、乱、差"问题,乡村旅游对环境带来了新的挑战。随着西部各地新农村建设的不断推进,一些新环境问题正日渐凸显,以往农村存在的环境问题,如农田面源污染、畜禽养殖污染等问题,在新农村建设中仍然存在,其危害环境的行为方式、因素等也会在一定时空条件下存在;同时,在新农村建设过程中,各项决策、规划、建设项目等活动也会带来一系列的环境问题。在具体的时空条件下,两者呈现叠加和复合的效应①。新农村建设中的环境问题,已成为新农村建设和经济社会可持续发展的制约因素,因此,在西部地区建设新农村的过程中,如何寻找一条生产发展、生活富裕和生态良好的新路子,已成为必须面对的紧迫而又重要的问题。

4. 经济发展与环境保护的协同推进是新农村建设的应有之义,也是实施可持续发展战略的基本要求

目前,西部地区新农村建设中环境问题呈现以下特点:农业生产和人们行为方式引发的环境问题均有、点源污染与面源污染共存、生活污染和工业污染叠加、环境和能源问题复合、生态破坏和环境污染问题兼有、各种新旧污染相互交织、工业及城市污染向农村转移。西部地区新农村建设中的环境问题与经济发展问题、贫困问题、人口问题、"三农"问题等相互交织、互相影响,使新农村建设面临的局势更为复杂,并呈现交错的综合效应,因此,要解决此类

---

① 花明,陈润羊,华启和. 新农村建设:环境保护的挑战与对策 [M]. 北京:中国环境科学出版社,2014.

问题，必须要综合统筹、全面应对，实施综合的环境经济协同战略。

西部地区作为我国主要的生态屏障，也是我国生态退化与生态恢复的重点地区，同时又属于社会经济发展相对落后的地区，统筹经济发展与环境保护是西部地区新农村建设命题的应有之义，也是实施我国区域协调发展总体战略的客观需要，亦是构建国家生态安全屏障，实现可持续发展战略的基本要求。同时，经济发展与环境保护的协同推进对于促进农民增收、增进民族团结和维护社会稳定，拓展我国发展空间等都具有现实意义。

5. 环境经济的协同推进是贯彻发展新理念的基本体现，也符合世界范围内绿色、循环和低碳发展的趋势

《国民经济和社会发展第十三个五年规划纲要》中提出了五大发展新理念——创新、协调、绿色、开放、共享的发展理念。目前，西部新农村建设中面临的突出问题之一便是经济发展与环境保护脱节严重，谋求经济发展与环境保护的协同推进，既是新农村建设的基本内涵，也是城乡一体化的必然选择。因此，环境经济的协同推进，是绿色发展理念的具体体现。而新农村建设中环境经济协同推进，将为城乡协调发展、环境保护与经济建设协调发展创造条件，从这个意义上讲，其也是协调发展理念的贯彻落实。

新农村建设是实现西部农村经济社会持续发展的有效途径和基本载体，如何结合新农村建设的实际统筹经济发展与环境保护的相互关系，是生态文明建设的基本内涵之一①。面对日趋突出的资源、环境约束，不断推进经济发展与环境保护的协同发展，可进一步增强西部乃至我国的可持续发展能力，从而不断提高生态文明水平。同时，从国际上的发展趋势看，绿色发展、循环发展和低碳发展已经成为一种潮流，环境经济的协同推进既符合构建资源节约、环境友好的生产方式和消费模式的基本理念，也与国际上关于绿色发展、循环发展和低碳发展的总体趋势相一致。

二、研究意义

（一）理论意义

目前，学界从不同视角开展了新农村建设模式研究、西部地区的类型分区

---

① 陈润羊，张贡生. 清洁生产与循环经济——基于生态文明建设的理论建构 [M]. 太原：山西经济出版社，2014.

研究以及经济与环境的协同研究，也涌现出许多新的研究成果，但总体而言，存在如下不足：对"模式"的理解和分类相对比较混乱；对结合新农村建设的经济与环境协同的系统研究和综合研究还是比较薄弱；新农村建设中经济发展与环境保护协同模式研究鲜有涉及。从目前该领域的研究进展表明，在系统学、协同学、环境经济学、农业经济学、区域经济学、环境科学与工程等多学科交叉研究的基础上，深入分析新农村建设中经济与环境子系统之间协同的要素和关键技术因素，进行协调度的定量分析，并设计提出西部地区因地制宜的经济发展与环境保护的协同模式，是当前亟须深入研究的理论问题。本书试图将经济发展与环境保护进行结合和系统研究，深入分析在新农村建设中经济系统和环境系统之间的相互作用机理，设计二者的协同模式，此研究对可持续发展理论、协调发展理论、绿色发展理论和新农村建设理论将是一种继承和丰富。

（二）实践意义

中国是个农业大国，农村人口占绝大多数，西部地区是我国主要的生态屏障，也是我国生态退化与生态恢复的重点地区，西部地区又属社会、经济发展相对落后的地区，如何在新农村建设中既实现经济发展，又保护好生态环境，统筹协同是重要前提。而经济发展与环境保护的协同模式设计是当前新农村建设中亟待解决的现实问题。本书在深入分析和梳理已有的相关领域的研究成果的基础上，通过对典型地区的实际调研，了解目前西部新农村建设的现状，把握新农村建设中面临的环境挑战的难题，阐释新农村建设系统中经济子系统和环境子系统作用的内在机理和外在联系，基于协同的动力和区域差异，总结提炼西部地区新农村建设中经济发展与环境保护的协同模式，进而提出关于经济发展与环境保护协同的对策建议。研究成果得出的主要研究结论和提出的政策建议，将对西部乃至全国新农村建设环境经济协同发展的实践起到理论支持和决策参考的作用。

三、研究方法和思路

本书依据系统学、协同学、环境经济学、农业经济学、区域经济学、环境科学与工程等基本理论原理，在多学科交叉中寻求突破点，主要研究方法如下。

1. 系统分析和对比分析相结合的方法

新农村建设是一个复杂的系统，它的多因素、多层次、动态性和非线性等特征，要求运用系统分析和对比分析的方法，深入把握新农村系统的子系统构成和基本特征，同时，把西部的新农村建设放在全国的大格局和世界农业发展的大趋势中进行考察，对比分析存在的差距和原因。将经济与环境作为一个整体进行综合研究，充分探讨新农村建设中经济发展与环境保护的作用机制，并寻求经济发展与环境保护的协同推进之路。

2. 实证分析与规范分析相结合的方法

在对西部地区新农村建设现状及其存在的环境问题挑战分析上，以及在考察现有西部各地新农村建设中经济发展与环境保护协同的实践探索中，侧重于客观描述的实证分析，通过实证分析对西部地区新农村建设经济发展与环境保护协同的现状和趋势做出客观评价。在实证分析的基础上，采用规范分析对西部各地新农村建设中经济发展与环境保护协同的实践和推广价值，以及整体上关于新农村建设中的经济发展与环境保护协同所涉及基本要素的类型、构成等关键问题，进行理性判断，据此总结提炼新农村建设中的经济发展与环境保护协同的模式，从而实现在实证研究基础上提升到理论化高度概括的跨越。

3. 静态分析与动态分析相结合的方法

对西部地区新农村建设的现状及其存在的环境问题进行静态分析的基础上，着重于动态分析，研究新农村建设中经济发展与环境保护的历史、现状及发展方向，勾勒出新农村建设中经济发展与环境保护协同的动态轨迹，从时间和空间两个维度的动态演化中，寻求经济发展与环境保护协同推进的基本路径。

4. 定性分析与定量分析相结合的方法

定性分析在新农村建设中经济系统与环境系统之间相互作用的内在机理和外在联系，构建协同分析的框架体系，揭示新农村系统各要素相互作用的一般规律。通过实际调查、数据统计，构建经济发展与环境保护耦合协调度模型。基于对一定时间范围内西部 12 个省域相关数据的统计分析，从空间序列和时间序列两个维度上，对西部地区新农村经济发展与环境保护的耦合协调度进行水平评价，揭示其时空演化规律。

就本书的总体研究思路而言，第一，对研究背景做了基本分析，虽然西部地区新农村建设蓬勃发展，但其面临的环境问题也日益突出，因此，在生态文明建设的大背景下，经济发展与环境保护的协同推进就恰逢其时。第二，对本书涉及的相关领域的研究进展做了文献综述，并界定了基本的核心概念，使后续研究建立在可靠的科学基础上，并站在已有研究的高起点上。第三，对新农村建设及其环境问题进行了讨论，这是关于经济发展与环境保护协同的基础。第四，建立关于协同分析的基本理论体系，主要是围绕新农村中经济与环境两个子系统之间的相互作用关系展开的。在上述分析的基础上，对西部大开发以来，西部整体上和西部 12 个省域新农村环境经济的耦合协调水平进行了时空演化特征的分析。进而设计了关于西部地区新农村建设中环境经济协同的总体模式，构建了环境经济协同的机制，并总结提炼了区域模式，全面分析了西部地区新农村建设中经济发展与环境保护协同的优势、劣势、机会和威胁（SWOT）等因素，提出了西部地区新农村建设中经济发展与环境保护协同的总体战略、基本原则和战略对策。最后，从构建协同发展的制度和具体措施两个层面，提出了西部地区新农村建设中经济发展与环境保护协同的对策建议。具体研究的逻辑思路见图 1 - 1。

四、主要研究内容和结构体系

针对目前学界关于新农村建设中经济发展与环境保护协同模式的系统研究相对薄弱的现状，以及西部地区新农村建设蓬勃发展对环境系统造成巨大环境压力的现实，本书在深入分析和梳理已有的相关领域研究成果的基础上，通过对典型地区的实际调研，深入分析了西部地区新农村建设的现状、问题及趋势；理论阐释和实证分析相结合，在全面识别了新农村建设中环境问题的基础上，提出了新农村建设环境保护的战略；构建了新农村建设中经济发展与环境保护协同的体系框架，阐释新农村建设系统中经济子系统和环境子系统作用的内在机理和外在联系；进行了西部地区新农村经济发展与环境保护的耦合协调水平评价，揭示了新农村经济发展与环境保护耦合协调的时空演化特征；基于协同的动力和区域差异，设计构建出了西部地区新农村建设中经济发展与环境保护协同的总体模式和区域模式；构建了西部地区新农村建设中经济发展与环境保护协同的机制；全面分析了西部地区新农村建设中经济发展与环境保护协同的优势、劣势、机会和威胁，进而提出了经济发展与环境保护协同的基本原则、总体战略和对策建议。

基于总体研究思路，本书分为十二章。研究的逻辑思路如图 1 - 1 所示。

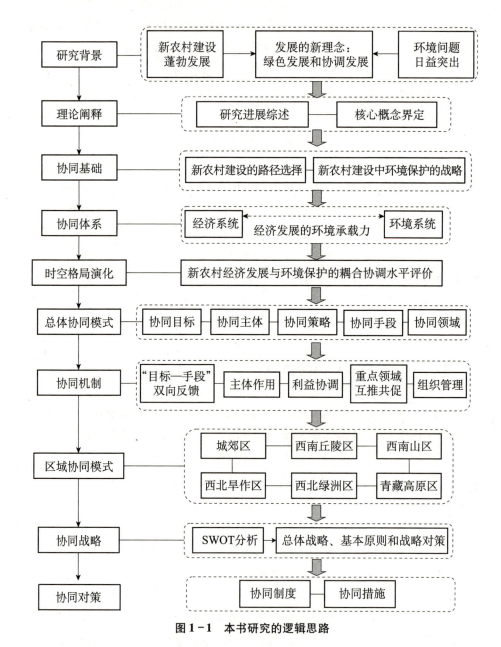

图1-1　本书研究的逻辑思路

　　第一章导论。对本书研究的背景、意义、目的、方法和基本研究思路等作了交代，从总体上勾勒出本书研究的总体框架体系以及各构成部分之间的相互关系，属协同模式的总论性质。

　　第二章研究进展与核心概念。从新农村建设的分类模式、西部区域类型的分区、（新）农村经济发展与环境保护的协同研究等三个层面，系统梳理了该领域的相关文献，以跟踪学科前沿，发现目前研究中存在的不足，展望相关领域研究的趋势，为开展本书的实质研究奠定必要的文献基础，使本书研究在吸收借鉴已有研究成果的基础上，站在比较高的起点上，进行理论上的创新。在上述文献综述的基础上，界定了"西部地区新农村建设中经济发展与环境保护的协同模式"所涉及的几个核心概念，以科学确定本书研究的总体方向和基本研究路径。

第三章西部地区新农村建设的路径选择。全面把握新农村建设的现状、特征和趋势，是构建经济发展与环境保护协同模式的前提和基础。概述了我国西部地区自然环境和经济社会发展概况，分析了西部地区农村经济社会发展的滞后性特征。进而阐述了西部地区新农村建设的特点，揭示了其存在的不足，并据此提出了西部新农村建设需要注意的重点问题。根据西部农村的现状，在世界农业发展潮流和我国社会经济发展趋势的大背景下，进行考察，由此预判了西部地区新农村建设的基本趋势。

第四章西部地区新农村建设中环境保护的战略。环境问题是新农村建设面临的重大挑战之一，也是经济发展与环境保护协同需要解决的重要课题。基于环境影响评价的理论，通过对典型代表地区的实地调研，采用系统分析和比较分析的方法，识别西部地区新农村建设中的环境问题。分析了新农村环境问题的特征及其综合效应，进而揭示了新农村环境问题的原因。在分析了战略形势、战略思路、战略目标、战略重点的基础上，提出了西部地区新农村建设中环境保护的主要举措，为后续开展经济发展与环境保护协同研究奠定必要基础。

第五章西部地区新农村建设中环境经济协同的体系。构建协同的体系框架可为后续协同模式的设计提供理论依据和分析基础。依据协同论、系统论和环境经济学、环境科学等基本理论原理，针对西部新农村建设的现状和目前农村环境的形势，把握新农村建设的整体走势，构建新农村建设中经济发展与环境保护协同的理论分析框架。从系统论的角度，对农村复合系统做了深入分析，并重点分析了经济子系统与环境子系统的相互关系。深入剖析了新农村建设中经济子系统和环境子系统作用的内在机理和外在联系。

第六章西部地区新农村环境经济耦合协调的水平评价。目前，新农村环境经济协同研究中量化研究相对薄弱，为此，构建了西部地区新农村建设中经济发展与环境保护耦合协调的指标体系，建立了耦合协调度模型。基于对一定时间段西部整体和所属 12 个省域相关数据的统计分析，从空间序列和时间序列两个维度上，对西部地区新农村经济发展与环境保护的耦合协调度进行水平评价，揭示其时空演化规律，从而为西部地区新农村建设中经济发展与环境保护的协同推进提供参考。

第七章西部地区新农村建设中环境经济协同的总体模式。模式设计是本书的研究核心问题。经济发展与环境保护的协同，就是要回答这样五个基本问题：协同的指向何在？谁来协同？如何协同？怎么协同？协同什么？这五个基本问题就是要解决关于协同的目标、主体、策略、手段和领域等问题。基于这样的思路，对新农村建设中的经济发展与环境保护协同所涉及这五个基本要素的类型、构成等关键问题进行了深入的论证分析。在此基础上，根据协同的目标取向、协同的主体作用和协同的重点领域以及它们相互之间的协调性联系的特点，总结提炼出西部地区新农村建设中经济发展与环境保护协同模式。基于不同的主导协同动力源和区域类别，对协同模式进行分类。

第八章西部地区新农村建设中环境经济协同的机制。构建环境经济的协同机制，不仅是新农村建设的重要任务，也是国家生态文明建设的客观需要。在分析了环境经济协同的主体和作用领域的基础上，基于协同学、系统论、环境经济学等多学科的视域，构建环境经济协同的机制体系，以实现协同目标、协同手段、协同主体和协同领域的共同促进。

第九章西部地区新农村建设中环境经济协同的区域模式。西部地区地域广阔，类型多样，在新农村建设中经济发展与环境保护的协同中，需要构建因地制宜和分区推进的协同模式。基于新农村建设中经济与环境协同的主题，考虑自然环境和农业生产方式等因素，在对西部地区的区域类型进行划分的基础上，相应地选择这些类型区中有代表性的典型地区作为重点研究对象，分析总结不同类型区在新农村建设中经济发展与环境保护的主要实践探索、对类似地区的启示和推广价值，从而总结提炼不同类型区新农村建设中经济发展与环境保护的协同模式。

第十章西部地区新农村建设中环境经济协同的战略。运用系统分析的思想，全面分析了西部地区新农村建设中经济发展与环境保护协同的优势、劣势、机会和威胁（SWOT）等因素，进而提出了西部地区新农村建设中经济发展与环境保护协同的总体战略、基本原则和战略对策。战略分析有助于清晰地把握全局，利用内部的优势，克服内部的劣势，把握外界的机会，防范可能存在的风险与威胁，从而为制定切实可行的战略对策提供依据。

第十一章西部地区新农村建设中环境经济协同的制度。环境经济协同发展的根本保障在于构建完善的制度体系，针对西部地区新农村建设中经济发展与环境保护协同模式实施时，所面临的主要制度性障碍，构建了环境经济协同发展的制度体系。

第十二章西部地区新农村建设中环境经济协同的对策。针对西部地区新农村建设中经济发展与环境保护协同模式实施时，所面临的难点和重点，以及需要解决的关键问题，从具体措施的层面提出了相应的对策建议。以期为国家制定和调整相关政策提供决策依据，并为西部新农村建设中环境经济协同的实践提供科学的参考。

五、研究特色、创新点和不足

针对目前学界关于新农村建设中经济发展与环境保护协同模式的系统研究相对薄弱的现状，以及西部地区蓬勃发展的新农村建设对环境系统造成巨大环境压力的现实，本书突出了新农村建设中的经济发展与环境保护协同的主题，探究西部新农村建设中正确处理经济发展与环境保护关系的可行途径与模式，针对经济发展、环境保护两个对象性系统，刻画了两者的协同模式，以协同的基本动力及其地域差异作为构建协同模式的基准，即基于经济发展与环境保护协同关系的界定和识别，进而划定了地域差别化的模式。通过回答新农村建设中经济发展与环境保护协同的五个基本问题：协同的指向何在？谁来协同？如何协同？怎么协同？协同什么？解决了关于新农村建设中经济发展与环境保护协同的目标、主体、策略、手段和领域等问题。根据协同的目标取向、协同的主体作用和协同的重点领域以及它们相互之间的协调性联系的特点，设计构建了西部地区新农村建设中经济发展与环境保护协同的总体模式和区域模式。设计构建的"环境优先—四位一体—协同推进"模式，在西部地区具有很高的创新性、适用性和较大的理论启迪作用。总结提炼出的城郊区、西南丘陵区、西南山区、西北旱作区、西北绿洲区、青藏高原区等区域协同模式，对这六大类型区域可能引向成功的环境经济协同路径选择也具有重要的启示和借鉴价值。

本书研究成果提出的协同模式运行的保障关键在于两大方面：着力政策创新，构建协同发展制度和形成多管齐下格局，构建多策并举的协同发展体系。本书研究成果得出的主要研究结论和提出的政策建议，将对西部乃至全国新农村建设环境经济协同发展的实践起到理论支持和决策参考的作用。本书的研究涉及系统学、协同学、环境经济学、农业经济学、区域经济学、环境科学与工程等不同的学科，是多学科的整合研究，研究成果对这些学科的交叉整合有促进意义。此研究成果对可持续发展理论、协调发展理论、绿色发展理论和新农村建设理论是一种继承和丰富。

尽管本书力图在继承前人研究的基础上有所创新，但受目前数据可得性以及研究时间和研究能力的限制，本书的分析尺度更多地还是从省域的层面展开，对于区域广阔而内部差异性显著的西部而言，这样的刻画尚显粗糙，因此，在后续研究中，需要更细致和更小尺度上的数据支持，进而在市县层面、更长时间尺度上刻画西部内部市县的空间和时间差异性，从而为提出更具操作性的环境经济协同发展的政策建议提供定量的支持。

第二章

研究进展与核心概念

本章内容摘要：文献综述和述评是课题研究的基本起点，通过相关文献梳理，以跟踪学科前沿，发现目前研究中存在的不足，展望相关领域研究的趋势，可为开展本书的实质研究奠定必要基础。分类和分区是科学构建西部新农村建设中经济发展与环境保护协同模式的前提。首先，对新农村建设的分类模式进行了文献述评。在概述了模式和发展模式含义的基础上，综述了目前理论和实践中新农村建设模式的分类问题。其次，从西部区域类型的分区层面概括了学界的相关研究进展。综述了已有相关分区研究的现状、特点和不足。最后，以"（新）农村经济发展与环境保护的协同研究"为主题，遵循宏观与微观、理论与实践相结合的基本思路，以不同研究视角展开国内外的文献综述。这三个层面的研究进展表明，目前学界从不同视角开展了农村经济与环境协同研究，涌现出许多新的研究成果，但对农村经济与环境协同的系统研究和综合研究还是比较薄弱，尤其是结合新农村建设的协同研究颇显不足，西部地区协同模式是当前亟待深入探究的主要理论问题。在上述文献综述的基础上，界定了"西部地区新农村建设中经济发展与环境保护的协同模式"所涉及的七个核心概念，并分析了这七个核心概念的基本内涵，以科学确定本书研究的总体方向和基本研究路径。

一、新农村建设模式的研究

随着新农村建设实践的蓬勃开展，新农村建设模式的研究引起了各界的广泛关注和探讨，而新农村建设模式本身是构建西部地区新农村经济发展与环境保护协同模式的基础。在概述了模式和发展模式含义的基础上，综述了目前理论和实践中新农村建设模式的分类，从层面、共同点、层次、分类依据和视角等五个方面对新农村建设模式进行了述评，指出了已有新农村建设模式存在的七大方面不足，由此初步界定了新农村建设模式的内涵，展望了未来新农村建设模式研究八个方面的趋势。以得出新农村建设模式对构建西部地区新农村建设中经济发展与环境保护协同模式的启示①。

（一）何为模式

1. 模式的一般含义

模式（mode，model），现代汉语词典中的解释为事物的标准形式或样式。也可归结为解决某一类问题的方法论，是把解决某类问题的方法总结归纳到理论高度。模式指涉范围较广，是事物之间隐藏的规律关系的抽象。"模式"在《说文·木部》上讲"模，法也"，"模"是法式、规范，认为模式是理论的一种简化形式。模式是抽象出来的逻辑或认识工具，类似韦伯提出的"理想型"，是帮助人们理解各种历史事件及其意义和关系的工具（[德]马克斯·韦伯，1997）②。由此可见，对模式的认识和理解从内涵、角度和侧重等方面看，既有共同的一面，也有相异的一面。

2. 发展的相关模式含义和意义

1986年费孝通考察温州时提出，模式是在一定地区一定历史条件下具有特色的经济发展路子③。于战平（2006）指出，建设模式是有关建设的思路、重点、路径以及主要做法等问题的概括④。蒋和平等（2007）给出的新农村建设模式是指对代表性的新农村建设经验的集中反映和高度概括，在相同类型条件下具有扩散和推广价值⑤。陆益龙（2007）认为，模式是在经验中形成的路径和策略，关于模式是模仿或复制的榜样、典型的观点是一种误解，对其他地域或类型的发展模式的比对，其价值在于根据实际探索适合特定地域的发展路径⑥。秦晖认为，中国模式是个比较出来的概念，中国独有的，外国有中国没

① 陈润羊. 新农村模式分类述评及对西部新农村经济与环境协同发展的启示［J］. 开发研究，2011（6）：41～44.
② ［德］马克斯·韦伯著，林荣远译. 经济与社会（上）［M］. 上海：商务印书馆，1997.
③ 费孝通. 志在富民——从沿海到边区的考察［M］. 上海：上海人民出版社出版，2007.
④ 于战平. 论社会主义新农村建设模式. 世界农业［J］. 2006（10）：4～7.
⑤ 蒋和平，朱晓峰. 社会主义新农村建设的理论与实践［M］. 北京：人民出版社，2007.
⑥ 陆益龙，王成龙. 社会主义新农村建设的模式比较——凤阳县小岗村和赵庄的经验［J］. 江淮学刊，2007，(4)：49～54.

有的特点就是中国模式①。刘彦随（2011）认为，农村发展模式指不同区域农村经济发展过程中，对具有本区域鲜明特征的产业结构和经济社会运行方式的理论性概括，是指一定区域成长性好、代表性强，特色鲜明，易于推广的农村发展范式，具有多样性、动态性、尺度效应等特征②。从现有的观点看来，模式是进行比较的产物，同时必须具备特有性。模式既是实践的理论概括和抽象，也反过来用以指导实践。

（二）新农村建设的模式分类综述

党的十六届五中全会提出建设社会主义新农村，2006年中央"一号文件"《关于推进社会主义新农村建设的若干意见》的发布，随着新农村建设的深入开展，对新农村建设研究更加深入和广泛，新农村建设模式的实践和研究引起了基层实际工作部门和很多学者的广泛关注和探讨。有学者对目前以城市为中心、以工业为主轴的发展模式进行了反思，并把新农村建设与经济发展模式重建联系起来，周淑景（2006）等认为，应该通过新农村建设的深入发展，有效构建以农村为重心的全新模式③。具体到新农村建设模式上，可谓仁者见仁，智者见智，总体情况从模式的分类依据和分析视角，就目前主要的情况和种类概括总结如表2-1所示。

表2-1　　　　　　　　　　新农村建设模式归类总结

序号	分类依据分析视角	具体类型和模式	责任者年份
1	农业支持体系	美国大农场与产业化模式；日本、韩国及中国台湾的东亚小农与综合农协模式	温铁军（2006）
2	现状和类型	工业企业、休闲产业、特色产业、牧养殖、旅游产业、劳务经济、商贸流通、合作组织等带动型	张利庠（2006）
3	动力和发展路径	城乡统筹、协调、互动型；传统村庄改造带动型；内生性产业提升带动型；完善区域公共产品和公共服务带动型	于战平（2006）
4	产业和农村类型	资源型、工业型、生态型、城镇型、农庄型、第三产业服务型	孙佑民（2006）
5	依据资源条件、发展水平、经营模式	主导产业强村、工商企业富村、科技人才兴村、生态家园建村、支部组织带村	农业部调研组（2006）

---

① 秦晖．有没有"中国模式"［EB/OL］．（2010-4-6）．http：//view. news. qq. com/a/20100406/000015_ 1. htm
② 刘彦随．中国新农村建设地理论［M］．北京：科学出版社，2011：201.
③ 周淑景，朱乐尧．新农村建设与经济发展模式重建［J］．财经问题研究，2006（8）：82~87.

序号	分类依据分析视角	具体类型和模式	责任者年份
6	手段和目标	手段模式：工业带动型、农业产业化型、第三产业主导型、生态农业推动型、本土资源依托型、体制创新型；目标模式：资源型、工业型、生态型、城镇型、农庄型、城郊型、边境贸易旅游型	郭炳章（2006）
7	城乡统筹的角度，针对经济发展水平	经济发达、经济相对发达、发展中、经济相对落后、经济落后等5种模式	崔明（2006）
8	地理位置、地形地貌及社会经济发展基础、历史文化、生活习惯	都市型、城郊型、平原湖区型、山地丘陵型、少数民族地区型、库区型、矿区型	九三学社湖南省委（2006）
9	总建设模式	"城中村"式的工业型或商贸型；城乡一体化式的城镇型；集聚与分散结合式的农场型或庭园式；集聚式、文化保护型；分散式、庭园生态型；移民建村、集聚式；环境治理与生态恢复型	九三学社湖南省委（2006）
10	产业模式	工商业主导、服务于城市的"菜篮子"工程与休闲农业、粮猪型及水生生物与养殖、旅游及特种养殖主导、经作与养殖并举、淡水养殖主导型、资源开采与种养结合	九三学社湖南省委（2006）
11	主要动力	资源开发、工业带动型；农业产业化带动型；生态农业带动型；乡村旅游带动型；第三产业带动型；养殖业带动型；劳务经济带动型；体制创新带动型	张华（2007）
12	自然条件、产业基础和发展方向、农民增收	陕西：城郊工业园区带动型；关中平原区县生态农业园区带动型；技术培训与劳务输出型；特色文化、旅游产业型；陕北退耕还林（草）、菜果畜三业并举型；陕北黄土丘陵沟壑区生态经济型；榆林北部风沙滩区生态农业循环经济型	韦苇（2007）
13	地区、地名	苏南模式、温州模式、南街村模式、赣州模式、凤阳模式、五山模式等。	邱爽等（2007）
14	主要动力因素	政府主导、城市带动、村企互动、支部带动、能人引领、科技园区带动、主导产业带动、高效农业引领	蒋和平等（2007）
15	多元化的城市化	乡村工业化和城市化、乡村集镇化、乡村生活方式城市化	陆益龙（2007）
16	微观模式	农户与企业的组织：企业＋集体（合作社、协会）＋农户；政府和相关组织参与的农户创收运作	李尔博王（2007）
17	资源禀赋与生产力状况	工业带动、生态农业带动、城乡统筹带动、自主创业带动、龙头企业带动、合作组织带动、乡风文明示范、民主管理示范型等	高珊等（2007）
18	农村类型和动力	农村类型：明星村、市场村、瘦狗村、传统村、蜗牛村；动力：组织带动、能人示范带动、产业带动、市场流通带动型	陈军民等（2008）

续表

序号	分类依据分析视角	具体类型和模式	责任者年份
19	以农村整体提升为目标	政策保障、农业保护、技术促发、信息保障、产业带动、合伙投资、干部嵌入、道路拉动型	李斌（2008）
20	乡村空间地域系统及职能多元化	城郊型乡村、农产品基地型乡村、特色产业型乡村、生态保育型乡村、文化价值型古村落	刘自强等（2008）
21	公共品供给方式、持续发展潜力、发展资金来源、区域间发展差异、要素流动	政府扶持、村庄结构转变、村镇扩张3种模式	李建桥（2009）
22	以城镇密集为基础，将城市发展、自然环保、历史传统文化传承及产业发展为依据	保护型、发展型、综合型、外迁型及整治型	洪亘伟等（2009）
23	发动主体	政府（市县乡）发动型、企业和居民（外来、本地大企业、村集体经济）主导型、非政府组织引导型	四川农村发展研究中心（2010）
24	总体模式和实现路径	外推式（政府＋农民＋社会）模式；渐进式模式（试点＋推广＋完善）；环流式（人口＋环境＋资源）模式	蒲春玲等（2010）
25	国外经验对西部启示	资源带动、旅游带动、小城镇带动、移民搬迁、专业特色、中心村落型	赵国锋等（2010）
26	牧区的条件及其差异，牧民素质及其意愿	单户散居—家庭牧场、联户定居—联户牧场、城镇聚居—牧工商综合发展、移民新村—养殖小区4种模式	李启宇等（2010）
27	农村牧区的生态条件、生产和经济类型特点	分为七大区：草地放牧畜牧业经济区、绿洲农业畜牧业经济区、示范园区经济区、双峰驼保护区、生态保护区和草地封育禁牧区、特色沙产业经济区、旅游和三产经济区	阿拉善盟（2010）
28	根据新农村建设的载体和驱动力	工业企业带动型、农业产业化带动型、特色产业带动型、第三产业服务型、资源开发型	郭俊华等（2010）
29	根据农村发展状况的不同及城乡区位特点	城镇型、移民搬迁型	郭俊华等（2010）
30	区域农村发展主导类型	农村主导产业：农业主导型、工业主导型、商旅主导型、均衡发展型；地形因素：平原丘陵性、山地型；城市类型：大城市、中等城市和小城镇；区位因子：郊区性、远郊型	刘彦随（2011）

续表

序号	分类依据分析视角	具体类型和模式	责任者年份
31	不同动力源的差异性	工业化、城市化外援驱动主导型：工业企业、城镇建设、劳务输出带动型；农村自我发展主导型：特色产业、生态旅游发展型、专业市场组织型	刘彦随（2008，2011）
32	基于布局区域性、功能主导型和问题制约性	城镇近郊区：主导功能涵盖都市型农村经济型、特色生态产业类型、农业产业化基地型、企业群体集聚类型、专业市场组织类型等，制约要素：水土资源短缺型、生态环境污染型和科技文化落后型等；城镇远郊区：主导功能有特色生态产业型和农业产业化基地型等，制约因素有水土资源短缺、交通区位约束、生态环境污染、科教文化落后等	刘彦随（2011）

资料来源：根据以下文献和公开报道资料分析整理。

①温铁军. 新农村建设：挑战与反思 [J]. 理论探讨，2006（6）：76～78.

②张利痒. 可资借鉴的八种新农村发展模式 [J]. 今日浙江，2006（9）：17～18.

③于战平. 论社会主义新农村建设模式. 世界农业 [J]. 2006（10）：4～7.

④农业部调研组. 社会主义新农村建设百村调研汇集 [M]. 北京：中国农业出版社，2006.

⑤郭炳章. 社会主义新农村建设模式探索 [J]. 商场现代化. 2006（24）：356.

⑥崔明，覃志豪，唐冲，等. 我国新农村建设类型划分与模式研究 [J]. 城市规划，2006（12）：27～32.

⑦韦苇. 关于陕西省社会主义新农村建设内容与模式的调研报告 [J]. 贵州财经学院学报，2007（2）：76～81.

⑧邱爽，周明友. 欠发达地区建设新农村的模式选择与借鉴 [J]. 生态经济，2007（4）：81～84.

⑨蒋和平，朱晓峰. 社会主义新农村建设的理论与实践 [M]. 北京：人民出版社，2007.

⑩蒋和平，朱立志，郝利，等. 新农村建设分类指导的政策建议 [J]. 农业经济问题，2007（6）：15～19.

⑪陆益龙，王成龙. 社会主义新农村建设的模式比较——凤阳县小岗村和赵庄的经验 [J]. 江淮学刊，2007（4）：49～54.

⑫李尔博王. 社会主义新农村建设微观模式探析——以四川平武、北川为例 [J]. 西南科技大学学报（哲学社会科学版），2007，24（2）：22～26.

⑬高珊，包宗顺，金高峰. 江苏新农村建设的典型模式及启示 [J]. 经济问题，2007（8）：82～84.

⑭刘自强. 乡村空间地域系统的功能多元化与新农村发展模式 [J]. 农业现代化研究，2008（9）：532～536.

⑮李建桥. 我国社会主义新农村建设模式研究 [D]. 中国农业科学院研究生院博士学位论文，2009.

⑯洪亘伟，刘志强. 我国城镇密集地区新农村建设类型研究 [J]. 城市发展研究，2009，16（12）：70～74.

⑰赵国锋，张沛，田英. 国外乡村建设经验对西部地区新农村建设模式的启示 [J]. 世界农业，2010（7）：15～18.

⑱李启宇，张文秀，刘东伟. 内蒙牧区社会主义新农村建设模式研究——基于乌审旗和鄂托克前旗的调查 [J]. 特区经济，2010（6）：155～157.

⑲郭俊华，卫玲. 西部地区新农村建设的模式及路径选择 [J]. 兰州大学学报（社会科学版），2010，38（6）：99～105.

⑳刘彦随. 中国区域农村发展动力机制及其发展模式 [J]. 地理学报. 2008，68（2）：115～120.

㉑刘彦随. 中国新农村建设地理论 [M]. 北京：科学出版社，2011.

（三）新农村建设模式述评

1. 新农村建设模式评价

应该讲，就新农村建设的模式，实际工作部门、学界都做了大量探索和总结工作，也取得了一定的成绩。

（1）层面：目前所提的模式，主要从实践和理论两个层面展开。

（2）共同点：从已有模式的总结上看，无论命名为何种模式，但其模式后隐含的发展总动力是工业化、城市化，如提出的城乡一体化、城镇化、农村工业化、农业产业化等模式，这与整个国家政策的总趋势和区域经济发展规律是相符的。

（3）层次：新农村建设的模式应分为主体模式和微观模式。主体模式是代表总体区域特点的宏观体系；而微观模式则是一个小型完整的经济区域，在模式分类上，更多的是研究微观模式的分类方法，目前大部分也是此微观模式的层次。例如，按自然地理条件分为平原型、山地丘陵、内陆水域等模式；按主要产业类型分为农业型、工业型和服务型等。

（4）分类依据：尽管现有的实践和理论总结从文字说明上突出模式分类的差异性，但已有的模式大部分分类的主要依据还是新农村建设本身的主要推动力，或者更多的仅仅是新农村本身的类型而已。有些是从新农村发展的重点领域或主要途径概括的，也有一些是用地名命名的，如赣州模式、华西村模式等。

（5）视角：在模式的提炼和总结上，有针对国外农村建设经验借鉴的，也有针对全国范围的，更多的是针对地方区域的。近年来也涌现出了一些新的研究视角，如结合循环经济、规划、生态农业、大学生村官、乡村治理、公共产品供给、产业集聚、技术进步、扶贫开发、社区自组织、村民自治、体制创新等视角研究新农村建设模式的。

总之，关于新农村建设的模式，不同学者、不同实际工作部门从不同角度出发，做了不同的概括和分析，这种模式本身既相互区别、各有侧重，又相互联系、互有重叠。具体到特定时空条件下某地区的选择，需要遵循因地因时制宜的原则，进行分析鉴别，结合实际地吸收借鉴并应用。

2. 已有新农村建设模式存在的不足

目前，新农村模式的研究上尚存在诸多的不足，主要表现在：（1）缺乏对"模式"本身概念内涵的严格界定，存在泛化使用"模式"用语的现象。

除极个别的学者在模式分类前，对模式的内涵进行严格的学理分析外，大部分地方和学者直接来论述有什么样的模式，而不论这种分类是否真正具有"模式"本身应具有的推广、示范意义尚有商榷，这种学术话语是否过多地受到了新闻媒体有关"模式"话语的影响呢？（2）模式与类型、经验、路径等概念存在混用的情况。从现有的实践和文献总结来看，一些被称为模式的也许仅仅是适用于特定时空条件下的某些经验而已，或者仅仅是不同的农村类型、产业类型，抑或是发展的路径而已，尚不能用严格的模式来界定和分类。因为这种所谓的"模式"对其他相似条件的地区是否具有较大的借鉴和启示意义尚需推敲；（3）由于上述两个原因，所以分类就存在混乱、重叠、遗漏等问题。这种情况下的分类，不能坚持一个统一的逻辑主线，难免就出现模式分类的叠加或挂一漏万的情况。有些文献也没有明确分类的依据，就直接展开论述；（4）目前表现更多的单一化分类依据，尽管有助于抓住新农村建设的主要问题，但对资源禀赋、经济基础、风俗习惯各异的具体新农村而言，单一化的分类不符合实际，也不能指导现实的新农村建设；（5）目前大多数模式，更多的是经验的总结或优势的分析，对不同模式下的适用条件、存在不足等鲜有深入和全面的分析论证；（6）大部分模式的分类定性分析多，而定量的测量、评价比较鲜见，致使模式分类依据的科学性受到限制；（7）目前的模式研究上从政策解读和实际经验总结角度切入的多，学理分析和实证探讨颇显不足，致使理论对蓬勃发展的新农村建设的实践的指导价值受到限制。

3. 新农村建设模式之辩和展望

如果把模式认为是事物的标准样式和形式的话，严格意义上的模式是不存在的，因为世界上的事物是千差万别的，不可能有统一的标准，就新农村建设而言，各地的自然环境、经济基础、文化传统等都参差不齐，不可能有统一的样板。当然本书理解的新农村建设模式是特定时空条件下，源于一定地区关于新农村建设发展动力、发展路径的基本经验和规律的提炼和深化，其应是一种相对稳定的结构，同时也是一种动态开放的系统。一定时期内，真正意义上的模式对相似的地区具有较大价值的借鉴、示范和推广意义，其本身即有可供其他地区借鉴的一面，同时也具有不断吸收外部系统经验、不断扬弃自身的一面。模式不仅仅是目前大多相似条件下成功经验的总结，而且更要侧重于对其他类似类型的路径选择的启示和借鉴。

针对目前新农村模式的研究现状和不足，未来该领域的有关研究应从以下八个方面重点突破和深入：（1）界定模式概念和深入学理分析是前提；（2）模式的科学分类是关键。分类的主要依据逻辑上要统一，同时要兼顾实际状况的复杂性，多元化和复合性的分类应是现实选择；（3）对模式的适用条件和存在不足做更深入和全面的论证分析；（4）定量的量化、评价、测定研究，以及实证研究当是重点方向之一；（5）多学科的交叉融汇是取得模式研究突破的必须；（6）学界和实践的紧密结合是必不可少的途径；（7）多视角的推进是目标之一。结合低碳经济、节能环保、清洁生产、政府治理、公众参与、组织形态、国家经济规划区、区域比较等都是可选择的视角；（8）既要大尺度上的广泛研究，也需要小尺度上的深入分析。区域的横向和纵向比较，面板数据的应用也应引起重视。

（四）对构建协同模式的启示

中国是个农业大国，农村人口占绝大多数，西部地区是我国社会、经济发展相对落后的地区，也是主要的生态屏障，如何在新农村建设中既实现经济发展又保护好生态环境，统筹协同是重要前提。而经济发展与环境保护协同模式设计是当前西部地区新农村建设中亟待解决的问题。分析和了解已有新农村建设模式的实践和理论现状、存在的不足等，对构建协同模式无疑具有重要的启发意义。

（1）新农村建设本身的模式是基础。构建经济发展和环境保护协同模式，首先需要考虑新农村建设本身的现状、特点、类型、阶段、困难、动力等情况，而模式是基础。

（2）西部区域的科学分区是前提。西部涵盖12个省区市，地域广阔，自然、社会、经济和文化等特征既有类同的一面，更有地域差异的一面，如何进行科学的区域类型划分，是寻求不同区域选择的不同协同模式的前提。协同在总体分动力类型的基础上，也与不同区域的差异性有关。具体如何分区，既要借鉴现有分区依据和角度下的情况，也要结合具体协同的需要综合分析。

（3）多种因素综合考虑是必需的。构建经济发展和环境保护的协同模式，要把握新农村建设的基本趋势，针对新农村环境问题的特点，综合考虑经济发展与环境保护的相关作用，并要注意协同模式的分类和分区等问题。

（4）主导因子分析是现实选择。在上述众多的因素中，需要筛选西部地区新农村建设中经济发展和环境保护协同的主导因子，结合实地调研，应用一定的理论分析工具，从而逐步确定协同的前提、条件、动力、具体模式和关键要素等内容。

（5）协同模式应是一个互构的系统。协同就是要建立经济与环境的相互促进的机制，找到两者的结合点，克服中间障碍，而协同模式应是一个在区域基础上的经济要素和环境要素的耦合系统。协同模式是协同的不同主体的互构关系、类型、过程、机制及相关条件的探索，从而促成多元协同主体的求同存异，最终实现"生产发展、生活宽裕、乡风文明、村容整洁、管理民主"的社会主义新农村建设的总体目标。

二、西部区域类型分区的研究

西部地区地域广阔，类型多样，如何进行科学的区域划分，是寻求因地制宜模式的前提，也是实施差异化政策的基础。本书在综述已有相关分区研究的现状、特点和不足的基础上，从分区原则和依据、分区单元、分区空间形态等方面，提出了基于环境经济协同关系的西部新农村建设的分区方案，划分为六大类型区：城郊区、西南丘陵区、西南山区、西北旱作区、西北绿洲区和青藏高原区①。

（一）西部地区相关分区研究述评

一直以来，西部地区的分区问题，受到学界、政界的广泛关注，目前也已进行了许多有益的探索，梳理已有的西部分区的理论和实践情况，从而为提出符合新农村建设中环境经济协同的分区奠定基础。从分区的视角和依据，结合环境经济协同的主题，就目前与之相关分区的主要情况和类型概括进行综述。具体分区情况见表2-2。

表2-2　　　　　　　　已有西部区域不同类型的分区

序号	分区角度和原则	分区类别	责任者、年份
1	行政区划结合地理特征划分	西北：陕、甘、宁、青、疆、（蒙） 西南：川、渝、黔、滇、藏、（桂）	一般意义上的划分
2	综合农业区划	内蒙古及长城沿线区大部、东北区小部、黄土高原区大部、甘新区全部、青藏区全部、西南区大部、华南区小部	全国农业区划委员会（1981）

---

① 陈润羊. 西部地区新农村建设中环境经济协同的分区研究 [J]. 资源开发与市场，2012，28（7）：613～615.

续表

序号	分区角度和原则	分区类别	责任者、年份
3	农业区划角度，依据农业资源的地域组合决定的农业生产的地域分异划分	西北内陆绿洲农业和天然草地牧业区、西南亚热带农业区、青藏高寒牧业区、黄土高原农业区以及农牧过渡等地域类型和一些专业性较强的农产品带	全国农业区划委员会（1989）
4	生态经济的角度，根据面临的生态环境问题划分	青藏高原旱区（含江河源区）、黄土高原区、西北干旱区、长江中上游地区	程国栋等（2000）
5	从节水农业的角度划分	西北区涵盖黄土旱塬区、丘陵风沙区和内陆区，西南区涵盖西南高原区、河谷盆地区和丘陵山区	全国节约用水办公室（2002）
6	从生态经济的角度，根据社会、生态和自然指标，通过统计分析、空间模拟和实地验证划分	东部脆弱生态环境—极强人类活动地带、西北高脆弱生态环境—强人类活动地带和青藏极脆弱生态环境—弱人类活动地带三大生态经济地带、九大生态经济地区和28个生态经济区	董锁成（2005）
7	从新农村建设的关键技术集成研究与示范的角度，根据地理气候特征、生态类型及产业结构类型的特点划分	都市多功能农业区、西南山区、西北旱作农业区、西北绿洲农牧区、青藏高原生态农牧区	科技部（2008）

资料来源：根据已有研究成果和相关公开资料整理分析。

①全国农业区划委员会《中国综合农业区划》编写组.中国综合农业区划［M］.北京：中国农业出版社，1981.

②全国农业区划委员会.中国农业自然资源和农业区划.北京：中国农业出版社，1989.

③程国栋，张志强，李锐.西部地区生态环境建设的若干问题与政策建议［J］.地理科学，2000，20（6）：503～510.

④董锁成，张小军，王传胜.中国西部生态—经济区的主要特征与症结［J］.资源科学，2005，27（6）：103～111.

（1）从行政区划结合地理特征角度，西部包括西北五省市和西南五省市，另加内蒙古和广西，也有人认为，内蒙古可划入西北，广西可归为西南；（2）从区域农业视角的分区属自然区划下的农业部门区划，主要分类依据是农业资源的地域组合决定的农业生产的地域分异；（3）水资源短缺是西部尤其是西北农业发展的制约因素，从节水农业的角度进行划分；（4）从生态经济视角的分区，根据西部地区生态脆弱、经济发展水平低的现状，从发展生态经济是经济与环境协同发展纽带的要点出发，程国栋提出的四大生态危机区或生态经济类型区，具有战略指导性，而董锁成在研究方法、研究精度及分区特征分析和结症诊断等方面，具有开创性的价值；（5）科技部从科技促进新农村建设的角度，根据地理气候特征、生态类型及产业结构类型的特点，设置的技术集成与区域示范课题，其中，5个与西部地区直接相关，但西南只有山区一个，不能代表广阔、多样的西南类型；（6）从政策实施的角度，综合学界的研究成果，国家发改委在西部大开发"十二五"规划中，从重点经济区、国家生态安全屏障、农产品主产区等角度对西部地区进行了划分，当然这些划分的区域不是成片的。

（二）西部地区分区的基本评价

1. 分区视角

从目前分区研究所依据的视角来看，主要是从自然区划、经济区划、生态功能区划和生态经济区划等角度进行划分的，从整体而言，目前的分区大部分是把西部所属的区域作为上述分区的具体类型，或以西部区域为研究对象的西部内部基于不同研究主题的分类。

2. 分区原则

分区原则是整个分区研究的关键。现有的分区研究，依据研究者的目的和用途采取了不同的原则。具体到西部区域内，与新农村环境经济协同相关的分区原则有：涉及经济发展的、生态环境的、农业的、生态经济的等大原则的。每一种分区都有隐含在其后的指导思想和理论基础，如区域经济学、生态经济学、环境生态学等。科学的分区原则应在相应的理论基础上，需综合考虑多种因素，这样的分类才符合地域复杂性分区的要求。

3. 分区方法

分区规律是在同一地域内部表现为相对一致性，在此地域与彼地域之间有明显的差异性。从这个意义上讲，分区则是把区域内部的一致性、区域之间的差异性加以系统揭示和归纳的方法和过程。大的分区方法有定性法和定量法，实际应用的更多的是定性定量结合法。如相对复杂的分区，一般建立分区的指标体系，对研究对象区域内一定的经济社会环境状况进行综合评价，现在更多运用主成分分析法、聚类法、地理信息系统（GIS）等方法和技术，分析研究区域的分异特征，从而揭示研究区域的经济社会环境的地域分异规律。

4. 分区单元

目前的分区单元，总体上应该以分异地区为单位，但也有以县或地州市等行政单元为单位。大部分的分区基于研究目的，打破了行政区划的限制。

5. 空间形态

有的分区涵盖全部研究对象，在地域上是连片的，而有的分区是针对重点地区展开，在地域上并不连片。

6. 分类与分区的结合

一般的分区是就分区论分区，更多的是就研究的主题，先分类，后分区，或者分类和分区相结合，这样，分类是研究主题的主导因子，分区则是分类在地域和空间上的展开或落实。

总之，关于西部地区环境经济协同的相关分区研究，许多的学者和实际工作部门从不同角度出发，已做了积极的努力探索，这些基于不同视角和不同原则下的分区结果，既相互区别，又各有侧重。在特定研究主题下分区研究，需遵循"具体问题具体分析"的基本原则，同时借鉴已有成果，但更需要进行深入分析和仔细鉴别，以提出符合实际的分区划分方案。

（三）已有西部地区分区研究存在的不足和展望

从现状来看，西部的分区研究还存在许多不足，需进一步深化研究。

（1）针对西部整体的分区研究已有了良好的开端，但西部内部更细致和更精细的分区研究尚待深入，特别是对农村地区，尤其是如何结合新农村建设的主题，尚没有触及；（2）目前大多数分区研究，更多的是从整体上就分区的原则、方法等分区方案的探讨，从而得到服务于研究主题的分区结果，但对不同分区类型的主要特征和存在的问题、分区类型内的不同典型区，进行差异化和针对性的深入全面研究不足，这影响了提出差异化对策建议的基础；（3）目前大部分分区的定量研究多，但定量研究受构建的分区指标体系、采用的分区评价方法等因素的影响，其结果也多有差异，当然，定量是分区的基础，但就研究主题而言一般都是极其复杂的，这就需要一定的定性判断，或基于实地调研和专业素养的经验判断，只有这样，分区的依据和结果才更具科学性和可靠性；（4）未来的分区研究要充分综合利用现代的技术方法，进行多学科的交叉融合，才能有所突破，如利用地理信息系统（GIS）的空间分析功能，解决分区的区域内部的一致性和区域之间的差异性的系统揭示问题；利用统计学的方法，解决对大量经济、社会和环境数据的处理问题等。

（四）对西部新农村经济与环境协同分区的启示

分区视角主要理论依据是环境经济学，分区方法采用定性定量结合法，在适当定量的基础上，基于新农村环境经济协同的主题，进行定性的判断。在空间形态上，突出重点地区，不追求地域上的全覆盖。在分区单元上，在考虑行政区划的基础上，主要根据协同主题确定的分异地区为主要单位。考虑自然环境和农业生产方式等因素，综合上述分类原则和依据，可将西部地区新农村建设中经济发展与环境保护协同的区域划分为六大类型区：城郊区、西南丘陵区、西南山区、西北旱作区、西北绿洲区和青藏高原区。

三、（新）农村经济发展与环境保护的协同研究

关于（新）农村经济发展与环境保护的协同研究，国外研究分别从传统农业改造、可持续发展、生态经济、循环经济、平衡发展等视角展开，国内研究则分别从生态经济、循环经济、生态文明和人居环境等视角展开。研究进展表明，目前学界从不同视角开展了农村经济与环境协同研究，涌现出许多新的研究成果，但对农村经济与环境协同的系统研究和综合研究还是比较薄弱[①]。

本部分文献研究从经济发展与环境保护之间的相互关系入手，首先，梳理国内外关于经济发展和环境保护关系的理论和实践探讨；其次，在关注农村建设中环境保护问题的基础上，重点分析我国农村地区经济发展与环境保护之间的相互关系；最后，总结我国（新）农村经济发展和环境保护协同的相关研究进展，以了解和掌握该领域的研究现状和最新进展。

（一）国内外关于经济发展与环境保护的相互关系

国外关于经济发展与环境保护相互关系的理论探讨由来已久，但也存在不少争议，特别是对经济增长的极限问题，曾产生了悲观派和乐观派两种对立的观点。悲观派是以丹尼斯·L·米都斯（Dennis. L. Meadows）等罗马俱乐部思想为代表，他们认为，要使地球免遭毁灭，只有采取"自我限制增长"，尽可能提高土地生产率，减少单位产品所消耗的资源数量和污染排放量，停止进一步的经济增长，才有可能保持一个稳定的、动态平衡的世界[②]，该学派于1972年提出了"零增长理论"。与此同时，另一派经济学家则提出了经济与生态环境协调发展的乐观论调，史称乐观派。科尔（Cole, 1973）在 Meadows 的模型

---

① 张永凯，陈润羊. 农村经济和环境协同发展研究 [J]. 科学·经济·社会，2012，30（2）：51～54.

② 丹尼斯·L·米都斯，李宝恒译. 增长的极限—罗马俱乐部关于人类困境的报告 [M]. 长春：吉林人民出版社，1997：56.

中引入新资源勘探、资源回收利用等因素，使可利用的不可再生资源保持指数增长；诺德豪斯（Nordhaus，1973）引进了技术进步和替代因素，认为经济增长系统不但可以避免崩溃，而且经济增长速度还有可能加快，经济与环境将会实现协调发展[①]；以朱利安·L·西蒙（Julian L. Simon）为代表，认为罗马俱乐部的预测中所用的资源的稀缺性是技术意义上的稀缺性，而不是经济意义上的稀缺性，悲观派之所以会得出世界面临崩溃的结论进而倡导"零经济"增长，是因为他们没有充分考虑到技术进步和价格机制这一"看不见的手"在配置自然资源和环境保护中的作用以及对经济增长方式转变的影响[②]。

关于经济增长和环境之间关系进行计量分析，以环境库兹涅兹曲线（environmental kuznets curve，EKC）最为著名。格罗斯曼和克鲁格（Grossman and Krueger，1991）在对66个国家的不同地区、14种空气污染物和水污染物质12年变动情况进行研究中发现，环境和经济发展之间存在倒"U"型关系，首次提出了"环境库兹涅茨曲线"假说[③]。在格罗斯曼和克鲁格提出环境库兹涅兹曲线假说后，环境质量与经济增长（收入）之间关系的探讨就成为学术界的热点问题，引起了广泛的关注和争议。帕纳约托（Panayotou，1993）[④]、塞尔登（Selden，1994）[⑤]、达斯古普塔（Dasgupta，2002）[⑥] 等的研究结果大多都证实了倒"U"型曲线的存在。

自从"环境库茨涅茨曲线"提出之后，许多学者进行了大量的实证研究。然而，实证研究并未解决关于经济增长和环境之间的争论，不少经济学家和环境学家对此持怀疑态度。主要是由于以往的实证研究多是停留在横截面数据（cross-sectional data）的基础上，其研究结论值得商榷。Stern（1996）等指出，更有意义的研究应是对某一国或地区的经济增长与环境污染的历史性数据

①　Nordhaus, W. D. World Dynamics：Measurement Without Data ［J］. Economic Journal, 1973, 83 (11)：56~83.

②　Simon. J. L. The Ultimate Resource ［M］. Princeton University Press, Princeton, New Jersey, 1981.

③　Grossman G, Krueger A B. Environmental Impacts of a North American Free Trade Agreement ［R］. National Bureau Economic Research Working Paper. Cambridge MA, 1991.

④　Panayotou T. Empirical Tests and Policy Analysis of Environmental Degradation at Different Stages of Economic Development ［C］. International Labor Office, Working Paper for Technology and Employment Program. Geneva, 1993.

⑤　Selden T, Song D. Environmental Quality and Development：Is There a Kuznets Curve for Air Pollution Emission ［J］. Journal of Environmental Economics and Management, 1994, 27 (2).

⑥　Dasgupta S, et al. Confronting the Environmental Kuznets Curve ［J］. Journal of Economic Perspectives, 2002 (16).

(time series data) 加以考察①。另外，De Bruyn 和 Opschoor（1997）等认为，环境库兹涅茨理论假说揭示了某些污染物污染水平与经济增长的关系，并没有证据表明全部的污染物污染水平与经济增长的关系②。

在跟踪国外研究的基础上，国内关于经济发展与环境保护的协同（或大部分用"协调"一词）的理论研究，也在不断深入推进。对于经济发展和环境保护协同的理论研究重点集中在关注可持续发展问题上③，主要集中于对可持续发展概念的内涵及特征、对可持续发展基本理论的反思、可持续发展途径的研究以及可持续发展模式的研究等方面④。冯刚（2008）论述了经济发展与环境保护的关系，指出经济发展与环境保护之间存在着辩证统一的关系，两者既相互矛盾又相互统一⑤；李名升（2009）提出了经济—环境基尼系数的概念，计算出了经济—环境协调度，并认为中国经济—环境协调程度在 1996～2006 年经历了一个先下降后上升的"U"型曲线过程，经济—环境协调发展历程受经济发展影响较大⑥；国内关于经济发展和环境保护的实证研究主要有对湖南、柳州、丽江、东莞、西安、山东和南京等城市和地区的研究。关于经济增长和环境间的定量研究，我国许多学者通过对我国不同尺度地区经济增长和环境关系分析后，验证了"环境库茨涅茨曲线"的存在（邢秀凤等，2006⑦；周银香，2011⑧；韩玉军，2009⑨）。国内对环境库茨涅茨曲线的研究相对较晚，大多数是对工业污染的实证研究，结果发现有些环境污染指标比国外提前达到转折点⑩，同时发现有些指标没有出现转折点，认为经济处于初级发展阶

① Stern D. I, Common, M. S., and E. Barbier. Economic Growth and Environment Degredation: The Environmental Kuznets Curve and Sustainable Development [J]. World Development, 1996, 24 (7): 1151～1160.

② De Bruyn S M, Opschoor J B. Developments in the Throughout-Income Relationship: Theoretical and Empirical Observations [J]. Ecological Economics. 1997, 20 (3): 255～268.

③ 任保平. 中国可持续发展 10 年研究的述评 [J]. 西北大学学报, 2003 (3): 31～37.

④ 郝晓辉. 中西部地区可持续发展研究 [M]. 北京: 经济管理出版社, 2000.

⑤ 冯刚. 经济发展与环境保护关系研究 [J]. 北京林业大学学报（社会科学版）, 2008 (4): 48～53.

⑥ 李名升, 佟连军, 李治, 等. 基于基尼系数的经济—环境协调发展及其机制 [J]. 人文地理, 2009 (6): 73～78.

⑦ 邢秀凤, 刘颖宇. 山东省经济发展与环境保护关系的计量分析 [J]. 中国人口·资源与环境, 2006, 16 (1): 58～61.

⑧ 周银香. 浙江省经济增长的环境代价之测度——基于长期均衡视角的环境库兹涅茨效应研究 [J]. 统计与信息论坛, 2011, 26 (4): 24～29.

⑨ 韩玉军, 陆旸. 经济增长与环境的关系——基于对 CO_2 环境库兹涅茨曲线的实证研究 [J]. 经济理论与经济管理, 2009 (3): 5～11.

⑩ 吴玉萍, 董锁成, 宋键峰. 北京市经济增长与环境污染水平计量模型研究 [J]. 地理研究, 2002, 21 (2): 239～246.

段①。与此同时，也有些研究者对中国是否存在 EKC 现象提出质疑，认为经济增长和环境污染指标之间不存在 EKC 关系②。总之，目前国内在经济发展与环境保护的关系研究上，主要集中在 EKC 方面，但原创性的研究有待于进一步加强。

（二）国外有关农村经济发展和环境保护协同的研究

就农村经济发展和环境保护的协同研究而言，国外首先从关注农村环境保护的问题开始，继而深入农村经济发展与环境保护的协同上来。

1. 农村环境保护问题的研究

随着工业化和城市化的不断发展，环境问题日益成为国外政界、学界关注的热点，农村环境及其可持续发展问题的研究也日益活跃起来，特别是针对农业面源污染及其治理的研究更为深入。国外在农村环境问题及其可持续发展对策的综合研究上也进行了有益的探索，对农村环境问题的研究方面关注面比较广泛，在对农业和农村环境问题现状研究的基础上，关注农业荒废产生的环境问题和政策反应的，有学者从具体的技术解决措施和农村环保方案展开研究，也有从农业环境政策出发，提出农村环境管理模式转变角度进行研究。国外农村环境保护的问题研究主要集中在农业面源污染的产生机理、防治技术、管理政策、控制手段等领域。农业面源在源头控制的基础上，对农田和畜禽体现分类控制的思想。通过严密的实验研究，对传统农业技术进行环境友好技术的替代，并把农业面源的治理放在流域的大框架里进行思考。综合应用技术手段和法规政策，在全流域的宽广范围内对农田进行最佳养分管理，实行指标化的氮、磷总量消减，达到对农业面源污染的有效控制。

2. 农村经济发展与环境保护的协同研究

关于农村经济发展与生态环境保护二者之间的协同研究，国外起步早，基础理论成熟，主要从改造传统农业、农业和农村可持续发展、生态经济、循环经济和平衡发展等视角入手进行研究。

（1）传统农业改造视角。美国著名经济学家、诺贝尔经济学奖获得者舒尔茨（Theodore W. Schultz）认为，传统农业是完全以农民世代使用的各种生

---

① 张云，申玉铭，徐谦. 北京市工业废气排放的环境库兹涅茨特征及因素分析［J］. 首都师范大学学报（自然科学版），2005，26（1）：113~116.

② 谢贤政，万静，高亳洲. 经济增长与工业环境污染之间关系计量分析［J］. 安徽大学学报（哲学社会科学版），2003，27（5）：144~153.

产要素为基础的农业；是一种特殊类型的经济均衡状态；它是一种生产方式长期没有发生变动，基本维持简单再生产的、长期停滞的小农经济。他提出的"高收益投入模型"，认为发展中国家的农业生产要得到较快增长，不能靠现有资源配置，而要为农民提供新的更有生产性的高收益生产要素，这就需要改造传统农业，引进现代生产要素，建立利于农业转型的制度，增加现代农业要素投资、农民的人力资本投资，加强农业科学技术研究①。传统农业改造的核心思想是如何把弱小的传统农业改造成为一个高生产率的经济部门。

（2）可持续发展视角。美国生物学家雷切尔·卡逊（Rachel Carson）的《寂静的春天》（Silent Spring），指控了农业化学化的弊端②；《我们共同的未来》（Our Common Future）提出了"满足当代人的需要，又不对后代人满足其需要的能力构成危害的发展"；《登博斯宣言》（Den Boson Declaration）明确指出，将可持续农业（Sustainable Agriculture Development，SAD）和农村发展（Sustainable Rural Development，SRD）有机结合，提出了可持续农业与农村发展（Sustainable Agriculture and Rural Development，SARD）的概念；《21世纪议程》把农业和农村的可持续发展作为可持续发展的根本保证和优先领域。联合国可持续发展世界首脑会议，指出今后可持续发展的重点应放在农业生产、水与能源等方面，农业与农村可持续发展的可操作性得到加强。总之，从可持续发展来看农村经济发展和环境保护的协同发展，其重点是强调一种发展理念和导向。

（3）生态经济视角。以美国罗伯特·科斯坦扎（Robert Costanza）和赫尔曼·戴利为代表的西方生态经济学主流学派，在可持续发展的新理论平台上研究了该问题。从经济学和生态学的结合上，研究经济发展与环保之间的关系。其中，赫尔曼·戴利指出："自然资本是指能够在现在或未来提供有用的产品流或服务流的自然资源及环境资产的存量"③；罗伯特·科斯坦扎等认为，生态系统提供的产品与服务统称为生态系统功能，是指人类直接或间接地从生态系统的功能当中获得的各种收益④。就农业和农村地区发展而言，国外率先提出了"生态农业"和"有机农业"的概念。生态农业这个概念首先由美国土

---

① Theodore W. Schultz. Transforming Traditional Agriculture ［M］. Yale University Press，New Haven，1964.

② Rachel Carson. Silent Spring. Copyright renewed Roger Christie，1990.

③ H. E. Daly，Beyond Growth ：the Economics of Sustainable Development ［M］. Boston ：Beacon Press，1996：25～76.

④ Robert Costanza，et al. The Value of the World's Ecosystem Services and Natural Capital ［J］. Nature，1997，387：253～260.

壤学家阿尔伯韦奇（W. Albreche）于1970年提出的，1981年英国农业学家沃什顿（M. Worthington）将生态农业明确定义为"生态上能自我维持，低输入，经济上有生命力，在环境、伦理和审美方面可接受的小型农业"。同时，由于化肥、农药等的过量使用，形成了典型的石油农业，并对环境产生了污染，在此背景下诞生了有机农业。有机农业的理论最初是由美国学者罗德尔（Rodale）提出的，他于1945年出版了《堆肥农业与园艺》一书，并从土壤生物学的肥力概念出发，论证了大量使用化肥和农药的害处和有机肥在培养地力上的优越性能。1980年，美国农业部一个调查小组给有机农业下了一个定义：所谓有机农业是指完全不用人工合成的化学肥料、农药、生长调节剂和饲料添加剂的生产制度。

（4）循环经济视角。循环经济（circular economy）思想萌芽于20世纪60年代，美国经济学家鲍尔丁（K. E. Boulding）提出的"宇宙飞船理论"是其早期代表。该理论认为，地球就像在太空中飞行的宇宙飞船，要靠不断消耗和再生自身有限的资源而生存，如果一味地不合理开发资源、破坏环境，就会走向毁灭[①]。1990年，英国环境经济学家珀斯和特纳（D. Pearce and R. K. Turner）首次正式使用了循环经济的概念。实际上，循环经济是指在人、自然资源和科学技术的大系统内，在资源投入、企业生产、产品消费及其废弃的全过程中，把传统的依赖资源消耗的线形增长的经济，转变为依靠生态型资源循环来发展的经济。资源的高效利用和循环利用为目标，以"减量化（reduce）、再利用（reuse）、资源化（recycle）"为原则，以物质闭路循环和能量梯次使用为特征，按照自然生态系统物质循环和能量流动方式运行的经济模式。20世纪90年代以后，可持续发展战略成为世界各国的共识，发达国家把大力发展循环经济作为实现可持续发展战略的具体途径[②]。结合农业和农村地区，循环经济主要涉及循环农业。世界各国都曾经在这方面做过积极探索，并产生了一系列循环农业的发展模式，如日本爱东町地区循环农业模式、日本菱镇的循环农业、德国的"绿色能源"农业、美国的精准农业以及英国的"永久农业"等[③]。

（5）平衡发展视角。主要以罗森斯坦·罗坦（Resenstein - Rodan）、罗格纳·纳克斯（Ragnar Nurkse）等为代表，主张在区域间或区域内部均衡部署生

---

① 王永生. 发展循环经济，实现我国矿业可持续发展 [J]. 矿产保护与利用，2005（4）：1~4.
② 徐建玲. 东北老工业基地循环经济发展对策分析 [J]. 东北师大学报（哲学社会科学版），2007（3）：98~100
③ 刘渝，杜江. 国外循环农业发展模式及启示 [J]. 环境保护，2010（8）：74~76.

产力，实现产业和区域经济的平衡发展。纳克斯的"贫困恶性循环"理论与打破低水平恶性循环的平衡增长理论，实质是强调在一个强大的外力推动下，使区域内部各产业间能够形成相互需求，均衡地发展国民经济各部门，获得经济增长，从而促进区域经济均衡发展。总之，从平衡视角来看，农村地域的经济发展目标就是要实现农村地域内部生产力的平衡布局以及城乡之间的协调发展。

3. 日本和韩国的新农村建设及其启示

"新农村建设"的概念，国外主要是日本和韩国有近似的提法，日本称为"造村运动"，而韩国则称为"新村运动"。这里从新农村建设的视角出发，基于经济发展与环境保护的协同这一主线，梳理日本和韩国的相关研究进展及其对我国的启示。

日本新农村建设始于 20 世纪 50 年代，并先后开展过三次规模较大的新农村建设。在日本的"造村运动"中，以 1979 年日本大分县前知事平松守彦提倡的"一村一品"运动最为著名，通过发展特色产业，以振兴"1.5 次产业"[1]。这次"造村运动"主要做法是：建设产业基地和树立品牌，发展农特产品；延长农业产业链，提高产品的附加值；通过培训和教育，提高农民的科技文化素质；充分发挥农协在农产品的生产和流通领域以及融资方面的积极作用等（杨凌，2007）[2]，这些举措推动了日本农业经济的快速发展。虽然日本的造村运动在振兴农特产品、培育地方品牌和发展特色经济等方面成效突出，但是，"造村运动"对生态环境产生了一定影响。为了提高大规模的农作物产量，兴建水库等设施，结果破坏了自然生态，某种程度上使"一村一品"变成了"一村一损"[3]。日本的"造村运动"在兼顾经济与环境协同发展方面的经验主要有：分类规划乡村地域，走错位和差别化发展之路；积极推广农业新技术，发展"环境保全型农业"；注重民族特色和区域特色产业的发展，夯实农村经济发展的基础；积极发挥农协的作用，促进了农村经济社会和环境的协调发展；注重农民的教育、培训和精神启蒙，进行乡村文明风尚建设；增加公共事业的财政投入，进行农业、环保等基础设施建设；完善防治农村环境问题

---

① 指以农、林、牧、渔产品及其加工品为原料所进行的工业生产活动，通过这个生产活动增加农产品的附加价值，延长农业产业链，提高农业综合效益。由于该生产活动是介于第一和第二产业之间的概念，所以称为 1.5 次产业。

② 杨凌. 日本的造村运动对我国新农村建设的启示 [J]. 昆明理工大学学报（社会科学版），2007（1）：19～22.

③ 陈磊，曲文俏. 解读日本的造村运动 [J]. 当代亚太，2006（6）：29～35.

的法律体系，大力发展生态农业等。

　　韩国新农村建设起初是时任韩国总统林正熙在 1970 年提出的，名为"新村运动"，旨在改变农村的落后面貌，缩小城乡差距。其过程大致经历了五个阶段，在不同阶段其侧重点也各有不同①。韩国的"新村运动"其内容主要包括②：通过加强路、气、水、电、通信、医疗卫生等设施的建设，改善居住环境；通过专业经营、农业机械普及、村办企业等，扩大农民收入；培养协作精神和健康的社会意识，树立农村的新风尚。韩国通过"新村运动"，改善了农村环境，发展了农村经济，提高了农民生活水平，缩小了城乡差距，取得了良好的社会、经济和环境效益。韩国"新村运动"在兼顾经济与环境协同发展方面的经验主要有：依靠当地居民的主体作用，政府进行指导并提供支持；重视对农民勤奋、自强、协作精神的启蒙教育，促进农民的自发自觉意识；根据乡村的具体情况，进行分类建设；建立合作金融组织，发挥"新农村金库"的金融、组织协作以及居民教育等多种功能；重视包括环保方面的基础设施的建设，改善人居环境；制定《环境亲和型农业育成法》，大力发展环境友好型有机农业；制定和实施了一系列亲环境农业促进计划，促进农村可持续发展等。

　　系统总结国外农村建设、环境保护的经验和做法，对我国新农村建设中经济发展与环境保护的协同具有参考和借鉴意义。国外尤其是日本和韩国在新农村建设中发展经济和环境保护的做法、举措，对我国以及西部地区新农村建设中做好环境保护工作有益的启示有：建立完备的法律法规体系，为农村环保提供法律保障；进一步理顺管理体制，有效监管新农村环境问题；建构高效的管理机构，形成相关部门分工合作的机制；应用复合型管控手段，因地因时制宜，采取不同的对策；运用多样化的市场型手段，促进农村环保投入多元化；充分发挥政府的主导作用，促进农村环保的公众参与③。

（三）国内有关（新）农村经济发展和环境保护协同的研究

　　与国外研究进程类似，国内对（新）农村经济发展和环境保护协同问题也首先从关注（新）农村环境保护问题开始，然后才逐渐过渡到（新）农村

---

　　① 张利库，缪向华. 韩国、日本经验对我国社会主义新农村建设的启示 [J]. 生产力研究，2006（2）：169~170.
　　② 安虎森，高正伍. 韩国新农村运动对中国新农村建设的启示 [J]. 社会科学辑刊，2010（3）：83~87.
　　③ 陈润羊. 新农村环境保护：国外经验借鉴和启示 [J]. 世界农业，2011（12）：21~26.

经济发展和环境保护协同的研究领域。

1. 农村与新农村建设中的环境保护问题的研究

国内农村环境保护方面的研究内容比较宽泛，主要体现在以下八个方面：（1）有的学者把农村环境问题和"三农"问题结合起来进行研究，认为农村环境问题是"三农"问题的重要内涵；（2）也有的学者从农村能源利用和农村能源结构角度，研究我国农村环境的现状、问题及对策；（3）关注畜禽养殖污染和农业面源污染；（4）研究农村环境管理制度的改革与发展；（5）研究农村生态系统管理的科学技术支持；（6）研究优化农村环境管理的环境公共政策；（7）研究生态补偿机制；（8）研究国外农村环境保护经验借鉴等。近几年，结合新农村建设的一些文献也不断涌现：探讨新农村建设与农业、农村环境保护关系，一些新的研究视角和研究内容也不断拓展，如新农村量化评价、探讨生态农业和新农村建设的关系、农村清洁生产与循环经济等①。

2. 农村建设中经济发展与环境保护协同的研究

从国内对农村经济发展与环境保护的协同研究来看，国内的研究起步较晚，尚处于不断深入拓展阶段，贾士靖等（2008）在阐释农业生态环境与经济发展耦合关系的基础上，建立了两者之间的耦合度量模型②。张绪清（2010）提出了工业企业型、特色农业型、生态旅游型、劳务移民型、休闲产业型、商贸流通型等六种协同模式③。

国内关于农村经济建设和环境保护协同发展，如果从具体研究的视角考察，主要从生态经济、生态文明、循环经济、人居环境和庭院经济等几个方面入手。

（1）生态经济视角。冯刚（2008）在设计提出工业型新农村、特色型新农村、畜牧养殖型新农村、休闲型新农村、商贸流通型新农村和旅游型新农村建设与生态协调模式等六种模式，然后提出了保障协调模式实施的经济、环境、社会、资源和法律对策④。从国内生态经济的研究视角看，目前还停留在发展生态产业上，重点集中在生态农业的发展模式上。

———————

① 陈润羊，花明. 发展生态农业，促进新农村建设 [J]. 乡镇经济，2007 (7)：5～7.

② 贾士靖，刘银仓，邢明军. 基于耦合模型的区域农业生态环境与经济协调发展研究 [J]. 农业现代化研究，2008，29 (5)：573～575.

③ 张绪清. 新农村建设与生态保护协同发展模式研究——以贵州乌蒙山区为例 [J]. 生态经济，2010 (2)：120～122，125.

④ 冯刚. 新农村建设中经济与生态保护协调发展模式研究 [D]. 北京林业大学博士学位论文，2008.

（2）循环经济视角。循环经济的理念主要关注于资源的再利用和物质的循环。发展循环经济是新农村建设中经济发展和环境保护协同的重要途径和纽带。高慧荣（2009）认为，只有用循环经济的理论和相应的技术进行指导，才能保证新农村建设目标的实现①。陈诗波（2009）依据协同理论对循环农业各参与主体进行了重新界定，并提出了四位一体的角色定位②。总之，发展循环经济是我国新农村建设中经济发展与环境保护协同的重要途径，但需要科技支撑和政策扶持。

（3）生态文明视角。黄振中（2006）对生态文明进行了全面阐释，并认为良好生态是幸福指数的标志，生态是农村致富的最直接途径，生态文明将加速改变农村面貌③。因此，农村经济发展和环境保护协同是农村生态文明的具体体现，也是今后新农村建设的未来导向。

（4）人居环境视角。周侃等（2011）结合多元统计分析，探讨新农村建设以来京郊农村人居环境质量的要素特征、影响因素和发展水平④。从人居环境的视角研究农村经济发展和环境保护协同，体现了以人为本的科学发展观。

（5）庭院经济视角。庭院经济就是以庭院生态农业为基础的经济。徐文辉等（2010）指出庭院经济成为增加农民收入和提高农民生活水平的一项重要途径⑤。庭院经济仅仅是从微观视角探讨农村经济发展和环境保护协调的一种途径，它和农村发展循环经济和生态经济有密切联系。

3. 关于西部地区新农村经济发展与环境保护协同的研究进展

在国内农村经济发展和环境保护相互关系的研究综述基础上，为了进一步了解西部新农村建设中，经济发展和环境保护的协同发展的相关研究进展，特进行如下的文献梳理和总结。王志岚（2006）指出，量力而行、与扶贫开发相结合、与保护生态环境相结合来开展新农村建设是西北地区应首先考虑的途径⑥。张文秀等（2009）通过对川甘青8县牧民的问卷调查发现，牧区当前较

① 高慧荣. 用循环经济理论指导新农村经济建设探讨［J］. 农村经济，2009（9）：14～16.
② 陈诗波. 基于协同理论的循环农业发展主体研究［J］. 南方农业，2009（9）：103～107.
③ 黄振中. 燃起生态文明的火炬　建设社会主义新农村［J］. 中国人口·资源与环境，2006（6）：207～209.
④ 周侃，蔺雪芹，申玉铭，等. 京郊新农村建设人居环境质量综合评价［J］. 地理科学进展，2011，30（3）：361～368.
⑤ 徐文辉，赵维娅. 浙江新农村庭院经济发展模式和树种选择［J］. 江苏农业科学，2010（1）：388～390.
⑥ 王志岚. 西北民族地区新农村建设与经济发展［J］. 西北民族大学学报（哲学社会科学版），2006（6）：104～108.

为尖锐的人地、草畜关系，通过增加牲畜饲养来增加人均收入已不可能[①]；任保平（2007）探讨了西部地区资源富集区新农村建设的状况，并指出新农村建设要提高经济增长质量，从数量型经济增长转向质量型的经济增长[②]；严澍等（2010）回顾了西部农村贫困地区因人类社会经济发展与自然资源保护之间冲突所导致的一系列问题，剖析了中国西部农村贫困地区环境危机的根源[③]。

（四）国内外相关研究的述评

关于农村经济发展与环境保护两者之间的协同研究，国外起步早，基础理论相对成熟，主要分别从改造传统农业、农业和农村可持续发展、生态经济、循环经济和平衡发展等几个视角入手进行研究，而且理论研究也逐渐深入。从各个国家采取的具体举措来看，主要有加强立法、增加投入、技术培训、提高农民素质、重视乡村规划等措施来推动农村建设以及农村经济与环境协同发展。就新农村建设的实践层面上而言，对我们具有借鉴意义的首推韩国的"新村运动"和日本的"造村运动"，由于历史文化传统、自然和人文地理类似，日本和韩国在新农村建设中所采取的措施对我国的新农村建设具有重要的启示价值。

总体看来，通过上述分析，国内对农村经济发展与环境保护协同的研究主要呈现出以下几个方面的特征：（1）一般意义上的农村经济发展与环境保护关系研究不断深入。国内学术界在借鉴国外理论的基础上，进行了本土化的探索，从最初意识到农村经济发展与环境保护协调的重要性，到注意到两者的相互作用，再到有意识地引入循环经济、生态文明、生态产业、庭院经济等新的概念和模式，研究逐渐走向深入，实践也不断创新。（2）一些新颖的研究视角不断涌现。最近几年，结合新农村建设的一些学术成果也不断出现。探讨新农村建设与农业、农村环保关系；对生态农业、有机农业、可持续农业、循环农业研究的重视，新农村量化评价、探讨生态农业和新农村建设关系、农村循环经济与清洁生产、农业生态工程的实践和研究、农村区域可持续发展理论及其指标体系构建的量化研究等。（3）研究涉及领域和内容比较宽泛。对新农

---

① 张文秀，王冲. 西部少数民族牧区新农村建设中生活宽裕的影响因素分析［J］. 软科学，2009（11）：79~82.

② 任保平. 西部资源富集区新农村建设的观察与思考［J］. 西北大学学报（哲学社会科学版），2007（3）：5~11.

③ 严澍，揭筱纹. 新农村建设视角下的西部农村贫困地区环境危机管理［J］. 农村经济，2010（2）：29~31.

村建设中的环保问题比较关注,但与经济协同研究相对较少;进行全国和西部地区新农村建设面临的环境问题、原因分析、对策研究;有专家把农村环境问题和"三农"问题结合起来进行研究,认为前者是后者的重要内涵;关注农业面源和农村公共政策及政府治理模式创新等。(4)关于新农村经济发展和环境保护的定性研究居多,定量研究相对较少。在定量研究中,如何选取具体的指标来表征经济发展和环境保护协同度等都是值得商榷的问题,采用何种评价模型进行有效评价尚在探索之中。(5)目前关于新农村的研究成果较多,但是对新农村经济发展与环境保护协同模式的系统研究比较薄弱,特别是西部地区的实证研究相对不足,亟待进一步深入。

总体而言,虽然目前国内学者已经从不同视角对农村经济发展和环境保护协同进行了研究和探索,但该领域的研究成果从数量和质量上都有待提高,目前仅有的一些名称上所谓的协同模式从本质上看只能算是协同的不同类型,协同的结构、层次和空间等理论问题尚需深化,定量研究亟待深入,真正意义上的协同模式所包含的有关协同的动力、连接点、机制和保障体系等关键问题仍是几个有待深入研究的问题。同时,学界对于新农村经济发展与环境保护的理论问题系统研究不足,协同发展的理论研究比较薄弱,对于社会经济系统和生态环境系统之间的相互作用关系研究相对不够深入,针对西部地区的实证研究比较少,难以从理论上有效指导蓬勃发展的新农村建设的实践。

因此,运用系统学、协同学、环境经济学等多学科的知识,深入分析经济与环境子系统之间协同的要素和关键技术因素,进行协调度的定量分析,并设计提出因地制宜的协同模式,就成为当前及未来新农村建设亟待解决的重大理论问题。

四、核心概念界定

(一)新农村建设

社会主义新农村建设(the New Socialist Countryside Reconstruction),简称新农村建设。自新中国成立以来曾多次使用过新农村建设的类似提法,2005年10月,中共中央第十六届五中全会审议的《关于国家经济和社会发展的第十一个五年规划的建议》,明确提出了要推进社会主义新农村建设。2006年,中共中央、国务院颁布了《关于推进社会主义新农村建设的若干意见》。中央文件中用"生产发展、生活宽裕、乡风文明、村容整洁、管理民主"二十个字、五个方面来对新农村建设的目标进行了概括，学界对其内涵根据不同角度和目的也有不同的界定。

温铁军认为（2005），新农村建设是在农村贯彻科学发展观和和谐社会指导思想的重要部署，新农村的"新"，一方面体现了科学发展观和和谐社会的要求，另一方面体现在通过城市对农村的反哺，工业对农业的反哺，可使农业获得可持续发展的基础①。

贺雪峰（2006）认为，新农村建设是 21 世纪中国农村发展的战略方针，是保证中国顺利实现现代化的战略举措。他认为，新农村建设的核心是形成"低消费、低污染、低能耗、高质量"的生活方式，这与美国式"高消费、高污染、高能耗"的生活方式形成鲜明对比。并对欧美式以"三高"为基础的现代生活方式能否持续提出质疑，由此认为中国建设新农村所取得的"三低一高"的生活方式，也就成了一种新的可供选择的文明样式②。

郭杰忠（2006）提出，社会主义新农村是在社会主义条件或社会主义制度下，反映一定时期农村社会以经济发展为基础，以社会全面进步为标志的文明状态。并指出社会主义新农村具有社会主义的性质和全面性的性质，而新农村建设具有动态性、层次性、目的和手段统一的特征③。

《科学发展观百科辞典》（奚洁人，2007）中认为，社会主义新农村，指在社会主义制度下，一定时期内农村社会以经济发展为基础，以社会的全面进步为标志而反映出来的农村社会的一种发展状态。而社会主义新农村建设，指在社会主义制度下，按照新时代的要求，对农村进行经济、政治、文化和社会等方面的建设，最终实现把农村建设成为经济繁荣、设施完善、环境优美、文明和谐的新农村的目标④。

大多数学者都认为新农村建设的内涵比以前更为丰富，一般可以概括为以下几个方面：是一个全面、综合、科学的范畴，包括农村生产力发展和农村生产关系调整，也包括农村的经济基础和上层建筑；包括物质文明、精神文明和政治发展；既包括生活设施和社会事业建设，也包括农业产业能力建设；既包括村容村貌环境整治，也包括以村民自治为主要内容的制度建设。可以概括为"五新"：新农民、新社区、新组织、新设施、新风貌；是一个涵盖整个农村

① 温铁军. 如何建设新农村［J］. 小城镇建设, 2005（11）：94～97.
② 贺雪峰. 新农村建设中的六个问题［J］. 小城镇建设, 2006（3）：92～95.
③ 郭杰忠, 黎康. 关于社会主义新农村建设的理论研究综述［J］. 江西社会科学, 2006（6）：217～224.
④ 奚洁人. 科学发展观百科辞典［M］. 上海：上海辞书出版社, 2007.

深化改革、促进发展的宏伟目标，包括产业、经济发展，农民收入提高，村庄环境整治，农民文明程度提高，村一级组织加强等①。

我们这里把"社会主义新农村建设"界定为：新时期国家推进农村经济社会综合、协调、可持续发展的总体战略和政策体系。其基本内涵主要包括：在指导思想上，以中国特色社会主义理论体系为基本理论依据；在实施模式上，立足基本的国情、区情特点和农村实际条件，因地制宜、因时制宜；在内容上，以发展为主旋律，同时注重民生；在系统结构上，注重经济、社会和环境等多个子系统的协同性；在目标上，注重当前目标和长远目标的可持续性等。建设社会主义新农村的地域范围也应准确界定，不宜无限扩大，新农村的建设范围主要应在以农区为主的广大地区，农区是建设新农村比例最大的地区，不包含以林区和渔区为主的地区，但会涉及部分牧区。

（二）经济发展

"发展"（development）是区别于"增长"（growth）的概念，如 1980 年出版的《新大英本科全书》中把"经济发展"（economic development）与"经济增长"（economic growth）分列为两个词条②。一些经济学家提出了各自关于经济发展的定义，但也是见仁见智。

哈根（E. Hagen）指出，经济发展一词有两种意义：一是用来指低收入国家中的经济增长和物质利益的改善，也就是最低收入家庭的营养、卫生和教育条件的改善，婴儿死亡率的降低以及生活变得较为体面；二是也用来指增长的综合效应，及计划于非计划的效应以及有益、有害和中性的效应，这些效应是指产品种类、生产方法、就业格局、人口增长率、对外贸易以及城市化等方面的变化③。

金德尔伯格（C. P. Kindleberger）于 1958 年在《经济发展》一书中指出，经济发展主要包括：物质福利的改善，尤其对贫困线以下的人们更是如此；根除民众的贫困和与此关联的文盲、疾病及过早死亡；改变投入与产出的结构；实现适龄劳动人口的生产性就业；具备广泛基础的利益集团更多地参与决策，以增进公众福利④。

托达罗（Michacl P. Todro）认为，经济发展是包含经济与非经济内容的社

---

① 贺聪志，李玉勤. 社会主义新农村建设研究综述 [J]. 农业经济问题，2006（10）：67～73.
② 彭刚，黄卫平. 发展经济学教程 [M]. 北京：中国人民大学出版社，2007：66.
③ 哈根. 发展经济学（英文版）[M]. 霍姆伍德出版社，1983：9.
④ 托达罗. 第三世界的经济发展（上册）[M]. 北京：中国人民大学出版社，1988：124.

会总体变化，他将发展定义为"一个社会或社会体系向着更加美好和更为人道的生活的持续前进"①，包括三个方面：一是人类最低生活需要，提供基本需求的能力，维持生存所必需的食物、住所和健康等；二是美好生活公认的基本元素是自尊，是一种觉得自己有价值、有尊严的感觉；三是自由，是摆脱异化的物质条件、生活条件的束缚，摆脱自然界、愚昧、他人、苦难、风俗习惯和教条主义的奴役。托达罗关于经济发展的定义和丹尼斯·古利特认为经济发展的三大目标是维持生存、自重、自由的观点可谓不谋而合。

通过对上述定义的梳理可以发现：许多学者主要关注经济增长过程中的分配平等、产业结构、制度变迁等方面的问题，但很少关注经济发展过程中的环境问题，这正是经济发展理论初期研究的一个缺陷，由此可持续发展理论便应运而生。

挪威前首相布伦特兰夫人（Gro Harlem Brundtland）任主席的世界环境与发展委员会（WCED）在 1987 年向联合国大会提交的研究报告《我们共同的未来》中指出："可持续发展就是既满足当代人的需要，又不对后代人满足其需要的能力构成危害的发展。"可持续发展是一个涉及经济、社会、文化、技术及自然环境的综合概念。它是一种立足于环境和自然资源角度提出的关于人类长期发展的战略和模式。这并不是一般意义上所指的在时间和空间上的连续，而是特别强调环境承载能力和资源的永续利用对发展进程的重要性和必要性。它的基本思想主要包括三个方面：（1）鼓励经济增长，通过经济增长提高当代人的福利水平，增强国家实力和社会财富。但经济发展包括数量增长和质量提高两部分。（2）提倡资源的永续利用和保持良好的生态环境，经济和社会发展不能超越资源和环境的承载能力。（3）谋求社会的全面进步，发展不仅仅是经济问题，在人类可持续发展系统中，经济发展是基础，自然生态保护是条件，社会进步才是目的。可持续发展具有公平性、持续性和共同性三个基本原则②。

目前，多数经济学家认为"经济增长"指一个国家或地区的产品和劳务数量的增长，或按人口平均的实际产出的增加。通常以国民生产总值（GNP）、国内生产总值（GDP）或国民收入，或它们的人均数值来衡量。"经济发展"是伴随着经济结构、社会和政治体制变革的经济增长，即不仅意味着产出的增长，还意味着随着产出增加而出现的产出与收入结构的变化以及经济条件、政

---

① 托达罗. 第三世界的经济发展（上册）[M]. 北京：中国人民大学出版社，1988：125.
② 钱易，唐孝炎. 环境保护与可持续发展 [M]. 北京：高等教育出版社，2000：132~138.

治条件、文化条件的变化①。

由此，我们可以得出，"经济发展"就是一个国家或者地区的经济由较低级、较落后、不发达状态向较高级、较先进、较发达状态过渡、变化的机制和过程，其内涵比经济增长更为广泛、深刻和丰富。经济发展包含经济增长，但经济增长并不等于经济发展，经济发展更加强调的是经济系统的协调性、经济结构的合理性、发展模式的可持续性以及发展成果的共享性等方面。

（三）环境保护

要界定"环境保护"（environmental protection）的含义，就首先需要弄清与之相关的关于"环境"（environment）及其分类、"环境问题"（environmental problem）及其分类等基本概念。

一般意义上的"环境"可从三个角度理解：一是哲学角度的环境，是指相对于主体而言的客体。二是环境科学角度，认为环境以人类社会为主体的外部世界的全体。一般认为环境是指围绕着人群的空间，及其中可以直接、间接影响人类生活和发展的各种自然因素的总体，但也有些人认为环境除自然因素外，还应包括有关的社会因素。三是从实践工作角度的理解，世界各国的一些环境保护法律法规中，往往把环境中应当保护的环境要素或对象定义为环境。如《中华人民共和国环境保护法》中指出："本法所称环境，是指影响人类生存和发展的各种天然的和经过人工改造的自然因素的总体，包括大气、水、海洋、土地、矿藏、森林、草原、湿地、野生生物、自然遗迹、人文遗迹、自然保护区、风景名胜区、城市和乡村等"，但环境包括上述内容并也不限于这些内容。

环境具有整体性与区域性、变动性与稳定性、资源性与价值性等基本特性。而环境系统是一个环境的综合体，体现为多相（包含固、液、气等）；多元（包含平原、丘陵、湖泊等）；多介质（包含水、气、土、生物等）；多层次（包含聚落、地理、地质、星际等）。环境系统的结构和状态分别是环境系统特征的内在和外在表示②。环境按要素分类，可分为自然环境和人为环境两大类；按地球环境的要素分可把环境分为大气环境、水环境、土壤环境、生物环境等；按环境范围的大小分类，可分为院落环境、村落环境、城市环境、地理环境、地质环境和星际环境等；按环境功能的不同分类，可分为生活环境和

① 彭刚，黄卫平．发展经济学教程［M］．北京：中国人民大学出版社，2007：67~68.
② 叶文虎．环境质量评价学［M］．北京：高等教育出版社，1994.

生态环境。

所谓"环境问题",是指作为中心事物的人类与作为周围事物的环境之间的矛盾。人类生活在环境之中,其生产和生活不可避免地对环境产生影响。人类与环境之间相互的消极影响构成环境问题。环境问题是目前世界人类面临的几个主要问题之一,其类型多样,根据环境问题产生的起因可分为"原生环境问题"和"次生环境问题"。由自然力引起的为"原生环境问题",也称"第一环境问题",主要是指火山、地震、台风、洪涝、干旱、滑坡等自然灾害问题。对于这类问题,目前人类的抵御能力很脆弱。由人类的生产和生活活动引起的环境问题,反过来又危及人类自身生存和发展的现象,为"次生环境问题",也叫"第二环境问题"。目前人们所说的环境问题主要是指次生环境问题,这些问题都严重地影响到人类的生活和生产,并制约着社会、经济、生态的可持续发展。根据环境问题的后果可分为"环境污染"和"生态破坏","环境污染"是指人类活动产生并排入环境的污染物或污染因素超过了环境容量和环境自净能力,使环境的组成或状态发生了改变,环境质量恶化,从而影响和破坏了人类正常的生产和生活;"生态破坏"是指人类开发利用环境和自然资源的活动超过了环境的自我调节能力,使环境质量恶化或自然资源枯竭,影响和破坏了生物正常的发展和演化,以及可更新自然资源的持续利用[①]。

"环境保护"一般是指为解决现实的或潜在的各类环境问题,调控发展和环境之间的矛盾,协调人类与环境的关系,运用各种方法和手段(主要包括行政的、法律的、经济的、教育的、科学技术的、工程建设的等)保护生态、生产和生活环境,防治环境污染和生态破坏,提高环境质量,保障经济社会的持续发展而采取的各种行动的总称。

"环境保护"有广义和狭义之分,作为广义的"环境保护"是对整个生态系统良性循环和平衡运行的维护与保护,也包含对自然资源的合理开发利用;作为狭义的"环境保护"应是通过行政、法律、经济、工程、教育和科技等手段,调控特定区域的人类活动,使人类活动的方式、规模、过程和结果在环境承载力的范围内,从而保障一定环境标准目标下的环境质量。本书主要是从狭义的角度加以研究。

(四) 协同

"协同"(synergic)一词来自古希腊语,协同论(Synergetics)亦称"协

---

① 李训贵. 环境与可持续发展 [M]. 北京:高等教育出版社,2004:1~6.

同学"或"协和学"，其创立者为德国著名物理学家赫尔曼·哈肯（Hermann Haken）。1971 年他提出协同的概念，1976 年系统地论述了协同理论，发表了《协同学引论》，还著有《高等协同学》等。协同论主要研究远离平衡态的开放系统在与外界有物质或能量交换的情况下，如何通过自己内部协同作用，自发地出现时间、空间和功能上的有序结构①②。协同论以现代科学的最新成果如系统论、信息论、控制论、突变论等为基础，吸取了结构耗散理论的大量营养，采用统计学和动力学相结合的方法，通过对不同领域的分析，提出了多维相空间理论，建立了一整套的数学模型和处理方案，在微观到宏观的过渡上，描述了各种系统和现象中从无序到有序转变的共同规律③。协同论是研究不同事物共同特征及其协同机理的新兴学科，是近十几年来获得发展并被广泛应用的综合性学科，它着重探讨各种系统从无序变为有序时的相似性。称为"协同学"的原因是，在内容上主要研究合作（联合作用），在形式上则采纳各个学科的思想和方法④。

协同是指元素对元素的相干能力，表现了元素在整体发展运行过程中协调与合作的性质。"协同"概念有着更深的含义，不仅包括人与人之间的协作，也包括不同应用系统之间等全方位的协同⑤。协同理论的主要内容可以概括为三个方面⑥⑦⑧。

1. 协同效应（synergy effects）

协同效应是指由于协同作用而产生的结果，是指复杂开放系统中大量子系统相互作用而产生的整体效应或集体效应。对千差万别的自然系统或社会系统而言，均存在着协同作用。协同作用是系统有序结构形成的内驱力。任何复杂系统，当在外来能量的作用下或物质的聚集态达到某种临界值时，子系统之间就会产生协同作用。这种协同作用能使系统在临界点发生质变产生协同效应，

---

①　（德）H. 哈肯. 徐锡申，陈式刚，陈雅深，等译. 协同学引论——物理学、化学和生物学中的非平衡相变和自组织 [M]. 北京：原子能出版社，1984.

②　（德）H. 哈肯著. 郭治安译. 高等协同学 [M]. 北京：科学出版社，1989.

③　白列湖. 协同论与管理协同理论 [J]. 甘肃社会科学，2007（5）：228～230.

④　吴彤. 自组织方法论研究 [M]. 北京：清华大学出版社，2001：47～67.

⑤　（德）赫尔曼·哈肯著. 凌复华译. 协同学——大自然构成的奥秘 [M]. 上海：上海译文出版社，2005.

⑥　H. Haken. Synergetics——an Interdisciplinary Approach to Phenomena of Self - organization [J]. Geoforum, 1985, 16,（2）：205～211.

⑦　Haken H, Knyazeva H. Arbitrariness in Nature：Synergetics and Evolutionary Laws of Prohibition [J]. Journal for General Philosophy of Science, 2000, 31（1）：57～73.

⑧　吴彤. 论协同学理论方法——自组织动力学方法及其应用 [J]. 内蒙古社会科学（汉文版），2000, 11（6）：19～26.

使系统从无序变为有序，从混沌中产生某种稳定结构。协同效应说明了系统自组织现象的观点。系统中各子系统（要素）能很好配合，多种力量就能集聚成一个总力量，形成大大超越原各自功能总和的新功能，即 $1+1>2$ 的效应。

2. 支配（伺服、役使）原理（slaving principle）

支配原理的核心思想认为，系统内部的各种子系统参量或因素对系统的影响，是有差异的、不平衡的。这种影响在不同阶段和不同时间的反应也是不同的。支配原理的贡献是：在系统走向有序、到达临界点或临界态附近时，最终将出现少数慢变量支配多数快变量的情形，这种慢变量役使或支配快变量的情形，将成为人们通过少数变量把握有序演化过程的重要工具。支配原理实际提供给我们一种可实际操作的方法论思想。当然，支配原理也不是万能的，它有自己的适用范围。当出现混沌时，支配原理将有可能失效。伺服原理用一句话来概括，即快变量服从慢变量，序参量支配子系统行为。它从系统内部稳定因素和不稳定因素间的相互作用方面描述了系统的自组织的过程。

3. 自组织原理（self - organization principle）

自组织则指系统在没有外部指令的条件下，其内部子系统之间能够按照某种规则自动形成一定的结构或功能，具有内在性和自生性特点。自组织是在一定的外部能量流、信息流和物质流输入的条件下，系统会通过大量子系统之间的协同作用而形成新的时间、空间或功能有序结构。自组织是系统整体演化发展的一种重要机制，它不仅仅是一个通过积累而平稳渐进的过程，而是一个经过积累、酝酿而发生突变、飞跃、分岔的过程。在客观世界当中，自组织现象不是任何一个系统都可以产生的，系统是实现由简单、无序演化为复杂、有序的自组织结构，要具备三个前提：系统必须是开放的、也是远离平衡的、子系统之间存在着非线性相干作用的系统中。自组织系统具有如下共同的特点：系统的单个部分（子系统）自我排列、自我组织；结构的产生或新结构的出现往往由少数几个序参量所主宰；在结构出现的临界点，涨落起着触发的作用。自组织系统演化的动力来自系统内部的两种作用：竞争与协同。竞争是协同的基本前提和条件，竞争是系统演化的最活跃的动力，竞争的存在和结果则可能造成系统内部或系统之间更大的差异，非均匀性和不平衡性。从开放系统的演化角度看，竞争一方面造就了系统远离平衡态的自组织演化条件，另一方面推动了系统向有序结构的演化。而协同是系统中诸多子系统的相互协调的，合作的或同步的联合作用及集体行为。协同是系统整体性、相关性的内在表现。

由此可以概括协同的基本原理。系统演化的动力是系统内部各个子系统之间的竞争和协同，系统内部各个子系统通过竞争而协同，从而使竞争中的一种或几种趋势优势化（自组织理论称之为形成"序参量"的过程）并因此支配整个系统从无序走向有序，即自组织起来。通过大涨落和重新判定新规则来废除旧规则。协同学最根本的思想和方法是，一种自主的、自发的通过子系统相互作用的产生系统规则的思想和方法。复杂性的模式实际上是通过底层（或低层次）子系统的相互作用产生的，在低层次寻找这种模式是徒劳的，只有在相互联系点的方式和结构以及这种作用的运动演化过程中寻找到上一层次的模式的呈现和轮廓。

（五）模式

模式（mode，model），现代汉语词典中的解释为事物的标准形式或样式。也可归结为解决某一类问题的方法论，是把解决某类问题的方法总结归纳到理论高度。模式指涉范围较广，是事物之间隐藏的规律关系的抽象。"模式"在《说文·木部》上讲"模，法也"，"模"是法式、规范，认为模式是理论的一种简化形式。模式是抽象出来的逻辑或认识工具，类似韦伯提出的"理想型"，是帮助人们理解各种历史事件及其意义和关系的工具（［德］马克斯·韦伯，1997)[1]。由此可见，对模式的认识和理解从内涵、角度和侧重等方面看，既有共同的一面，也有相异的一面。

1986 年费孝通考察温州时提出模式是在一定地区一定历史条件下具有特色的经济发展路子[2]。于战平（2006）指出，建设模式是有关建设的思路、重点、路径以及主要做法等问题的概括[3]。蒋和平等（2007）给出的新农村建设模式，是指对代表性的新农村建设经验的集中反映和高度概括，在相同类型条件下具有扩散和推广价值[4]。陆益龙（2007）认为，模式是在经验中形成的路径和策略，关于模式是模仿或复制的榜样、典型的观点是一种误解，对其他地域或类型的发展模式的比对，其价值在于根据实际探索适合特定地域的发展路径[5]。秦晖认为，中国模式是个比较出来的概念，中国独有的，外国有中国没有的特点就是中国模式。刘彦随（2011）认为，农村发展模式指不同区域农村经济发展过程中，对具有本区域鲜明特征的产业结构和经济社会运行方式的

---

[1] ［德］马克斯·韦伯著，林荣远译. 经济与社会（上）［M］. 上海：商务印书馆，1997.
[2] 费孝通. 志在富民——从沿海到边区的考察［M］. 上海：上海人民出版社出版，2007.
[3] 于战平. 论社会主义新农村建设模式［J］. 世界农业.2006（10）：4～7.
[4] 蒋和平，朱晓峰. 社会主义新农村建设的理论与实践［M］. 北京：人民出版社，2007.
[5] 陆益龙，王成龙. 社会主义新农村建设的模式比较——凤阳县小岗村和赵庄的经验［J］. 江淮学刊，2007（4）：49～54.

理论性概括，是指一定区域成长性好、代表性强，特色鲜明，易于推广的农村发展范式，具有多样性、动态性、尺度效应等特征①。从现有的观点看来，模式是进行比较的产物，同时必须具备特有性。模式既是实践的理论概括和抽象，也反过来指导实践。

把模式理解为"事物的标准样式和形式"的定义有其合理性、科学性，当然这个定义也是相对的、近似的，绝对意义上的模式是不存在的，因为把事物的标准样式和形式绝对化，脱离了事物千差万别的个性和特性，既不可能也没有用。但是在客观世界，可以找到事物的相对意义、近似意义上的标准样式和形式，如动植物标本、细胞的基本构造形式、地球的基本构造圈层以及行星、恒星运行的大致轨道等。人的科学研究、社会实践活动也需要按照事物的客观特性制定或创造标准的样式和形式，如实验室就是一定科研条件的标准样式，流水线就是某一产品的标准型生产样式等。事物和人的实践不可能有绝对的统一标准，但是有相对的、近似的统一标准。

就新农村建设而言，各地的自然环境、经济基础、文化传统等都千差万别，建设模式不可能有统一的样板。当然我们理解的新农村建设模式是特定时空条件下，源于一定地区关于新农村建设发展动力、发展路径的基本经验和规律的提炼和深化，其应是一种相对稳定的结构，同时也是一种动态开放的系统。

（六）西部地区

从政策制定和区域总体发展战略上，我国划分为四大经济区域：东部地区、中部地区、东北地区和西部地区。党的十六大以来，我国促进区域发展的总体战略就在形成、完善和深入推进。目前，以推进西部大开发、振兴东北地区等老工业基地、促进中部崛起、鼓励东部加快发展为主体的"四大板块"区域经济发展格局基本稳定，各区域比较优势将进一步凸显，区域间协调性将持续增强。

我国在各个历史时期对"西部地区"地域范围的界定存在着一定的差别。改革开放初期，政府文件和学术界所说的"西部地区"主要是指西南和西北共9个省区（重庆市尚未设立），1999年中央正式提出实施西部大开发战略，明确地界定了西部地区的范围，即将广西、内蒙古两个自治区划入西部地区，享受西部大开发政策，加上新设立的重庆直辖市，西部地区共包括重庆、四

---

① 刘彦随. 中国新农村建设地理论［M］. 北京：科学出版社，2011：201.

川、贵州、云南、广西、陕西、甘肃、青海、宁夏、西藏、新疆、内蒙古12个省市区。此外，湖南湘西土家族苗族自治州、湖北恩施土家族苗族自治州和吉林延边朝鲜族自治州等，比照国家西部大开发有关政策实施开发。但一般意义上的西部地区，指的是上述12个省市区，本书指的"西部地区"就是涵盖上述12省市区的"西部"区域。

（七）协同模式

如果把新农村建设作为一个系统，其由人口、环境、经济等子系统构成。经济发展与环境保护的协同，主要是通过考察经济发展与环境保护的相互关系，研究经济规律和环境规律互相作用的机制，从而建立环境经济调控的基本原理，为政府制定新农村建设政策、环境经济政策提供可靠依据，以取得环境与经济的"双赢"，以促进农村地区的可持续发展①。

除了从系统论的角度外，"经济发展与环境保护的协同"可以从更广泛的意义上来界定。可以把"协同"定义为"两个或两个以上的事物、系统、过程、对象之间以相互协调、相互一致的关系而不是相互干扰、相互对抗的关系保持共存或实现共同变化、发展的机制和状态。"因此，对"经济发展与环境保护的协同"也可这样来定义：经济发展与环境保护的协同，就是以建立和保持相互促进、相互协调的关系为前提实现经济发展和环境保护目标的机制和过程。从系统论的意义上来讲，新农村建设中的经济发展与环境保护的协同，就是在新农村建设这个动态系统中，经济发展与环境保护两个子系统之间以正向相互作用为条件实现各自目标和系统总体目标的规律、机制和状态。

综合而论，我们可以从中概括出新农村建设中经济发展与环境保护总体协同模式的涵义，即：依据协同论、系统论、环境经济学等基本原理，以建立和保持经济发展与环境保护之间的正向相互作用关系或以正向相互作用为主导的关系为前提，实现经济发展和环境保护双重目标的普遍机制。其是在特定时空条件下，源于一定地区新农村建设中关于经济发展与环境保护协同动力、路径、类型的基本经验和规律的理论提炼和概括，其应是特定时空条件下的一种相对稳定的结构，同时也是一种动态开放的系统。经济发展与环境保护协同模式，就是基于经济发展与环境保护协同关系的界定和识别，刻画的地域差别化的可行途径及其类型。一定时期内，真正意义上的模式对相似的地区具有较大价值的借鉴、示范和推广意义，其本身既有可供其他地区借鉴的共性的一面，

① 左玉辉. 环境经济学 ［M］. 北京：高等教育出版社，2003：3.

同时也具有不断吸收外部系统经验、不断扬弃自身的一面。模式不仅仅是目前大多相似条件下成功经验的总结，而且更要侧重于对其他类似地区可能引向成功的路径选择的启示和探索。西部地区新农村建设中经济发展与环境保护协同模式的概念体系如图2-1所示。

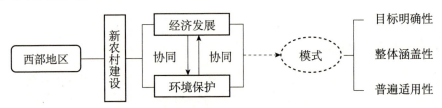

图2-1　协同模式概念体系

第三章

西部地区新农村建设的路径选择

本章内容摘要：全面把握新农村建设的现状、特征和趋势，是进行新农村建设中经济发展与环境保护协同研究的基础。首先，在概述我国西部地区自然环境和经济社会发展概况的基础上，分析了西部地区农村经济社会发展的滞后性特征。其次，根据目前新农村建设实质还处在试点示范向全面展开过渡的阶段，基于六个方面阐述了西部地区新农村建设的特点，揭示了其存在的三大不足，并据此提出了西部新农村建设需要注意的五个重点问题。最后，在世界农业发展潮流和我国社会经济发展趋势的大背景下，根据西部农村的现状进行考察，并揭示了西部地区新农村建设的八个基本趋势。

一、我国西部地区的自然环境和经济社会发展概况

长期以来，全国区域经济发展的不平衡规律所产生的一种明显的结果，就是形成东、中、西部三个板块的差异。近十多年来，国家实施了一系列区域政策和区域规划，将原先的东、中、西部三大地带的区划格局调整为东部地区、中部地区、东北地区和西部地区"四大板块"（见表3-1）。

表3-1 我国四大经济区域

序号	区域名称	涵盖省份
1	东部地区（10个）	北京、天津、河北、上海、江苏、浙江、福建、山东、广东和海南
2	东北地区（3个）	辽宁、吉林和黑龙江
3	中部地区（6个）	山西、安徽、江西、河南、湖北和湖南
4	西部地区（12个）	内蒙古、广西、重庆、四川、贵州、云南、西藏、陕西、甘肃、青海、宁夏和新疆

资料来源：根据有关资料整理。

我国在各个历史时期对"西部地区"地域范围的界定存在着一定的差别。改革开放初期，政府文件和学术界所说的"西部地区"主要是指西南和西北共9个省区（重庆市尚未设立），1999年中央正式提出实施西部大开发战略，明确地界定了西部地区的范围，即将广西、内蒙古两个自治区划入西部地区，享受西部大开发政策，加上新设立的重庆市，国家西部大开发战略所划分的"西部"范围是"10＋2＋3"的地区，即：西南五省市（四川、云南、贵州、西藏、重庆）；西北五省市（陕西、甘肃、青海、新疆、宁夏）；内蒙古自治区；广西壮族自治区；此外，湖南湘西土家族苗族自治州、湖北恩施土家族苗族自治州和吉林延边朝鲜族自治州等，比照国家西部大开发有关政策实施开发。但一般意义上的西部地区，指的是上述12个省市区，本书指的"西部地区"就是涵盖上述12个省市区的"西部"区域。

2002年，中央正式提出振兴东北老工业基地的意见，随后将辽宁、吉林、黑龙江三省和蒙东地区划为振兴东北老工业基地的规划范围。此后，东、中、西三大地带的提法遂改变为东部地区、中部地区、西部地区和东北地区四大地区。

从政策制定和区域总体发展战略上，我国划分为四大经济区域：东部地区、中部地区、东北地区和西部地区。党的十六大以来，以推进西部大开发、振兴东北地区等老工业基地、促进中部崛起、鼓励东部加快发展为主体的区域发展总体战略逐步形成并付诸实施，"四大板块"区域经济发展格局趋于稳定，各区域比较优势进一步凸显，区域协调发展的程度在一系列政策、规划的影响下正在不断提高。

（一）西部地区的自然条件和综合环境情况

西部地区与蒙古国、俄罗斯、哈萨克斯坦、塔吉克斯坦、吉尔吉斯斯坦、巴基斯坦、阿富汗、不丹、锡金、尼泊尔、印度、缅甸、老挝、越南等14个国家接壤，陆地边境线长达1.8万千米，约占全国陆地边境线的91%。

西部地区幅员辽阔，地形复杂多变，地势西高东低呈阶梯状展布，是中国主要大江大河的发源地。西部12个省市区土地面积686.74万平方千米，占全部国土面积960万平方千米的71.54%。由《中国统计年鉴》统计数据可得，2015年，西部地区人口约为3.713亿人，占全国总人口13.746亿人的27.01%。相对于辽阔的地域，西部人口密度比较稀疏。由于西部地区的地形条件和气候条件，其中，土地资源中平原面积占42%，盆地面积不到10%，约有48%的土地资源是沙漠、戈壁、石山和海拔3000米以上的高寒地区,且年平均气温偏低,大部分省区市在10摄氏度以下,有近一半地区年降水量在200毫米以下,使得西部地区的平均人口密度远远低于全国的平均水平。

从气候上看,西部除西南地区较湿润外,其他地区相对比较干旱。从地形上看,西部位于我国地势的第一、二级阶梯上,地形以高原、山脉、盆地为主。"三原四盆"是其基本地势特征——青藏高原、黄土高原和云贵高原占据西部的大部分,柴达木、塔里木、准噶尔和四川盆地位居其中;"一高一干一季"构成了西部的三类自然区,即青藏高原区、西北干旱区和局部地区的季风气候区,并呈现出各自的自然特点。

西部地区地质类型多样,形成年代久远,成矿条件优良,蕴藏有丰富的矿产资源。西部是我国的资源富集区,特别是天然气和煤炭储量,占全国的比重分别高达87.6%和39.4%。根据有关专家对48种矿产资源潜在价值的计算,西部各省份的人均矿产资源基本都居于全国前列。在全国已探明储量的156种矿产中,西部地区有138种。在45种主要矿产资源中,西部有24种占全国保有储量的50%以上,另有11种占33%~50%。西部地区全部矿产保有储量的潜在总价值达61.9万亿元,占全国总额的66.1%。此外,西部成矿地质条件优越,具有巨大的开发利用潜力。西部不仅拥有广袤的土地资源,而且拥有较高的人均耕地面积和绝大部分草原面积。但是,西部土地资源的质量与东部和中部地区有较大差异。总体上看西部山地面积比例高,这种特性影响了大规模连片地种植粮食,所以国家主体功能区中以"七区二十三带"为主体的农产品主产区的"七区"中涉及西部的有甘肃新疆主产区、河套灌区主产区、汾渭平原主产区、长江流域主产区。西南和西北在自然条件上存在差异,西南地区有充足的雨水、多气候带和丰富的动植物资源;西北地区干旱少雨、光照充足;青藏高原具有独特的高原自然气候条件。因此,西部地区适合发展适应本地土地资源和自然条件的特色农业。

西部地区发展特色农业也具有一定的资源优势。一是物种资源优势。西部多数地区开发晚、开发程度低,人口密度低,尤其是独特的气候条件、地理条件和生态条件,造就西部地区极为丰富的动植物资源。我国珍稀动植物物种基本上集中在西部地区。生物物种的种类繁多、分布广泛、野生比例大,珍稀比重高、经济利用价值高,但目前利用程度较低。二是自然资源优势。西部地区幅员辽阔,自然资源十分丰富。我国的草原几乎全部在西部地区。不仅如此,西部地区地形复杂,气候复杂,农业立地条件复杂多样,对于以特殊的资源、气候和立地条件为基础的特色农业，是不可多得的资源优势①。西部地区生态环境资源状况如表 3 - 2 所示。

表 3 - 2　　　　　　　　　西部地区生态环境资源状况

地区	国土面积（万平方千米）	森林面积（万公顷）	森林覆盖率（%）	草原面积（千公顷）	水资源总量（亿立方米）	人均水资源总量（立方米/人）	自然保护区面积（万公顷）	自然保护区面积占辖区比重（%）
西部	686.74	12417.01	18.5	331442.28	14552.9	3919.45	12048.5	17.54
全国	960	20768.73	21.6	392832.67	27962.6	2039.25	14631	14.8
重庆	8.24	316.44	38.4	2158.44	456.2	1518.65	84.5	10.3
四川	48.5	1703.74	35.2	20380.38	2220.5	2717.17	897.8	18.5
贵州	17.6	653.35	37.1	4287.26	1153.7	3278.7	88.1	5
云南	39.4	1914.19	50	15308.43	1871.9	3959.3	285.7	7.5
西藏	122.84	1471.56	12	82051.94	3853	120120.96	4136.9	33.9
陕西	20.56	853.24	41.4	5206.18	333.4	881.06	116.6	5.7
甘肃	45.4	507.45	11.3	17904.21	164.8	635.03	746.3	16.4
青海	72.12	406.39	5.6	36369.75	589.3	10057.6	2176.5	30.1
宁夏	5.18	61.8	11.9	3014.07	9.2	138.41	53.3	10.3
新疆	165	698.25	4.2	57258.8	930.3	3994.25	1948.3	11.7
内蒙古	118.3	2487.9	21	78804.48	537	2141.21	1368.9	11.6
广西	23.6	1342.7	56.5	8698.34	2433.6	5096.54	145.6	6

注：本表中自然保护区的数据为 2013 年，草原面积为 2014 年，其他为 2015 年。
资料来源：根据《中国统计年鉴》的相关数据计算整理。

（二）西部地区经济社会发展情况

西部地区是中华文明的发祥地之一，周、秦、汉、唐就是在西部关中平原立国的，我国先进的经济文化首先是通过西部而逐渐走向世界的。但西部从唐朝末期、宋朝开始落伍②。中华人民共和国成立后，国家实施的一系列区域政策推动了西部经济社会的发展。特别是 20 世纪 90 年代末开始的西部大开发，

① 孔祥智，关付．新特色农业：西部农业的优势选择和发展对策 [J]．农业技术经济，2003 (3)：34~39
② 陆水明．西部大开发的历史与现状 [J]．百年潮，2000 (8)：19~25.

是一个全新意义上的战略调整，并将对我国经济和社会产生深远影响①。实施西部大开发战略，是世纪之交党中央迎接新世纪的重大战略决策，也是全面推进社会主义现代化建设的一个重大战略部署。

西部地区民族类别多样，是中国众多少数民族的发源地和世居地，也是中国少数民族分布最集中的地区。有 46 个少数民族的世居地在西部地区，占全部少数民族个数的 83.64%②。2015 年，西部少数民族占全部少数民族人口的 90.63%，占西部总人口的 21.94%，占全国总人口的 6.54%。全国 5 个民族自治区都在西部，我国 155 个民族自治地方中有 27 个自治州和 83 个自治县分布在西部地区，还有 3 个自治州和 15 个自治县比照享受国家的西部大开发政策，西部民族自治地方面积占西部地区的 86.5%，占民族自治地方总面积的 96.7%③。民族文化丰富多彩，多元文化和多种民族的交融成为西部社会发展的重要特色。西部地区也是中国社会发展类型最为多样、社会结构最为复杂的社会多元交错发展区域④。

进入 21 世纪，国家通过西部大开发战略的实施，加大了对西部的投入，经过 15 年的努力，西部地区的经济发展、社会进步和生态环境改善均取得了巨大成就（见表 3-3）。"十一五"以来，西部地区的经济增长速度在四大板块中是最高的，2008 年以来西部地区经济增速不断加快，经济总量占全国比重开始上升，从 2005 年的 16.9% 提高到 2015 年的 20.1%。2010~2015 年，东部与西部地区人均 GDP 比值由 2.06 : 1 下降到 1.81 : 1⑤，东西部之间的差距不断缩小。2015 年，西部地区常住人口城镇化率达到 48.7%。西部地区发展出现以下重要特点：基础设施保障能力全面增强，以高速铁路、高速公路为骨架的综合交通运输网络初步构建，铁路、公路新增里程分别达到 1.2 万千米和 21.5 万千米。特色优势产业转型力度加大，经济结构调整取得积极进展。生态文明建设加快推进，新一轮退耕还林还草等重点生态工程稳步实施。基本公共服务体系不断完善。一批新的增长极、增长带正在形成⑥。

---

① 魏明孔. 历史上西部开发的高潮及经验教训 [J]. 中国经济史研究，2000 (3)：95~101.
② 黄荣清. 少数民族人口与西部大开发 [EB/OL]. (2010-09-06) http://wenku.baidu.com/view/fe8c230102020740be1e9baa.html.
③ 国家民族事务委员会. 西部大开发加快少数民族地区发展 [EB/OL]. (2009-11-24) http://www.china.com.cn/economic/zhuanti/xbkaifa/2009-11/24/content_18946032.htm.
④ 赵曦. 中国西部大开发战略前沿研究报告 [M]. 成都：西南财经大学出版社，2010：14.
⑤ 安树伟，肖金成. 区域发展新空间的逻辑演进 [J]. 改革，2016 (8)：45~53.
⑥ 国家发展改革委. 《西部大开发"十三五"规划》 [EB/OL]. (2017-01-23) http://www.sdpc.gov.cn/gzdt/201701/t20170123_836082.html.

表 3 - 3 西部地区的主要经济和环境指标

指 标	2005 年		2010 年		2015 年		"十二五"年均增长（%）	
	西部	全国	西部	全国	西部	全国	西部	全国
年末总人口（万人）	35914	130756	36069	134091	37133	137462	0.6	0.5
地区生产总值（亿元）	34086	184937	81409	401202	145019	685506	9.1	14.2
地方财政收入（亿元）	2465	15101	7873	40613	17214	83002	23.7	20.9
进出口贸易总额（亿美元）	451	14219	1284	29740	2909	39530	25.3	6.6
全社会固定资产投资（亿元）	17645	88774	61892	278122	140417	561999	25.4	20.41
城镇居民人均可支配收入（元）	8783	10493	15806	19109	26473	31195	13.5	12.7
农村居民人均纯收入（元）	2379	3255	4418	5919	9093	11422	21.2	18.6
铁路营业里程（万千米）	2.7	7.5	3.5	9.1	4.8	12.1	7.4	6.6
公路里程（万千米）	120.3	334.5	156.8	400.8	184.8	457.7	3.6	2.8
高速公路里程（万千米）	1.05	4.10	2.13	7.41	4.41	12.35	21.4	13.3
"两基"覆盖率（%）	91.5	95	100	100	100	100		
每十万人口高等学校在校学生数（人）	1210	1613	1812	2189	1738	1910	-4.1	-2.5
卫生机构人员数（万人）	133.3	542.7	207.2	819.7	289	1069	7.9	6.1
化学需氧量排放（万吨）	396.2	1414.2	366.8	1238.1	580.07	2223.50	11.63	15.92
二氧化硫排放（万吨）	896.8	2549.2	817.4	2185.1	689.99	1859.12	-3.12	-2.98

资料来源：根据历年《中国统计年鉴》计算和整理而得。

（三）西部农村地区依然是我国全面建成小康社会的重点和难点地区

尽管自国家实施西部大开发战略以来，西部地区的社会经济取得了巨大的成就，在地区生产总值、地方财政收入等指标的年均增长率都超过全国平均水平，但这种发展还只是产生了一些初步的效果，远没有改变西部尤其是农村地区经济社会发展过于滞后的状况。从反映经济社会发展水平的基本指标来看，西部农村过于落后的经济和社会状况，仍然是全国区域发展不协调的主要因素。把西部农村地区确定为全国建成小康社会的重点和难点地区，应当成为今后十几年国家加大力度促进西部发展的基本方针。

目前，西部地区仍然是我国区域经济的"四大板块"中最落后的地区，西部与东部地区的差距仍然较大，基础设施还是比较落后、生态环境重要而又脆弱、经济结构尚不够合理、自我发展能力依然不强等，这些差距和不足依然制约着整个国家区域协调发展战略实施的成效。国家第十三个五年规划纲要中明确提出，要把深入实施西部大开发战略放在优先位置。因此，进一步加快西部的发展步伐，成为我国全面建成小康社会的重点任务和必然要求。由于受特殊的自然、经济、人文环境条件的影响和决定，西部小康社会建设和新农村建设的难度大于东中部地区。加快西部地区小康社会建设必须采取一些特殊的政策措施，克服难点、难关，取得重大成效，否则全国小康社会建设目标将会因西部发展过于滞后而不能如期实现。

二、西部地区农村经济社会发展的滞后性特征

受历史、自然和现实等多种复杂因素的制约，西部农村地区社会经济发展水平更低，从全面建成小康社会的目标看，无疑是难点中的难点，也是重点中的重点[①]。

（一）农业和农村生产力长期处于低水平状态

西部农业和农村落后主要是生产力的落后。2015 年，西部地区人均粮食生产量在全国四大区域中仅次于东部地区，排第三位，而且与东北、中部地区的差距较大，东北、中部地区的人均粮食产量分别为西部地区的 2.5 倍、1.1 倍；从主要农产品单位面积产量来看，就谷物而言，西部的谷物单位面积产量无论相对于全国还是相对于四大经济区域也都是最低的；从三次产业劳动生产率也可发现西部农业生产率较低；从农业产值情况来看，不同年度里，虽然西部地区的农、林、牧、渔业各自的产值在不断上升，但总体水平还是都低于全国平均水平的。它们的总产值占全国平均水平的比例在 2000 年、2005 年、2010 年这 3 个年度里体现出不断提升的特点，但 2015 年的比例出现了下降，这说明西部的农业总产值在全国农业总产值中的比重下降了，与全国平均水平的差距拉大了（见表 3 - 4）。

---

① 陈润羊. 建设新农村，促进西部地区全面建成小康社会 [J]. 资源开发与市场，2014，30
(7)：857 ~ 860.

表 3 - 4 　　　　　　　　　　我国四大区域农业总产值情况 　　　　　　　　单位：亿元

年份	地区	农、林、牧、渔业总产值	农业	林业	牧业	渔业
2000	全国	803.74	447.53	30.21	238.49	87.51
	东部地区	1032.95	540.17	36.92	269.87	186.00
	东北地区	733.97	399.40	16.47	249.53	68.60
	中部地区	1105.25	632.45	45.87	349.53	77.38
	西部地区	479.43	289.91	20.22	154.07	15.22
	西部相当于全国	0.60	0.65	0.67	0.65	0.17
2005	全国	1272.61	632.69	45.98	429.37	129.55
	东部地区	1542.81	740.71	47.48	443.75	262.56
	东北地区	1338.83	625.60	50.57	521.73	116.33
	中部地区	1739.08	880.15	67.42	616.47	123.52
	西部地区	797.64	420.71	32.88	300.76	25.04
	西部相当于全国	0.63	0.66	0.71	0.70	0.19
2010	全国	2236.12	1191.65	83.73	671.81	207.17
	东部地区	2524.59	1300.74	85.15	636.61	402.08
	东北地区	2497.70	1125.47	82.10	1022.63	190.00
	中部地区	3154.58	1756.15	129.20	924.83	219.83
	西部地区	1471.09	835.04	60.22	486.92	42.71
	西部相当于全国	0.66	0.70	0.72	0.72	0.21
2015	全国	107056.40	57635.80	4436.39	29780.38	10880.62
	东部地区	37192.82	19108.79	1329.60	8374.20	6765.20
	东北地区	12612.26	6380.84	480.16	4511.11	847.25
	中部地区	27773.11	14905.63	1313.47	7888.25	2318.31
	西部地区	29478.17	17240.55	1313.17	9006.82	949.86
	西部相当于全国	0.28	0.30	0.30	0.30	0.09

　　资料来源：根据国家统计局历年《中国统计年鉴》的数据整理。

（二）农业和农村产业结构长期处于不合理状态

　　长期以来，西部农业和农村三次产业产值结构不合理。自 2000 年以来，尽管西部地区在一、二、三产业和国内（地区）生产总值在全国所占的比重在不断增大（见表3－5），但从三产的产值结构上看，长期呈现"二三一"的结构类型，农业比重位居第三（见表3－6）；尽管农业从业人员在三产就业结构中的比例在不断下降，但从业人员的就业仍然呈现"一三二"的结构类型，农业从业人员比重位居第一，西部劳动力从事第一产业比重偏高。2015年，西部地区的三次产业产值结构调整为12.0%、44.6%、43.3%。从农业或农村内部来看，2015年，西部农、林、牧、渔总产值比重顺序为58.49%、4.45%、30.55%、3.22%，呈现"农牧林渔"为序的结构格局，是一个以种植业为主的农业结构（见表3－7）。

表3－5　　　　　　　　　四大区域三产占全国的比重变化情况　　　　　　　单位:%

年份	指　　标	东部占全国比重	东北占全国比重	中部占全国比重	西部占全国比重
2000	国内（地区）生产总值	52.5	10.0	20.4	17.1
	第一产业	39.6	8.5	27.0	25.0
	第二产业	54.7	10.9	19.3	15.1
	第三产业	55.0	9.5	19.0	16.5
2005	国内（地区）生产总值	55.6	8.7	18.8	16.9
	第一产业	37.7	9.5	27.0	25.8
	第二产业	58.5	8.8	18.0	14.8
	第三产业	57.2	8.3	17.5	17.0
2010	国内（地区）生产总值	53.1	8.6	19.7	18.6
	第一产业	36.1	9.8	27.7	26.4
	第二产业	52.1	8.9	20.5	18.5
	第三产业	58.3	7.8	16.9	17.0
2015	国内（地区）生产总值	54.41	8.43	21.44	21.16
	第一产业	34.52	10.87	26.06	28.52
	第二产业	57.89	8.86	24.52	23.07
	第三产业	55.09	7.66	18.11	18.29

资料来源：根据《中国统计年鉴》（2001～2016）的数据整理。

表 3 - 6 全国和四大区域三次产业的产值结构变化情况

年份	地区	构成（合计＝100）		
		第一产业	第二产业	第三产业
2000	全国	15.3	47.1	37.6
	东部	11.5	49.1	39.4
	东北	12.9	51.5	35.6
	中部	20.2	44.6	35.2
	西部	22.3	41.5	36.2
2005	全国	12.6	47.5	39.9
	东部	7.9	51.6	40.5
	东北	12.8	49.6	37.6
	中部	16.7	46.8	36.6
	西部	17.7	42.8	39.5
2010	全国	10.1	46.8	43.1
	东部	6.3	49.4	44.3
	东北	10.6	52.5	36.9
	中部	13.0	52.4	34.6
	西部	13.1	50.0	36.9
201 年	全国	8.9	40.9	50.2
	东部	5.6	43.6	50.8
	东北	11.4	43.0	45.6
	中部	10.8	46.8	42.4
	西部	12.0	44.6	43.4

资料来源：根据国家统计局历年《中国统计年鉴》的数据整理。

表 3 - 7 我国四大区域农业产值结构 单位：%

年份	地区	农业	林业	牧业	渔业
2000	全国	55.68	3.76	29.67	10.89
	东部	52.29	3.57	26.13	18.01
	东北	54.42	2.24	34.00	9.35
	中部	57.22	4.15	31.62	7.00
	西部	60.47	4.22	32.14	3.17

续表

年份	地区	农业	林业	牧业	渔业
2005	全国	49.72	3.61	33.74	10.18
	东部	48.01	3.08	28.76	17.02
	东北	46.73	3.78	38.97	8.69
	中部	50.61	3.88	35.45	7.10
	西部	52.74	4.12	37.71	3.14
2010	全国	53.29	3.74	30.04	9.26
	东部	51.52	3.37	25.22	15.93
	东北	45.06	3.29	40.94	7.61
	中部	55.67	4.10	29.32	6.97
	西部	56.76	4.09	33.10	2.90
2015	全国	53.84	4.14	27.82	10.16
	东部	51.38	3.57	22.52	18.19
	东北	50.59	3.81	35.77	6.72
	中部	53.67	4.73	28.40	8.35
	西部	58.49	4.45	30.55	3.22

资料来源：根据国家统计局历年《中国统计年鉴》的数据整理。

（三）城乡之间的结构关系不合理，收入差距大，农民收入水平低

伴随着我国城镇化的迅速发展，西部地区城镇化发展也很快。2015年，我国城镇化率达56.1%，城镇人口超过乡村人口12.2个百分点。就城镇化速度而言，西部近几年发展最快。2015年，东、中、东北、西部城镇人口比重分别为65.0%、51.0%、61.0%、49.0%，与2011年相比，东、中、东北、西部地区分别提高4.3、5.5、2.3和6.0个百分点。西部省份城镇化率明显偏低，比如2015年，西藏城镇化率不到30%，仍处于乡村型社会阶段。2015年，在城镇化率排名前10的省份中，有7个在东部地区，有1个在东北地区，仅有2个在西部地区，而多数中西部省份落在10名之后。近年来，西部和中部城镇化速度虽然发展很快，可是城镇化率与东部的差距还是比较大。

首先，西部地区的农民收入在"四大板块"中是最低的。从西部地区各省市区和城乡之间人均收入差距上进行比较，西部地区各省市区和城乡之间农

民人均收入差距明显。2000 年以来，西部农村居民家庭人均年纯收入水平不断提高，但收入水平仍为全国最低。2015 年，西部农村居民家庭人均纯收入为 9093 元，只占同期全国的 80%，仅为东部地区的 64%（见表 3 - 8）。

表 3 - 8　　　　　　　　　我国四大区域农村居民人均纯收入

年份	全国（元）	东部地区（元）	东北地区（元）	中部地区（元）	西部地区（元）	西部相当于全国	西部相当于东部
2000	2253	3588	2175	2071	1632	0.72	0.45
2005	3255	4720	3379	2957	2379	0.73	0.50
2010	5919	8143	6435	5510	4418	0.75	0.54
2015	11422	14297	11490	10919	9093	0.80	0.64

资料来源：根据国家统计局历年《中国统计年鉴》的数据整理。

其次，西部地区城乡居民收入差距高于全国平均水平。我国城乡居民收入差距较大，而西部地区则更大。在我国城市居民家庭人均可支配收入和农村居民人均纯收入差距中，2015 年，全国为 2.7 倍，西部地区则为 2.9 倍，同期东部为 2.6 倍（见表 3 - 9）。

表 3 - 9　　　　　　　　　我国四大区域城乡居民收入比

年份	全国	东部地区	东北地区	中部地区	西部地区
2000	2.8	2.3	2.3	2.5	3.5
2005	3.2	2.8	2.6	2.9	3.7
2010	3.2	2.9	2.5	2.9	3.6
2015	2.7	2.6	2.4	2.5	2.9

资料来源：根据国家统计局历年《中国统计年鉴》的数据整理。

最后，西部地区 12 个省市区之间农村居民人均纯收入差距明显。2015 年，西部 12 个省份的农民人均纯收入除四川省外，均低于全国平均水平，10000 元以上的只有内蒙古、四川和重庆，全国低于 9000 元的 6 个省全在西部，而同期，除中部的山西低于 10000 元，其他东部、东北和中部地区的 18 个省份均高于 10000 元。最低的甘肃省农民纯收入仅为 6936 元，相当于西部最高四川的 61%、全国平均水平的 61%、全国最高上海的 29.89%。由此可以看出，建设生活宽裕的社会主义新农村的难点在西部农村地区（见表 3 - 10）。

表 3-10　　　　西部各省市（区）农村居民家庭人均纯收入变化情况　　　单位：元

地　区	2000 年	2005 年	2010 年	2015 年
全　国	2253.42	3254.93	5919.01	11422.00
重　庆	1892.44	2809.32	5276.66	10505.00
四　川	1903.60	2802.78	5086.89	11422.00
贵　州	1374.16	1876.96	3471.93	7386.87
云　南	1478.60	2041.79	3952.03	8242.00
西　藏	1330.81	2077.90	4138.71	8244.00
陕　西	1443.86	2052.63	4104.98	8689.00
甘　肃	1428.68	1979.88	3424.65	6936.00
青　海	1490.49	2151.46	3862.68	7933.41
宁　夏	1724.30	2508.89	4674.89	9119.00
新　疆	1618.08	2482.15	4642.67	9425.08
内蒙古	2038.21	2988.87	5529.59	10776.00
广　西	1864.51	2494.67	4543.41	9467.00

资料来源：根据国家统计局历年《中国统计年鉴》的数据整理。

（四）体制改革滞后，体制障碍限制了经济社会的较快发展

西部社会经济特别是农村社会经济的落后，除自然环境、历史等因素外，主要是体制机制改革滞后的原因。我国整体上的农村经济体制还不完善，对西部尤其如此，如农村基本经营制度、农村土地管理制度、农业支持保护制度、现代农村金融制度、农村民主管理制度和城乡经济社会发展一体化制度等方面还需继续完善和健全。东西部在体制改革的发展上不平衡，西部国有企业所占比重大，民营经济发展不足；政府的宏观调控和市场的资源配置的决定性作用的关系还需进一步厘清。城乡经济社会发展一体化体制机制还没建立，生产要素的市场化程度较低，资金、技术、人才、管理等市场要素的有序流动机制尚未建立。在户籍制度、土地制度、劳动力就业制度、社会保障制度等方面存在体制机制障碍。生产要素改革已经严重滞后于整体经济体制改革，构成市场经济基础的生产要素配置方式仍然处于非常滞后的状态。生产要素改革滞后已成为深化经济体制改革全局的主要"瓶颈"[①]。西部在资源和环境制度上也存在不完善的地方，需继续推进资源价格的改革，建立环境与发展的综合决策机制。

---

① 聂高民，李振京．"十二五"时期经济体制改革总体思路研究 [M]．北京：高等教育出版社，2010.

（五）农村贫困人口比例大，反贫困难度大

西部地区是我国农村贫困人口集中分布的地区，也是我国反贫困治理的重点和难点地区，西部农村贫困问题依然是西部大开发战略和新农村建设面临的严峻挑战。在《中国农村扶贫开发纲要（2011～2020年)》中，11个连片特困地区中，涉及西部的就有六盘山区、秦巴山区、武陵山区、乌蒙山区、滇桂黔石漠化区、滇西边境山区、大兴安岭南麓山区等10个地区，还有已明确实施特殊政策的西藏、四省藏区、新疆南疆三地州也是扶贫攻坚主战场。国家扶贫开发工作重点县名单中，全国有592个贫困县，其中，西部省份375个县，中部省份217个县，西部占63.34%。不但如此，贫困地区在空间布局上与致贫因素相对集中的地区有着显著的空间重叠特性：贫困地区与生态脆弱区、主体功能区格局下的限制和禁止开发区、少数民族地区、资源富集区、边境地区以及革命老区高度重叠①。

（六）生态环境状况比较脆弱

西部地区自然生态环境脆弱。我国8大生态脆弱区中，有5个涵盖西部，生态脆弱区行政区域涉及21个省市区，西部12个省市区全部涉及，西部12个省市区是我国生态脆弱区的集中分布区。最近20年，由于人为过度干扰，植被退化趋势明显，水土流失面积平均每年净增3%以上，土壤侵蚀模数平均高达3000吨/平方千米·年，云贵川石漠化发生区，每年流失表土约1厘米，输入江河水体的泥沙总量约40亿～60亿吨，西部地区主要生态脆弱区基本情况具体见表3-11②。

表3-11 西部地区主要生态脆弱区基本情况

序号	主要类型	分布区域	生态脆弱性表现	重要生态系统类型
1	北方农牧交错生态脆弱区	主要分布于年降水量300～450毫米、干燥度1.0～2.0、北方干旱半干旱草原区，行政区域涉及蒙、吉、辽、冀、晋、陕、宁、甘等8省区	气候干旱，水资源短缺，土壤结构疏松，植被覆盖度低，容易受风蚀、水蚀和人为活动的强烈影响	典型草原、荒漠草原、疏林沙地、农田等

---

① 赵曦. 中国西部农村反贫困模式研究 [M]. 北京：商务印书馆，2009：146～147.
② 环境保护部. 全国生态脆弱区保护规划纲要 [EB/OL]. (2008-09-27) http://www.gov.cn/gongbao/content/2009/content_1250928.htm.

续表

序号	主要类型	分布区域	生态脆弱性表现	重要生态系统类型
2	西北荒漠绿洲交接生态脆弱区	主要分布于河套平原及贺兰山以西，新疆天山南北广大绿洲边缘区，行政区域涉及新、甘、青、蒙等地区	典型荒漠绿洲过渡区，呈非地带性岛状或片状分布，环境异质性大，自然条件恶劣，年降水量少、蒸发量大，水资源极度短缺，土壤瘠薄，植被稀疏，风沙活动强烈，土地荒漠化严重	高山亚高山冻原、高寒草甸、荒漠胡杨林、荒漠灌丛以及珍稀、濒危物种栖息地等
3	西南岩溶山地石漠化生态脆弱区	主要分布于我国西南石灰岩岩溶山地区域，行政区域涉及川、黔、滇、渝、桂等省市	全年降水量大，融水侵蚀严重，而且岩溶山地土层薄，成土过程缓慢，加之过度砍伐山体林木资源，植被覆盖度低，造成严重水土流失，山体滑坡、泥石流灾害频繁发生	典型喀斯特岩溶地貌景观生态系统，喀斯特森林生态系统，喀斯特河流、湖泊水体生态系统，喀斯特岩溶山地特有和濒危动植物栖息地等
4	西南山地农牧交错生态脆弱区	主要分布于青藏高原向四川盆地过渡的横断山区，行政区域涉及四川阿坝、甘孜、凉山等州，云南省迪庆、丽江、怒江以及黔西北六盘水等40余个县市	地形起伏大、地质结构复杂，水热条件垂直变化明显，土层发育不全，土壤瘠薄，植被稀疏；受人为活动的强烈影响，区域生态退化明显	亚热带高山针叶林生态系统，亚热带高山峡谷区热性灌丛草地生态系统，亚热带高山高寒草甸及冻原生态系统，河流水体生态系统等
5	青藏高原复合侵蚀生态脆弱区	主要分布于雅鲁藏布江中游高寒山地沟谷地带、藏北高原和青海三江源地区等	地势高寒，气候恶劣，自然条件严酷，植被稀疏，具有明显的风蚀、水蚀、冻蚀等多种土壤侵蚀现象，是我国生态环境十分脆弱的地区之一	高原冰川、雪线及冻原生态系统，高山灌丛化草地生态系统，高寒草甸生态系统，高山沟谷区河流湿地生态系统等

资料来源：环境保护部. 全国生态脆弱区保护规划纲要.

（七）农村基础设施建设落后

第一，农业基础设施薄弱。西部乃至我国农业科技研发和创新能力不强，成果转化率也较低。农村青壮年劳动力大多外出务工，留守的劳动力知识能力相对偏弱，影响了农业新技术和农业新品种的推广应用。第二，农民生产生活条件较差。农村饮水安全问题比较突出，截至2015年底，全国农村饮水不安全人口有1.82亿人，农村自来水普及率达76%[①]，其

[①]　中华人民共和国水利部. 2015年全国水利发展统计公报［M］. 北京：中国水利水电出版社，2015.

中，西部地区农村自来水普及率较低，农村饮水不安全人口比例较高，水质、水量、用水方便程度、供水保证率等方面都低于全国平均水平。农村道路还不够通畅，到 2012 年底，我国仍有 2.6% 的乡镇和 13.7% 的建制村没有通沥青（水泥），其中 90% 就分布在西部和边远贫困地区。农村燃料结构不够合理，主要以秸秆和薪柴为主，清洁能源如沼气、太阳能等的利用率偏低，以煤炭、秸秆和薪柴等为燃料的厨房锅灶的能源利用效率普遍偏低，沼气利用受自然条件和管理技术等因素的影响、天然气管道还没有普遍延伸到农村。农村电网尚不完善，一些地方没有达到城乡同网同价，一些地区农网改造面偏低，如四川和青海两省的低压地网改造率就小于 65%，2012 年，全国约 265 万的无电人口，主要集中在四川、青海、西藏、新疆等西部省区①。

（八）农村社会事业发展比较滞后

在西部农村，社会事业滞后是农村发展薄弱的环节。西部地区文化、教育、卫生以及社会保障事业等大部分指标都不同程度地落后于全国平均水平。西部农村普遍存在中小学办学条件差、医疗卫生基础设施落后、公共文化设施不足等问题。西部农村教育资源、师资队伍、设局布点和教学质量等方面从总体上落后于城市和东部。农村卫生服务体系不健全，在医疗设施、病床数量、设点布局、专业人才、技术水平、急救服务等方面都不能满足农民方便求医看病的需要。农村公共文化设施在城乡、区域间不均衡的现象突出。农村体育健身设施的覆盖面不广等②。

三、西部地区新农村建设的特点和路径

（一）西部地区新农村建设的战略意义

目前，西部新农村建设面临难得的政策机遇，主要体现在国家越来越重视"三农"问题上。自 2004 年以来，中央已连续出台了 14 个有关"三农"问题的"一号文件"，强农惠农富农政策体系不断完善。为破解长期以来城乡发展不协调的矛盾，党的十六大首次提出统筹城乡经济发展，开启了破除城乡二元

---

①② 国家发展和改革委员会. 农村基础设施建设发展报告（2013 年）［EB/OL］. （2015 - 04 - 1）http：//rcfgj. com/ArticleShow6. asp？ArticleID = 333

体制的历史进程。党的十六届四中全会做出我国总体上已进入以工促农、以城带乡发展阶段的重大判断，党的十七大明确提出了"形成城乡经济社会发展一体化新格局"的战略目标，党的十七届五中全会将"在工业化、城镇化深入发展中同步推进农业现代化"，作为"十二五"时期的一项重大任务，使统筹城乡、"三化同步"等理念逐步强化。党的十八大提出：要坚持走中国特色新型工业化、信息化、城镇化、农业现代化道路，推动信息化和工业化深度融合、工业化和城镇化良性互动、城镇化和农业现代化相互协调，促进工业化、信息化、城镇化、农业现代化同步发展。2013 年 12 月，中央政治局决定成立中央全面深化改革领导小组，其中，农村改革也被纳入全面深化改革的领域之一，先后研究出台了《关于完善农村土地所有权承包权经营权分置办法的意见》等文件。2015 年，中共中央办公厅、国务院办公厅印发了《深化农村改革综合性实施方案》。进一步厘清了农村集体产权制度、农业经营制度、农业支持保护制度、城乡发展一体化体制机制和农村社会治理制度等 5 大领域的改革思路，含 26 项举措。

党的十六届五中全会提出了建设社会主义新农村的重大历史任务，2006 年，中共中央国务院颁布了《关于推进社会主义新农村建设的若干意见》，明确了建设新农村的目标、任务和政策措施。建设社会主义新农村是新世纪以来中央关于农业和农村发展领域的重大战略决策。西部新农村建设为西部地区的建设和发展提供了新的历史机遇，是有效推进西部大开发战略的基础性领域，是全面、深刻地改变西部农村经济社会落后状况的主要战略途径[①]。西部地区的新农村建设是一个涉及政治、经济、社会、文化和生态文明的系统工程，将有力地促进西部大开发战略的深入实施。

（二）西部地区新农村建设的特点

在我国的区域现代化建设中，难点在西部，而西部的难点则在农村，因此，作为国家一项重大发展战略的新农村建设工程，无论是对于西部地区还是对于国家整体的持续协调发展，都具有关键性的意义。自党的十六届五中全会决定推进社会主义新农村建设以来，西部地区新农村建设在国家多方面政策和中央有关部委的支持下和西部地方政府的努力下取得了显著成绩，但由于受自然条件、原有基础、投资渠道和规模、路径依赖、观念滞后等因素的影响，新农村建设仍存在着许多困难，进展较为迟缓。学界对西部新农村问题的研究主

---

① 陈喜贵. 西部新农村建设战略思考 [J]. 经济与社会发展, 2008, 6 (7): 43~46.

要集中在新农村建设的现实意义、实质、内涵和关键、障碍、基本原则和策略、主要措施等方面，但尚没有从目前新农村建设的实质仍然是试点示范这个角度开展系统研究。通过对新农村建设试点示范特点、问题和对策的分析，以期加快推进西部新农村建设的步伐①。

目前西部地区乃至全国的新农村建设试点示范的宗旨，在于通过在一些典型地区或一些特殊领域先行实践，探索出成功的或可行的道路，从而为更大范围的实施减少风险，积累经验。西部地区新农村建设试点示范的特点大致有以下几方面。

1. 初步形成中央部委和地方政府联动的机制

西部新农村建设试点示范的内容涉及新农村建设的方方面面，如产业发展、市场体系、国土整治、节能减排、环境保护、科技促进、交通建设、环境卫生、文化信息等。在试点项目上，中央部委结合各自的职能，在已有的建设项目上，尽量结合新农村建设的需要来实施，同时专门针对新农村建设的需要设计和实施新的项目，以项目为载体促进新农村建设的全面展开和纵深发展。中央部委推进新农村建设的手段，主要有规划引导、培训教育、政策助推、行动计划推进、考核督导、资金奖励、夯实基础设施等。中央部委主导开展了与新农村建设相关的专项行动，如农业部主导的包括新农村建设示范在内的九大行动、循环农业促进行动、农村清洁工程、一村一品；国土资源部的万村整治工程；商务部的万村千乡和双百市场工程、新农村商务信息服务体系建设；科学技术部的新农村建设科技促进行动；环境保护部的农村小康环保行动计划；民政部的民间组织服务新农村建设活动；水利部的农村饮水安全工程；工业和信息化部等的农业农村信息化行动计划等（见表3-12）。2006 年农业部启动的新农村建设示范行动，确定了 100 个示范点，其中示范村 35 个，联系村 65 个；西部示范村 12 个，联系村 25 个。新农村建设，规划要先行，为此农业部选派 31 个对口指导与服务单位，分赴 35 个新农村省部共建示范村深入调查，编制示范村规划，以期为新农村示范行动的深入开展奠定基础，并为各地编制新农村建设规划提供参考借鉴②。

---

① 陈润羊，张永凯. 西部地区新农村建设的特点、问题和对策——基于试点示范的视角 [J]. 资源开发与市场，2013，29（4）：397～400.

② 农业部规划组. 社会主义新农村建设示范村规划汇编 [M]. 北京：中国农业出版社，2006.

表 3－12　　　　　　　　中央政府各部委新农村建设工程一览

序号	主持部委	新农村建设工程名称	工程内容	工程目的
1	农业部	九大行动	新农村建设示范行动、粮食综合生产能力增强行动、优势农产品产业带促进行动、农业科技提升行动、畜牧水产业增长方式转变行动、农业产业化和农产品加工推进行动、农产品质量安全绿色行动、生态家园富民行动、禽流感等重大动物疫病防控行动	进一步做好农业和农村经济工作，加快发展现代农业
		循环农业促进行动	普及应用节约型农业新技术，循环利用农作物秸秆、农村生活垃圾和污水、畜禽粪便，降低生产成本	防治农业面源污染，提高资源利用效率
		农村清洁工程	以建设资源节约型、环境友好型新农村为目标，以实施清洁田园、清洁家园、清洁水源为主线，以农村废弃物资源化利用和农业面源污染防控为重点，推广畜禽粪便、秸秆等生产、生活废弃物资源化利用技术	提高农村废弃物资源的循环利用水平，控制农业面源污染
		一村一品	培育主导产品和产业	繁荣农村经济
2	国土资源部	万村整治工程	全域规划、全域设计、全域整治；部抓1000个国家级示范点，各省区、市开展9000个省级整治示范工程建设	盘活农村生产要素、促进城乡统筹发展，改善农村生产生活条件
3	商务部	万村千乡和双百市场工程、新农村商务信息服务体系建设	重点改造100家大型农产品批发市场，着力培育100家大型农产品流通企业	促进农村经济市场化
4	科学技术部	新农村建设科技促进行动	以新农村建设统领农村科技工作，面向发展生产、提高生活、改善生态等目标，围绕现代农业、农村社区、城镇化等重点，以人才进村、知识下乡，用技术链延伸带动产业链、价值链延伸，提高农民自主增收能力和新农村自主发展能力等为主要内容；启动首批73个示范乡镇、120个示范村，其中，西部22乡镇、48个村	推动科技进村入户，加速农村科技进步，优化农村科技环境
5	环境保护部	农村小康环保行动计划	围绕解决农村环境"脏、乱、差"问题	改善农村生产生活环境
6	人口和计划生育委员会	西部地区计划生育少生快富工程	按政策规定，可生三个孩子而自愿少生一个，并采取长效节育措施的夫妇，进行一定资金奖励	以计划生育缓解农村贫困，促进人口、资源、环境协调发展

续表

序号	主持部委	新农村建设工程名称	工程内容	工程目的
7	民政部	民间组织服务新农村建设活动	服务形式有公益救助、技术推广、信息提供、咨询服务、技能培训等，服务内容涉及农产品供销、教育、卫生、福利、环保、扶贫等	促进民间组织发挥更大的作用
8	交通运输部	通达工程、通畅工程等农村公路建设工程	西部地区重点改造县通乡公路，加快建设通村公路，基本实现"油路到乡""公路到村"（西藏视条件确定）	为发展农业农村经济，推进城镇化提供良好的交通基础条件
9	水利部	农村饮水安全工程	到2015年，基本解决3亿多农村人口的饮水问题	解决农村饮水安全问题
10	工业和信息化部等	农业农村信息化行动计划	村村通电话工程、金农工程、科技下乡、农业科技110信息服务、三电合一、信息下乡、农村综合信息服务工程以及农村信息化培训工作等	信息惠农、信息富农，发挥信息化的作用
11	林业局	新农村建设的"16件实事"	开展"绿色家园"创建活动、建50个社会主义新林区示范点和扶持200个贫困林场脱贫等	发挥林业在新农村建设中的作用
12	文化部等	全国文化信息资源共享工程	将各种类型的文化信息资源进行数字化加工处理与整合；建成中华文化信息中心和网络中心，并覆盖全国所有省、市、区和大部分地（市）、县（市）以及部分乡镇、街道（社区）的文化信息资源网络传输系统	加强农村文化建设，实现全国优秀文化信息共建共享
13	体育总局	农民体育健身工程	以行政村为主要对象，以经济、实用的小型公共健身场地设施建设为重点，把场地建到农民身边，推动农村体育组织、活动站建设，构建农村体育服务体系	增进农民健康，促进农村体育事业发展
14	全国爱国卫生运动委员会	全国城乡环境卫生整洁行动	加强乡镇和农村环卫基础设施建设，大力普及农村无害化卫生厕所，推动环卫管理城乡一体化进程	改善城乡环卫面貌，预防和控制疾病发生传播

资料来源：根据相关资料整理。

2. 注重发挥新农村建设规划的引导和指向作用

西部各地在不同层级上制定了新农村建设的总体规划，有些地区还有子规划和专项规划，在西部各地制定的第十二个五年规划纲要中都结合各地实际提出了建设新农村的相关内容，并注重发挥规划在新农村建设中的引导和指向作用。如四川、重庆新农村环境保护与建设规划、新疆村庄整治建设规划、陕西一村一品千村示范万村推进工程规划等。从新农村建设规划的目标年来看，各省新农村建设规划大部分放在"十一五"，同时谋划"十一五"后十年。大部分省市区的规划时间段为2006～2010年，如云南、宁夏等，也有2006～2020年的，如陕西等。西部地区除了重视各省市区层面的新农村建设总体规划外，在市县乡层面的规划，特别是村域规划都纳入整体的新农村建设视域。如2006年青海农牧厅筛选了21个村编制了新农村建设试点示范村规划①。通过面向实际、突出特色的规划编制工作，针对特定乡村的地理环境、资源禀赋、发展水平、主导产业、民俗风情等情况，发挥各自优势；针对农民的需要，与当地经济社会相关发展规划相衔接，科学制定新农村建设的目标、厘清发展思路、突出建设重点，这将有利于形成个性鲜明、各具特色的发展模式。

3. 普遍采取分类指导、分层推进、分批实施的策略思路

西部各省推动新农村建设的普遍做法，是根据各地不同的基础条件和发展水平进行试点，采取分类指导、分层推进、分批实施、分段建设、点面结合、以点带面的方式，注重积累经验，发挥示范带动作用。如甘肃，一是从农民收入水平不同出发，分四个层次推进；二是从农业和农村发展条件不同出发，分川塬区、山区、林牧区三种类型地区；三是从区域空间布局和区域主体功能出发，分为河西、中部、东部、南部地区②。甘肃省分两批试点，2006～2008年是第一批，2009～2012年是第二批，同时制定了整体验收和资金补助标准，各试点的市县村都制定了实施方案。全省新农村建设试点遍布城乡，各级试点也已超过1000个村③。

4. 以改善农村发展的基础条件为重点，同时注重农村经济和社会的综合、协调发展

作为欠发达地区的西部农村，夯实经济发展的基础，大力进行基础设施建设，无疑是新农村建设的重点领域。如重庆实施"千百工程"，首批确定了100个示范村和900个推进村。这些试点村主要建设内容为"三建""四改""五提高"。"三建"就是建优势产业、建基本农田、建公共设施；"四改"是指改路、改水、改房、改环境；"五提高"是提高农民收入、提高农民素质、提高社会保障能力、提高民主管理水平和提高乡风文明程度。重庆已启动第二

①　青海农牧厅. 青海省社会主义新农村建设试点示范村规划 [M]. 西宁：青海人民出版社，2006.
②　邵克文. 甘肃省推进社会主义新农村建设的初步设想 [N]. 甘肃日报，2006-08-15（4）.
③　夏红民. 探索：甘肃省新农村建设试点经验集 [M]. 北京：中国农业出版社，2009.

轮（2009～2012 年）"千百工程"。重庆的新农村建设中，注重"大城市带动大农村"，以促进二者的协调发展①。

5. 从初期的"点式发展"向高一级的"片、面扩展"过渡

西部一些省市区在新农村建设初期，一般是从村、乡、县、市等不同的行政区划层次中选择典型，进行试点示范，后来从实践中认识到，必须打破原有的行政界限，推动新农村建设向连片成带的区域扩展，以利于试点单位在更大的范围发挥示范效应。如四川，2007 年启动省级新农村建设试点示范时确定了 1000 个村为示范村，160 个村作为重点推进村。2009 年，做出了成片推进新农村建设的决策部署，确定了 52 个省级示范片和 3 个整体推进县。2010 年7 月，将省级示范片调整为 50 个，将整体推进县扩大到 10 个。四川省共有省市县三级示范片 180 个和整县推进县 10 个，示范片覆盖的村和农业人口均超过全省总数的 10%②。云南开展了典型示范村、重点建设村和扶贫整村推进三个层次的试点示范建设，2006 年，从全省 30 户以上的 13 万多个自然村中重点选择不同类型的村整村推进③。自 2009 年起省级示范点每年安排 2.25 亿元资金，启动实施 1500 个省级重点建设村新农村示范试点工程。云南省的新农村试点示范建设的规模是很大的，也体现了"由点到面"的逐步扩展趋势。

6. 初步形成了各具特色的新农村建设道路

西部各地结合各自实际，在开展新农村建设中探索各自的道路，初步形成了各具特色的农村发展道路。陕西、贵州等地结合扶贫开发促进新农村建设，注重减轻农民因维持生存而对环境产生的压力；青海、内蒙古、西藏等地的牧区，将新农村与新牧区建设相结合，通过实施牧民安居工程，显著改善了农牧民的生活条件和人居环境。广西 2006 年实施了"1211"工程，在广西 14300多个建制村中，来自各级各界的 3 万多名"新农村建设指导员"，已成为推动新农村建设的一支重要力量。在积极探索和不断改进、完善的基础上，西部地区涌现出了一批具有区域特征和示范意义的新农村建设案例。贵州遵义创造出了"四在农家"案例："富在农家增收入、学在农家长智慧、乐在农家爽精神、美在农家展新貌"。四川成都郊区三圣乡形成了"五朵金花"案例：发挥农业的多功能性，以旅游为主的第三产业带动经济发展。甘肃临泽县的案例：

---

① 曾国平，曹跃群，王韧. 重庆：大城市带动大农村协调发展 [M]. 北京：中国社会科学出版社，2007.

② 邹渠，许静. 迈向全面小康的坚实步伐——我省推进新农村建设综述 [N]. 四川日报，2012－08－10 (01).

③ 李永勤. 云南新农村建设研究报告 [M]. 昆明：云南大学出版社，2008.

以加快生态文明新村建设为着力点，采用科学规划和分步实施、政府引导和农民自愿、资金整合和项目支撑等三大举措，积极进行新农村建设探索。

总之，在中央部委和各地方政府的共同促动下，西部地区的新农村建设呈现多领域覆盖、分层次推动、多元化发展的格局。西部地区新农村建设试点示范的现状见表3－13。

表3－13　　　　　　　西部地区各省新农村建设试点示范现状情况

序号	省别	试点分类依据和类型
1	陕西	按规划，分为5类：融入城市型、城镇带动型、中心村落型、专业特色型、移民搬迁型
2	甘肃	农民收入水平；以农业和农村发展条件分为川塬区、山区、林牧区；根据区域空间布局和区域主体功能划分
3	宁夏	根据经济发展水平结合地理位置：引黄灌区、中部干旱带、南部黄土丘陵山区
4	青海	先在各个县市区进行各自层级的示范试点
5	新疆	涵盖14个地州市
6	四川	包括对大中城市郊区、平坝地区、丘陵地区、盆周山区和川西北高原民族地区进行分类推进
7	重庆	新农村建设的"千村推进百村示范工程"（"千百工程"），考虑了地貌特征包括平原、山地、丘陵、河谷等，命名择其中重要或典型者
8	云南	开展典型示范村、重点建设村和扶贫整村推进三个层次的新试点示范建设
9	贵州	2006年以来，共选择了103个经济发展水平不同的建制村，其中小康村35个，温饱村33个，贫困村35个，作为省级试点村
10	西藏	实施农牧民安居工程，并以此作为新农村的突破口
11	内蒙古	按照一个旗县一试点的原则，考虑不同资源条件、经济发展水平、主导产业等因素，试点嘎查村主要考虑了农牧民年人均纯收入；经济类型分：种植业主导型、养殖业主导型、二、三产业带动型；按经济区域分：牧区、农区、半农半牧区、城郊区、农垦
12	广西	5种类型：基础建设拉动、产业发展推动、经济能人带动、企业开发联动、政府扶持促动

资料来源：根据相关报道和实际调研资料整理。

（三）西部地区新农村建设存在的问题

1. 东西部新农村建设在起点、任务和基础条件方面的差距明显

受自然、历史和发展阶段等多种因素的影响，我国东西部地区新农村建设的起点、任务和基础条件等存在着明显的差异性。在工业化和城市化水平、城

市支持农村和工业反哺农业的能力上，西部与东部差距巨大。东部农村工业化水平较高，城镇化速度快，产业结构达到较高阶段，农村经济的主导产业已由工业转变为第三产业，城乡二元结构矛盾基本化解。而西部地区的二元结构矛盾仍较严重，农村工业化程度低，农村经济的基础条件脆弱，农业产业链条短，农村二、三产业较落后。东西部地区新农村建设的起点、任务和基础条件等方面的差别、差距决定了这两大地区新农村建设的路径也是不同的[①]。东部的新农村建设应注重提高农村经济、社会的现代化水平和协调水平，而西部地区则必须重点加强基础设施建设和农村一、二、三产业的协调发展，提高城市带动农村、工业反哺农业的能力和农村的自我发展能力。

2. 西部各地之间在示范试点的规模、批次上呈现差异性

由于西部地域广阔，各省市区的自然和经济社会条件差别巨大，在新农村建设试点示范的规模、质量和推进速度等方面，西部区际之间的差异也是巨大的。从 2006 ~ 2012 年，一些地区从省级层面已开展到第二批次的试点示范工作了，试点涵盖面比较大，如重庆、甘肃等地，一些地区还处在第一批次，试点的规模和覆盖面都比较小，如宁夏、贵州、新疆、西藏等地。四川等省新农村建设推进较快，已形成连片成带推动的态势，如起步阶段试点村 2000 多个，占总村数的 5%；2010 年 10% 的村初步达到新农村建设的要求；按照规划到 2020 年 30% 以上的村达到建设的要求；到 2050 年 90% 的村建成新农村，基本实现新农村的战略目标。而宁夏只在 120 个行政村（农场）开展"示范村"活动。贵州在省级层面也只选择了 103 个经济发展水平不同的建制村作试点，新疆选择了 3 个县、14 个乡镇、22 个村作为第一批新农村建设的试点。这样的数量、规模和覆盖面，不足以代表这些省区广阔而多样的农村发展状况，也难以真正起到对条件类似地区新农村建设的示范和助推作用。

3. 西部各地示范点与非示范点之间基础条件和发展能力的反差有扩大之势

在新农村建设示范点的选择标准上，各地一般选择具备良好的发展基础、建设示范成效明显的村、县、市为试点对象[②]，而对那些基础较差、需长期才能破解发展难题的地方则关注不多。这种做法往往造成了示范村和非示范村在资金吸纳、政策优惠、资源利用等方面的严重不平衡性，甚至在一定程度上加大了原有的差距，对后期大规模推广新农村建设的示范经验和示范模式造成了

① 郭俊华. 东西部地区社会主义新农村建设的比较与思考 [J]. 西北大学学报（哲学社会科学版），2007, 37 (3)：19 ~ 26.
② 叶敬忠，王颖. 对新农村建设中试点村做法的思考 [J]. 中国经贸导刊，2007 (2)：28 ~ 29.

阻力。自身基础较好的地方在多重资金和政策的扶持下实现了快速发展，但条件较差的非示范点地区不能太落后，否则就难以具备推广示范经验和示范模式的基本能力。如内蒙古明确提出先期要选择具备一定基础、经过试点建设能够较快取得明显成效的嘎查村，进而确定了 100 个嘎查村进行新农村新牧区建设的先期试点，而对不同资源条件、经济发展水平、主导产业等因素的考虑就放在了第二位。

（四）西部地区新农村建设的基本思路

西部地区新农村建设中，要坚持以"立足区情、分类指导、分层推进、分段建设"的基本原则，注重探索路径、总结经验、解决突出问题、完善发展模式，推动新农村建设由点到面稳步扩展，使新农村建设成为西部大开发战略深入实施的巨大推动力。具体思路为：以试点示范为先导，分阶段、分层次建设；以完善农村基础设施和社会事业为基础，改善农村生产和生活条件；以农民为主体，同时发挥政府主动作用和社会组织的积极参与作用；以农村体制改革为突破口，释放社会活力，进一步解放和发展西部农村社会生产力，推进农村综合改革，为西部新农村建设提供重要的体制保证[①]；以调整产业结构为手段，促进农民增收；以城乡一体化为目标，融合城乡，工农互促，发挥新农村建设以城带乡、以工促农的作用；以农村环境综合整治为重点，推进生态文明建设，促进经济与环境的协同发展；以中央加大支持和西部自身努力相配合，综合采用规划引导、政策支持和科技创新等措施，全面推进小康社会的建设。

（五）西部地区新农村建设的路径选择

1. 在试点选择上，要兼顾不同类型

西部新农村建设试点示范的选择标准，要改变只注重基础条件好、成效显著而较少顾及其他方面的片面性缺陷，兼顾经济发展水平、区位条件、主导产业、关键制约因素等不同的情况，使示范点的选择具有较为全面的代表性和典型性，保证示范点真正起到示范和可推广的作用，为全方位地实现新农村建设目标积累经验。

---

① 聂华林，张帅. 科学发展观视角下西部新农村建设的思路和对策 ［J］. 兰州商学院学报，2006，22（6）：19～27.

2. 在实施路径上，要探索适宜模式

西部地区的新农村建设，要在借鉴国外如日本、韩国以及国内沿海发达地区经验教训的基础上，因地制宜、因时制宜，结合西部各地区的具体实际，寻求多样化的发展模式，注重政策体系、建设思路和发展模式的创新性、适宜性、实效性，切忌盲目攀比和生搬硬套。

3. 在区域发展上，要注重生态环保

西部地区是我国生态脆弱区，也是国家生态安全的重要屏障区，新农村建设中要把生态环境保护作为重大战略目标和战略任务，促进经济发展与环境改善的高度协同。在新农村建设规划中要有明确的生态环境保护的内容，也可制定有关新农村生态环境保护的专项规划。各地的环保部门要进入新农村领导小组成员单位，新农村试点示范考核的指标中需设置严格的环保指标。新农村建设要结合村庄整治、清洁生产工程、清洁能源利用等建设任务和工程项目，有效促进人居环境美化和环境质量的提高。

4. 在外部助推上，要重视信息化作用

信息化是农业现代化的主要动力，信息化对促进农村发展、农业提高和农民增收具有重要意义。目前，西部农村地区信息化水平低，已成为影响农民素质提高、农产品销售的制约因素。今后西部地区的新农村建设必须高度重视信息化的助推作用，进一步强化农村信息基础设施建设和信息知识、技能的教育、培训，缩小区际间的信息化差距和人们的信息代沟，为西部地区紧追东部的新农村建设步伐提供信息支持。同时，完善各省以及地市县的新农村建设等专题网站建设，并以这些网站为载体，搭建农民技术培训、产品交易、技术需求、项目投资的平台。

5. 在建设主体上，要尊重农民意愿

在新农村建设中，政府要起主导作用，但不能包办本应由村民集体做决定的事务。在涉及具体的村庄、社区要建设什么和怎样建设等问题上，要给农民以充分的发言权，尊重农民的利益和选择，发挥农民的首创精神，不能越俎代庖，更不能为了政绩的需要，搞损害农民利益、违背农民意愿的形式主义工程。在实施与新农村建设相关的政策和措施上，要创造条件，让农民群众能够积极参与，保障农民的参与权、监督权和知情权，让新农村建设真正使农民群众受益、让农民群众满意。

总之，从实施结果看，在示范试点的带动和促进下，西部地区的新农村建设深入推进、不断拓展，已有效地促进了当地农村经济的全面、快速发展，只要正视存在的问题，勇于克服，新农村建设将进一步推动西部地区经济社会的全面协调可持续发展。

四、西部地区新农村建设的基本趋势

加快新农村建设既是西部地区全面建成小康社会的重大任务，也是西部农村地区实现健康持续协调发展的必由之路。准确把握新农村建设的基本趋势，是科学谋划农村社会经济发展的基本前提，也是有效推进西部地区新农村建设的重要内容①。

新农村建设的未来趋势，既要根据农村现在存在的不足，也要放在国际和国家发展趋势的大背景下考察。其构成体系要突出重点、把握难点、克服限制因子，主要从八个方面加以分析，涉及战略思想、区域融合、基本取向、生产经营、农村环境、发展动力、服务体系、建设主体等方面。

（一）同步推进农业现代化和区域工业化、城镇化和信息化

我国目前"四化"总体的状况为：工业化已进入中后期阶段，信息化提升阶段，城镇化正处在加快发展阶段，农业现代化尚在成长阶段②。目前，由于历史、现实等多种原因，我国农业现代化严重滞后于工业化、信息化、城镇化，农业现代化既是"四化"中的短板，也是我国整个国家现代化建设中的"瓶颈"。因此，在战略思想层面，在新农村建设中，农业现代化要与工业化、信息化、城镇化同步发展、协调推进。

1. 在"四化"协同推进中加快新农村建设步伐

对西部而言，目前农业现代化、工业化、信息化和城镇化进程还处在不协调阶段，协调发展水平与综合发展水平分布存在一定程度的空间错位③。因此，西部农业现代化的任务更加艰巨，所以，西部地区的新农村建设，要着眼国家发展的大局，顺应世界农业变革的趋势，加大科技创新的力度，不断提高科技对农业生产的贡献率，同时，加大体制机制的创新，释放改革的活力。在

---

①　陈润羊. 西部地区新农村建设的趋势研究［J］. 资源开发与市场，2014，30（11）：1346～1349.

②　黄祖辉. 实现居民收入倍增与全面小康社会的关键［N］. 农民日报，2012-11-17（03）.

③　吴振明. 工业化、城镇化、农业现代化进程协调状态测度研究——以中国西部地区为例［J］. 统计与信息论坛，2012，27，（7）：101～105.

"四化"协同推进中,加快新农村建设的步伐。

2. 发挥"四化"同步推进的综合作用

西部工业经济总量扩张和工业结构优化并举,增强工业反哺农业、城市支持农村的能力;走生态型农村城镇化的道路,促进农村人口向城镇的有序转移,提高非农就业率;统筹城乡发展,建立覆盖城乡的社会公共服务体系和公共基础设施。在新农村建设中,加快农村信息化步伐,发挥信息化对农业现代化的渗透作用。西部地区的新农村建设,要以农业现代化为引领;以新型工业化为动力,以信息化为手段,以新型城镇化为纽带,进一步发挥工业化、信息化和城镇化对农业现代化的支持和带动作用①,同步推进这"四化"中关键领域的协调发展。

(二) 加快农村城镇化和城乡一体化发展

城乡差距、工农差别是我国发展不平衡、不协调的主要表现,这种矛盾是社会主义新农村建设提出的大背景,而加快农村城镇化和城乡一体化发展则是新农村建设的目标任务和必然趋势。

1. 以农村城镇化引领新农村建设

农村城镇化既是新农村建设的基础,也是新农村建设的有效途径。通过城镇化,集聚产业和人口,促进农村接受现代城市文明,提升农民的文明素养,促进农民增收。在当前西部的新农村建设过程中,可通过小城镇建设来推进农村城镇化。延伸城市基础设施和公共服务,使农民能就地分享城市化的成果,同时,衔接协调好城镇规划与村庄规划、产业规划、基础设施规划、土地利用规划等规划的关系②,进而促进新农村建设的持续协调发展。西部地区需要依据各自的区位特点、资源情况、历史人文传统,探索一条在边境贸易、特色产品市场和旅游业基础上的农村城镇化道路。一是借助西部大开发的政策机遇,通过加强人力资本投资,促进西部人口的向外转移和实现城市化;二是利用各类扶持政策,通过深化土地制度改革,有序推进农村人口的转移,实现就地城镇化和就地市民化③。

---

① 韩长赋. 加快推进农业现代化,努力实现"三化"同步发展 [J]. 求是, 2011 (19): 39~42.

② 聂华林,杨向飞. 中国西部新农村建设与城镇化 [J]. 兰州商学院学报, 2007, 23 (2): 27~30.

③ 陆益龙. 多元城镇化道路与中国农村发展 [J]. 创新, 2010 (1): 5~10.

2. 主要着力推进"六个"城乡一体化

城乡一体化主要着力点在于推进：城乡发展规划一体化、城乡基础设施建设一体化、城乡公共服务体系一体化、城乡劳动力就业一体化、城乡社会管理一体化、城乡金融服务体系一体化。加快完善城乡发展一体化体制机制，促进城乡要素平等交换和公共资源均衡配置，形成以工促农、以城带乡、工农互惠、城乡一体的新型工农、城乡关系①。

（三）促进农业产业化向农业现代化过渡

整体而言，目前西部农业尚处在传统农业向现代农业转变的阶段。农业产业化是农业经营体制机制的创新，现代农业的发展过程就是传统农业和不发达农业转变为现代发达农业的过程。因此，加速农业现代化，不断推动由传统农业向现代农业转变是西部新农村建设的趋势。

1. 以农业产业化推进农业的现代化

西部地区的农业产业化，以发掘主导优势产业和产品，对接市场。以专业化生产和企业化经营，形成农业传统产业和非农产业的结合。以区域化布局，形成规模效应。以社会化服务，推动科技与农业的融合。进而形成种植业、养殖业、加工业的生产、供应、销售为一体的经营体系和产业组织。农业产业化本身就是推进农业现代化的重要途径。

2. 以特色农业现代化为基本取向

促进农业产业化向农业现代化的转变，就是形成用现代的农业科技、现代的产业体系和现代的物质条件，全面提升西部农业。用现代发展理念引导农业向更高层次迈进，培育现代新型农民，不断提高农业的专业化、集约化、水利化、机械化以及信息化水平，努力克服西部农业的水土因子限制，增强单位土地的产出率、单位农业劳动的生产率。创建农业产业化示范基地，培育壮大龙头企业，提高西部农业的整体素质、综合效益和市场竞争力。西部各地要积极探索具有区域特色的农业现代化发展道路，特色农业的现代化是其基本取向。根据西部各个地区的具体区情，以特色优势农业为突破口和实施的战略重点，逐步构建西部工农协调、城乡统筹、生产生态协同的特色现代农业体系，以促

---

① 胡锦涛. 坚定不移沿着中国特色社会主义道路前进 为全面建成小康社会而奋斗——中国共产党第十八次全国代表大会报告［N］. 人民日报，2012－11－18（01）.

进西部传统农业向现代农业的转型①。

（四）提高农业和农村资源开发利用集约化合理化水平

我国是一个人均资源相对短缺的国家，农业生产面临的资源环境约束在不断增强。西部地区同样面临着越来越强的资源环境约束，提高农业和农村资源开发利用集约化、合理化水平，就成为新农村建设的基本趋势。

1. 重点推进水土资源利用的节约集约化

西部可耕地资源有限，人均耕地相当于全国平均水平；可利用的水资源极为匮乏，人均水资源仅仅相当于全国人均水平的10%左右②。水土资源的缺乏已成为西部农业的限制因子，这样的困境造成西部的许多山区只能"靠天吃饭"，农业产业和水平受自然因素影响大。因此，西部地区的新农村建设，农业和农村资源开发利用重点在水、土资源的利用上必须要节约集约化。

2. 推进农业生产由粗放经营向集约经营转化

由粗放经营向集约经营转化，是农业生产发展的客观规律。以减量化、再利用、资源化"3R"为原则，以节肥、节药、节水、节地、节能和农村废弃物资源化利用为重点，不断降低农业的能源消耗率，不断减少农业污染的排放量，不断提高农业资源利用率，进而提高农业可持续发展的水平③。大力发展节水农业，高效利用水资源。推广应用滴灌、喷灌等节水灌溉技术，扩大水肥一体化技术普及，提高水肥利用率。深入推进空心村综合整治，挖掘土地潜力，推进集约和节约用地。针对西部部分农村地区出现的土地撂荒无人耕种等问题，完善农村土地流转政策，引导土地合理流转与规模经营，促进人口集中、产业集聚和土地集约，提高土地的收益水平，确保农民的土地权益④。

（五）农村环境清洁化

目前，我国以及西部地区的农村和农业都不同程度地存在着发展方式粗放、村庄布局散乱、资源利用效率低、环境污染和生态破坏突出等挑战，这些问题与新农村建设的目标和实质相背离。"村容整洁"是新农村建设的主要内

---

① 聂华林，杨敬宇. 特色现代农业是我国西部农业现代化的基本取向［J］. 农业现代化研究，2009，30（5）：513～518.
② 王再文. 以科技进步推动西部地区新农村建设［N］. 人民日报，2007-01-22（09）.
③ 农业部. 关于进一步加强农业和农村节能减排工作的意见［EB/OL］.（2011-12-02）http://www.moa.gov.cn/govpublic/KJJYS/201112/t20111202_2421987.htm.
④ 刘彦随. 推进节约集约用地意义重大［N］. 经济日报，2012-10-24（6）.

容，清洁化的农村环境，不但是农业生产的良好基础，而且也是农民生活改善的必要前提。因此，农村环境的清洁化，是建设新农村的主要任务和重要标志。

1. 协调推进农村清洁工程的国家计划行动

在西部地区的新农村建设中，以实施乡村清洁工程建设、农村小康环保行动、循环农业促进行动等为契机，并以创建环境生态优美乡镇、创建生态文明村等绿色创建为载体，不断改善农村生产和农民的生活条件，推动实现生产发展、生活富裕和生态良好的社会主义新农村建设的目标。加大实施农村清洁工程，努力建设环境友好和资源节约的新农村。

2. 以循环经济引导农村环境综合整治

以循环经济的减量化、资源化、再利用"3R"原则为指导，以清洁的田园、家园和水源"三清"为主线①，积极进行农村环境综合整治，以循环经济为纽带推进农村废弃物的资源化和无害化，把农业污染的防治和农村人居环境的改善相结合，并以下列领域为重点：农村饮水安全、农业面源污染防治、生态型的畜禽养殖、工矿污染治理、农村垃圾和废水的处理等，进行科学的新农村规划编制，优化生产布局和生活布局，做好环境功能区划，综合应用经济手段，实现农村环境治理成本的内部化，并利用市场机制，推动建设环境公共设施，促进农村产业的生态化和生态建设的产业化。西部地区要按照各自不同的自然条件和经济水平，因地制宜地实施不同的清洁工程建设模式。

（六）农业科技创新和科技推广进入新阶段

发展现代农业是推进社会主义新农村建设的首要任务和产业基础。要发展现代农业，就要用现代科学技术改造农业。对于欠发达的西部地区来说，必须高度重视发挥科技进步对加快现代农业和新农村建设的作用。2010年，我国农业科技进步贡献率和农作物耕种收综合机械化水平都为52%，按照规划，2015年科技进步贡献率要大于55%。西部地区农村必须依靠科技进步实现发展，还与其自然条件和资源禀赋密切相关，西部地区水、土资源约束严重，生态环境脆弱，要克服资源环境约束，实现经济与环境的协同发展，就必须依靠农业科技的创新和推广，走以科技推动农业不断发展的道路②。

---

① 中华人民共和国农业部. 农村清洁工程典型模式 [M]. 北京：中国农业出版社，2009：1~5.
② 王再文. 发展现代农业以科技进步推动西部地区新农村建设 [N]. 人民日报，2007-01-22
(09).

1. 明确农业科技创新的方向

着眼长远，跟踪世界农业科技前沿，面向产业需求，突破农业重大关键技术和共性技术，解决农业科技与农业经济脱节的问题。以保障国家粮食安全为首要任务，以提高土地产出率、资源利用率、劳动生产率为主要目标，把增产增效并重、良种良法配套、农机农艺结合、生产生态协调作为基本要求，促进农业技术集成化、劳动过程机械化、生产经营信息化，构建适应高产、优质、高效、生态、安全农业发展要求的技术体系[①]。

2. 创新农业科技推广的方式

以科技进步推动西部现代农业发展和新农村建设，重点在于提升农业科技成果的转化和推广能力，解决农技推广"最后一公里"的问题。主要有三种类型[②]：

一是农技机构推广服务型。公益性的农技推广机构，由全国农技推广中心，省、市、县农技推广站、乡镇农技站等五个层级组成，主要开展公共服务，提供公共产品。在具体推广类型上，主要有专家联系养殖、种植大户等、农技人员包村联户服务型、农技超市落地和流动型等。这种类型的定位在公益性上，关键在基层农技推广的服务手段上，要充分利用电视、网络等媒体以及现代信息技术，为农民等推广对象提供简易直观、双向互动的公共技术服务。农技机构推广服务型要发挥政府主导作用，在经费保障、人员编制、基础和设施配备等方面，要加大支持力度。

二是高校院所示范带动型。以农业高等院校、农业科研院所为依托，通过建立农业科技示范园区（场、基地）、示范片、示范户等不同层级的示范体系，推广和传播农业技术，使传统的说教式、灌输式的推广方式向现代的示范式、引导式等新模式转变。主要类型有高校院所和地方（县、市）联建型、共建型、技术专业化市场转化型、科技大篷车、农业专家大院等具体方式。农业院校和科研院所建立产学研"三位一体"的试验示范站，围绕区域农业发展需要开展应用研究，解决农业生产实际中的技术难题。

三是新兴组织参与促进型。社会力量广泛参与提供农技服务，具体类型有农民专业合作社、农业专业技术协会、涉农企业主导等不同推广形式。农业服

---

① 中共中央，国务院．关于加快推进农业科技创新持续增强农产品供给保障能力的若干意见 [EB/OL]．（2012 - 02 - 01）http：//www. gov. cn/jrzg/2012 - 02/01/content_ 2056357. htm.

② 陈润羊，田万慧．农业节水技术科普教育推广模式研究 [J]．资源开发与市场，2013，29 (6)：607 ~ 609.

务型企业，提供科工贸一体化服务，政府可向其购买公共服务，以服务于农民。充分利用新兴中介组织、经纪能人、涉农企业了解市场行情、对供求信息变化敏感的优势，通过价格机制、信息反馈等手段，将先进实用技术的推广与基地建设、市场销售等结合起来，更利于提高推广的效果。通过协会、合作组织等新兴组织，把从事作物生产、经营、管理、科研等工作的主体连接在一起，使农户与市场、生产与技术、政府与群众、农户与大学之间架起了联系沟通的桥梁，解决了农户小规模生产与大市场的矛盾，利用新兴组织对科技的较强吸纳转化能力，以试点示范带动农民对农业新技术的采纳和应用。

（七）农业服务体系社会化

农业服务体系社会化，可将农业生产和经营的不同领域和环节协调统一起来，将分散化的农户纳入到社会化大生产之中，有利于增强生产经营面向市场的针对性，降低单个农户的市场风险。因此，农业服务体系社会化，是推动现代农业发展和建设社会主义新农村的重要动力和组织保障。

1. 构建现代农业社会化服务体系

以公共服务机构为依托、合作经济组织为基础、龙头企业为骨干、其他社会力量为补充，公益性服务和经营性服务相结合、专项服务和综合服务相协调，着力构建起现代农业社会化服务体系[①]。以面向农户需求为导向，以服务农户为宗旨，发挥多个服务主体的作用，政府机构主要提供公益性服务、企业主要提供市场化服务、社会组织与农村合作组织提供公益性服务和经营性服务，社区提供集体服务，逐步建立起多功能、多元化、多层次、多形式的服务体系，不断提高西部农业的生产力，加快西部地区农业现代化的实现。

2. 分类指导农业服务体系的社会化

对于城郊区的农村地区，适合发展都市城郊型多功能农业，鼓励市场化服务组织的发展壮大，并不断引导社区服务功能的完善，发展综合性、系列化服务；对于产业化经营发展较快以及特色农业发展较好的农村地区，要积极促进农村经济合作组织与农业龙头企业的发展，主要提供针对特定领域的专项社会

---

① 中共中央. 关于推进农村改革发展若干重大问题的决定 [EB/OL]. (2008 - 10 - 19) http：// www. gov. cn/jrzg/2008 - 10/19/content_ 1125094. htm.

服务；对于经济相对落后的农产品主产区，应充分发挥公益性服务组织和其他社会力量的协同作用，着重发展针对特定领域的专项社会服务，并逐步向综合性社会服务领域拓展①。

（八）农村劳动力专业化、知识化、组织化

农民是新农村建设的主体和主要受益者，西部地区新农村建设，关键要调动广大农民的积极性。目前，西部农村地区的劳动力整体素质、市场观念、文化水平、单位劳动生产力等都与新农村建设的要求不相适应，因此，通过实施教育培训、政策引导等综合措施，培育一支专业化、知识化和组织化的新型农民队伍，是加快西部农业现代化步伐的必要条件，也是深入推进西部地区新农村建设的基本途径。

1. 加大和改进农民的培训和宣教工作

新农村建设需要造就一大批有文化、懂技术、会经营、善管理的新农民。依托各级各类农村学校、农业科研院所、农技推广机构、农村经济合作组织和涉农龙头企业等载体，以技术骨干、科技示范户和新型农民为重点群体，通过集中授课、专家进村入户指导等多种形式，加大培训和扶持力度。并发挥广播、电视和网络等媒体的作用，通过开办专题、设置专栏，围绕农民关心的种植养殖、产品市场信息等内容，加大宣传教育的力度。继续大力开展科技文化下乡、农业科技推广普及等活动，创新活动形式，丰富活动内容，提高活动的时效。通过多种途径和手段，全面提高农民的文化素质和从业技能。以农民的专业化和知识化，提高西部农业的专业化和规模化水平，进而加快西部新农村建设的步伐。

2. 构建现代农业的组织化体系

通过政策引导和积极扶持，构建包括农业专业大户、农民专业合作社、产业化龙头企业、各类农产品行业协会等在内的农业生产经营服务主体体系，当前以农民专业合作社为重点，努力形成"专业农户＋专业合作社＋专业涉农企业＋专业行业协会"的现代农业组织化体系②。通过农村劳动力的组织化，把广大分散的农户和市场对接起来，提高农业应对市场风险的能力，也将促进农村基层管理的民主化和科学化，为新农村建设的持续健康发展提供有力的组

---

① 李俏. 农业社会化服务体系研究 [D]. 西北农林科技大学博士学位论文，2012.
② 黄祖辉，徐旭初. 促进我国农民专业合作社健康发展 [EB/OL]. （2012－02－20）http://www. card. zju. edu. cn/publicnews. do? publicNews. publication. id＝6R9EC6Z223.

织保障。

　　总之，在西部地区的新农村建设中，要顺应世界农业发展的大潮流，也要与我国国家整体发展战略的方向相一致，客观认识目前西部"三农"问题存在的特殊困难和巨大挑战，顺势而为，逆流而进，在加快城乡一体化、农村城镇化和信息化的进程中，努力克服农业现代化的短板。

第四章

西部地区新农村建设中环境保护的战略

本章内容摘要：环境问题是新农村建设面临的重大挑战之一，也是经济发展与环境保护协同需要解决的重要课题。基于环境影响评价的理论，通过对典型代表地区的实地调研，采用系统分析和比较分析的方法，识别西部地区新农村建设中的九大环境问题。新农村建设中的环境问题主要体现为农业和农村的非点源污染或者说是面源污染，其不同于城市和工业的点源污染。基于此，分析了新农村环境问题的特征，认为原有农村环境问题与新农村建设带来的新问题相互叠加，使目前的环境形势十分严峻。这些环境问题，已成为西部地区新农村建设的制约因素，进而揭示了新农村环境问题的五大原因。最后，在考察了战略形势、战略思路、战略目标、战略重点的基础上，从六个方面提出了西部地区新农村建设中环境保护的主要举措，为后续开展经济发展与环境保护协同研究奠定必要基础。

农村环境，是指以农民为中心的乡村区域范围内各种天然的和经过人工改造的因素的总体，环境系统是农村经济发展的基本物质条件和重要生态保障。农村环境保护既是建设社会主义新农村、促进农村经济社会可持续发展的重大任务，也是建设资源节约型、环境友好型社会的重要内容。因此，在新农村建设过程中，注重环境保护，改善区域环境质量，既是解决"三农"问题和维护农民环境权益的客观需要，也是全面实现新农村建设目标的根本保证。

近年来，随着我国农村环境的基础性工作不断推进和西部大开发战略的深入实施，西部地区各级政府采取了一系列的措施，不断改善农村环境质量，并取得了积极的效果。例如，根据区域自然环境和市场需求，不断调整农业结构，特色生态农业发展步伐加快；推行退耕还林和秸秆还田，实施了一大批重点生态工程，生态建设成绩显著；推广利用风能、太阳能、生物质能，农村新能源建设不断深入；积极开展生态县、生态乡镇和生态村等生态文明的创建活动，生态农业与生态示范区建设成效明显；有效治理工矿和农业面源污染，农村环境综合整治深入推进等。

随着社会主义新农村建设的深入广泛开展，必将完善农村环境基础设施建设和加大农村环保的投入力度，并引导产业链的发展壮大等，这些无疑将为西部地区的农村环保带来新的契机，但与此同时，新农村建设也对原本比较脆弱的西部生态环境带来了新的环境挑战和新的环境压力。识别西部地区新农村建设中的环境问题，科学认识其复杂的综合效应，分析其特点和成因，并提出新农村环境保护的总体战略，是构建经济发展与环境保护协同模式的必要前提和基础。

一、新农村建设中的环境问题

基于新农村建设推进中，对西部地区所面临的环境形势、遇到的环境问题和环境挑战进行分析。所谓的新农村建设的环境问题，有的是农村原有的老环境问题，有的是新农村建设带来的新环境问题，在一定的时空条件下，新老问题相互交织，形成叠加复合的环境效应。根据环境问题产生的来源和问题本身的特性，结合新农村建设的实际，西部地区新农村建设中的环境问题主要有九大类，分类概括如下①。

（一）生态环境问题

由于特殊的自然地理条件以及过度和不当开发等人为因素，目前西部农村地区生态破坏问题突出，这给农业生产的基本条件造成严重威胁。西部地区干旱少雨，多种生态系统相互交错，生态稳定性不高，目前西部部分农村还存在下列不当或者过度开发活动，如掠夺式的采石采矿、挖河取沙、毁田取土、陡坡垦殖、毁林开荒等行为，这些行为影响和损害了原本就很脆弱的西部生态系统的功能，最终也将影响到农业生产和农民生活的基本条件。

1. 水土流失面积大、分布广、程度严重

西部地区由于特殊的自然地理条件，长期以来存在着水土资源的过度利用问题。近年来，随着新农村建设的推进，农林开发、公路铁路修建、开矿采矿

① 陈润羊. 西部地区新农村建设中环境保护的战略研究［J］. 资源开发与市场, 2015, 31（8）：994~998.

等人为活动的强度不断增大，致使水土保持面临着重大挑战。目前，我国水土流失面积356.92万平方千米，占国土总面积的37.2%。从我国东、中、西三大区域分布来看，东部水土流失面积9.1万平方千米，占全国的2.6%；中部51.15万平方千米，占全国的14.3%；西部296.65万平方千米，占全国的83.1%[1]（见图4-1），由此可见，西部地区的水土流失是最严重的。西部水土流失具有面积大、分布广、程度严重等特点，水土流失使土层变薄，肥力下降，含水量减少，造成粮食减产。

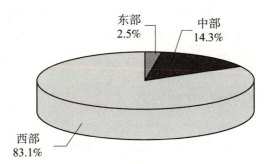

图4-1 我国水土流失区域分布

2. 土地荒漠化和沙化情况严峻

目前，我国荒漠化土地总面积达262.37万平方千米，占国土总面积的27.33%，分布于18个省市区，其中，新疆、内蒙古、西藏、甘肃、青海5省区，荒漠化土地面积分别为107.12万平方千米、61.77万平方千米、43.27万平方千米、19.21万平方千米和19.14万平方千米，这5省区荒漠化土地面积占全国荒漠土地总面积的95.48%[2]（图4-2）。严重的土地荒漠化，威胁着国家的生态安全和经济社会的可持续发展。

目前，全国沙化土地面积为173.11万平方千米，占国土总面积的18.03%，全国30个省市区都有，但主要分布在新疆、内蒙古、西藏、青海、甘肃5省区，沙化土地面积分别为74.67万平方千米、41.47万平方千米、21.62万平方千米、12.50万平方千米、11.92万平方千米，这5个省区沙化土地面积占全国沙化土地总面积的93.69%[3]（见图4-3）。

由此可见，西部地区特别是新疆、内蒙古、西藏、青海、甘肃等地荒漠化

① 孙鸿烈. 我国水土流失问题及防治对策［EB/OL］.（2010-11-08）. http：//npc. people. com. cn/GB/15097/13154691. html.

②③ 国家林业局. 中国荒漠化和沙化状况公报［EB/OL］.（2011-01-05）. http：//www. forestry. gov. cn/uploadfile/main/2011-1/file/2011-1-5-59315b03587b4d7793d5d9c3aae7ca86. pdf.

和沙漠化最为严重，面临的生态环境问题形势非常严峻。土地沙化破坏了农牧业生产的条件，是西部地区经济落后、农民贫困的根源之一。在全国贫困总人口中，其中，有50%分布在沙化严重的西部地区，不断改善这些地区人民的生存环境和生活条件，也是新农村建设中必须要统筹考虑的问题。

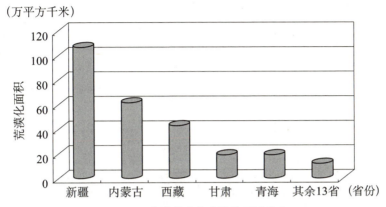

图4-2　全国荒漠化土地的区域分布

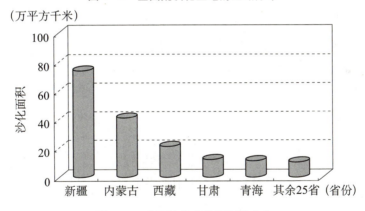

图4-3　全国沙化土地的区域分布

（二）农田面源污染

据目前最新的第一次全国污染源普查结果显示，农业污染源是化学需氧量的最大贡献者，排放量占43.71%。此外，农业源也是总氮、总磷排放的主要来源，其排放量分别占排放总量的57.19%和67.27%①（见表4-1）。从某种

① 中华人民共和国环境保护部，中华人民共和国国家统计局，中华人民共和国农业部. 第一次全国污染源普查公报 ［EB/OL］. （2010－02－11）. http：//www. stats. gov. cn/tjgb/qttjgb/qgqttjgb/t20100211＿402621161. htm.

意义上说，农业污染已经成为我国环境污染的第一大污染源。

表 4-1 废水中农业污染源主要污染物排放总量及构成

污染因子	废水排放总量（万吨）	农业源	
		绝对量（万吨）	农业源所占比重（%）
化学需氧量	3028.96	1324.09	43.71
总氮	472.89	270.46	57.19
总磷	42.32	28.47	67.27

资料来源：中华人民共和国环境保护部等. 第一次全国污染源普查公报.

1. 化肥的施用

为促进农业发展，无论是西部地区还是全国层面，化肥施用总量和强度都在不断增大。近 30 多年来，我国化肥施用总量不断增加，按折纯量计算，由 1983 年的 1659.8 万吨，增加到 1990 年的 2590.3 万吨，2015 年已达到 6022.6 万吨，为 1990 年的 2.33 倍，1990～2015 年的 25 年间，化肥施用总量增加了 132.51%，目前总量已居世界第一位，而利用率仅为 30% 左右。与此同时，化肥的施用强度一直呈上升趋势，1983 年为 168.75 千克/公顷，1990 为 270.75 千克/公顷，上升到 2015 年的 361.99 千克/公顷（见图 4-4）。1990 年～2015 年的 25 年间，化肥施用强度增加了 33.70%。据第一次全国污染源普查结果显示，种植业总氮流失量 159.78 万吨，总磷流失量 10.87 万吨[①]。

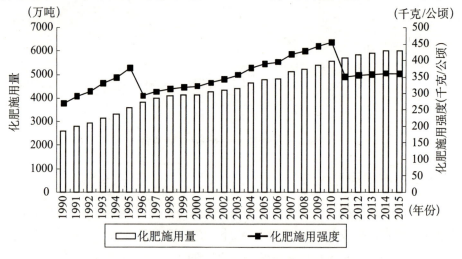

图 4-4 1990～2015 年全国化肥施用量和施用强度变化

---

① 中华人民共和国环境保护部，中华人民共和国国家统计局，中华人民共和国农业部. 第一次全国污染源普查公报［EB/OL］. （2010-02-11）. http：//www.stats.gov.cn/tjgb/qttjgb/qgqttjgb/t20100211_402621161.htm.

西部地区和全国的总趋势是一致的，化肥施用的总量和单位量都是不断上升的。如在西部大开发的起始年1999年化肥施用总量为983.4万吨，上升到2015年的1806.5万吨，为1999年的1.84倍，16年间增加了83.70%，平均增长速度为3.87%，高于同期全国2.39%的增速；施用强度从1999年的192.17千克/公顷上升到2015年的322.34千克/公顷，16年间增加了67.90%，平均增长速度为3.30%，高于同期全国1.83%的增速（见图4-5）。西部12个省市区内部也呈现差异性的特点，2015年，广西、陕西和新疆的施用总量和强度都比较大，贵州、西藏和青海相对较小（见图4-6）。

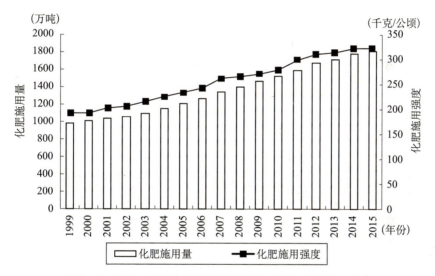

图4-5　1999~2015年西部地区化肥施用量和施用强度变化

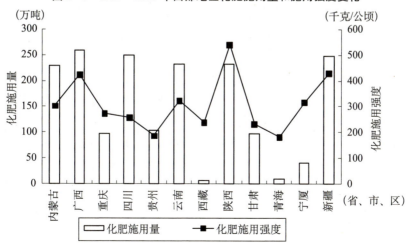

图4-6　2015年西部12省、市、区化肥施用量和施用强度情况

发达国家规定化肥施用强度的安全上限为 225 千克/公顷，我国环境保护部制定的生态县建设有关化肥施用强度参考性指标值要小于 250 千克/公顷。但从数据统计分析看，无论是整体上的西部地区，还是构成其的大部分省份都超过了这两个的指标值。因化肥的不合理施用，造成不必要的经济损失，也造成了氮的流失，不但导致了土壤污染并影响土壤肥力，而且通过农田径流造成地下水污染，这些将对食品安全造成巨大威胁。

2. 农药的施用

就全国整体情况而言，我国也是农药的生产和使用大国。从图 4-7 可以看出，农药的施用量呈快速上升趋势，从 1991 年的 76.5 万吨增加到 2015 年的 178.3 万吨，24 年间增加了 133.07%，而利用率仅为 30% 左右。农药的施用强度呈现出波浪式的上升趋势，由 1991 年的 7.99 千克/公顷增加到 2015 年的 10.72 千克/公顷，24 年间增加了 33.99%。

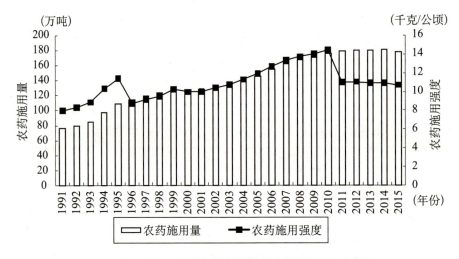

图 4-7 1991～2015 年全国农药施用量和施用强度变化

对西部地区而言，1999 年农药施用总量为 20.11 万吨，上升到 2015 年的 38.07 万吨，为 1999 年的 1.89 倍，16 年间增加了 89.31%，平均增长速度为 4.07%，高于同期全国 1.89% 的增速；施用强度从 1999 年的 3.93 千克/公顷上升到 2015 年的 6.79 千克/公顷，16 年间增加了 72.86%，平均增长速度为 3.48%，高于同期全国 0.29% 的增速（见图 4-8）。西部 12 个省份内部也呈现差异性，2015 年，甘肃农药施用总量和强度最大，宁夏、青海和西藏农药施用总量和强度都较小（见图 4-9）。无论是全国，还是西部，整体上大部分都远远超出了经济合作和发展组织（OECD）国家 2000 年前后 2.1 千克/公顷的平均水平。过量和不当的农药施用，同样对土壤环境安全和食品安全构成了巨大的威胁。

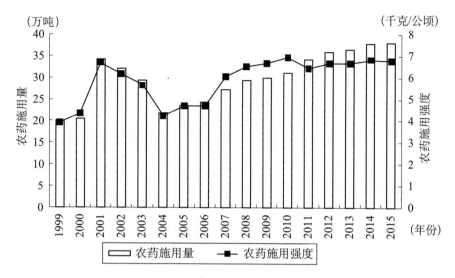

图4-8　1999~2015年西部农药施用量和施用强度变化

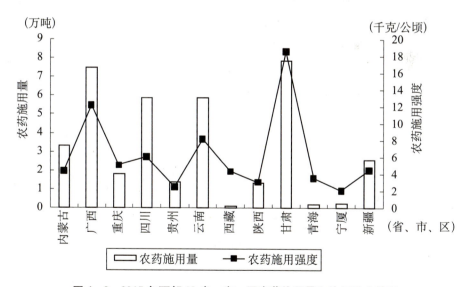

图4-9　2015年西部12省、市、区农药施用量和施用强度情况

3. 农膜的利用

塑料薄膜覆盖栽培技术，因其具有增温、保墒、保肥的多种作用，一直以来，应用广泛，其对提高作物产量和保障粮食安全做出了重要贡献，我国已是

农用地膜生产和使用最多的国家，但其对环境系统的长期影响也不容忽视。从图 4 - 10 和图 4 - 11 可以看出，无论是全国，还是西部，农膜使用的总量和强度都呈上升趋势。西部地区 1999 ~ 2015 年的 16 年间，农膜总量平均增速为 6.32%，高于同期全国 4.65% 的增速；农膜使用强度平均增速为 5.72%，同样高于同期全国 3.01% 的增速。西部 12 个省份内部差异性也比较明显，2015 年新疆和甘肃在总量和平均量上居前，西藏却最低（见图 4 - 12）。

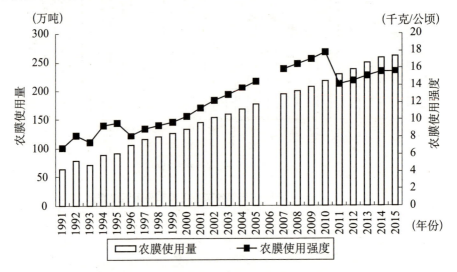

图 4 - 10　1991 ~ 2015 年全国农膜使用量和使用强度变化

注：2006 年的数据缺失。

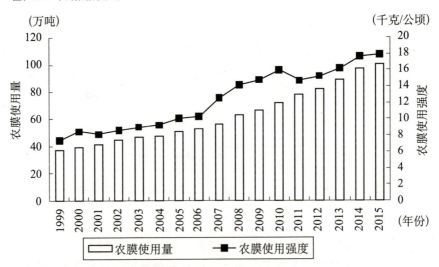

图 4 - 11　1999 ~ 2015 年西部农膜使用量和使用强度变化

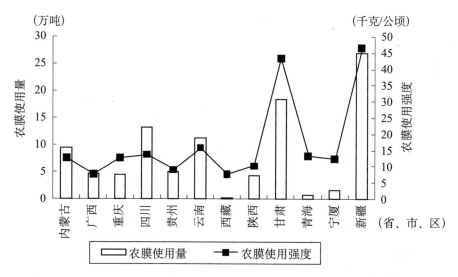

图4-12　2015年西部12省、市、区农膜使用量和使用强度情况

4．秸秆的焚烧

作为产粮大国，秸秆的处理和如何综合利用是我国粮食作物生产中要考虑的一个重要问题。据第一次全国污染源普查结果显示，全国种植业秸秆产生量为88913.31万吨，丢弃量为2680.66万吨，田间焚烧量为12548.7万吨，丢弃和焚烧占总产生量的17.13%。从全国种植业秸秆使用的情况看，主要的秸秆处置方式有燃烧和还田，分别占到产生总量的33.56%和31.57%，其次用作饲料和田间焚烧，分别占到总产生量的15.35%和14.11%，上述四种利用方式占到秸秆使用总量的94.58%[1]。

近年来，西部各级政府虽然加大了禁烧的管理力度，但仍不时有秸秆焚烧导致严重污染事故的相关报道。从实际调研看，这样的问题在西部农村地区还是时有发生，长期以来，西部各地农村普遍对秸秆进行焚烧处理，这已成为大气污染的一个重要来源。

（三）畜禽养殖污染

近年来，随着畜禽养殖业迅速发展，畜禽养殖废弃物产生量相应地不断增加，由于防治相对滞后，畜禽养殖污染日趋严重。据第一次全国污染源普查结果显示，农业源污染中比较突出的是畜禽养殖业污染，畜禽养殖业粪便产生量达

① 第一次全国污染源普查资料编纂委员会.全国污染源普查技术报告（下）[M].北京：中国环境科学出版社，2011：37.

2.43 亿吨，尿液产生量达 1.63 亿吨①。在西部地区，内蒙古、四川等地的规模化畜禽养殖规模较高，畜禽养殖场（小区）和养殖专业户化学需氧量排放量也较大，云南、贵州、青海、西藏等地排放量较小②。据实地调查，西部农村家庭，大部分都存在着养殖和人居混杂的情况。即使一些规模化和集约化的畜禽养殖，也存在着选址不当、处理不够、排放超标等问题。一些地区没有进行有效处理的畜禽粪便，任意排放，造成水环境的污染，威胁到周边农民的安全用水。

（四）生活垃圾污染

农村的生活垃圾既有农村自身产生出来的，也有城市向农村转移的。农业生产和农民生活本身会产生大量固体废物，同时，农村地区尤其是城郊区或乡镇周边，一些沟渠成为城市垃圾的堆放地或倾倒点。从调研情况看，随着西部农村居民生活水平的提高，垃圾产生的数量和种类也不断增多，虽然西部大多数地区把村庄整治作为新农村建设的内容之一，但是由于村镇规划不合理、环境基础设施缺乏、农民生活习性的惯性、社会重视不够等多种原因，多数西部农村还是处于"垃圾靠风刮"的状态，村庄环境的"脏、乱、差"问题没有得到根本改观。据估算，我国农村每年产生 2.8 亿吨农村生活垃圾，西部尚无具体数据。西部农村大部分生活垃圾未经处理，随意堆放在田间、地头、房前、屋后、河沿、路边。调查发现，大部分农民将生活垃圾随意丢掉，有些地方生活垃圾直接倒在河岸，造成河流周围农村的环境污染；有的地方露天堆放或随意焚烧垃圾，焚烧后的废弃物直接倾倒于河沟，污染大气环境和水环境；有些地方也进行了简单的填埋处理。凡此种种，使得农村以生活垃圾为主体的固体废弃物对农村环境的影响成为不可忽视的因素，但目前西部农村还没有从根本上建立生活垃圾回收和处理的体系。

（五）水环境问题

目前，西部地区新农村建设面临的水环境问题的特征是水源性缺水和水质性缺水并存，水资源的短缺和水环境的污染都不同程度地存在。

1. 水源性缺水问题

西部地区可利用的水资源比较匮乏，人均水资源只有全国人均数量的

---

① 中华人民共和国环境保护部，中华人民共和国国家统计局，中华人民共和国农业部. 第一次全国污染源普查公报［EB/OL］.（2010 - 02 - 11）. http：//www. stats. gov. cn/tjgb/qttjgb/qgqttjgb/t20100211_402621161. htm.

② 国家环境保护总局. 全国农村环境污染防治规划纲要（2007 ~ 2020 年） ［EB/OL］.（2007 - 12）. http：//wenku. baidu. com/view/2c9e627b5acfa1c7aa00ccd1. html.

10%左右，在一些山区连人畜饮用水也难以得到保证。西北地区有三分之二的地区属于干旱和半干旱地区，资源性的水资源短缺问题十分严重。西南地区水资源总量虽然丰富，但由于来水与用水在时间和空间上的错位和不协调，因调节和供水工程数量不足引起的工程性缺水等现象还是存在的。水资源短缺既是西部经济社会发展的"瓶颈"因素，也是西部农业生产发展和生态环境建设的障碍因素。水源性缺水问题已成为西部新农村建设面临的重大挑战之一。

农村饮水安全问题已经成为新农村建设必须关注的问题之一。目前，西部地区农村饮水不安全人口占的比例较大，农村自来水普及率低于全国平均水平。实际调研结果显示，西北一些农村地区饮水原先靠泉水和地下水，最近几年以来，只能靠贮存在窖罐中收集的雨水，但没有任何沉淀和相应的处理，也没有任何水质是否达到饮用水环境标准的监测，这种情况给农民健康将带来严重威胁，亟须引起重视。

2. 水质性缺水问题

据测算，我国农村年产生生活污水90多亿吨，年产生人粪尿为2.6亿吨，绝大多数没有处理，生活污水随意排放现象较为普遍。2015年，化学需氧量在全国废水排放中超过工业源和生活源而位居首位；氨氮排放总量中，农业源的占比仅次于生活源，并高于工业源（见表4-2）[1]。

表4-2 全国废水中主要污染物排放总量及构成

污染因子	排放总量（万吨）	工业源		农业源		生活源	
		绝对量（万吨）	比重（%）	绝对量（万吨）	比重（%）	绝对量（万吨）	比重（%）
化学需氧量	2223.5	293.5	13.3	1068.6	48.4	846.9	38.3
氨氧含量指标	229.9	21.7	9.5	72.6	31.8	134.1	58.7

资料来源：中华人民共和国环境保护部. 2015年全国环境统计公报.

从实际调查中发现，在一些西部农村地区，河流污染情况严重，同时，由于气候和人为活动等多种复杂原因，多年前一直流淌的河流断流甚至消失，只剩下原有的水文监测站。这种现象，无疑是西部生态恶化的直观体现。

（六）农村工业污染问题

近年来，随着西部地区工业化、城镇化进程的加快及新农村建设的推进，农村各类工业园在各地不断兴起，由于乡镇企业粗放式发展、矿产资源开采以及工业和城市污染向农村的转移，致使西部地区的农村工业污染问题不容忽视。

---

① 环境保护部. 全国环境统计公报（2015年）[EB/OL].（2017-02-23）. http://www.zhb.gov.cn/gzfw_13107/hjtj/hjtjnb/.

1. 乡镇企业引发的环境问题

目前，我国乡镇企业废水化学需氧量（COD）和固体废物等主要污染物排放量已占工业污染物排放总量的50%以上，废水、废气和废渣占全国"三废"排放总量的比重分别为21%、67%、89%，且乡镇企业污染物处理率也显著低于工业污染物平均处理率[1]。尽管乡镇企业对拓宽就业渠道，增加当地农民收入发挥了很大的作用，但西部乡镇企业也普遍存在如下不足：布局规划不合理、技术工艺水平普遍较低、生产设备简陋、农副产品加工等劳动密集和低水平加工业占据比重大，加之农村本身的环境监管能力薄弱，一些地区为了招商引资而降低环境"门槛"，这种情况下，西部农村地区便出现"村村点火、户户冒烟"型的农村工业，分散布局、点多面广的一些小矿产开发、农产品加工厂等乡镇企业，给农村环境系统造成巨大的环境压力，也影响到农村经济发展和农民身体健康。在新农村建设中，一些农业深加工、资源开发、能源利用等项目也纷纷上马，这些都成为不可忽视的西部农村地区的污染源。

2. 工业污染从城镇向农村转移

一方面，近年来，随着西部大开发的深入实施和城镇化的快速发展，由于城市环境监管严格，致使在城市中难以立足的能耗大、污染重的企业下乡进村，不同类型的开发区、工业园区尤其是化工园区在西部农村地区不断兴建起来，加剧了城镇和工业环境问题向农村地区转移的趋势；另一方面，东部沿海地区的产业转型升级步伐不断加快，积极推进产业梯级转移，在此过程中，部分附加值低、高耗能和高污染的产业便有向西部转移的现象，有一些就转移到西部的农村地区，对当地环境造成巨大压力。工业企业废水、废气、废渣等"三废"的超标排放已成为影响农村地区环境质量的主要因素。一些毗邻城市的农村地区成为工业废渣和城市生活垃圾的倾倒处和堆放地，据初步统计显示，全国因固体废弃物随意堆放而被侵占损坏的农田面积已超过13.33万公顷[2]。西部农村也不同程度地存在固体废物侵占农田、道路、河流等，影响当地村容村貌的情况。

（七）土壤污染问题

上述分析的农田面源污染、畜禽养殖污染、水污染等污染源产生的大量污染物，其中大部分最终都累积在土壤环境中，所以，土壤污染是多种污染的集

---

① 苏杨，马宙宙. 我国农村现代化进程中的环境污染问题及对策研究［J］. 中国人口·资源与环境，2006，16（2）：12～18.
② 国家环保总局. 国家农村小康环保行动计划［EB/OL］.（2006 - 10 - 26）. http：//sts. mep. gov. cn/stbh/js/200610/P020061026334063325958. doc.

中结果。据全国土壤污染状况调查公报的数据显示：我国耕地土壤环境质量状况不容乐观，工矿业废弃地土壤环境问题较为突出。而农业、工矿业等人为活动以及土壤环境背景值高是造成土壤污染或超标的主要原因。从污染的地区分布上看，北方土壤污染轻于南方，西南等地区土壤重金属超标范围较大，镉、汞、砷、铅等四种无机污染物含量分布呈现从西北到东南、从东北到西南方向逐渐升高的态势①。西部资源型开采的工矿业较多，从上述的分析也可看出，西部一些农村地区长期过量使用化肥、农药，一些地方也存在污水灌溉现象，多种原因的作用下，致使环境污染物大量迁移到土壤环境系统中，将影响到农作物的产量和质量。土壤污染还会通过食物链影响到人体健康，长此以往，将对食品安全、生态安全以及农业可持续发展产生巨大的威胁。由于土壤污染具有累积性、滞后性、不可逆性等特点，致使土壤环境治理的难度大、成本高、周期长，因此，积极防治土壤污染就成为西部新农村环境保护中必须关注和解决的问题之一。

（八）盲目集聚化引发的环境问题

随着西部地区新农村建设步伐的不断加快，农村聚居点不断集中、规模不断扩大，集聚化在一些地区盲目扩展，造成了新农村建设中需要面对的新的环境挑战。由于垃圾收集、污水处理、下水管道等基础设施没能跟上，致使新农村环境问题突出；一些地区村庄布局没有经过科学论证和规划，生产空间、生活空间和生态空间没有很好地协调统一起来；有的地区在新农村建设中，不顾农村原有的乡土文化特色，进行大肆拆迁、改造等。由于农村聚居点的集中，农民生产生活产生的各类污染物由原来的分散状态而转向相对集中的趋势，如果环境基础设施不够完善齐全，将会使污染物集中排放强度超出集中区域的环境自净能力，从而使新农村环境污染形势呈现加剧的趋势②。

（九）乡村旅游带来的新挑战

近年来，西部地区随着新农村建设的深入推进，各地都依托各自的资源优势，大力发展乡村旅游业，并依此推动农村产业结构的转型调整、农民收入的提高。但是，乡村旅游业在发展过程中也出现了一些不容忽视的环境问题。乡

---

① 环境保护部，国土资源部. 全国土壤污染状况调查公报［EB/OL］. （2014 - 04 -17）. http://www. sdpc. gov. cn/fzgggz/ncjj/zhdt/201404/t20140418_ 607888. html.
② 中国环境与发展国际合作委员会，中共中央党校国际战略研究所. 中国环境与发展：世纪挑战与战略抉择［M］. 北京：中国环境科学出版社，2007：269.

村旅游发展过程中对新农村环境的挑战主要表现为：一些农家乐、牧家乐等融吃喝玩乐于一体，但普遍存在整体产业体系不够完整，散户经营多，有实力的大型综合集团少，基础设施配套不够齐全；一些企业和农户，比较注重开发和利用本地资源，但对周边环境的保护重视不够，存在生活垃圾随处堆置和生活污水随地排放等不良现象；作为揽客的所谓绿色生态无污染食品，大多没有相关部门的认证；部分从业人员没有经过专业培训，存在不良的环境卫生习惯；有的地方超出旅游环境容量接待游客，出现游客超载等问题；一些地方环境监管措施不完善，游客中有随意乱扔垃圾等不文明的行为等。

总体而言，上述所列环境问题在西部地区都有，但具体到每个区域，又各有特点，严重程度也各不相同。农田面源、农村集聚化、乡村旅游污染等引发的问题是共性问题，但各地严重程度表现不一。一般而言，西北地区水土流失等生态问题严重，农村环境基础设施十分缺乏，农村饮水安全问题突出，养殖业污染较为普遍，矿产开采和农畜产品加工污染等问题更为突出；西南地区的石漠化等生态问题突出，农村生活垃圾和污水处理设施缺乏，采矿污染问题以及川渝畜禽养殖污染等问题更为严重。

二、新农村环境问题的综合效应和特征

（一）新农村建设中环境问题的综合效应

农村环境问题已成为影响农村社会和谐稳定的一大诱导源。近年来，西部一些农村地区因污染危害农民健康和利益受损引发的农村环境突发事件，甚至是环境群体性事件也时有发生，如甘肃徽县、四川隆昌等地出现的"血铅超标"事件就引发了社会的广泛关注；2007 年发生了广西岑溪市波塘镇村民抗议中泰富纸业有限公司的肆意排污的典型事件；2009 年陕西凤翔县长青镇东岭集团冶炼公司儿童血铅超标事件等①。农村环境群体性事件，是农村环境问题、经济发展滞后问题等问题的综合反映和后果。农村地区已成为环境群体性事件的易发地和多发地，因此进行防范和疏导成为新农村建设面临的现实问题，也是新农村建设中经济发展与环境保护协同共同面临的新挑战和新问

---

① 胡关灵，肖建华. 农村环境群体性事件与治理——对农民抗议环境污染群体性事件的解读 [J] . 求索，2008（12）：63～65.

题①。有研究表明：我国农村环境突发事件高发区总体上呈现出向中部和西部转移的趋势；农村环境突发事件与贫困具有高度的重合性，两者互为因果关系，具有共生风险②。

目前，西部地区新农村建设中的环境问题与经济发展问题、贫困问题、人口问题、"三农"问题等相互交织、互相影响，使新农村建设面临的局势更为复杂，并呈现交错的综合效应，因此，要解决新农村建设中的环境问题，不能采取单一的某一种措施，而必须要综合统筹，全面应对，实施综合的环境经济协同战略。

（二）新农村建设中环境问题的特征

新农村建设中的环境问题主要体现为农业和农村的非点源污染或者说是面源污染，其不同于城市和工业的点源污染，具有一定的特性。通过分析新农村建设中的环境问题的特征，才能为实施有针对性的环境治理措施奠定基础。

1. 原因的复杂性和影响因子的多样性

在新农村建设中，农村环境问题的形成原因是多方面的，既有主客观因素，也有内外在因素，既有历史的原因，也有经济发展过程中出现的现实矛盾③。具体在某一类环境问题，可能是多种原因共同造成的结果。新农村环境质量的状况，既有生产方式粗放、经济发展水平不高的因素，也有生活方式不文明、环境意识不高的因素；同时受教育、法律、经济、技术和行政等多方面因素的影响。

2. 来源的广泛性和类型的多元性

农村环境是一个开放的系统，其污染来源既有来自农村地区在农业生产和农民生活过程中产生的各类环境污染物，也有工业和城市环境污染通过产业转移、工矿废渣或生活垃圾倾倒到郊区等不同途径向农村转移的污染物。新农村建设中的环境问题，既有生态破坏问题，也有环境污染问题，农业生产和人们行为方式引发的环境问题均有，点源污染与面源污染共存，生活污染和工业污染叠加、环境和能源问题复合，各种新旧污染相互交织，工业及城市污染向农村转移等。

3. 时空的分散性和发生的随机性

新农村建设中产生的各类环境污染物，因环境基础设施缺乏或环境监管不

① 介小兵，张贡生，陈润羊，等. 新农村建设中的经济发展与环境保护协同研究——基于环境群体性事件治理的视角［J］. 资源开发与市场，2011，27（1）：42~43，46.
② 王庆霞，龚巍巍，张姗姗. 中国农村环境突发事件现状及原因分析［J］. 环境污染与防治，2012，34（3）：89~94.
③ 陈润羊，花明. 新农村建设中的环境问题初探［J］. 环境保护，2008，（22）：31~33.

力，未经合理处置或处理不达标就排放，这样的污染物将对大气环境质量、水体环境质量和土壤环境质量以及农产品产生影响或造成污染，但其环境影响的位置、途径、数量等都不太确定，随机性较大，分布范围也较广。相对而言，农村环境系统只要不要超过区域的环境承载力，其具有一定的自我调节能力。但随着环境负荷的不断增大，污染的逐渐累积，在特定的时空条件下，因一些偶然的因素会诱发农村环境问题的发生。

4. 影响的纵深性和治理的困难性

新农村环境问题，不仅仅影响农民健康、农村经济发展，也通过生物链以及水污染、大气污染和农产品污染等渠道影响到城市人口，农村环境关系到整体的食品安全和生态安全以及农业的可持续发展。基于以上的种种特性，农村环境问题的污染预防比较艰难，因果关系的确立也相对困难，同时涉及政府、企业、农民等不同主体的复杂的利益关系，致使治理具有困难性。

总体而言，随着各地新农村建设的不断推进，一些新环境问题正日渐凸显，以往农村存在的环境问题，在新农村建设中也将存在，其危害环境的行为方式、因素等也会在一定时空条件下存在；同时，在新农村建设过程中，各项决策、规划、建设项目等活动也会带来一系列的环境问题。在具体的时空条件下，两者呈现叠加和复合的效应①。新农村环境问题，已成为西部地区新农村建设和经济社会可持续发展的制约因素，因此，在建设新农村过程中，如何寻找一条生产发展、生活富裕和生态良好的新路子，已成为必须面对的紧迫而又重要的问题。

三、新农村建设中环境问题的成因

在西部地区的新农村建设中，环境问题的形成原因是多方面的，根据产生农村环境问题的途径和方式不同，主要体现在以下几个方面。

（一）农村环保重视不够，防治意识淡薄

1. 地方政府对环境问题认识上存在偏差，重经济、轻环保现象普遍存在

对新农村建设的认识上存在偏差。一些地方盲目追求村民住宅形式上的集

---

① 陈润羊，花明. 新农村建设中环境问题的法律解读 [J]. 乡镇经济，2008（12）：4~6，11.

中、外观上的整齐，认为改变农村"脏乱差"是新农村的主要标志；把新农村建设理解为试点示范的短期运动，急于求成，甚至搞形象工程、政绩工程，热衷于粉墙刷屋、改厕改圈；一些基层新农村建设规划不科学，有的强调对单个村的建设，没有考虑整个区域，"散、小、乱"的问题比较突出，新农村规划中忽视与土地、环境、产业发展等规划的有机联系。在调查中发现，一些地区重规划建设、轻运行管理，配套建设跟不上；在另外一些地区农村发展规划滞后，内容简单，可操作性不强，没有或环境规划不当，造成了新农村环境问题的隐患。

对环境问题的严重性及紧迫性认识不足，对环保的重视程度不够。一方面，地方政府重经济、轻环保意识严重。一些地方政府主要考虑发展工业和招商引资，有的决策以牺牲环境为代价换取短期的经济增长。另一方面，地方政府对农村环境污染的紧迫性认识不足。在西部的大部分农村地区，没有专门的环保机构，无法进行农村环境的监管。在新农村建设过程中，一些地区的新农村建设领导小组中没有环保部门，难以影响经济发展中的环保决策。目前，大部分政府和官员政绩考核中重经济指标，轻环境指标，过分强调新农村的经济建设，在招商引资过程中经济优先，没有把科学发展观落到实处，尤其是在西部的一些经济欠发达地区更是如此，农村环保问题考虑更少。

2. 农民环保意识淡薄，对环境问题的危害性认识不足

调查显示，在对某区域当地自然环境现状的认识上，被调查者认为恶化的人数比例高于好转的比例，也有部分人认为与过去相比没有变化或对此认识不清。如对"您认为当地的自然环境状况与过去5～10年相比较"这一问题的看法，有32.61%的人认为有些好转或明显好转、43.80%的人认为有些恶化或明显恶化、23.61%的人认为没有变化或不知道。对当地自然环境的展望上，被调查者有美好的预期，有42.10%的被调查者认为有些好转或明显好转、有34.80%的被调查者认为有些恶化或明显恶化、有23.12%的被调查者认为没有变化或不知道（见图4-13）。从这两个问题的回答情况可以看出，在被调查者看来，大部分农民认为农村地区的自然环境与过去相比有所恶化，这与新农村建设面临的严峻环境形势的事实相符；从对未来的展望上，农村居民相对比较乐观，期待新农村建设等政策因素为当地环境的改善带来契机。

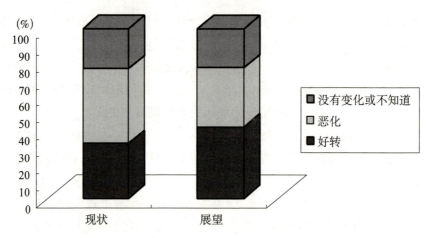

图 4 - 13　当地居民对本地自然环境现状的认识与展望

关于农药、化肥及作物秸秆对环境影响的认识。从问卷调查的情况来看，有 2/3 的被调查者对农药、化肥的使用及作物秸秆的燃烧是否对环境造成影响认识不清或不知道，有 1/4 的人认为有很大的影响，也有极少数人认为没有影响。如对"您认为使用化肥是否会导致土地板结或肥力下降"的回答中，选择不会，不知道，有一点、不严重，非常严重的人数分别占总样本人数的 6.33%、19.71%、48.67%、25.30%（见图 4 - 14）；对"您认为使用农药对土壤或农作物是否会产生不良影响"的回答中，选择不会、不知道、可能会有一点影响、有很大的影响的人数分别占总样本人数的 4.14%、15.09%、49.88%、30.90%（见图 4 - 15）。造成这种现象的原因还是农村居民缺乏基本的环境知识，对环境问题的危害认识不清[①]。

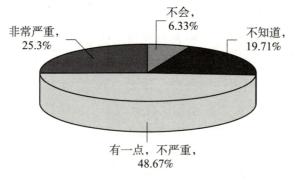

图 4 - 14　关于化肥对环境影响的认识

　　① 田万慧，陈润羊. 新农村建设背景下的甘肃省农村居民环境意识调查与分析［J］. 资源开发与市场，2012，28（4）：340 ~ 344.

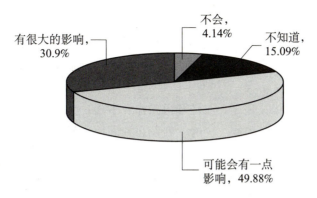

图4-15　关于农药对环境影响的认识

调查发现，大部分农民对化肥、农药带来的污染和危害了解不够。有相当部分的农民超过规定标准大量使用化肥和农药，对它们的使用主要是凭经验，而不是化肥或农药使用的环境安全技术导则。农民选择农药、化肥、地膜主要考虑的是增产、杀虫的效果和产品价格，很少考虑其环境影响。相当的农民对环境问题转移认识不足，调查发现，一些地区，为了给农民提供就业机会和增加农民收入，对于迁入农村的企业及本地创办的乡镇企业都给予很大的优惠条件，其中就包括降低环保"门槛"。在走访中发现，大部分农户虽然认为企业的兴建可能会造成新的环境问题，但有的农民为了能在企业就业，甚至会支持这些重污染企业。由于农村居民居住分散，生产和生活混为一体，人畜混居现象也比较多，农民还存在不良生活习惯，一些地方没有垃圾收集和处理设施，或者仅有简单而又不太使用的收集点。

3. 乡镇企业环保法制观念不强，环保义务履行的主动性不够

在利益驱动下，有的乡镇企业履行环保义务的主动性不够，承担环保主体责任的意识不强，在防治污染上存在消极对待甚至违法偷排现象，政府部门监管放松时一些企业就把污染处理设施闲置起来，直接或者稀释排放各类污染物质，给区域农村环境质量带来威胁，乡镇企业的废水、废气、废渣等"三废"超标排放，已成为影响农村地区环境质量的主要因素。

（二）农村环保法制不全，监管能力薄弱

1. 农村环保法制不健全，某些领域的农村环保无法可依

经过多年的努力，我国的环境法律法规体系基本建立，其中尽管涉及了农村、农业环保的诸如生态保护、污染防治等部分领域和方面，但是从系统和整

体上而言，农村、农业环保的条款简单、内容分散，至今没有国家层面综合性的农业环境资源保护法规或条例。主要针对城市、工业和重要点源的环境法体系在农村和农业的适用性不强，未能将农业环境与资源保护协调起来；对解决面源污染问题的意义不大；对规模小而分散的乡镇企业的污染排放监控乏力。现行法律中的一些相关规定针对性和可操作性不强，给农村环保执法和环境问题的解决造成了一定的困难。同时，我国目前农村环保立法没跟上经济发展的形势，不利于推动新农村的建设①。

2. 农村环保管理体系不完善、环保机构长期缺失、环保监管能力亟待提高

目前，我国绝大多数的环保机构没有延伸到乡镇和村，县级以上的环保部门的工作大部分都是针对城市和工业开展的，致使农村和农业环保监管的一些领域没有完全涵盖。目前，地方各级环保部门农村环保工作力量非常薄弱，2014 年全国乡镇环保机构数量 2968 个，只占全国乡镇总数的 10%，约 90% 的乡镇没有专门的环保工作机构和人员，缺乏必要的设备装备和能力，难以保证有效开展工作②。西部地区的大部分县、乡镇、村环保管理网络没有真正形成，乡镇环保基本处于无人员、无经费、无仪器的"三无"状态，导致许多农村的环保工作处于失控状态。农村环保涉及环保、农业、林业、水利等多个部门，有些问题分工不明，协调不强，农村环保问题存在互相推诿、无人负责的现象。伴随新农村的建设，在原有农村环境问题的基础上会出现一系列新的环境问题需要主管部门去管理、督促、协调、处理，目前的环境管理体制难以应对③。

3. 农村环保扶持政策不到位，污染治理的市场化机制难以建立

新农村环境问题由于源头分散、污染浓度不一、涉及主体多样等因素，难以形成环境治理的规模化效益或者规模化效益较低，但目前缺少比较完善的支持体系，单靠财政相对薄弱的西部各级地方政府投资又远远不能满足治理的需要，但农村基础设施建设和环境治理市场机制的建立又面临重重困难。调查发现，经济欠发达地区与经济发达地区相比，农村环保扶持措施方面存在着政策单一、效果不佳等不足，尤其是经济欠发达的西部地区，受财政能力的限制，许多地方政府对农村基础投资中，由于没法提供足够的配套经费，也就无法从国家下拨的相关资金中获益，致使一些贫困村陷入"环境污染——经济落

① 陈润羊，花明. 新农村建设中环境问题的法律解读 [J]. 乡镇经济，2008 (12)：4~6, 11.
② 环境保护部，财政部. 全国农村环境综合整治"十三五"规划 [EB/OL]. (2016-12) http://hbw. chinaenvironment. com/zxxwnr/index. aspx? nodeid=54&page=Content Page & contentid=90562.
③ 陈润羊，花明. 新农村建设中环境问题的法律解读 [J]. 乡镇经济，2008 (12)：4~6, 11.

后——环境污染"的恶性循环。

（三）农村环保投入不足，基础设施脆弱

1. 农村环保资金投入不足、资金来源渠道单一

近年来，尽管在国家层面上来说，全国环境污染治理投资总额和占 GDP 的比例不断上升，全国环境污染治理投资总额占 GDP 的比例基本在 1.5% 左右，如据《中国统计年鉴》的数据显示，2011～2015 年，分别为 1.45%、1.53%、1.52%、1.49% 和 1.28%。但是，这种大幅度的投入其中的相当部分是还历史的"老账"，而且这些统计意义上的投入集中在城市环境基础设施建设投资、工业污染源治理投资和建设项目"三同时"环保投资三大领域。目前，农村环保投入少，远不能满足农村环境防治的需要，同时农村环保投入还存在多头管理，分散于环保、农业、林业、国土、水利、建设等多个职能部门中，利用效率不高，不利于农村环境问题的综合防治。

在西部的新农村建设中，农村环保资金投入主要依靠国家财政投入以及地方配套投入，我国在 2008 年才首次建立了中央农村环保专项资金，社会资金参与农村环保的微乎其微，农村环保融资渠道十分有限。由于农村环境基础设施具有规模小、布局分散、运行成本高、投资回报期长等特点，对社会资金吸引力不高，同时也难以申请到用于专项治理的排污费。据调查，许多村庄的环卫保洁、环卫设备配置、垃圾运输处理费用等主要由村集体资金解决，有些垃圾中转费用向各村收取，造成新农村建设后的村庄集体经济负担过重，而对于底子薄，经济实力过低，缺乏自我发展能力的农村，要维持日常运行，财力更是难以支撑，使得农村环境长效管理和专职保洁员队伍建设难以落实到位，已经取得的阶段性成果在治理后又出现反弹，在西部地区绝大多数农民还不富裕的情况下，新农村建设中的环境治理很难得到全面的改善。

2. 环保基础设施脆弱，无法满足防治的需要

目前，我国仍有 40% 的建制村没有垃圾收集处理设施，78% 的建制村未建设污水处理设施，40% 的畜禽养殖废弃物未得到资源化利用或无害化处理，农村环境"脏乱差"问题依然突出。38% 的农村饮用水水源地未划定保护区（或保护范围），49% 未规范设置警示标志[1]。对于经济欠发达的西部地区而

---

[1]　环境保护部，财政部．全国农村环境综合整治"十三五"规划［EB/OL］．（2016 - 12）http://hbw. chinaenvironment. com/zxxwnr/index. aspx? nodeid = 54&page = Content Page & contentid =90562.

言，农村环境基础设施的形势更是不容乐观。

根据《全国农村环境综合整治"十三五"规划》确定的目标，到2020年，新增完成环境综合整治的建制村13万个，加上已经整治过的7.8万个建制村，累计达到全国建制村总数的1/3以上。要完成农村环境综合整治的目标，就需要大规模的资金投入，这对财政基础比较薄弱的西部地方财政造成巨大压力，唯有更多依靠中央政府的倾斜支持。

（四）农村环保模式不当，治理效率欠佳

1. 一些地方存在机械套用城市环境治理模式，无视农村环境问题的特殊性的现象

新农村建设中的环境问题主要体现为农业和农村的非点源污染或者说是面源污染，其不同于城市和工业的点源污染。适用于点源污染的"末端治理"模式，并不适宜于新农村建设中产生的诸如农田面源污染、工业污染和畜禽养殖场污染等环境问题的治理。采用末端治理农村面源污染，由于污染治理设施建设和运行的"最小经济规模限制""低处理率限制"以及"高折旧率限制"而不可行①。但是，目前，一些地区还是存在套用末端治理模式，不能采取针对农村环境问题特性处理方法的情况。

2. 新农村建设引发的一些环境问题需引起重视

目前，在新农村建设中水冲厕所在一些地方被推广。水冲厕所在一定程度上解决了生活中的粪便污染，但是在没有配套完整的下水道系统建设的前提下，水冲厕所的使用造成了污水的肆意排放，也造成了污水量的成倍增加和水资源的浪费。特别是在西北干旱区如果盲目推广水冲厕所，将对水资源和水环境带来严重的冲击。

（五）农村发展水平不高，生产生活方式落后

1. 生产方式的问题

随着科技的进步，我国和西部的农业生产方式也发生了重大变化，化肥大比例地取代了以前的农家肥等有机肥料，为防治病虫害，农药应用广泛，农膜覆盖技术也得到了大面积地推广应用。受目前农技指导欠缺、农民环境意识不

---

① 苏杨，马宙宙. 我国农村现代化进程中的环境污染问题及对策研究 [J]. 中国人口·资源与环境，2006，16（2）：12～18.

高等因素的制约，许多农民不按环境安全规定的操作规程使用农药和化肥，更大注意力在谋求提高单位土地的产出率上，农产品环境安全意识、品牌观念以及绿色、无公害或者有机产品的认证理念缺乏，这些农业生产、农民思想观念等多方面复杂的因素，无疑都是造成目前新农村比较严峻环境形势的原因。加之西部农村总体发展水平低，发展需求强盛，而环境基础设施却很缺乏，如村庄的排水设施就很简陋，同时各地差距也很大。

2. 农民现有的一些生活方式也不利于农村环保

随着城市化的进程不断加快和新农村建设的推进，农民的视野和活动空间逐渐扩大，一些现代文明的观念也被逐渐接受，但在保持优秀的传统上却受到影响，如节约、节俭、朴实、人与自然和谐相处等。而这些优秀的传统如何在现代文明的浪潮中坚持并扬弃就成为新时期的一个新问题。

总之，上述五大原因都是新农村环境恶化的重要原因，但更为深刻的原因却是二元分隔的制度。长期的城乡二元结构，造成了城乡的人为割裂，在投入、资源分配、政策机制等方面造成了极大的问题。我国的环保起步于甚至现在也基本上是围绕着城市和工业进行的，无论法律规范、机构建设，还是资金投入、科研服务都是以城市为中心的[1]，正像农业是弱质产业一样，农村环保一直是被遗忘的领域。缓解新农村的环境危机，新农村的环境治理将是一个系统的工程。

四、新农村建设中环境保护的战略

（一）战略形势

经过多年努力，我国农村环保工作取得了较大进展。但是农村环境形势仍然十分严峻，一些农村环境问题已经成为危害农民身体健康和财产安全的重要因素，制约了社会经济的可持续发展。建设新农村的战略举措意义重大而深远，它不仅给亿万农民带来了福音，同时也给农村环境保护带来了新思考和新课题，也把农村的环境问题推向了更重要的历史舞台。

近年来，社会各界日益认识到农村环保问题的严峻性和重要性，农村环境政策也不断构建并完善，农村环保在整个国家环保和农村经济中的地位不断提

---

① 陈润羊，花明. 新农村环境保护的SWOT研究［J］. 乡镇经济，2009（8）：37~40.

升（见表4-3和表4-4）。党的十七大首次提出了"生态文明"的概念，2008年7月国务院首次召开全国农村环境保护工作会议，创造性地提出了"以奖促治、以奖代补"等政策措施。自2008年首次建立了中央农村环保专项资金以来，至2015年，中央财政一共安排农村环保专项资金315亿元，从农村道路、垃圾转运、污水收集处理、饮用水安全等四个方面，对5.9万个村庄的环境进行综合治理，直接受益人口达1.1亿多人。2015年底，总共完成了7万个建制村的环境整治任务，超额完成"十二五"规划目标①。2011年3月又专题召开了全国农村环境保护工作会议，总结近年来农村环境保护工作进展和经验，安排部署"十二五"时期农村环境保护工作。大力实施了"以奖促治"政策，扎实开展农村环境综合整治，农村环境保护取得重要进展，一批严重危害农村居民健康、群众反映强烈的农村突出环境问题得到有效解决，农村环保工作机制逐步建立，农村环境监管能力得到逐步加强。"十三五"期间，环保部将在全国选择10个左右县（市、区）开展农村环境保护体制机制综合改革与创新试点，通过准确职能定位、完善奖惩机制、合理配置机构与能力，探索促进县域经济社会建设与生态环境保护协调发展的有效途径。在这种大背景下，把农村环保，特别是新农村建设中的经济与环境的协同发展提高到应有的高度，新农村环保工作已成为新农村建设和国家环保中的一个重要组成部分，这些都为西部地区在新农村建设中做好环境保护工作提供了难得的政策机遇。

表4-3   近年来农村环保的政策性文件一览

时间	文件名称	颁布机构	主要内容和目的
2006年10月	国家农村小康环保行动计划	国家环境保护总局	分析了我国农村环境形势，提出了农村环保的指导思想和原则与目标、重点领域、建设任务、保障措施等
2007年7月	全国农村环境污染防治规划纲要（2007~2020年）	国家环境保护总局	旨在阐明"十一五"期间和今后一个时期全国农村环境保护的目标、重点领域、主要任务和政策措施，促进社会主义新农村建设，建设农村生态文明
2007年11月	国务院办公厅转发环保总局等部门关于加强农村环境保护工作意见的通知	国务院办公厅	保护和改善农村环境，提高农民生活质量和健康水平，促进社会主义新农村建设，就加强农村环境保护工作提出意见

① 章轲. 中央财政累计安排农村环境综合整治资金315亿元［EB/OL］. (2015-10-27) http://money.163.com/15/1027/00/B6T5K29D00253B0H.html.

续表

时间	文件名称	颁布机构	主要内容和目的
2008 年 6 月	关于加强土壤污染防治工作的意见	环境保护部	改善土壤环境质量，保障农产品质量安全，建设良好的人居环境，促进社会主义新农村建设，就加强土壤污染防治工作提出的意见
2009 年 2 月	国务院办公厅转发环境保护部等部门关于实行"以奖促治"加快解决突出的农村环境问题实施方案的通知	国务院办公厅	明确了"以奖促治"政策的总体要求、基本原则和工作目标，以及实施范围、整治内容和成效要求等，并对实施程序和监督考核提出了具体要求，明确了地方责任和部门分工，是指导"以奖促治"工作的一份纲领性文件
2009 年 4 月	中央农村环境保护专项资金管理暂行办法、中央农村环境保护专项资金综合整治项目管理暂行办法	财政部、环境保护部	规定了对开展农村环境综合整治的村庄实行"以奖促治"；对通过生态环境建设达到生态示范建设标准的村镇实行"以奖代补"
2011 年 3 月	关于进一步加强农村环境保护工作的意见	环境保护部	明确了"十二五"农村环保工作的总体思路、主要目标、重点任务和政策措施，解答了今后一个时期环保部门在农村环境保护方面"干什么、怎么干"的问题
2013 年 12 月	全国土壤环境保护规划（2011～2015 年）	环境保护部等四部门	明确"十二五"时期土壤环境保护总体思路、重点任务、重点工程和保障措施，优先保护耕地和集中式饮用水水源地土壤环境，强化土壤污染物来源控制，严格污染土壤环境风险管控，开展土壤污染治理与修复，夯实土壤环境监管基础
2015 年 11 月	关于全面推进农村垃圾治理的指导意见	住房城乡建设部等十部门	明确了到 2020 年农村生活垃圾治理目标及主要任务，并建立了逐省验收制度
2016 年 5 月	土壤污染防治行动计划	国务院	当前和今后一个时期全国土壤污染防治工作的行动纲领。以改善土壤环境质量为核心，以保障农产品质量和人居环境安全为出发点，实施分类、分用途、分阶段治理，形成政府主导、企业担责、公众参与、社会监督的土壤污染防治体系

资料来源：根据相关公开报道整理。

表 4 - 4　　　　　　　　我国农村环境保护规划的演变

序号	时间阶段	农村环境保护的地位和重点
1	"九五"计划（1996～2000 年）	重视农业环境保护，点源防治为主

续表

序号	时间阶段	农村环境保护的地位和重点
2	"十五"计划 (2001～2005年)	重视农村面源污染和农村生活污染,改善农村(小城镇)环境质量为主
3	"十一五"规划 (2006～2010年)	以农村环境综合整治、优化产业发展、城乡统筹监管为主的过程
4	"十二五"规划 (2011～2015年)	推进农村环境综合整治,统筹城乡环境保护,把农村环境保护工作摆上更加重要和突出的位置。把农村环境整治作为环保工作的重点,完善以奖促治政策,逐步推行城乡同治
5	"十三五"规划 (2016～2020年)	围绕"一控两减三基本"(即严格控制农业用水总量,把化肥、农药施用总量逐步减下来,实现畜禽粪便、农作物秸秆、农膜基本资源化利用),开展农业面源污染综合防治。实施土壤污染分类分级防治,优先保护农用地土壤环境质量安全。推行全流域、跨区域联防联控和城乡协同治理模式

资料来源:根据相关资料整理。

(二) 战略思路

以建设"清洁水源、清洁家园、清洁田园"的社会主义新农村为目标,体现以人为本的理念;在城乡统筹推进新农村建设的过程中,既解决已有的农村环境问题,也积极防治新农村建设出现的新环境问题;以实施重点生态工程和实施新农村环境保护工程为两大战略工程;以生态创建、农村饮水安全、生产生活污水处理、农村垃圾处理和处置、土壤环境保护、畜禽养殖污染防治等为重点领域;吸收借鉴国外和我国发达地区农村环境保护的经验[1],全面推进农民生产生活方式向环境友好的方向转变,不断提高农村生态文明水平;以环境保护优化农村经济发展的方式,构建农村环境保护的激励和约束政策体系;通过深入实施以奖促治、以创促治、以减促治、以考促治等为抓手的"四轮驱动"战略,协同综合推动农村环境保护。针对目前农村环保的"短板",着力加强农村环保能力建设,延伸环境监管到农村领域,统筹安排城乡环保规划和基础设施,研发和推广成本低廉、操作简单的农村环保技术,不断改善新农村的环境质量,为新农村建设提供良好的环境安全保障。

(三) 战略目标

根据有关国家经济、社会和环境规划,结合新农村环境的实际,新农村

---

① 陈润羊. 新农村环境保护:国外经验借鉴和启示 [J]. 世界农业,2011 (12):21～26.

环保的战略目标如下：基本形成资源节约型、环境友好型农业生产体系，显著改善农村人居和生态环境，不断增强可持续发展能力。有效治理新农村各类环境问题，遏制生态环境状况恶化的势头，建立城乡一体化的环境保护体制机制，促进农村经济与环境的协同发展，不断提高农村生态文明建设的水平。

（四）战略重点

西部地区新农村建设中的环境保护战略从广义上讲主要包括生态建设和环境保护两大方面，其中，生态建设是整个西部大开发战略实施的重要内容，也为国家生态安全提供基本保障，环境保护要纳入新农村建设的战略规划之中，使之与经济发展协同推进。

1. 实施重点生态工程

在西部新农村建设中，应当结合各地实际总结已有的生态建设经验，坚持创新驱动，提高各类生态工程建设的水平，使重点生态工程的建设成为西部可持续发展的主要带动领域。通过建设产业主导型生态工程、环境治理主导型生态工程和综合性区域生态工程，将产业发展与生态环境的恢复、改善、重建纳入到统一的人工—自然系统工程的设计、建设、运行过程之中，采用先进、适用、系统的工程技术措施，实现经济发展与环境质量提高等可持续发展目标。启动和实施西部地区的生态建设重点工程：新一轮退耕还林还草工程、退牧还草工程、自然保护区体系建设工程、湿地保护和恢复工程、石漠化治理工程、三江源生态保护和建设二期工程、祁连山生态保护与综合治理工程、柴达木地区生态环境综合治理工程、农牧交错带已垦草原治理工程等①。

2. 实施新农村环境保护工程

有效治理新农村建设前已存在的环境问题，并积极防治新农村建设中出现的环境问题。随着西部大开发战略的实施，中央财政将加大对西部地区均衡性转移支付力度，将有更多的财政性投资投向生态环境领域，这将为还清西部生态环境欠账提供难得的机遇。在西部地区的新农村建设中，既要积极解决如农业面源污染严重、生活污水和垃圾乱倒乱放等原有的农村环境问题，又要有效防治新农村建设出现的新的环境问题，如农村集聚化引发的环境问题，小城镇和农村聚居点的规模迅速扩大，使乡镇和农村的生活污染物因基础设施和管理

---

① 国家发展改革委. 西部大开发"十三五"规划［EB/OL］. （2017－01－23）http://www.sdpc.gov.cn/gzdt/201701/t20170123_ 836082. html.

不善造成的严重的"脏、乱、差"问题等。重点做好西部农村饮用水水源地环境保护、生活污水治理、生活垃圾处理、畜禽养殖污染防治、工矿污染防治、土壤环境保护、面源污染防治等七个方面的工作，以"以奖促治、以创促治、以减促治、以考促治"为抓手，深入推进新农村的环境保护工作（见表4-5）①。

表4-5 西部地区新农村建设中环境保护的重点工程

序号	工程类别	主要内容和重点
1	饮用水水源地环境保护	科学划定农村饮用水水源保护区或保护范围。加大农村饮用水水源地环境监管力度。加强农村饮用水水源地的环境治理，要优先治理农村饮用水水源地周边的生活污水、生活垃圾、工矿污染、畜禽养殖和农业面源污染，消除威胁和隐患，改善水源地环境质量
2	生活污水治理	开展农村生活污水污染状况调查。加强农村生活污水治理设施的建设和管理。城市周边村镇的污水可纳入城市污水收集管网；对居住比较分散、经济条件较差村庄的生活污水，可采取分散式、低成本、易管理的方式进行处理。建立政府、企业、社会多元化资金投入机制
3	生活垃圾处理	摸清农村生活垃圾污染状况。强化农村生活垃圾处理设施的建设和运行维护。逐步推进县域垃圾处理设施的统一规划、统一建设、统一管理。推广户分类、村收集、乡（镇）运输、县处理的方式，提高垃圾无害化处理水平。居住分散、经济条件差、边远地区的村庄，建立就地分拣、综合利用、就地处理的垃圾治理模式
4	畜禽养殖污染防治	科学划定畜禽养殖禁养区。严格畜禽养殖业环境监管。加强源头控制，严格环保审批。对新建、改建、扩建的规模化畜禽养殖场（小区）必须严格执行环境影响评价和"三同时"制度。加强畜禽养殖污染治理。鼓励建设规模化畜禽养殖场有机肥生产利用工程，继续做好各种实用型沼气工程，实现畜禽养殖废弃物的减量化、资源化、无害化。对不能达标排放的规模化畜禽养殖场实行限期治理等措施。鼓励养殖小区、养殖专业户和散养户进行适度集中，对污染物统一收集和治理。规模化畜禽养殖场和养殖小区要配套完善固体废物和污水贮存处理设施，保证设施正常运行
5	工矿污染防治	优化农村地区工业发展布局与产业结构。把农村工业的发展同小城镇的规划建设结合起来，引导企业适当集中，对污染实行集中控制。积极推进农村工业发展规划的环境影响评价，通过规划环境影响评价促进企业的合理布局。在贵州、四川、甘肃、山西、陕西、内蒙古等矿产资源开发规模较大的地区，加强农村地区矿山污染治理与生态恢复，改善矿区生态环境质量。严格环境监管，防止污染向农村地区转移。禁止工业固体废物、危险废物、城镇垃圾及其他污染物从城市向农村地区转移，禁止污染严重的企业向西部和落后农村地区转移。提高农村地区工业企业准入"门槛"，严格执行国家产业政策和环保标准，淘汰污染严重和落后的生产项目、工艺、设备

① 国家环境保护总局. 全国农村环境污染防治规划纲要（2007~2020年）[EB/OL]. (2007 - 12). http://wenku.baidu.com/view/2c9e627b5acfa1c7aa00ccd1.html.

续表

序号	工程类别	主要内容和重点
6	土壤环境保护	加强土壤环境保护基础性工作。开展全国粮食主产区、瓜果和蔬菜产地以及矿产资源开发影响区等重点地区的土壤污染加密调查。逐步建立和完善国家、省、市三级土壤环境监测网络。以基本农田、重要农产品产地特别是"菜篮子"基地为重点，开展农用地土壤环境监测、风险评估与安全性划分。严格控制主要粮食产地和蔬菜基地的污水灌溉。开展农产品产地环境质量状况评价，推进保障食品安全工作。积极防范农村地区污染场地环境风险。开展农村地区污染场地调查与评估，建立农村地区污染场地清单，严格控制污染场地再开发利用的环境风险
7	面源污染防治	加强农用化学品环境安全管理。加强农村面源污染控制最佳可行模式的评价和筛选，引导农民科学施肥，大力推广测土配方施肥技术，在粮食主产区和重点流域要尽快普及。开展典型区农村面源污染防治示范。重点在内蒙古、四川、甘新等粮食主产区及水污染治理重点流域和区域，开展农村面源污染综合治理的试点示范。探索作物秸秆、废弃农膜等的资源化利用途径；发展节水农业和生态农业，促进农业资源节约，发展农业循环经济；对面源污染防治最佳可行技术进行示范。加大秸秆露天焚烧监管力度，推进秸秆综合利用

资料来源：根据以下资料整理。国家环境保护总局. 全国农村环境污染防治规划纲要（2007~2020年）；环境保护部. 关于进一步加强农村环境保护工作的意见.

（五）主要举措

针对新农村建设的环境问题，坚持可持续发展战略，统筹城乡发展，创新工作理念，借鉴已有的经验及教训，如韩国新村运动、日本造村运动、欧美国家以及我国浙江和江西等地农村建设、农业发展和环境保护的经验教训，进而探讨新农村建设的环境保护途径，实现农业发展、农民增收、农村进步的全面目标。

1. 推进环境教育，倡导生态文明理念

环境保护，教育为本。农村环境教育是我国环境教育重要的组成部分，也是当前我国环境保护和环境教育工作的重点。设计切实可行的教育方案是成功实施农村环境教育的关键，而如何构建切实可行的新农村环境教育体系是当前我国环境教育面临的重要课题和紧迫任务[1]。

（1）强化平台基地建设，发挥示范带动作用。充分发挥各级各类学校，如党校、成人教育、国民教育系列学校等教育资源丰富的优势，渗透环境保护

---

[1]　陈润羊. 新农村建设背景下农村环境教育对策研究［J］. 资源开发与市场，2011，27（11）：461~463.

的相关内容。通过"绿色社区""绿色学校"创建等活动，增强环境参与的积极性。在环境优美的乡镇、文明生态村、生态农业示范点、土壤污染修复示范点和农业环保科研基地中选择典型，作为国家级的环境教育基地，供公众参观、学习和体验，各省市也可根据需要确定各自的环境教育基地，把环境教育基地建设成向公众普及环保科普知识、提高环境意识的主要场所，开展具有知识性、趣味性的科普活动，发挥环境教育基地的载体作用。加强各级各类环境教育基地的教育设备和展示手段建设，积极探索教育新途径，不断丰富新内容，提高教育效果，以期对周边地区起先进示范作用，以点带面，用活生生的现实教育各相关群体。

（2）针对不同目标群体，实施差别细化教育。一是环境教育的目标。通过环境教育，使各相关群体提高环境意识，了解环境保护的基本知识，掌握环保的基本技能，最终积极参与到各种新农村环境保护的具体实践中，转变生产和生活方式，形成符合可持续发展的行为习惯。二是环境教育的原则。新农村环境教育遵循的基本原则有：思想的创新性与开放性、过程的循序渐进性、区域的因地制宜性、对象的大众性与分层性、内容的综合性、方式的多样性、目标的参与性①。三是不同目标群体环境教育方案设计。借鉴国外和国内环境教育的经验教训，设计五大重点群体环境教育的目标任务、教育内容以及主要途径和方法，做好领导干部和公务员、乡镇企业领导和员工、农民、城镇居民、大学生、未成年人的环境教育，提高全社会的科学发展意识和生态道德素质，促进新农村建设。

通过树立和宣传典型，弘扬生态文明，发展生态文化，提高相关群体的环境意识，调动各方参与环保的积极性和主动性，倡导推广健康文明的生产、生活和消费方式。实施全员参与的环境教育，根据不同目标人群实施差别细化教育，有针对性地做好领导干部和公务员、乡镇企业领导和员工、农民、城镇居民、大学生以及未成年人的环境教育和科学发展的教育，提高全社会的科学发展意识和生态道德素质，形成环境友好和资源节约的社会风尚。具体不同目标人群环境教育设计见表4-6。

---

① 仰和芝，欧阳晓安. 建设社会主义新农村目标下的农村环境教育探讨［J］. 特区经济，2008（1）：143～145.

表4-6 不同目标人群环境教育设计

对象	目标任务	教育内容	主要途径和方法
领导干部和公务员	(1) 了解我国和国外环保的现状和动态; (2) 增强科学发展意识, 提高环境与发展综合决策能力	(1) 当地环境问题的现状、原因、危害和防治; (2) 农村环境保护法律法规; (3) 新农村建设和环境保护等方面的关系; (4) 新农村的科学发展问题	(1) 环境状况公报(简报)、内参录像片、内参资料及时通报; (2) 党校等的教学培训中渗透环境教育; (3) 新农村环保知识讲座、形势报告会
乡镇企业领导和员工	(1) 以排污企业和资源开发型企业的负责人和员工为重点, 带动全体; (2) 增强企业的责任意识和树立绿色企业形象意识	(1) 环境保护的法律法规要求、企业的责任和义务等; (2) 企业社会责任教育; (3) 企业循环经济、清洁生产和环境保护; 各行业循环经济、清洁生产、环境保护的基本内容和方法要求	(1) 讲座和学习班; (2) 岗位培训; (3) 挂图、宣传手册、标语; (4) 清洁生产审核和ISO14000认证
农民	(1) 以有劳动能力的农民、村干部、科技示范户、星级文明户、绿色食品生产户、专业户、种粮大户和党团员为重点对象, 带动全体; (2) 树立科学发展意识和环境权益意识; (3) 树立环境资源有限性和"绿色致富"的意识	(1) 新农村环境与农产品、致富的关系; (2) 新农村环保的基本知识、发展生态农业的基本方法; (3) 科学种植和养殖: 化肥、农药等的科学使用、肥料和养分的科学搭配、土壤肥分的保护等; (4) 健康文明生活方式与生活质量: 合理装修、适度消费等	(1) 广播、电视、电影、图书、挂图、宣传手册、幻灯以及文艺表演等; (2) 绿色证书工程、巾帼科技致富工程等农民培训; (3) 环境宣传教育下乡; (4) 农村环保科普行动
城镇居民	(1) 提高环境意识, 规范公众行为; (2) 确立健康文明的生活方式	(1) 环境安全形势; (2) 可持续消费方式与环境安全	(1) 环境信息公开; (2) 环境警示教育; (3) 环境保护公益宣传; (4) 环保科普活动; (5) "绿色社区"创建
大学生	(1) 宣传科学发展观, 普及环境科学知识和法律知识; (2) 提高环境安全意识和环境法治意识、人与自然和谐相处的意识	(1) 新农村环境现状和问题、原因、危害和防治的基本知识; (2) 环境保护的法律法规; (3) 本地乡镇企业及其对周围环境的污染状况及解决方案	(1) 环境保护纳入教学体系, 课堂教学和课外活动; (2) 加强环境类专业的学科建设; (3) 开展主题环境教育活动; (4) 环保社团建设; (5) 创建"绿色大学"
未成年人	(1) 以中小学生为重点对象, 带动其他未成年人; (2) 养成科学的行为习惯, 亲近自然、欣赏自然	(1) 我国人口众多、资源有限的基本国情和人与自然的关系; (2) 环境和新农村环境现状	(1) 环境保护纳入教学体系, 课堂教学和课外活动; (2) 师资继续教育和培训中渗透环境教育; (3) 发挥科普教育基地作用; (4) "绿色学校"的创建

资料来源: 陈润羊. 新农村建设背景下农村环境教育对策研究 [J]. 资源开发与市场, 2011, 27 (11): 461~463.

2. 统筹各类规划，合理城乡空间布局

城乡分割既是农村环境问题的制度原因，也成为影响我国发展全局的问题，为此，需要统筹城市和农村的发展规划，综合考虑当前发展和长远发展的关系，协调好环境保护和新农村经济发展的关系。

（1）统筹城乡建设规划。从发达国家的经验来看，其城乡规划体系的核心是将城乡空间作为一个整体来规划。我国目前的规划人为地割裂了城乡之间的联系，城市规划仅仅考虑城市，较少考虑周边农村，而村镇一级长期以来基本上处于无规划的无序发展状态。根据城乡之间的功能定位，从区域环境经济协同发展的角度，将城乡发展作为一个整体进行规划，使农村居民点能有序发展，克服一些地方新农村盲目集聚化引发的环境问题。在区分城乡功能的基础上，本着集约用地、保证耕地的原则，统筹规划县市域的全部土地。科学预测城乡社会经济发展的规模、结构和方向，统筹布局水、电、暖、气、污水处理、固体废物处理处置等基础设施，改善农村基础设施落后的局面，为新农村的环境保护奠定基础。

（2）统筹城乡生态环境保护规划。从区域生态系统结构和功能的角度，综合考虑城乡不同区域的生态功能和地位，统筹城乡区域环境规划，做到城乡并重，兼顾协调发展①。努力实现城乡生态环境规划的统一规划、统一实施和统一管理，努力实现经济发展与环境保护的协同发展。

（3）统筹新农村建设规划。统筹新农村建设涉及的环保、产业、能源、旅游、基础设施等各个方面，做到建设服从规划、规划体现环保，根据不同区域的发展阶段制定相应的规划内容，并严格按规划内容执行，做好规划的管理工作。把环境规划纳入新农村建设规划，将农村环保体现在地方的有关计划和规划中，做到建设服从规划，规划体现环保，充分发挥建设中的环境效益②。

3. 构建法律体系，促进环境法制建设

农村环境法律法规体系是农村环保制度设计和政策执行的法律来源和根据，构建农村环保法律法规体系，需要从立法、执法、法律监督等方面努力。

（1）立法内容体系的完善。当前在立法的过程中，需要克服"经济至上主义"和"城市中心主义"的影响，实现经济社会环境协调和城乡公平性原则。在制定农村环境保护法律法规过程中，要明确规定农民的环境知情权、环

---

① 中国环境与发展国际合作委员会，中共中央党校国际战略研究所. 中国环境与发展：世纪挑战与战略抉择［M］. 北京：中国环境科学出版社，2007：288～289.
② 陈润羊，花明. 加强环境保护，促进新农村建设［J］. 江西能源，2009（2）：1～3.

境监督权和相关诉讼权利。就农村环保内容构成而言：一是在目前已经修订的国家环境保护基本法中已明确了农村环境保护是整体国家环保的重要组成部分，并做出原则性规定，这无疑是值得肯定的，要以环境保护的基本法为基础，不断完善农村环境保护的法律法规体系；二是加快推动制定农村环境保护法规、标准和技术规范，尽快起草并颁布农村环保条例等，制定农村环境监测、评价的标准和方法，制定农业污染事故处理办法；三是各地结合实际制订和实施一批地方性农村环境保护法规、规章和标准，鼓励地方就国家尚没有制定的农村环境法规规范领域先行进行探索。以上各个方面的农村环保法律法规在内容上能够协调统一，程序上能相互支撑，效力上能发挥法制的合力，真正做到农村环保有法可依，责权清晰，防治有效。

（2）健全执法体制，提高执法水平。一是进一步研究环境保护垂直治理的可行性，加大和明确地方政府在环境保护中承担的责任，有效制止地方保护主义与部门保护主义。二是加强培训和考核，不断提高各级环保执法队伍人员的业务素质，使其能严格依法办事。定期对执法人员进行环保法律法规和业务技术知识的培训，提高整个环保执法队伍的执法水平。妥善解决好农村环保执法人员的待遇问题，做到惩罚分明，充分调动环保执法人员的积极性。三是明确具体执法岗位和执法人员的执法任务、权限、标准、程序及违法执法、不作为应承担的责任。完善行政处罚报告和备案制度，制定和完善工作程序和廉政规范。强化执法人员执法资格的审查。

（3）加强农村环保的法律监督。一是加强上级政府对下级政府农村环保法律政策落实情况的考核和检查；二是加大上级环保部门对下级环保部门在执行环保法律法规方面督察的力度，对违法乱纪行为应追究有关责任人和领导人的法律责任，促使各级各部门的环境保护机构能够依法行政，做到执法必严，违法必究；三是加强人民群众的监督，推进信息公开，健全公众参与机制，发挥各级人大代表、政协委员、专家学者和非政府组织关于监督农村环保法律贯彻情况的积极作用[①]。

4. 面向农村实际，推广适用环保技术

如何利用工程技术手段，是解决或防治新农村建设中的各类环境问题的有效途径。因此，农村环保科技的研发和推广，也是推进新农村环境保护的重点领域之一。

---

① 陈润羊，花明. 构建农村环保保障体系 [J]. 环境保护，2010 (4)：42～43，46.

（1）研发和推广适宜于农村特点的环境科学技术。新农村建设中的环境问题主要体现为农业和农村的非点源污染或者说是面源污染，其不同于城市和工业的点源污染，具有一定的特性。如原因的复杂性和影响因子的多样性、来源的广泛性和类型的多元性、时空的分散性和发生的随机性、影响的纵深性和治理的困难性等，因此，针对新农村建设中的环境问题，采用的技术方法和模式就要适应农村社会经济的实际。基于此，必须遵循经济、高效、节能、简便的原则，针对农村不同污染源和不同污染物各自的特点采取因地制宜的技术方法。要适应农村环境保护技术进步的趋势和环境保护的时间需要，研发和推广先进的环保技术和与环保密切相关的产业技术，主要依靠技术的先进性、全面性、适用性解决环保的难题。

（2）新农村建设中，因地制宜地应用适宜的技术模式。第一，在农田面源控制技术方面：推广测土配方肥技术，提高化肥利用率[①]；提高农作物病虫害综合治理水平，控制农药污染[②]；优化覆膜技术，推广侧膜栽培技术、适时揭膜技术，不断提高农用薄膜回收利用技术水平；采取秸秆还田、堆肥、饲料化等多种途径，利用沼气发酵、生物质气化等技术，实现农业植物性废物的能源利用和资源化利用[③]；畜禽养殖业污染治理应注重源头控制，严格执行雨污分离，采取合理规划布局、改善畜舍结构和通风供暖工艺、改进清粪工艺等综合措施，实现达标排放，畜禽粪污资源化时应经无害化处理后方可还田利用[④]。第二，农村生活垃圾处理模式：建立"户分类、村收集、镇转运、县处理"垃圾处理模式。第三，农村生活污水处理模式：一是集中处理，将几个村镇的生活污水收集到一起后集中处理，适用于聚居点比较密集的地区；就地处理模式，各住户的污水就地处理后排放或回用，适用于非饮用水源地且排放标准要求不高的地区；二是分散处理，介于前两者之间，即将单独的住户、独立的聚居点在污水产生点附近收集，送至附近的污水处理站进行处理；三是粪便污水处理，推广使用生态厕所，不使用水冲，在座便器下方建造池子并填充锯木屑等材料，辅以较小的动力搅拌，通过有氧微生物的放热发酵，将排泄物

---

① 环境保护部. HJ555 - 2010，化肥使用环境安全技术导则［S］. 北京：中国环境科学出版社，2010.

② 环境保护部. HJ556 - 2010，农药使用环境安全技术导则［S］. 北京：中国环境科学出版社，2010.

③ 环境保护部. HJ588 - 2010，农业固体废物污染控制技术导则［S］. 北京：中国环境科学出版社，2010.

④ 环境保护部. HJ 497 - 2009，畜禽养殖业污染治理工程技术规范［S］. 北京：中国环境科学出版社，2009.

转化为无臭味的气体和较干燥的有机肥，在西北等干旱缺水地区尤为适用①。

5. 加强能力建设，提升农村环保水平

因历史、经济和现实等复杂原因，农村环保能力是当前西部农村环保的主要薄弱环节，因此，需要主要从四个方面加强农村环保能力建设。

（1）机构建设。逐步健全县、乡两级环保机构，环保管理延伸到乡镇和村。重点乡镇建立健全环保所，负责区域环境保护。形成以市、县（区）环保局为主体，以重点乡镇环保所为支撑，以乡、村监督员为辐射的四级网络管理体系。新农村建设的领导机构要纳入环保部门，这样才有利于预防和解决有关环境问题。

（2）执法能力建设。建立分工明确、统一协调的管理体制，将农村环境管理责任目标化、量化，纳入政绩考核指标。建立以环保部门统一监管，国土、水务、农牧、林业、卫生、财政等相关部门积极配合，各司其职的新农村环保机制，更好地服务于新农村建设。

（3）手段建设。加强监测、监察和宣教设施和手段建设，逐步建立农村环境应急监测预警。完善环境监测网络，加快环境与安全信息系统建设，实行信息共享机制。配备必要的大气、水体、土壤及农产品监管的监测仪器，加强县、乡环保部门办公设施、执法装备建设。

（4）队伍建设。规范环保人员管理，强化培训，提高素质，建设一支思想好、作风正、懂业务、会管理的环保队伍。按照政府机构改革与事业单位改革的总体思路和有关要求，研究解决环境执法人员纳入公务员序列问题②。

6. 广开多元渠道，建立资金筹措机制

一直以来，制约西部农村环境保护的"瓶颈"就是资金不足，为了摆脱这种困境，必须广开资金渠道，建立全方位、多元化的投入机制。

（1）国家、地方财政应加大农村环保投入。根据已设立的中央农村环境保护专项资金，在制定投入细则时，要对西部欠发达地区的污染整治项目进行重点倾斜，同时，"以奖促治、以奖代补"政策实施中，在环境保护部主持的农村环境连片整治示范、农村环境综合整治目标责任制试点等工作中，适当扶持和优先支持西部地区开展这些工作，通过项目带动农村环保投资。

（2）建立综合性的农村环保投融资促进机制。有关部门应共同出台农村

① 中国环境与发展国际合作委员会. 新农村建设中的环境问题及对策研究［EB/OL］.（2008 - 02 - 13）http：//www. china. com. cn/tech/zhuanti/wyh/2008 - 02/13/content_ 9673551. htm.
② 陈润羊，花明. 构建农村环保保障体系［J］. 环境保护，2010（4）：42～43，46.

生态环境建设和保护的投融资政策，采取财政贴息等手段鼓励政策性银行、商业性银行参与，带动民间资本、国际资本等多渠道资金投入。通过 BOT（建设—经营—转让）、BOO（建设—拥有—经营）、BOOT（建设—拥有—经营—转让）、BLT（建设—租赁—转让）、BTO（建设—转让—经营）等新型融资模式，进行农村生活污水处理等环境基础设施建设，努力形成工业反哺农业、城市扶持农村的新型农村环保投资机制[①]。在农业、土地、水利等有关农村发展和经济建设的财政投资中，拿出一定比例资金，专门用于农村环境保护开支。

（3）建立补给与奖励机制。在植树造林和污染防治等方面通过补贴、贷款贴息、税收优惠、调控价格、政府采购和信息发布等手段给予补给，对环保综合利用的企业给予定期减免税并给予一定的利润留成[②]。

总之，要实施新农村建设中的环境保护战略，就需要构建教育、规划、法律、技术和机制等多种手段多管齐下的农村环保工作综合防治体系。坚持科学发展观和可持续发展战略，统筹城乡发展，创新工作理念，借鉴经验教训，做到从加强教育、科学规划、技术模式、保障体系和运行机制五大方面入手，建立农村环保长效机制，使环境保护与新农村建设协调发展，达到农业发展、农民增收、农村进步的全面目标。但根本上需要逐步构建城乡环保一体化的体制机制，新农村建设中统筹做好经济发展与环境保护工作，只有这样，"生产发展、生活宽裕、乡风文明、村容整洁、管理民主"的社会主义新农村建设的目标才有可能全面实现。

---

① 陈润羊. 建设新农村 甘肃谋求协同发展 [J]. 环境保护, 2011 (21)：65～67.
② 陈润羊, 花明. 构建农村环境保护长效机制研究 [J]. 农业环境与发展, 2010, 27 (5)：6～8.

第五章

西部地区新农村建设中环境经济协同的体系

本章内容摘要： 构建协同的体系框架可为后续协同模式的设计提供理论依据和分析基础。依据协同论、系统论和环境经济学、环境科学与工程等基本理论原理，针对西部新农村建设的现状和目前农村环境的形势，构建了新农村建设中环境经济协同的理论分析框架。从系统论的角度，认为农村系统是由人口、环境、经济、社会、科技、资源等子系统构成的一个复合系统，并分析了各子系统之间的互相关系；重点分析了经济子系统与环境子系统之间的相互关系，认为环境系统是经济发展的基础和约束条件，而经济系统是环境保护的变力和促动因素，经济发展与环境保护之间存在着客观的规律性联系，这种规律性联系在西部地区的新农村建设中有其特殊的体现。深入剖析协同的内部机理和外部联系，揭示了新农村建设中环境经济协同的内涵和特点。由于环境承载力是环境经济协同的基本约束和临界点，因此，分析了新农村建设中经济与环境的协同的"度"——环境承载力，并确定了环境经济协同所遵循的基本原则。在上述分析的基础上，构建了新农村建设中环境经济协同的框架体系。

一、新农村建设中经济系统与环境系统的相互关系

（一）农村复合系统的构成

首先，需要区分"农村系统"和"新农村建设"的不同含义，前者一般是指客观存在的系统体，准确地讲，应当称为"农村经济—社会—环境复合系统"，简称为"农村复合大系统"或"农村大系统"；后者是前者处于被"建设"的动态发展变化的过程，一般较少称为"系统"，应当称为"过程"

或"农村复合系统发展变化过程"。这里所讲的协同，主要是指农村经济子系统的发展、变化过程与环境子系统的变化过程之间的协同或协调关系①。

从系统论来看，农村系统是由人口、环境、经济、社会、科技、资源等子系统构成的一个复合系统。以经济和环境两个子系统为基础，它们之间存在着相互促进、相互制约的复杂关系。农村系统是一个包含有多级子系统的巨系统，在这个系统中，各子系统之间、子系统的各构成要素之间以及子系统与外部条件之间存在着相互联系、相互制约的复杂关系，这些关系具有多样性、非线性、不可逆性等特点。而农村系统及其各个子系统都是开放和动态的，彼此之间通过物质循环、能量流动和信息交流保持整体联系，各子系统也存在着单向与多向联系、稳定与不稳定的联系。这些错综复杂的关系维系着农村复合系统的整体结构及其发展变化过程，这也是其保持相对稳定的原因，整个农村系统的有序、稳定和协调发展有赖于各个子系统的协同作用。

构成农村复合系统的几个子系统之间本质上存在着对立统一的关系，即既相互依存又相互区别、相互对立的关系，正是这种关系及其外化、延伸而形成的其他多样性的关系，构成了新农村这个复杂的大系统。可以将农村这个经济、社会、环境复合体看作是由诸多子系统彼此关联而构成的复合大系统，其中，除自然环境系统之外，每一个子系统都以其他子系统发挥正常功能为自己生存发展的条件。

在新农村这个复杂的大系统中，人口子系统是最为活跃的因子，人口既是农村系统的组织者，又是系统的调控者，作为系统协同发展的主体，是最为关键的因素。人口子系统是新农村系统中最基本也是最为活跃的因子，为其他各子系统的运行提供人力要素和人的主动性活动等因子，同时需要经济子系统提供物质财富，需要社会子系统提供社会关系、社会保障、社会服务、社会文化氛围等社会性生存发展条件等；经济子系统为其他子系统提供不断增长的物质财富，而它的发展又需要社会子系统提供社会关系、社会保障、社会服务、社会文化氛围的维护，需要科技子系统提供各种科学技术知识和技术设施，需要环境子系统提供物质承载条件和承载容量，需要资源子系统提供各种资源的供给；社会子系统体现了农村居民只有结成多种多样的和不断进步的社会关系，形成一定的社会氛围、社会力量和区域性的社会整体，才能以分工协作和相互帮助、相互影响为条件从事生产劳动和其他经济社会活动，丰富人的本质属性，实现人的全面发展，而社会子系统必须依赖经济子系统提供物质财富、依

---

① 陈润羊. 美丽乡村建设中环境经济的协同发展研究——基于系统论视角的分析 [J]. 兰州财经大学学报，2015，32（3）：106～112.

赖科技子系统提供科学技术知识和技术设施、依赖环境子系统提供运行空间、依赖资源子系统提供资源供给；环境子系统和资源子系统虽然可以独立于经济、社会等子系统而存在，但是在其与人口、经济、社会等子系统结成复合系统的条件下，一方面不断受到人的经济社会活动的干扰以致破坏，环境承载力趋于下降，自然资源被开发、被利用并趋于枯竭，另一方面又需要人口、经济、社会、科技等子系统调整、改变其传统功能，形成新的功能，以恢复环境系统的平衡，改善环境质量，实现资源的合理、永续利用。环境子系统以其环境承载力支持着科技子系统、经济子系统和社会子系统的运行，环境子系统既是人口子系统产生的各类生活废弃物、经济子系统和科技子系统产生的多种生产废弃物的吸纳、降解和消融的场所，也是资源子系统得以有效运行的空间承载体，同时更是农村人口赖以生存和发展的必要自然空间；科技子系统既是第一生产力，又是新农村建设的重要手段之一。在整个大系统中，人口既是新农村建设的积极、主动的经济社会活动主体及相应的利益追求者，又是系统行为的组织者、调控者，是实现经济发展与环境保护相互协同的主体和最关键的因素。总之，各个子系统的生存、发展、变化只有互为条件、相互依赖、相互协同，农村复合大系统才能实现可持续发展，新农村建设的目标才能实现。以经济和环境系统为中心的关于科技、社会、人口和资源子系统之间的相互作用关系如图5-1所示。

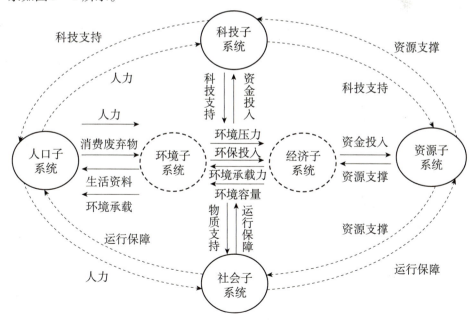

图5-1 新农村建设中各子系统之间的结构关系

农村大系统中人口、环境、经济、社会、科技、资源六个子系统之间的协同发展，就是在某一具体农村区域这一特定的时空范围内，各子系统之间具有的既相互依存、相互影响、相互促进又相互制约甚至相互对立的关系，得到有效改造、调控的一种良性运行状态。要使整个大系统形成良性循环和协同发展，关键的条件是按照设定的可持续发展的目标和原则，对各子系统之间的关系进行改造、调整和调控。确保在新农村建设过程中资源的开发利用是循环的、持续的，环境系统是动态平衡和良性循环运行的、对其的环境压力是可承载的，科技应用是全面深入的、起有效促进作用的，经济是健康、持续发展的，社会是不断进步的，社会保障体系是不断完善的，最终使农民得到实惠、能够公平地享受到现代文明和协同发展的成果。总之，新农村大系统的协同发展有赖于各子系统间、系统构成的各要素间能在遵循各自运行的基本规律和相互作用的共同规律基础上，进行有效的人为调控，使其行动和目标、作用和规律的大方向是趋同的、能发挥合力的。新农村各子系统协同发展的实质是充分利用和促进各子系统之间的正向相互作用关系，消除、化解或调控其负向作用关系，协调、统一各子系统间的变化步伐，促进大系统向着局部协调、整体优化的方向迈进。

新农村系统是由各子系统中的多种要素构成的复杂的大系统，新农村的发展依赖于这些组成要素之间的"可控制"的联系，实现新农村可持续发展的重要手段就是各个子系统之间的协同发展①。这里说的"可控制"的含义，就是确立和实现一种相互作用、相互影响和共同促进新农村系统的子系统之间的耦合方式，使新农村系统中每一个独立的子系统都能够按大系统目标所规定的方式发挥其作用，以此形成大系统有序、和谐的运行发展特征。

综上所述，从系统论方面的哲学理论知识概括如下：组成农村大系统的各级和各个子系统之间存在着既相互依存、相互促进又相互制约、相互冲突的对立统一关系，其中，不同的子系统之间以及子系统与大系统之间的相互制约、相互冲突关系发展到一定程度，就会破坏大系统整体的正常功能甚至导致系统解体，而产生这种情况的基本原因有三类：一是人们无法改变的自然条件，如严酷的自然环境、多发的自然灾害、匮乏的自然资源等；二是不同人群之间的利益冲突或同一人群的短期利益与长期利益的冲突；三是不同人群或各个子系统不受控制的自发行为。遵循系统结构的基本法则，实现农村大系统健康、协

---

① 刘晓艳. 新农村科技、经济、社会、环境耦合仿生及协同管理研究 [D]. 吉林大学博士学位论文，2010：41.

调、可持续发展和各子系统之间、子系统与大系统之间的协同变化发展，必须做到：通过发展科学技术、增强经济实力、改善环境质量等措施，弱化不利的自然条件对人们生存和社会经济发展的威胁；改革体制，创新政策，协调不同人群的利益关系；提高人口素质和经济社会的管理、调控水平，将自发性经济社会行为转变为自觉性、富于理性的行为。

（二）经济系统与环境系统的相互作用关系

这里主要考察经济子系统和环境子系统的互相作用的机理，主要是通过考察新农村建设中经济发展与环境保护相互作用的关系，研究经济子系统和环境子系统互相作用的机制，从而对两者进行综合有效的调控，实现经济发展与环境保护的互推共进。尽管经济发展与环境保护之间存在着客观的规律性联系，但是这种规律性联系在西部地区的新农村建设中有其特殊的体现。

1. 环境系统是经济发展的基础和约束条件

根据生产力要素论，环境系统既是影响劳动者的重要因素，又是重要的生产资料或生产资料来源[1]。所以说，环境也是生产力，是指在人类调控下，环境提供物品和服务的能力。按照环境生产力的形态分为自然资源力和环境服务力。自然资源力包括土地、矿产、能源、水、气候等自然资源对经济发展的作用。自然资源是生产力的实体要素——劳动对象的源泉，一方面自然资源通过生产者的采集和加工，成为现实的劳动对象，另一方面为生产力系统运转和发展提供有效的基础条件；而环境服务力并不直接提供生产资料，而是为经济活动提供服务。环境服务力主要体现为环境的承载力和环境容量等方面的作用[2]。

任何经济发展都是在一定的地域空间进行的，新农村建设中，各类项目的布局、开展以及农民的生活、生产都是在环境提供的空间地域上进行的。广义上的环境包含资源，作为资源相对丰富的西部地区，资源的开发利用也是新农村建设的重要内容。环境是新农村建设中的基本物质基础，良好的环境质量也是经济发展和农民幸福生活的基本条件。

环境系统具有承载经济发展的环境压力和消纳人类经济活动产生废物的能力，这种能力是保障经济持续发展的基本前提条件。与此同时，环境承载力和

---

① 黄娟，刘思华．中国化马克思主义环境生产力论探析［J］．毛泽东思想研究，2008，25（5）：125~128.

② 左玉辉．环境经济学［M］．北京：高等教育出版社，2003：274.

环境容量在一定时空条件下，针对具体的环境目标，却具有有限性。如果从广义的概念上理解的环境又包含资源，在这种情况下，特定区域的经济发展不能超越区域环境承载力和资源支撑力的约束和限制，而区域资源的丰裕程度、类型以及区域环境系统的结构、功能和类型等因素都会影响到经济发展的布局、速度、规模和结构等。作为生态环境比较脆弱的西部地区，新农村建设中关于经济发展的方式、布局、结构、速度和效益等，都要考虑本区域的环境承载力、资源支撑力和环境容量的限制。

2. 经济系统是环境保护的变力和促动因素

无疑，经济发展是新农村建设的主要内容，而"生产发展"则是新农村建设的重点领域。经济发展对一定区域的环境带来环境压力，包括对自然资源的消耗和利用，也包括经济发展过程中产生的各类环境污染物要排放在环境系统中，需要环境系统予以消纳、降解和迁移、转化，而环境的承载力和环境容量具有有限性。这种经济发展的环境压力，成为环境系统运行的外在影响因素之一。

经济发展给环境带来压力的同时，也对环境具有积极的一面。首先，环境系统具有一定的自净能力，只要不超过其阈值，经济发展产生的环境污染物，环境系统可以通过本身的迁移、转化、降解、沉积等作用机制，将污染物予以消纳；其次，环境系统通过提供资源和环境承载力在支持经济发展的同时，经济发展又会反过来促进环境系统的优化和环境质量的改善。经济发展可以增强投资能力，增加对环境保护的投入，促进环境保护。经济发展可促进环境科技的进步，这样可以使人们深化对环境系统运行规律的认识，并通过环境科技和环境工程等手段进行生态恢复和环境治理，改善区域环境质量，提升环境承载力，使环境功能保证经济发展的可持续性。

任何系统关系本质上都是对立统一的矛盾关系，新农村建设中经济发展与环境保护之间的系统关系也是这样；实现经济发展与环境保护之间的协同，就是不断地、全面地解决两者之间的不协同问题；成功地解决两者之间的不协同问题，必须坚持系统的原则、采用系统的手段、保持系统的稳定和平衡，实现最佳的系统运行效果。

由经济、环境等构成的新农村建设的协同系统，存在着系统间和系统构成要素间复杂的相互作用关系，同时也有着彼此的矛盾和冲突，这些矛盾和冲突是整个系统的演变的基本动力。经济系统与环境系统的基本矛盾是供给与需求之间的矛盾，是环境供给有限性和经济发展需求无限性之间的矛盾，这一矛盾的主要表现为：一是环境的供给不能满足人类日益增长的经济需求；二是经济系统的废弃物排放超过了环境系统的自净能力和调节能力①。

在西部地区的新农村建设中，经济发展和环境保护既有相互统一的一面，也有相互对立的一面，正是两者之间既统一又对立的相互作用，不断推动农村系统的运行发展。两者在一定条件下可以相互转化，有正面的相互转化和负面的相互转化。对这种既统一又对立的相互作用施以积极的、科学的人为干预，使之转变为稳定而良性的相互作用关系，就可在两者之间建立起相互协同的关系，使两者形成正面的相互转化。而正面的相互转化，正是经济与环境协同的过程，也是经济和环境协同追求的目标。经济—环境子系统的相互作用如图 5-1 所示。

二、新农村建设中经济与环境的协同发展

如果把新农村理解为一个涵盖经济、环境、人口、资源、社会和科技等子系统构成的复合的大系统，借鉴赫尔曼·哈肯（Hermann Haken）协同学的基本理论和分析方法，可以得出：通过经济子系统、环境子系统、科技子系统、人口子系统、资源子系统、社会子系统和科技子系统等每两个或每两个以上子系统之间的高度协调，新农村这个复合的大系统便能以自组织形式产生特定的结构和功能，进而形成自组织的系统②。诸如"环境—经济系统""社会—经济系统""人口—资源系统""环境—科技系统"以及"人口—资源—环境—社会—经济—科技"的复合系统，这种以不同子系统组合而构成的复合系统便形成了不同于单个子系统的新的系统，其具有特定的超越单个或两个以上系统的特点，如复合系统的类型及其相应的结构、功能与特征等，由此推动新农村建设由无序到有序、由简单到复杂、由低级到高级的不断演化和发展③。

运用协同学有关的基本原理和科学方法，开展新农村建设中经济发展与环境保护的协同研究，为全面深刻地认识新农村建设复合系统的功能特征，深刻把握经济发展与环境保护协同的结构功能和独有特征，进而形成关于新农村建设的协同发展论，奠定了方法论基础，也指明了进行该领域创新研究的思路和创新研究的方向。

---

① 杨涛.经济转型期农业资源环境与经济协调发展研究［D］.华中农业大学博士学位论文，2003：98.
② ［德］赫尔曼·哈肯著.凌复华译.协同学——大自然构成的奥秘［M］.上海：上海译文出版社，2005：8～9.
③ 叶峻.协同发展论与科学发展观［J］.鲁东大学学报（哲学社会科学版），2011，28（5）：16～19.

协同理论的创始人赫尔曼·哈肯指出："协同发展战略应当在人类活动的各种系统之中，并且也在我们生存其内的空间和时间之中，予以全面展开与通盘实施"，由此，协同发展包含了系统协同、空间协同和时间协同三个层面①。一是系统协同发展。把新农村建设作为一个由经济、环境、社会、人口、资源和科技等子系统构成的复合系统，用系统科学的方法、系统工程的思想，对新农村建设的子系统及其构成要素进行规划、设计与调控，使新农村建设的各个子系统及其构成要素，都能够协作同向地发展，以达到新农村建设复合系统整体协同发展的正常运行、优化管理和持续高效。二是空间协同发展。通过系统的规划、实施、管理和调控，新农村建设涉及的最为关键和最为重要的各种状态系统与过程系统，以及环境经济系统、社会经济系统、资源环境经济系统以及其他系统等，在特定空间或地域范围内保持协调同向地发展，从而确保新农村建设的空间协同发展目标得以顺利地实现。三是时间协同发展。通过系统工程的规划、实施、管理与调控，把新农村建设的系统组合、产业布局等，在特定历史进程或时间序列之中，由此协调与确保新农村建设能够在历史进程或时间序列中持续地协调同向发展，从而实现新农村建设的时间协同目标②。

以协同学为理论基础，借助现代系统论的基本原理和分析方法，来研究新农村建设中经济发展与环境保护的协同问题，并以系统工程思想进行规划、设计、实施、管理和调控关于环境经济协同发展的战略。在新农村建设中环境经济协同发展的整体战略中，系统协同是核心，空间协同和时间协同分别是系统协同在发展状态和发展过程上的具体体现。

三、新农村建设中经济发展与环境保护协同的内涵

在新农村建设中，经济发展与环境保护协同在内涵上包含结构、层次、空间和动态上的协同③。

（一）结构的协同

经济发展与环境保护之间最根本的协同是结构关系的协调一致，即在新农村建设的大系统和总体过程中，采用多种手段，促使经济子系统与环境子系统

---

① 叶峻. 协同发展：可持续发展的创新战略 [J]. 烟台大学学报（哲学社会科学版），1997（1）：39～47.
② 叶峻. 社会生态学与协同发展论 [M]. 北京：人民出版社，2012：245～246.
③ 蔡平. 经济与生态环境协调发展的模式选择 [J]. 齐鲁学刊，2005（4）：154～157.

间、子系统内部各要素和各部分间形成一种新的结构关系，以结构关系的合理化和优化保证各个子系统的运行功能达到和谐一致，配合得当。

（二）层次的协同

经济发展与环境保护之间的协同必须是多层次的，而不是单层次的，即经济子系统内部与环境子系统内部的基层微观单元之间、二者的中观组织之间以及两个子系统之间、两个子系统与农村区域大系统之间等，都应当形成合理化和优化的整体性结构关系或依存关系，逐步演化为协调运行的有机整体。

（三）空间的协同

空间的协同是指通过一定的空间布局、空间结构、空间组合、空间条件来落实经济发展与环境保护相互协同的关系、机制和目标，如调整产业布局、实现产业项目与环境项目的配套建设、改善交通和通信条件、发展区域间的联合协作、规划和推进城乡一体化发展等。

（四）动态的协同

协同的本质性特点是动态协同。经济发展与环境保护两者都是指不断变化的过程，两者之间的协同自然也应是运动、变化中的协同。实现两者之间的动态协同，主要应当在这样几个方面创造条件：经济发展与环境保护的目标必须达到协调、配套、一致；经济发展与环境保护的方式、手段必须相互适应、相互配合；经济发展与环境保护的进展必须相互依赖、互为条件，并且要健全统一的协调、组织机制。

四、新农村建设中经济发展与环境保护协同的特点

新农村建设中经济发展与环境保护协同的特点有以下四个。

（一）协同的目标具有相对性

协同是相对于不协同状态而言的，协同与不协同两者都没有绝对的标准，只有相对的标准，用低标准衡量是协同的，用高标准衡量则是不协同的；一定时期的协同目标的制定受经济、社会、自然等客观条件的决定，只能立足国情、区情条件制定目标，随着条件的变化，目标也将得到调整。

（二）协同的手段具有综合性

协同的手段带有综合性特点，不是某种单一的手段，而是经济、社会、科技、行政、法律、教育、工程等多种手段综合、配合运用才能达到目的。新农村建设中的经济与环境的协同发展运动是有规律可循的，人类通过认识其运动的规律性，在遵循环境规律和经济规律的基础上，通过科技、教育、经济、法律和行政等手段，调节和控制其发展变化进程，使经济与环境之间的协同运动沿着人类社会发展的目标发展。

（三）协同的过程具有波动性

新农村建设中经济与环境组成的系统，在一定的经济环境目标下，经济发展没有超出环境承载力，认为是协同的。但时空条件发生变化，有可能由协同变成不协同。协同在特定时空条件下呈现相对稳定性，但其根本上具有动态平衡性。因此，经济与环境的协同发展是相对的、有条件的，其运动又是绝对的、无条件的。经济发展与环境保护的协同状态因受重要因素或不可控因素的作用发生重大变化，从而使协同过程偏离目标值，而经过一定的调控、矫正，协同过程又会回到目标值范围。

（四）协同的评价具有主观性

对任何事物的评价都是人为活动，具有主观性，评价总是力求使主观判断符合客观实际，有时人们说"客观的评价"，其真实的含义是"符合客观的评价"。新农村建设中的经济与环境是否协同是客观的，但对其的评价是主观的，受评价主体、评价方法、期望目标等多种因素的影响。

五、协同的"度"——新农村建设中经济发展的环境承载力

（一）环境承载力的内涵

环境承载力是社会主义新农村建设的基础性因素，环境承载力不但是反映一定区域内环境系统对新农村建设中经济活动支撑能力的主要指标，也是体现一定时空范围内新农村建设中关于经济发展与环境保护协同程度的重要标尺。在新农村建设的经济发展的过程中，一方面受环境承载力的制约，另一方面也会影响到区域的环境承载力。在环境承载力的阈值范围内，经济发展是持续

的，资源开发是可接受的，环境系统是可以自我循环和净化的；一旦无限制地超越区域自然条件的限制，大力发展农村经济，就有可能造成区域环境系统难以承受的外界压力和环境挑战，进而造成区域环境系统的结构受损、功能失调，最终也必将影响到经济发展的效果。因此，关于新农村建设中经济发展与环境保护协同的"度"便是环境承载力，而研究环境承载力可进一步把握经济发展与环境保护之间的相互制约和相互促进的复杂关系，进而寻求关于经济发展与环境保护协同推进的实施途径与调控手段，促进新农村建设的持续发展。

环境承载力（environmental carrying capacity，ECC）的概念的提出由来已久，其内涵也是见仁见智。但学界普遍认可的是 2002 年《中国大百科全书·环境科学》对环境承载力的内涵给出的比较规范的表述，其认为环境承载力是指"在维持环境系统功能与结构不发生变化的前提下，整个地球生物圈或某一区域所能承受的人类作用在规模、强度和速度上的限值"①。

综合而言，新农村环境承载力可以从两个层面加以理解，一是狭义上的环境承载力，主要为经济发展的环境承载力，是指在环境系统的结构和功能不受损的条件下，在一定时期内不同尺度的农村区域的环境系统，在达到一定的环境质量标准目标下，能够承受的经济活动的阈值；二是广义上的环境承载力，在承载媒介上，是指这是包含"资源系统"的广义上的"环境系统"，在承载对象上，除了经济活动外，还包括社会活动以及实施社会经济活动的人口，主要是指农村人口的数量。其概念框架见图 5-2。

由此可见，环境承载力涉及承载媒介和承载对象两个方面。承载媒介是一个包含水体、大气、土壤、生物甚至包括广义上的资源等环境要素构成的环境系统，由于当今人类活动的影响几乎无处不在，因此这里的环境系统虽然不能完全排除人工环境在外，但农村环境系统更多的是依赖自然环境系统本身的净化、吸收和降解等消纳环境污染物以及承载各类人类活动的作用；而承载对象主要是新农村建设的经济活动所产生的各种环境压力源，大体上可分为生产活动和生活活动两方面，具体主要有：农业种植和农产品的生产活动；农副产品加工、资源开发、建厂和兴办公司等工矿企业的活动；上马项目以及新农村的道路、房屋等各类建设活动；旅游、商业贸易等活动；畜禽养殖等属于"大农业"范畴的活动；农民等群体的消费、生活等活动。

① 《中国大百科全书·环境科学》编委会. 中国大百科全书·环境科学［M］. 北京：中国大百科全书出版社，2002.

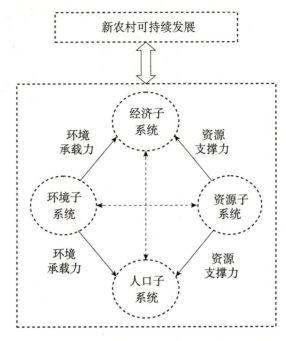

图 5 - 2　基于新农村可持续发展的环境承载力

（二）环境承载力的特点和意义

一定时空条件下，环境承载力具有一定的稳定性和有限性，也就是说一定条件下其所承载的经济发展总量、速度和强度有一个限度，特定的环境系统不能无限制地承受人类活动所造成的环境负荷，一旦超过其阈值，必将引起环境系统结构受损、功能受限。同时，由于环境系统内部各组成要素之间以及环境系统和其他外部系统存在着相互影响的作用，其又具有动态性的特点，其的变化主要影响因素有：经济活动的类型、方式、强度和规模等；构成环境系统的各类环境要素，如水体、大气、土壤和生物等，它们之间数量的比例关系、空间位置的配置关系以及联系的内容和方式等；生态环境工程的规划、建设和管理情况；环境科学技术对其也有不可忽视的影响等。环境承载力也具有有限可控性的特点。生产和生活等活动是影响环境系统的压力源，因此，通过调控经济活动的类型和方式，就可以充分利用环境承载力为人类的生产和生活活动服务。

西部地区新农村建设必须在科学规划的指导下展开。规划的作用，在于明确一定地区农村的资源优势、土地生产潜力及在地区分工中的功能定位，根据人口、资源与环境承载力，确定该地的产业发展方向和发展方式。在新农村建设中，经济发展与环境保护的协同的"度"，主要是根据特定环境系统对经济发展的承载力来确定的。新农村建设中经济发展中关于项目的安排选择、布局特点以及产业方向和发展趋向等，都要充分考虑农村环境的承载力。新农村经济发展的环境承载力有一定的限度，这是一个由客观规律决定的事实，一方面，以环境承载力关于经济发展的警戒线，也就是不能逾越的环境底线；另一方面，以环境承载力引导和优化经济发展的转型跨越和产业的升级改造。这两方面必须要辩证和统一地来看，两者不可偏废。

六、新农村建设中经济发展与环境保护协同的原则

新农村建设中经济发展与环境保护的协同必须要遵循一定的原则，具体有以下五个。

（一）追求经济、社会和环境三个效益相统一的可持续发展方式和发展效果

新农村建设的经济发展与环境保护的协同中，在追求的目标上，不能是某种单一的经济或环境效益目标，而是经济效益、社会效益、环境效益相统一的综合性目标；在实施协同的过程中，以可持续发展方式来达到经济效益、社会效益、环境效益三个效益相统一的综合性目标；目标和过程最终要体现在结果上，在经济、社会和环境三个效益的目标引导下，通过采取可持续的发展方式，最终也要达到可持续的发展效果。可持续的发展本质上则是一种公平性、持续性和共同性的发展，公平性包括代内公平和代际公平；持续性具体体现为资源的永续利用和生态环境的可持续性；共同性是指虽然各国或各地可持续发展的道路可能不同，但公平性和持续性原则却是共同的。环境系统的整体性和相互关联性要求不同区域和不同主体必须联合起来，共同应对环境挑战。

（二）追求短期利益与长远利益、局部利益与全局利益相统一的利益目标

新农村建设的经济发展与环境保护协同的过程，某种意义上是围绕一定的目标对现有利益关系的调整和整合，协同的结果，也是以利益的公平性、正义性为重要体现的。基于这样的考虑，在新农村建设中，关于统筹经济发展与环境保护，就要兼顾短期利益与长远利益，不能为短期的经济发展付出沉重的环

境资源代价，损害后代可持续发展的能力；当然，也不能在应当予以适当发展的地区，一味只追求保护生态环境，降低经济发展的质量，必然也就影响到短期的利益。经济与环境的协同发展，还要注重局部和整体的关系，一地的协同发展不能以损害他地的协同发展为代价，要注重区域的公平性等。

（三）综合配套应用经济发展与环境保护协同的各类手段

新农村建设中，在认识和遵循基本的经济规律和环境规律的基础上，通过系统地规划、设计、实施、管理，促进经济与环境的子系统、子系统构成要素、地域空间和时间进程等各个层面协同，综合应用科技、教育、经济、法律、行政、工程等多种手段，调节和控制其发展状态和变化进程，使新农村建设的活动沿着可持续发展的目标进行。只有多种手段的综合配套使用，形成合力，达到新农村建设的行动服务协同目标，手段支持协同行动、目标引导协同手段、手段促进协同目标的良性循环。同时，建立起一套行之有效的调节机制，当行动与目标偏离时，要以系统规划和系统工程的思想，进行调控，优化措施体系，评价协同进程，反映协同的发展状态，及时进行纠偏，使经济发展与环境保护协同推进。

（四）经济发展保持平稳、协调

经济发展是新农村建设的应有之意，从某种角度上讲，经济发展是协同的必要基础。所以在新农村建设经济发展与环境保护的协同中，要保持经济发展的平稳，避免大起大落，通过经济发展为环境保护提供资金支持、技术支撑等，进而为经济发展与环境保护的协同创造条件、奠定坚实的经济基础。经济发展保持平稳要求在一定经济结构的基础上，在发展的速度和增长率上有一定的稳定性。同时，经济发展的协调也是经济与环境协同发展的必要条件，所以经济发展还要在产业结构、速度、效益和质量等方面保持协调。确保在新农村建设过程中资源得到合理的利用和开发，生态环境质量维持在其生态阈值内，这就要求农村的经济得到持续、快速、稳定的发展。

（五）经济建设、社会发展和环境保护的投入保持大体同步增长

在新农村建设中，经济建设、社会发展和环境保护三者密不可分，要使经济发展与环境保护协同推进，就需要经济建设、社会发展和环境保护三者之间有一定的协调，最集中的体现为经济建设、社会发展和环境保护的投入上要保

持大体同步增长，只有这样，三者才能互相促进，为形成经济发展与环境保护的协同机制创造必要条件。协同发展的新农村表现为：新农村建设过程中资源得到合理的利用和开发，生态系统能良性循环，环境质量能良好，就要使新农村的经济得到持续、快速、稳定的发展，使新农村社会得到不断进步，使新农村生态环境得到良性循环发展，最终使农民得到实惠、能够公平地享受到现代文明的成果。

七、新农村建设中经济发展与环境保护协同的框架体系

（一）协同模式的涵义

通过考察经济子系统和环境子系统的互相作用的机理和联系，进而研究经济子系统和环境子系统互相作用的机制，从而对两者进行综合有效的调控，实现经济发展与环境保护的互推共进。在上述基本概念和基本理论分析的基础上，进而概括出新农村建设中经济发展与环境保护协同模式的涵义，即：依据协同论、系统论、控制论、自组织理论、环境经济学等基本原理，以建立和保持经济发展与环境保护之间的正向相互作用关系或以正向相互作用为主导的关系为前提，实现经济发展和环境保护目标的普遍机制。协同模式是在特定时空条件下，源于一定地区新农村建设中关于经济发展与环境保护协同动力、路径、类型的基本经验和规律的理论提炼和概括，其应是特定时空条件下的一种相对稳定的结构，同时也是一种动态开放的系统。经济发展与环境保护协同模式，就是基于经济发展与环境保护协同关系的界定和识别，刻画的地域差别化的经济与环境协同的可行途径及其类型。一定时期内，真正意义上的协同模式对相似的地区具有较大价值的借鉴、示范和推广意义，其本身既有共性——可供其他地区借鉴的一面，同时也具有不断吸收外部系统经验、不断扬弃自身的一面。协同模式不仅仅是目前大多相似条件下成功经验的总结，而且更要侧重于对其他类似地区可能引向成功的路径选择的启示和探索①。

（二）协同框架体系的构建

（1）确定新农村建设中环境保护与经济发展协同的理论分析基础。在对

---

① 陈润羊. 新农村模式分类述评及对西部新农村经济与环境协同发展的启示 [J]. 开发研究，2011（6）：41~44.

关于"西部地区新农村建设中环境保护与经济发展协同模式"所涉及的基本核心概念界定的基础上，深入剖析协同的内部机理和外部联系，依据协同论、系统论和环境经济学等基本理论原理，针对西部新农村建设中环境形势的现状，把握新农村建设的整体走势，既突出重点，又直面难点，构架基本的新农村建设中经济与环境协同的理论分析框架。

（2）进行西部地区新农村环境经济的耦合协调水平评价。目前学界对经济与环境协同的量化研究的不足，运用系统论、协同论和环境经济学理论，在分析经济与环境两系统耦合协调基本理论的基础上，构建西部地区新农村建设中经济发展与环境保护耦合协调的指标体系，建立耦合协调度模型，从时间序列和空间序列两个层面上对西部新农村经济发展与环境保护的耦合协调度进行水平评价，以揭示西部新农村建设中经济与环境协同的时空演化规律，了解历史，把握现状，判断趋势，为设计构建协同模式提供量化的依据。

（3）设计提出西部地区新农村建设中环境经济协同的总体模式。其核心内容包括：确立怎样的协同目标，运用怎样的手段保证能够实现协同目标，在哪些重点领域（譬如哪些产业、哪些地区等）取得重大进展带动全局的协同，分几个阶段由低水平的协同进到高水平的协同，以及目标、手段、重点、阶段之间形成怎样的紧密联系，保持怎样的相关性，也就是形成怎样的运行机制等。进而提出包含协同目标、协同主体、协同策略、协同手段、协同领域等在内的总体协同模式。

（4）西部地区新农村建设中环境经济协同的机制构建。协同模式的运行，有赖于建立新农村建设中经济发展与环境保护的相关机制。构建协同的运行机制，通过物质交换、能量流动和信息交流，实现协同目标、协同手段、协同策略、协同主体和协同领域的整体联系和共同促进。

（5）进行西部地区新农村建设中环境经济协同的区域模式研究。西部地区地域广阔，类型多样，在新农村建设中，在科学区域类型划分的基础上，要寻求因地制宜的协同模式，也即区域的协同模式。提出基于经济环境协同发展的西部地区新农村建设的分区方案，划分为几个类型区，相应地选择这几个类型区中有代表性的典型地区，作为重点研究对象，分析总结各个类型区在新农村建设中经济发展与环境保护的主要实践探索、对类似地区的启示和推广价值，总结提炼这几个类型区新农村建设中经济发展与环境保护的协同模式。

（6）进行西部地区新农村建设中环境经济协同的战略分析。运用系统分析的思想，以 SWOT 为分析工具，全面分析西部地区新农村建设中经济与环境协同的优势、劣势、机会和威胁等因素，进而提出西部地区新农村建设中经济与环境协同发展的总体战略、基本原则和战略对策。

（7）研究西部地区新农村建设中环境经济协同的制度保障。针对协同模式实施面临的难点和重点，以及需要解决的问题，构建协同发展的制度。主要包括：重要制度及相应的机制；组织管理，包括各级政府的调控、协调、管理、考核以及健全监督等制度。

（8）提出西部地区新农村建设中环境经济协同的对策措施。从具体对策措施的层面，提出关于新农村建设中经济发展与环境保护协同的对策建议。主要包括：政策的创新和完善，以及体现政策要求的有关法律法规；重点地区、重要领域的支持措施等。

第六章

西部地区新农村环境经济耦合
协调的水平评价

本章内容摘要：在分析经济与环境两个系统耦合协调基本理论的基础上，构建了西部地区新农村建设中经济发展与环境保护耦合协调的指标体系，建立了耦合协调度模型。基于对 1999～2015 年西部 12 个省域 17 年相关数据的统计分析，从空间序列和时间序列两个维度上，对西部地区新农村经济发展与环境保护的耦合协调度进行水平评价，揭示其时空演化规律，从而为构建西部地区新农村建设中经济发展与环境保护协同模式提供参考。研究发现：环境子系统逐步代替了经济子系统在"环境经济复合系统"中的主导作用；环境压力状态层对"环境经济复合系统"发展水平的制约作用明显；经济发展与环境保护的耦合关系在不断加强，但整体协调性依然不高；西部 12 个省域之间经济子系统与环境子系统耦合协调度的空间差异性不大。说明当前西部地区新农村复合系统的序参量已由经济发展转变为环境因素，要实现复合系统的协同发展，就需要通过对环境承载力进行调控，促进序参量协同效应的发挥，不断提高新农村复合系统的协同程度，实现新农村复合系统由无序向有序的演化。

西部地区是我国社会经济相对落后的地区，也是我国的主要生态脆弱区，实现经济发展与环境保护的协同推进是西部新农村建设命题的应有之意。长期以来西部地区在推进农村经济发展与环境保护过程中进行了多方面的努力和探索，积累了大量的经验，也有不少的教训，为了深入认识经济发展与环境保护之间相互促进、相互制约的规律，准确把握两者之间相互关联的程度，以便采取有针对性的措施提高其协调水平，必须对经济发展与环境保护的耦合协调水平进行定量的分析和评价①。

当前，经济与环境的协同研究是学界关注的热点之一②。区域和行业层面上的经济与环境系统的协调研究取得积极进展，在经济与环境的协调度研究上，当前主要是通过衡量生态经济系统协调发展的相关方法，包括能值分析、生态足迹分析、物质流分析、指标体系评价等，研究区域主要为森林、流域、干旱区等单类型区和单个城市③，针对农村区域，特别是结合新农村建设的经济系统与环境系统的协调度研究颇显不足。虽然目前学界从不同视角开展了农村经济与环境协同研究，并取得了积极的进展，但对农村经济与环境协同的系统研究和综合研究比较薄弱，尤其是量化研究颇显不足④。因此，运用系统学、协同学、环境经济学等多学科的知识，深入分析经济与环境两个子系统之间相互协同的要素和关键技术因素，进行协调度的定量分析，在此基础上设计提出经济发展与环境保护协同的理论模式，以便为实现经济发展与环境保护的相互协调提供理论依据。

本章运用系统科学理论、协同学理论和环境经济学理论，在经济与环境系统耦合协调基本理论分析的基础上，构建了西部地区新农村建设中经济发展与环境保护耦合协调的指标体系，建立耦合协调度模型，以西部大开发战略的起始年1999年为起点，从空间和时间序列上对西部12个省域1999～2015年17年的新农村经济发展与环境保护的耦合协调度进行水平评价，揭示其演化规律，从而为西部地区新农村建设中经济发展与环境保护协同模式的设计提供参考。

一、新农村建设中环境经济耦合协调的理论依据

（一）协同学视域中"协调"的概念

从系统科学的角度来看，新农村是一个由经济、环境、社会、资源、人口等多种子系统构成的一个复杂系统，这里主要探讨的是经济和环境这两个子系统构成的新农村"环境经济复合系统"的运行规律和发展特点。目前，学界

---

① 田万慧，陈润羊. 新农村经济发展与环境保护的耦合协调——基于西部各地区数据的空间差异分析 [J]. 福建农林大学学报（哲学社会科学版），2014，17（1）：49～55.
② 田万慧，陈润羊. 新农村经济发展与环境保护的耦合协调——基于西部地区1999～2012年数据的演化分析 [J]. 广东农业科学，2014，41（13）：172～177.
③ 王振波，方创琳，王婧.1991年以来长三角快速城市化地区生态经济系统协调度评价及其空间演化模式 [J]. 地理学报，2011，66（12）：1657～1668.
④ 张永凯，陈润羊. 农村经济和环境协同发展研究 [J]. 科学·经济·社会，2012，30（2）：51～54.

大多数单纯的定性分析不足以从总体上把握新农村"环境经济复合系统"的行为特征与功能特性，这里以"环境经济系统"的协调为研究对象，研究其协调度的定量分析方法，构建"环境经济系统"协调度模型，并应用此模型对西部地区新农村建设中的"环境经济系统"协调发展的历程、现状及趋势进行分析研究。

从协同学的角度看，协调是系统组成要素之间在发展过程中彼此的和谐一致性，协调作用和协调程度决定了系统由无序走向有序的趋势。系统由无序走向有序机理的关键在于系统内部序参量之间的协同作用，其左右着系统相变的特征与规律，而协调度正是反映这种协同作用的度量[①]。

协调的本意为"和谐一致，配合得当"，它描述了系统内部各要素的良好的搭配关系[②]，因此协调是一个相对时间和空间的概念，表现为某一状态。经济子系统与环境子系统是新农村复合系统中的两个子系统，经济发展与环境保护存在着彼此协调的问题。这里所论及经济与环境的协调就是在新农村建设进程的不同阶段，区域经济发展程度与环境保护之间的相互作用与相互和谐的搭配关系。它具体体现在以时空为参照系，经济发展与环境保护相互作用、相互反馈的界面特征。

由于人类对环境质量的追求是无限的，从长时间和大区域尺度看，所谓的协调更多的是经济发展水平较高、环境质量适宜的一种多元组合关系，但是从短时间和小区域尺度讲，鉴于特定区域经济发展与环境演变的特殊性，它们交互作用的"时间序谱"和"空间序谱"的破缺[③]，经济与环境的"协调"相对于不同发展阶段的区域而言就会出现：某时间段内协调出现的时期和其交互作用可能出现的组合不相一致。由此，判定区域经济发展与环境保护协调必须根据新农村发展的一定阶段并结合区域的发展目标来确定：对于单个区域的协调评价，就是在研究期间内，区域经济发展诸要素与环境保护诸要素相互影响、相互制约并交互提高的一种组合态势，其中单个要素的变化、发展离整体系统目标不能太远；对于多区域间的协调评价，就是各个待评区域经济发展与环境保护诸要素的组合相对于参照区域或者系统的一种贴近程度[④]。

① 孟庆松，韩文秀，金锐. 科技—经济系统协调模型研究 [J]. 天津师大学报（自然科学版），1998，18（4）：8～12.
② 隋映辉. 协调发展论 [M]. 青岛：青岛海洋大学出版社，1990：20～21.
③ 杨多贵，周志田，陈劭锋，等. 各态遍历假说及其在可持续发展研究中的应用 [J]. 科学管理研究，2003，21（5）：1～24.
④ 刘耀彬，李仁东，张守忠. 城市化与生态环境协调标准及其评价模型研究 [J]. 中国软科学，2005（5）：140～148.

（二）经济发展与环境保护的交互耦合关系

耦合作为物理学概念，是指两个或两个以上的系统或运动形式通过各种相互作用而彼此影响的现象。协调反映系统之间或系统内部要素之间和谐一致、配合得当的关系，侧重于现象或系统间的良性关系，耦合系统之间的彼此影响可能导致它们之间相互促进而表现出协调发展，或相互破坏而表现出不协调发展①。

经济发展与环境保护的耦合关系是经济与环境两系统之间、系统内各要素之间相互胁迫、交互依存关系的客观表征。二者之间通过物质循环、能量流动和信息传递等交互耦合而形成"环境经济复合系统"。经济发展与环境保护是对立统一的矛盾体，它们的耦合作用表现在积极与消极两个方面：从积极方面看，经济发展要以开发利用资源和一定的环境承载力为基础，而资源的开发、环境质量的提高则需要经济发展提供物质投入的支持；从消极方面看，经济发展要消耗资源、排放废物，对环境带来不利影响，并有可能破坏环境系统的平衡，而环境系统的失衡又反过来会限制经济发展的速度、经济结构的升级和经济效益的提高②。可见，"环境经济复合系统"的良性发展取决于经济与环境两个子系统的运行状况，只有两者相互促进，产生协同效应，才能推动整个系统向协调有序的方向发展。西部地区新农村建设中"环境经济复合系统"的协调发展关键在于促进二者之间积极作用关系的形成，使二者之间实现良性循环，最终达到经济持续健康发展、资源合理高效利用、环境质量不断改善的有序状态。

二、新农村建设中的环境经济耦合协调模型的构建

协同论原理表明，系统内部序参量之间的协同作用左右着系统变化的特征与规律，因此，系统走向有序的关键在于系统内部各子系统间的协同作用，这种协同作用的程度可以通过耦合度来度量。耦合度可以反映系统发展过程中序参量之间协同作用的强弱程度③。这里把经济与环境这两个子系统通过各自的要素产生相互作用、彼此影响的程度定义为新农村"环境经济复合系统"耦合度。在此基础上构建了包括耦合度模型、耦合协调度模型、耦合协调发展的

---

① 许君燕．城市化与土地资源利用的耦合协调机制研究［J］．资源开发与市场，2010，26（10）：929~933.
② 汪红莉，何建敏．区域经济与生态环境系统动态耦合协调发展研究［J］．软科学，2010，24（3）：63~68.
③ 贾士靖，刘银仓，邢明军．基于耦合模型的区域农业生态环境与经济协调发展研究［J］．农业现代化研究，2008，29（5）：573~575.

评判标准和基本类型三部分组成的总耦合协调模型。

(一) 耦合度模型

参考已有的研究文献[1][2]，构建新农村建设中的"环境经济复合系统"耦合协调模型。

1. 功效函数

设变量 X_{ij}（$i=1$，2，…，n）表示新农村"环境经济复合系统"中第 i 个子系统的第 j 个序参量，α_{ij}、β_{ij} 表示系统稳定时第 i 子系统的第 j 个序参量的上下限，x_{ij}（$\beta_{ij} \leq x_{ij} \leq \alpha_{ij}$）表示系统在某时刻第 i 个子系统的第 j 个序参量的取值，u_{ij} 表示第 i 个子系统的第 j 个序参量对新农村"环境经济复合系统"有序的功效，则有：

$$u_{ij} = \begin{cases} (x_{ij} - \beta_{ij}) \big/ (\alpha_{ij} - \beta_{ij})，x_{ij} 具有正功效 \\ (\alpha_{ij} - x_{ij}) \big/ (\alpha_{ij} - \beta_{ij})，x_{ij} 具有负功效 \end{cases} \quad (6-1)$$

$$i = 1，2，\cdots，n \quad j = 1，2，\cdots，m$$

2. 耦合度函数

借鉴物理学中的容量耦合概念及模型，可建立由新农村经济与环境两个子系统构成的耦合度模型：

$$C = \sqrt{\frac{U_1 U_2}{(U_1 + U_2)^2}}$$

$$U_i = \sum_{j=1}^{m} w_{ij} u_{ij} \sum_{j=1}^{m} w_{ij} = 1 \, w_{ij} > 0$$

$$i = 1，2；j = 1，2，\cdots，m \quad (6-2)$$

其中，C 表示经济子系统与环境子系统之间的耦合度，$C \in [0，1]$；U_1 表示新农村建设中经济子系统的发展水平；U_2 表示新农村建设中环境子系统的发展水平；u_{ij} 表示第 i 个子系统的第 j 个序参量的功效值；w_{ij} 表示第 i 个子系统中第 j 个序参量的权重。在此，将新农村"环境经济复合系统"的耦合度分为 4 个阶段[3]（见图 6-1）。

---

① 周建波，王小燕. 城市品牌经济与环境耦合状态研究 [J]. 商业研究，2011，(12)：55~63.

② 罗昆燕，周国富. 喀斯特地区城乡生态经济复合系统耦合机制及对策 [J]. 中国生态农业学报，2011，19 (4)：925~931.

③ 王国刚，杨德刚，张新焕，等. 农业发展效益评价方法与案例研究 [J]. 中国沙漠，2012，32 (2)：580~585.

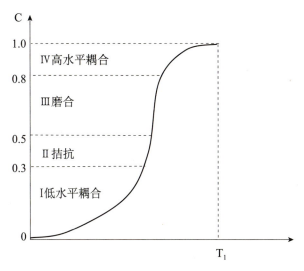

图6－1　新农村"环境经济复合系统"耦合阶段划分

资料来源：王国刚，杨德刚，张新焕，等. 农业发展效益评价方法与案例研究［J］. 中国沙漠，2012，32（2）：580～585.

（二）耦合协调度模型

为评价和分析西部区域整体及其各地区新农村"环境经济复合系统"间交互耦合的协调程度，准确反映两个系统的整体"功效"与"协同"效应，在耦合度基础上需要建立耦合协调度模型[1]：

$$\begin{cases} D = \sqrt{C \times T} \\ T = aU_1 + bU_2 \end{cases} \qquad (6-3)$$

其中，D 表示新农村"环境经济复合系统"的耦合协调度；T 表示新农村经济子系统与环境子系统的综合调和指数，它反映经济子系统和环境子系统间的整体协同效应或贡献；a，b 为待定系数，a＋b＝1，因为经济发展与环境保护同等重要，所以在实际应用中取 a＝b＝0.5；U_1 表示新农村经济子系统的发展水平；U_2 表示新农村环境子系统的发展水平；C 表示新农村"环境经济复合系统"的耦合度。

按照耦合协调度的大小可将新农村"环境经济复合系统"的协调发展状况分为4个等级[2]（见表6－1）。

---

①　周建波，王小燕. 城市品牌经济与环境耦合状态研究［J］. 商业研究，2011（12）：55～63.

②　罗昆燕，周国富. 喀斯特地区城乡生态经济复合系统耦合机制及对策［J］. 中国生态农业学报，2011，19（4）：925～931.

表 6－1 新农村"环境经济复合系统"耦合协调度等级

数值范围	0 < D ≤ 0.4	0.4 < D ≤ 0.5	0.5 < D ≤ 0.8	0.8 < D ≤ 1.0
等级描述	低度协调的耦合	中度协调的耦合	高度协调的耦合	极度协调耦合

资料来源：罗昆燕，周国富. 喀斯特地区城乡生态经济复合系统耦合机制及对策 [J]. 中国生态农业学报，2011，19（4）：925～931.

（三）耦合协调的评判标准和基本类型

按照耦合协调度的大小将新农村"环境经济复合系统"的协调发展状况分为四大类 10 个亚类，然后按照经济子系统的发展水平与环境子系统的发展水平及其相对关系划分为经济滞后型、环境滞后型、经济环境同步型三种基本类型①②③（见表 6－2）。

表 6－2 新农村"环境经济复合系统"耦合协调发展的评判标准和基本类型

协调程度	协调度	耦合协调类型	经济 U_1 与环境 U_2 对比关系及基本类型
极度协调 0.81 ≤ D ≤ 1.00	0.91～1.00	极度耦合协调类	（1）$U_1 < U_2$ 为经济滞后型　其中：
	0.80～0.90	优质耦合协调类	$U_1 / U_2 ≥ 0.8$　　　经济比较滞后型；
高度协调 0.51 ≤ D ≤ 0.80	0.71～0.80	良好耦合协调类	$0.6 < U_1 / U_2 ≤ 0.8$　经济严重滞后型；
	0.61～0.70	中级耦合协调类	$0 < U_1 / U_2 ≤ 0.6$　经济极度滞后型．
	0.51～0.60	初级耦合协调类	（2）$U_1 > U_2$ 为环境滞后型　其中：
中度协调 0.31 ≤ D ≤ 0.50	0.41～0.50	调和协调类	$U_2 / U_1 ≥ 0.8$　　　环境比较滞后型；
	0.31～0.40	勉强调和协调类	$0.6 < U_2 / U_1 ≤ 0.8$　环境严重受损型；
低度协调 0.00 ≤ D ≤ 0.30	0.21～0.30	轻度不协调类	$0 < U_2 / U_1 ≤ 0.6$　环境极度受损型．
	0.11～0.20	严重不协调类	（3）$U_1 = U_2$ 为经济环境同步型
	0.00～0.10	极度不协调类	

资料来源：根据下述文献整合. 贾士靖，刘银仓，邢明军. 基于耦合模型的区域农业生态环境与经济协调发展研究 [J]. 农业现代化研究，2008，29（5）：573～575. 王国刚，杨德刚，张新焕，等. 农业发展效益评价方法与案例研究 [J]. 中国沙漠，2012，32（2）：580～585. 刘新平，孟梅. 新疆农业生态经济协调发展耦合关系分析 [J]. 新疆农业科学，2010，47（5）：1002～1008.

三、新农村建设中环境经济耦合协调指标体系的建立

（一）指标体系构建的思路与指标权重的确定

为准确评价西部地区新农村建设中经济子系统与环境子系统的耦合协调程

---

① 贾士靖，刘银仓，邢明军. 基于耦合模型的区域农业生态环境与经济协调发展研究 [J]. 农业现代化研究，2008，29（5）：573～575.

② 王国刚，杨德刚，张新焕，等. 农业发展效益评价方法与案例研究 [J]. 中国沙漠，2012，32（2）：580～585.

③ 刘新平，孟梅. 新疆农业生态经济协调发展耦合关系分析 [J]. 新疆农业科学，2010，47（5）：1002～1008.

度，在分析现有相关文献资料，遵循指标选取的科学性与实用性、完整性与代表性、层次性与可比性、可行性与适度性、动态性与静态性等原则的基础上[1]，结合西部地区新农村建设中经济发展及环境保护的实际情况，构建了包括经济子系统和环境子系统两大系统，城乡一体化、农业发展条件和产出效益、农民生活水平、资源占有和利用效率、环境压力、生态状况和治理6个状态层，农村恩格尔系数、农村居民人均住房面积和化肥施用强度等19个具体评价指标在内的指标体系。为减少人为确定权重的主观性，这里采用因子分析法来确定各个指标的权重值（见表6－3）。

表6－3　　西部新农村建设中环境经济耦合协调的指标体系及其权重

总体层	系统层	状态层	变量（要素）层	权重	功效
西部地区新农村建设中"环境经济复合系统"耦合协调度	经济子系统（U₁）	城乡一体化（U₁₁）	城镇化率	0.1056	＋
			城乡居民收入比	0.0558	－
			第一产业从业人数比重	0.1117	－
		农业发展条件和产出效益（U₁₂）	机械有效利用程度	0.1110	＋
			农业增加值占农业总产值的比重	0.0904	＋
			人均农业总产值	0.1135	＋
			人均粮食产量	0.0173	＋
		农民生活水平（U₁₃）	农民人均纯收入	0.1146	＋
			农村居民人均住房面积	0.1072	＋
			农民人均文教娱乐服务支出占家庭消费支出的比重	0.0973	＋
			农村恩格尔系数	0.0757	－
	环境子系统（U₂）	资源占有和利用效率（U₂₁）	有效灌溉系数	0.2117	＋
			人均耕地面积	0.0582	＋
		环境压力（U₂₂）	化肥施用强度	0.1793	－
			农药施用强度	0.1473	－
			农膜使用强度	0.1920	－
		生态状况和治理（U₂₃）	森林覆盖率	0.0598	＋
			水土流失治理率	0.0308	＋
			自然灾害抗灾率	0.1205	＋

注："＋"代表正向指标，指标越大越好；"－"代表负向指标，指标越小越好。

---

[1] 傅朗. 区域环境与经济协调发展的评价研究——以广东省为例 [D]. 中国科学院研究生院博士学位论文，2007：29~30.

（二）指标体系构建的原则

1. 科学性与实用性原则

指标选取的科学性要求指标的设计要以科学发展观为指导，所设计的量化指标从总体上要能客观而真实地反映经济发展与环境保护是否协调，它们不仅要体现地区经济发展状况，而且还要揭示经济发展带来的环境代价。在构建西部"环境经济复合系统"耦合协调评价指标体系时，应从西部经济发展与环境保护的现状及基本情况出发，确保构建的指标体系能正确反映经济子系统与环境子系统发展过程中的基本数量特征和数量关系。同时所构建的指标体系要具有实用性，即对地区经济与环境关系综合的评估具有实际的社会意义，且有利于各级政府决策部门制定相关的政策。

2. 完整性与代表性原则

构建的"环境经济复合系统"耦合协调评价指标体系必须能够全面地反映经济与环境两大系统的各个主要方面和各方面的主要联系，并且要有助于判断经济发展与环境保护协调与否。同时要保证所选取的指标具有一定的代表性，即能够较全面地反映出新农村建设中各系统中各个主要方面的基本情况及发展态势。

3. 层次性与可比性原则

事物的结构或运动形式具有等级次序性。任何一个系统并不是孤立的，而是一个多级别、多层次的有机整体，往往有若干子系统，形成系统在纵向上的层次性和合理的整体结构。因此，可依据层次性原则在"环境经济复合系统"中建立起各个子系统的层次化网络，通过对各层的深层剖析和对比来找出影响经济发展与环境保护相互协调的主要因素。指标的设计应便于横向（区域）与纵向（时间）两个维度的研究分析。一方面要便于对各省域间比较，找出各地区自身发展的差距；另一方面也便于各省域自身的纵向比较，揭示其发展特点和趋势。这样，通过时空两个维度的比较，各省域可以根据自身特点采取合适的举措，促进经济发展与环境保护的协调推进。

4. 可行性与适度性原则

所设计的"环境经济复合系统"耦合协调评价指标不仅要系统、全面，而且要确保有可搜集、可统计和可加工的资料数据。同时，应结合新农村建设中西部经济发展与环境保护的实际，尽量选择能显著反映经济发展水平与环境保护水平的指标，确保评价结果的真实性和可靠性。

5. 动态性与静态性原则

指标体系包括静态指标和动态指标两类，在评价过程中既要反映系统的发展状态，又要反映系统的发展过程，因此，应把二者结合起来。但为了更有效地反映"环境经济复合系统"发展变化的态势及影响其协调发展的主要因素，应把重点放在动态评价上，所设计的指标体系更应该重视采用动态指标。

（三）指标值的获取与其上、下限的确定

基于新农村建设中经济发展与环境保护耦合协调指标体系构建的思路和原则，西部大开发战略实施的起始年为 1999 年，考虑数据的可获得性和研究对象的覆盖性，所以选取 1999～2015 年 17 年间西部 12 个省域的相关数据资料，评价所用的数据资料来源于 2000～2016 年《中国统计年鉴》《中国农村统计年鉴》《中国环境统计年鉴》以及西部各省市区权威的政府网站公布的数据。指标值上、下限分别以各地区某一时期相应指标值的最大值、最小值代替。

四、西部新农村"环境经济复合系统"耦合协调水平评价

（一）发展水平分析

1. 总体发展水平

根据耦合度模型，计算得到 1999～2015 年 17 年间西部 12 个省域新农村"环境经济复合系统"的耦合协调水平（见表 6 - 4）。总体而言，西部新农村"环境经济复合系统"的耦合协调度呈现出逐年增大的趋势，显示出耦合协调水平在不断提高。如表 6 - 4 所示，1999 年西部地区"环境经济复合系统"的耦合协调水平为 0.40，2015 年上升为 1.39，增加了 2.5 倍。虽然"环境经济复合系统"的耦合协调度在整体上呈现出上升的趋势，但也存在一定的波动性，如 2002 年、2006 年、2012 年、2014 年与之前的年份相比，分别有所下降。随着时间的推移，经济子系统和环境子系统在西部新农村"环境经济复合系统"中的作用也在发生变化，环境子系统以其较快的增长速度逐渐取代了经济子系统的主导地位。用协同学的观点来看，西部地区新农村"环境经

济复合系统"演进的序参量由西部大开发初始的经济发展已经转变为现在的环境保护,这一点也体现在经济和环境子系统增长速度的差异上[①],如 1999～2015 年的 17 年间,经济子系统的平均增长速度为 5.3%,环境子系统的平均增长速度为 12.6%。

表 6 - 4   1999～2015 年西部新农村"环境经济复合系统"及其各状态层的发展水平

年份	子系统及其各状态层							
	经济子系统（U₁）	城乡一体化（U₁₁）	经济发展条件和产出效益（U₁₂）	农民生活水平（U₁₃）	环境子系统（U₂）	资源占有和利用效率（U₂₁）	环境压力（U₂₂）	生态状况和治理（U₂₃）
1999	0.29	0.08	0.09	0.11	0.11	0.03	0.05	0.02
2000	0.33	0.09	0.11	0.13	0.12	0.03	0.06	0.02
2001	0.34	0.09	0.11	0.13	0.37	0.10	0.19	0.08
2002	0.36	0.10	0.12	0.14	0.30	0.08	0.16	0.06
2003	0.39	0.11	0.13	0.15	0.31	0.10	0.16	0.07
2004	0.39	0.11	0.13	0.15	0.36	0.10	0.19	0.08
2005	0.40	0.11	0.13	0.16	0.37	0.10	0.19	0.08
2006	0.39	0.11	0.13	0.15	0.35	0.09	0.18	0.07
2007	0.47	0.13	0.16	0.18	0.43	0.12	0.22	0.09
2008	0.41	0.11	0.13	0.16	0.54	0.15	0.28	0.11
2009	0.39	0.11	0.13	0.16	0.67	0.18	0.35	0.14
2010	0.42	0.11	0.14	0.16	0.66	0.18	0.34	0.14
2011	0.49	0.13	0.16	0.16	0.78	0.21	0.40	0.16
2012	0.51	0.14	0.17	0.20	0.74	0.20	0.39	0.16
2013	0.59	0.16	0.20	0.23	0.79	0.21	0.41	0.17
2014	0.62	0.17	0.21	0.25	0.74	0.20	0.39	0.16
2015	0.66	0.18	0.22	0.26	0.73	0.20	0.38	0.15

自实施西部大开发以来,西部生态环境建设取得了显著的成效。按照研究时段"环境经济复合系统"发展水平的演化过程,可将这一时期大致分为三个阶段(见图 6 - 2)。1999～2001 年为复合系统发展水平快速提高时期,其发展水平平均提高了 0.4 个百分点,呈现出经济子系统发展水平高于环境子系统发展水平的特征。但这一时期的环境子系统发展水平在快速提高,其发展水平

---

① 田万慧,陈润羊. 新农村经济发展与环境保护的耦合协调——基于西部地区 1999～2012 年数据的演化分析 [J]. 广东农业科学,2014,41 (13): 172～177.

平均提高了 1.18 个百分点，为经济子系统的 13.71 倍。2001～2006 年为复合系统发展水平缓慢提高时期，5 年间其发展水平平均提高了 0.01 个百分点。这一时期经济子系统的发展水平仍然高于环境子系统的发展水平，且环境子系统的发展水平呈现增减不定的波动性，2002 年由 2001 年的 0.37 下降到 0.3，2003 年开始，环境子系统的发展水平又出现了上升的趋势，到 2006 年基本回到 2001 年的水平。2006～2015 年为复合系统发展水平持续稳定增长时期，9 年间其发展水平平均提高了 0.10 个百分点，从而体现出环境保护子系统发展水平逐渐高于经济发展子系统发展水平的特征，2015 年环境子系统发展水平为经济子系统发展水平的 1.12 倍。

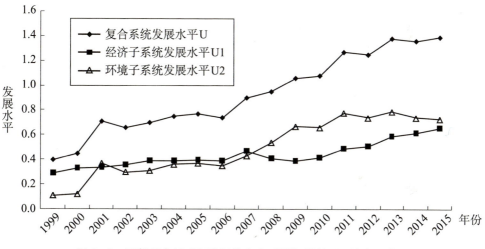

图 6-2　西部新农村"环境经济复合系统"及其子系统发展水平

2. 状态层发展水平

从各状态层的发展水平来看（见图 6-3），经济子系统中的城乡一体化、经济发展条件和产出效益与农民生活水平等指标一直保持持续稳定提高的趋势，说明在西部大开发及其新农村建设中经济得到了较快的发展。而环境子系统中的生态状况和治理指标呈现出低水平较稳定提高的趋势，且自 2006 年以来生态状况和治理的发展水平明显提高。资源占有和利用效率与环境压力指标表现出具有相同升降趋势的较大波动性特征。1999～2001 年为资源占有和利用效率与环境压力指标快速提升时期；2001～2006 年为资源占有和利用效率与环境压力指标缓慢提升时期；2006～2015 年为资源占有和利用效率与环境压力指标持续稳定提升时期。可见，环境压力与资源占有和利用效率、生态状况和治理呈正相关的关系，即其与生态环境水平正相关。这与当时的经济政策，人们的生产、生活方式，环境建设现状等有密切的关系。西部大开发战略实施以来，生态环境建设得到了政府的高度重视，但随着各项生产活动的大力开展及农业现代化进程的加快等，如农业上化肥、农药、农膜等的大量使用，使得环境压力也急剧加大。但随着国家退耕还林、还草政策的推行，环境恶化的趋势有所扭转。党的十六届五中全会提出，新农村建设以来，随着西部生态环境恢复与重建工作的加强，生态环境又向趋好方向发展。总而言之，环境压力对环境子系统表现出在不同发展水平上的制约。因此，在提高环境保护水平的同时力争使环境压力保持在一定范围内是关键之举。

总体来看，虽然西部新农村在经济持续发展的同时，生态环境保持了良好的发展势头，但存在较大的波动性，仍然处于脆弱阶段。主要是因为西部地区农村经济相对滞后，投入不足，环境基础设施建设滞后，人们的环境观念相对落后，受经济利益的驱动以牺牲环境为代价而求得经济发展的方式未根本改观，如果不将经济发展与环境保护协同推进，西部生态环境有可能向恶化方向发展，环境问题将仍是困扰西部地区新农村建设的主要因素之一。

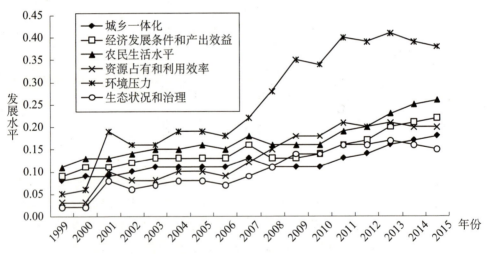

图6-3　西部新农村"环境经济复合系统"各状态层发展水平

（二）经济子系统与环境子系统耦合协调度的时间演化分析

由式（6-2）、式（6-3）分别计算出1999~2015年西部地区经济子系统与环境子系统之间的耦合度（C）和耦合协调度（D）的数值，并依据协调发展的评判标准将其归入相应的发展类型。具体结果如表6-5。

表 6-5 1999~2015 年西部新农村经济子系统与环境子系统的耦合协调水平

年份	经济子系统的发展水平 U_1	环境子系统的发展水平 U_2	耦合度 C	耦合协调度 D	协调程度	耦合协调度类型	经济与环境对比关系类型
1999	0.29	0.11	0.44	0.29	低	轻度不协调	环境极度受损型
2000	0.33	0.12	0.44	0.31	低	勉强调和协调	环境极度受损型
2001	0.34	0.37	0.50	0.42	中	调和协调	经济比较滞后型
2002	0.36	0.3	0.50	0.41	中	调和协调	环境比较滞后型
2003	0.39	0.31	0.50	0.42	中	调和协调	环境比较滞后型
2004	0.39	0.36	0.50	0.43	中	调和协调	环境比较滞后型
2005	0.4	0.37	0.50	0.44	中	调和协调	环境比较滞后型
2006	0.39	0.35	0.50	0.43	中	调和协调	环境比较滞后型
2007	0.47	0.43	0.50	0.47	中	调和协调	环境比较滞后型
2008	0.41	0.54	0.49	0.48	中	调和协调	经济严重滞后型
2009	0.39	0.67	0.48	0.51	高	初级耦合协调	经济极度滞后型
2010	0.42	0.66	0.49	0.51	高	初级耦合协调	经济严重滞后型
2011	0.49	0.78	0.49	0.56	高	初级耦合协调	经济严重滞后型
2012	0.51	0.74	0.49	0.56	高	初级耦合协调	经济严重滞后型
2013	0.59	0.79	0.49	0.58	高	初级耦合协调	经济严重滞后型
2014	0.62	0.74	0.50	0.58	高	初级耦合协调	经济比较滞后型
2015	0.66	0.73	0.50	0.59	高	初级耦合协调	经济比较滞后型

1. 经济发展与环境保护的交互耦合处在拮抗时期且具紧密型

从耦合度变化曲线来看，其数值处在 0.44~0.50，而且变化幅度不大，说明在研究时段内西部新农村经济发展与环境保护的交互耦合处在拮抗时期。随着西部大开发经济发展步伐、农业现代化进程的加快及新农村建设的开展，经济发展对环境系统的胁迫作用增强，过度资源依赖型经济发展及不合理的生产、生活方式等造成的环境破坏，导致环境系统对经济发展的反馈作用也开始显现。同时由于西部经济发展滞后，对生态环境保护的投入不足，生态环境在短期内难以恢复和重建，从而体现出生态环境对经济发展的反馈作用（见图 6-4）。

从耦合协调度曲线来看，1999~2015 年西部新农村经济子系统与环境子系统的耦合协调度不断提高，从 1999 年的 0.29 增加到 2015 年的 0.59，平均增长速度为 4.54%（见图 6-4）。从而说明经济发展与环境保护之间交互耦合的紧密性，而且在经济发展的不同阶段，二者的耦合协调程度有明显提高。

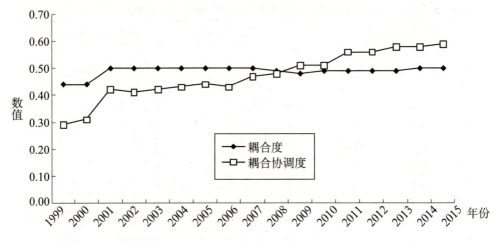

图 6 - 4　1999 ~ 2015 年经济子系统与环境子系统耦合度与耦合协调度变化趋势

2. 耦合协调程度波动中有所提高

从耦合协调程度看，体现出由低度协调—中度协调—高度协调的发展趋势。在研究时段内经济子系统与环境子系统之间的耦合程度表现出明显的波动性。大致可分为三个阶段：第一阶段为 1999 ~ 2001 年，曲线呈现上升趋势，为耦合协调度快速增长时期，平均增长速度为 20. 34% ；第二阶段为 2001 ~ 2006 年，曲线呈现出下降—上升—下降的反 "N" 型波浪式的增长，为耦合协调度缓慢增长时期，平均增长速度为 0. 47% ；第三阶段为 2006 ~ 2015 年，曲线呈现持续上升趋势，为耦合协调度持续稳定增长时期，平均增长速度为 3. 58% 。这些评价结果与目前主流理论界认为的西部地区经济发展缓慢，生态环境脆弱的总结论是相吻合的，从而说明西部新农村经济发展与环境保护之间具有紧密的交互耦合性。

3. 耦合协调度整体处于较低水平

从耦合协调度类型看，西部新农村经济发展与环境保护二者的协调水平较低，从轻度不协调到初级耦合协调跨越了 4 个级别，主要分布在轻度不协调、勉强调和协调、调和协调、初级耦合协调等等级之间。由于自然、经济等条件所限，西部地区农业生态环境整体比较脆弱，伴随西部大开发生态环境建设及新农村建设的开展，近年来加大了环境保护的力度，使得环境保护在时间尺度上有所改善，但是经济与环境的整体协调性仍然较差。

4. 环境经济对比关系主要体现为 "五种类型" 并存

从经济与环境对比关系看，呈现出环境极度受损型、环境比较滞后型、经济比较滞后型、经济严重滞后型、经济极度滞后型等"五种类型"（见表6-5），主要徘徊在轻度不协调和过度协调区间。环境滞后型表明在农村经济发展过程中，消耗了大量的资源，已严重破坏了生态环境；经济滞后型表明在农村经济发展过程中，对环境的破坏相对较轻，生态环境尚可承载和消化经济发展所带来的后果。而且从二者之间的对比关系不难看出，西部大开发以来，大规模建设的生态环境工程效应，在近年已经初步显现出来，如由2000年以前的生态环境极度受损型，到2001~2007年的环境比较滞后型，到2008~2015年的经济滞后型这一演化过程佐证了这一结果。

（三）经济子系统与环境子系统耦合协调度的区域差距变化

在此，采用同样的方法，分别以西部12个省域为研究对象，计算得出1999~2015年各地区新农村经济子系统与环境子系统的耦合度与耦合协调度，并采用Gini系数进一步计算其耦合度与耦合协调度的区域差距变化（见图6-5），以便将总的区域发展差距分解成不同因子的差距，从而分析不同因子对总的区域差异的影响①。

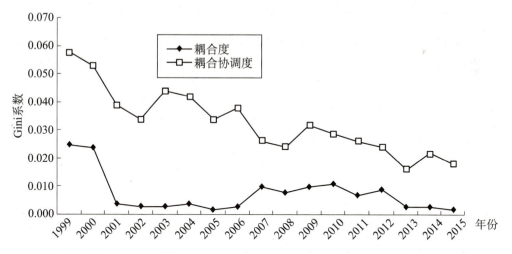

图6-5　1999~2015年经济子系统与环境子系统的耦合度与耦合协调度区域差距变化

从整体上来看，1999年以来西部地区12个省域新农村经济子系统与环境子系统的耦合度与耦合协调度区域内部差距都呈波动减小的趋势（见图6-5）。将下降趋势分为1999~2002年，2003~2008年，2009~2015年3个阶段进行分析。

---

① 李娜，孙才志，范斐. 辽宁沿海经济带城市化与水资源耦合关系分析 [J]. 地域研究与开发，2010, 29（4）：47~51.

这些变化趋势与国家有关环保政策、区域政策等密切相关。

（1）1999~2002年，西部12个省域新农村经济发展与环境保护基本协调，耦合度与耦合协调度区域内部差距在波动减小。

（2）2003~2008年，从2003年开始，耦合协调度的差距数值有较大幅度的提高，意味着西部区域内部差距有拉大的趋势。但这一期间耦合度的差距数值呈现小幅波动上升的趋势，耦合协调度的差距数值呈波动下降的趋势，总体来看，西部区域内部差距又在这一较高水平上逐渐缩小。

（3）2009~2015年，西部12个省域新农村经济子系统与环境子系统耦合度与耦合协调度区域内部差距在小幅波动中有持续缩小的趋势。

由此可见，西部大开发17年以来，西部各地区经济运行步入良性循环，生态和环境恶化得到初步遏制，促进了区域协调发展。但是，西部地区生态环境仍然很脆弱，且各区域之间的差异较大，这也是造成区域之间经济发展差距的因素之一。因此，西部新农村建设中要实现经济发展与环境保护的耦合协调，缩小区域内部经济发展水平与环境保护水平之间的差距是当务之急。

（四）经济子系统与环境子系统耦合协调度的空间差异分析

现以2015年为现状年，根据以上部分提出的"环境经济复合系统"耦合协调发展的评判标准和基本类型，得到西部12个省域的经济发展与环境保护的耦合协调程度（见表6-6）。

表6-6　西部各地区2015年新农村"环境经济复合系统"耦合协调情况

年份	经济子系统的发展水平 U₁	环境子系统的发展水平 U₂	耦合度 C	耦合协调度 D	协调程度	耦合协调度类型	经济与环境对比关系类型
广西	0.62	0.89	0.49	0.61	高	中级耦合协调类	经济严重滞后型
内蒙古	0.66	0.77	0.50	0.60	高	初级耦合协调类	经济比较滞后型
重庆	0.65	0.70	0.50	0.58	高	初级耦合协调类	经济比较滞后型
四川	0.61	0.80	0.50	0.59	高	初级耦合协调类	经济严重滞后型
贵州	0.79	0.68	0.50	0.61	高	中级耦合协调类	环境比较滞后型
云南	0.70	0.73	0.50	0.60	高	初级耦合协调类	经济比较滞后型
西藏	0.65	0.89	0.49	0.62	高	中级耦合协调类	经济严重滞后型
陕西	0.61	0.62	0.50	0.56	高	初级耦合协调类	经济比较滞后型
甘肃	0.73	0.84	0.50	0.63	高	中级耦合协调类	经济比较滞后型
青海	0.73	0.56	0.50	0.57	高	初级耦合协调类	环境严重受损型
宁夏	0.72	0.79	0.50	0.61	高	中级耦合协调类	经济比较滞后型
新疆	0.69	0.71	0.50	0.59	高	初级耦合协调类	经济比较滞后型

由表6-6可以看出，2015年西部地区各省区市的"环境经济复合系统"

的耦合协调度都处于高水平协调阶段，耦合协调类型集中于初级耦合协调和中级耦合协调这两类，经济与环境对比关系主要体现为经济比较滞后型、经济严重滞后型、环境比较滞后型和环境严重受损型四种类型。具体体现在以下几个方面。

1. "环境经济复合系统"耦合度差距不大，但两个子系统之间的耦合水平较低

2010 年西部各地区"环境经济复合系统"的耦合度差距不是很大，除广西、西藏两个地区为 0.49 外，其余地区都在 0.50 这个水平上。可见，西部各地区经济与环境这两个子系统的耦合关系正在由拮抗阶段（0.3～0.5）向磨合阶段（0.5～0.8）发展，总体上正走向高水平耦合发展，但目前经济子系统与环境子系统之间的耦合水平尚低，二者之间的协同作用较弱。这就要求西部各地区在新农村建设中要兼顾经济发展与环境保护，使二者共同发展，相互促进，最终达到高水平耦合发展。

2. 耦合协调程度随时间的推移，经历了一个从"中"向"高"的发展历程

从耦合协调程度看，1999～2015 年，西部 12 个省域总体上经历了从"低"—"中"—"高"的发展过程（见表 6 - 7）。但最近从 2013～2015 年西部 12 个省域均属于高度协调，并未显示出区域差异。由此可见，目前西部地区区域内部新农村经济发展水平与环境保护水平之间的差异不大，说明西部大开发经济建设及生态环境建设的实施及"十五""十一五""十二五"促进区域协调发展政策起到了积极的推动作用，从 12 个省域耦合协调程度的时间序列演化情况可以证明这一论点。1999～2002 年西部 12 个省域的经济子系统与环境子系统整体上处于由低度协调向中度协调的过渡，但从 2003 年开始，因受西部大开发有步骤、有重点实施策略的影响，各个地区之间的耦合协调程度出现了向高水平发展的空间差异性，但随着西部大开发经济建设及生态建设项目在各地区的逐渐实施，以及 2006 年以来新农村建设的开展，这种差异性在逐渐缩小，而且最终从 2013 年开始整体上达到了高度协调。

表 6 - 7　　　　西部各地区 1999～2015 年新农村"环境经济复合系统"
耦合协调程度演化情况

年份	广西	内蒙古	重庆	四川	贵州	云南	西藏	陕西	甘肃	青海	宁夏	新疆
1999	低	低	低	低	低	中	低	低	低	低	低	中
2000	低	中	低	低	低	中	中	低	低	低	中	中

续表

年份	广西	内蒙古	重庆	四川	贵州	云南	西藏	陕西	甘肃	青海	宁夏	新疆
2001	低	中	中	中	中	中	低	中	中	中	中	中
2002	低	中	中	低	中	中	中	中	中	中	中	中
2003	低	中	中	中	中	中	中	高	高	中	中	中
2004	中	高	中	中	中	高	高	中	中	中	中	中
2005	中	高	中	中	中	中	高	中	中	中	中	中
2006	中	高	中	中	中	高	高	中	中	中	中	中
2007	高	高	高	中	中	高	高	中	中	中	中	中
2008	高	高	中	中	中	高	高	高	高	高	高	中
2009	高	高	高	中	中	高	高	高	高	高	高	中
2010	高	高	高	高	中	高	高	高	高	高	高	中
2011	高	高	高	高	高	高	高	高	高	高	高	中
2012	高	高	高	高	高	高	高	高	高	高	高	中
2013	高	高	高	高	高	高	高	高	高	高	高	高
2014	高	高	高	高	高	高	高	高	高	高	高	高
2015	高	高	高	高	高	高	高	高	高	高	高	高

3. 耦合协调类型主要表现为初级耦合协调与中级耦合协调两类

从耦合协调度类型看，从空间上可将西部 12 个省域分为以下两类：

（1）初级耦合协调类，包括内蒙古、重庆、四川、云南、陕西、青海、新疆 7 个省份，其经济子系统的发展水平与环境子系统的发展水平在西部地区相对较低，特别是重庆、陕西、青海和新疆，2015 年 4 个省份的经济子系统发展水平（除青海外）、环境子系统发展水平、耦合协调度、农民人均纯收入、自然灾害抗灾率在 12 个省域中都在 5 位以后。其中，重庆的耦合协调度处于末位；陕西的经济子系统发展水平、环境子系统发展水平分别位居第 12、第 11；青海的环境子系统发展水平、耦合协调度、农民人均纯收入、自然灾害抗灾率分别位居第 12、第 10、第 10、第 11。而 4 省份具有负效应的指标化肥使用强度除青海和重庆外，陕西和新疆分别位居 12 个省域第 1、第 2（见表 6-8）。可见，经济发展与环境保护二者之间具有较强的耦合协调要求，并由此看出这些地区经济子系统发展水平与环境子系统发展水平相对较低，是耦合协调度较小的原因。因此，这些地区应高度重视经济发展与环境保护的协调问题，在发展农村经济的同时进一步提高环境保护的水平，使经济发展速率与生态环境的总体状况相适应。

表6-8　　　　　　　　　2015年西部各地区环境经济相关指标排位

地区	经济子系统发展水平	环境子系统发展水平	耦合协调度	农民人均纯收入	城镇化率	自然灾害抗灾率	化肥施用强度
广西	10	1	11	4	8	3	3
内蒙古	7	6	4	1	2	10	6
重庆	8	9	12	3	1	7	7
四川	11	4	5	3	6	1	8
贵州	1	10	1	11	11	4	11
云南	5	7	2	9	9	6	4
西藏	9	2	3	8	12	2	9
陕西	12	11	9	7	4	9	1
甘肃	2	3	6	12	10	5	10
青海	3	12	10	10	5	11	12
宁夏	4	5	8	6	3	12	5
新疆	6	8	7	5	7	8	2

（2）中级耦合协调类，包括广西、贵州、西藏、甘肃、宁夏5个省份，其经济子系统的发展水平和环境子系统的发展水平在西部地区相对较高，特别是甘肃和宁夏，2015年经济子系统的发展水平分别位居西部12个省域的第2和第4，相当于1999年的2.43倍和2.06倍；环境子系统的发展水平分别位居第3和第5，相当于1999年的6倍和3.16倍；耦合协调度分别位居第6和第8。另外，广西和西藏的环境子系统发展水平分别位居第1和第2；贵州的经济子系统发展水平和耦合协调度都位居第1。在负效应指标化肥施用强度上除广西外，其余4省份都在第5位以后，贵州、西藏、甘肃、宁夏分别位居第11、第9、第10和第5（见表6-8）。可见，经济发展水平高，使得科技水平提升速度和各种基础设施完善速度加快，环境保护水平也不断提高，经济发展水平保持在环境承载能力范围之内，总体上这些地区的经济发展与环境保护的交互耦合逐步走向高水平中级耦合协调阶段。

4. 经济与环境对比关系整体上属于经济滞后型

从经济与环境对比关系看，2015年西部12个省域除贵州和青海外均属于经济滞后型，其中，经济比较滞后型的有内蒙古、重庆、云南、陕西、甘肃、宁夏、新疆7个省份，经济严重滞后型的有广西、四川、西藏3个省份（见表6-6）。这说明西部大开发前15年生态环境建设的效果已经显现，经济与环境对比关系由环境极度受损型、环境严重受损型、环境比较滞后型发展到目前的经济比较滞后型或经济严重滞后型（见表6-9）。由此说明这些地区在农村经济的发展过程中，对环境的破坏相对较轻，生态环境尚可承载和消化经济发展所带来的后果，这就要求这些地区今后的新农村建设要在保护环境的前提下发展经济，最终实现经济发展与环境保护的协同推进。

表 6 - 9 　　　　西部各地区经济子系统发展水平与环境子
系统发展水平对比关系类型演化趋势

地区	年份	经济子系统发展水平	环境子系统发展水平	经济与环境对比关系类型
广西	1999	0.38	0.14	环境极度受损型
	2010	0.38	0.75	经济极度滞后型
	2015	0.62	0.89	经济严重滞后型
内蒙古	1999	0.29	0.33	经济比较滞后型
	2010	0.54	0.71	经济严重滞后型
	2015	0.66	0.77	经济比较滞后型
重庆	1999	0.29	0.23	环境比较滞后型
	2010	0.43	0.80	经济极度滞后型
	2015	0.65	0.87	经济比较滞后型
四川	1999	0.32	0.14	环境极度受损型
	2010	0.46	0.70	经济严重滞后型
	2015	0.61	0.80	经济严重滞后型
贵州	1999	0.35	0.19	环境极度受损型
	2010	0.38	0.56	经济严重滞后型
	2015	0.79	0.68	环境比较滞后型
云南	1999	0.34	0.35	经济比较滞后型
	2010	0.47	0.64	经济严重滞后型
	2015	0.70	0.73	经济比较滞后型
西藏	1999	0.41	0.23	环境极度受损型
	2010	0.41	0.77	经济极度滞后型
	2015	0.65	0.88	经济严重滞后型
陕西	1999	0.28	0.14	环境极度受损型
	2010	0.53	0.71	经济严重滞后型
	2015	0.61	0.62	经济比较滞后型
甘肃	1999	0.30	0.14	环境极度受损型
	2010	0.40	0.77	经济极度滞后型
	2015	0.73	0.84	经济比较滞后型
青海	1999	0.34	0.11	环境极度受损型
	2010	0.59	0.68	经济比较滞后型
	2015	0.73	0.56	环境严重受损型
宁夏	1999	0.35	0.25	环境严重受损型
	2010	0.47	0.75	经济严重滞后型
	2015	0.72	0.76	经济比较滞后型
新疆	1999	0.38	0.32	环境比较滞后型
	2010	0.43	0.42	环境比较滞后型
	2015	0.69	0.71	经济比较滞后型

五、耦合协调评价的主要结论及其对协同模式构建的启示

(一) 环境子系统逐步代替了经济子系统在"复合系统"中的主导作用

在发展水平上,1999~2015 年西部新农村"环境经济复合系统"呈现出逐年提高的趋势,且其变化趋势与环境子系统的变化趋势一致,因此,复合系统的发展水平主要归功于环境子系统的作用。经济子系统与环境子系统整体上呈现出波动上升的趋势,且二者在复合系统中的作用也发生了变化,环境子系统以其较快的提升速度逐渐取代了经济子系统的主导地位,成为影响复合系统整体质量的主要因素(见图 6-2)。尤其在 2006 年以后环境子系统的地位上升比较显著,从 2008 年开始,环境子系统已代替经济子系统成为影响复合系统走势的主要因素。不难看出,西部大开发及新农村生态环境建设的绩效已经显现。同时可以看出,西部地区经济发展水平逐渐趋向环境承载能力的范围之内,但环境保护还有较大的潜力有待发掘。因此,西部地区在未来的发展中,应继续努力加快经济发展步伐,积极提高经济发展水平;逐步推进技术进步,调整并优化产业结构,提高资源的利用效率;加大生态环境保护和治理力度,提高资源环境承载能力,努力实现经济发展与环境保护的协同推进。

(二) 环境压力状态层对"环境经济复合系统"发展水平的制约作用明显

在各状态层发展水平上,六个状态层总体体现出提高的趋势。其中,城乡一体化、经济发展条件和产出效益与农民生活水平等指标一直保持持续稳定提高的趋势,而资源占有和利用效率与环境压力指标表现出具有相同升降趋势的较大波动性特征,生态状况和治理指标呈现出低水平较稳定提高的趋势,且自 2006 年以来其水平明显提高。这主要是因为 2000 年以后加大了生态环境治理的力度,使生态状况渐趋良好,资源占有和利用效率提高,但同时随着经济建设步伐的加快,各项生产活动的开展,如对环境资源的过度索取、农地的开发、农业上化肥、农药、农膜的大量使用,进一步加大了环境压力,使环境在治理的同时又遭到一定程度的破坏,环境承载能力受到环境治理与环境破坏二者的影响,当环境治理程度比环境破坏程度强,生态环境向良性方向发展,环境承载能力提高,反之降低。由此造成了环境保护相关指标尤其是环境压力在

研究时段内的较大幅度波动，环境压力对复合系统的影响作用比较突出。这些评价反映了西部大开发及新农村建设对西部经济发展及环境保护的贡献，同时也反映出经济发展与环境保护之间存在着相互影响、相互制约、相互促进的内在关系。

（三）经济发展与环境保护的耦合关系在不断加强，但整体协调性依然不高

总体上来讲，1999～2015 年西部新农村经济发展与环境保护之间的耦合关系基本上处于拮抗阶段，但在此阶段上体现出耦合关系加强的特点；耦合协调度存在着低度协调、中度协调、高度协调 3 个状态，跨越了轻度不协调、勉强调和协调、调和协调、初级耦合协调 4 个级别。在研究时段内，环境保护水平的提升速度快于经济发展水平的提升速度，新农村"环境经济复合系统"的发展水平整体呈现出波动上升过程，西部地区农村发展逐步由环境滞后型转变为经济滞后型，主要呈现出环境极度受损型、环境比较滞后型、经济比较滞后型、经济严重滞后型、经济极度滞后型 5 种类型。由此可见，西部新农村经济发展与环境保护之间具有紧密的交互耦合性，但经济发展与环境保护的整体协调性仍然较差，主要徘徊在轻度不协调和过度协调区间。但随着各类生态环境治理工程与生态修复综合措施的深入实施，经济发展与环境保护之间的协调程度也将会由低层次向较高层次不断过渡中，达到高水平的发展状态。但在其发展过程中，会经历一个短期内不断波动到较长时间尺度相对稳定的变化过程。

（四）西部 12 省域之间经济子系统与环境子系统耦合协调度的空间差异性不大

空间上，2015 年西部 12 个省域耦合协调度都处于高水平协调阶段，耦合协调类型划分为初级耦合协调和中级耦合协调两种类型，经济与环境对比关系体现为经济比较滞后型、经济严重滞后型、环境比较滞后型和环境严重受损型 4 种类型。可见，目前西部地区区域内部新农村经济发展水平与环境保护水平之间的差异不大，耦合度与耦合协调度区域内部差距较小。同时，从西部 12 个省域新农村经济子系统与环境子系统耦合协调程度的演化趋势来看，1999～2015 年各区域之间由相对较低水平上的较小差异或同等水平经过较高水平相对较大差异过渡到更高水平上的较小差异或同等水平，这是一个不断调整、不稳定的发展过程，但从长期来看，将呈现出在不同发展水平上的差异缩小至达

到相对同等水平。这一变化趋势符合区域经济发展的规律。而且通过用 Gini
系数计算的西部 12 个省域耦合度与耦合协调度的区域差距变化可以看出，
1999～2015 年西部各区域耦合度与耦合协调度之间的差距在逐渐缩小。从耦
合协调评价的结果说明，自 2000 年实施西部大开发以来，伴随 2005 年后新农
村建设的开展，西部各省份在经济发展与环境保护上都有了较快的进展，区域
协调发展战略已初步取得积极成效。同时，得出的西部 12 省域之间经济子系
统与环境子系统耦合协调度的空间差异性不大的结论，也可能与本书研究构建
的评价模型、指标体系构成以及各指标的权重等因素有关。

　　西部地区新农村"环境经济"耦合协调水平评价，揭示了西部地区新农
村经济系统与环境系统的时空演化特征，也可为构建西部地区新农村建设中经
济发展与环境保护协同模式提供有益的启示。环境子系统逐步代替了经济子系
统在"环境经济复合系统"中的主导作用，用协同论的观点分析，说明当前
新农村复合系统的序参量已由经济发展转变为环境因素，要实现复合系统的协
同发展，就需要通过对环境承载力进行调节、控制，促进序参量协同效应的发
挥，不断提高新农村复合系统的协同程度，实现新农村复合系统由无序向有序
的演化；环境压力状态层对"环境经济复合系统"发展水平的制约作用明显，
说明在经济发展与环境保护的协同中，要努力克服环境压力的制约。并积极发
挥环境保护在优化经济发展中的先导、倒逼、增值和提质等作用，以环境容量
优化区域布局、以环境管理优化产业结构、以环境成本优化增长方式、以环境
标准推动产业升级①，进而推动环境经济的协同发展；经济发展与环境保护的
耦合关系在不断加强，但整体协调性依然不高，这就要求在新农村建设中，更
加注重经济发展与环境保护的统筹规划，搭建二者协同推进的纽带和桥梁，综
合应用多种措施，在环境经济协同发展上寻求突破点和着力点；西部 12 省域
之间经济子系统与环境子系统耦合协调度的空间差异性不大，所以，在构建西
部地区新农村建设中经济发展与环境保护协同模式时，在地域类型的划分上，
就不能因循现有的行政区划，必须在更为科学的基础上，基于新农村建设中经
济与环境协同的主题，考虑自然环境和农业生产方式等因素，进行区域类型的
划分，并建构不同区域的协同模式。

　　总之，新农村"环境经济复合系统"的耦合协调程度，既反映一定时期
内某区域经济发展与环境保护的交互胁迫、动态耦合的规律，也与特定时空条

---

① 周生贤. 以环境保护优化经济增长 进一步提高生态文明水平 [EB/OL]．（2012－06－05）.
http://www.zhb.gov.cn/gkml/hbb/qt/201206/t20120606_ 231067.htm.

件下的经济发展水平和环境保护水平呈现相关性。对于经济相对滞后、生态环境极其脆弱的西部地区来说，在新农村建设中，一方面要不断着力于不断优化产业结构、推动创新驱动，进而提高经济发展的水平；另一方面，也要着力于农村环境能力建设，继续大力实施大型的生态环境建设工程，不断提高区域环境质量。更为重要的是，要实施环境经济协同发展的战略，在开发中保护，在保护中发展，构建资源节约型、环境友好型社会经济体系，不断提高经济发展与环境保护的协同发展水平。

第七章

西部地区新农村建设中环境
经济协同的总体模式

本章内容摘要： 经济发展与环境保护的协同，就是要回答五个基本问题：协同的指向何在？谁来协同？如何协同？怎么协同？协同什么？这五个基本问题就是要解决关于协同的目标、主体、策略、手段和领域等问题。基于这样的思路，对新农村建设中的经济发展与环境保护协同所涉及这五个基本要素的类型、构成等关键问题进行了深入的论证分析。在此基础上，根据协同的目标取向、协同的主体作用和协同的重点领域以及它们相互之间的协调性联系的特点，设计构建了西部地区新农村建设中经济发展与环境保护的协同模式："环境优先—四位一体—协同推进"模式，其基本内涵就是：整体上，西部地区在新农村建设中，以"环境优先"为目标导向，以农村城镇化、重点区域、关键产业、农村空间"四位一体"为协同的重点突破领域，通过政府、企业、农户和社会组织"四位一体"等多元主体的共同参与，实施从示范推进到全面展开的协同策略，综合应用"命令—控制型、经济—激励型、鼓励—自愿型"等协同的手段体系，建立协同目标、协同手段、协同策略、协同主体和协同领域"协同推进"的有效机制，以实现新农村建设的经济繁荣和环境友好的双重目标。基于不同的主导协同动力源，把协同模式分为三大类：政府引导型协同模式，企业带动型协同模式和社会组织服务型协同模式；基于区域类别，把协同模式分为六大类：城郊区、西南丘陵区、西南山区、西北旱作区、西北绿洲区、青藏高原区等协同模式。

一、协同模式构建的基本思路

新农村建设中的经济发展与环境保护协同的主题就是要探究新农村建设中

正确处理经济发展与环境保护关系的可行途径与模式，针对经济发展、环境保护两个对象性系统，刻画二者的协同模式，协同模式构建基准是基本动力及其地域差异，即基于经济发展与环境保护协同关系的界定和识别，进而划定地域差别化的模式来。经济发展与环境保护的协同，就是要回答这样的五个基本问题：协同的指向何在？谁来协同？如何协同？怎么协同？协同什么？这五个基本问题就是要解决关于协同的目标、主体、策略、手段和领域等问题①。基于协同的关键构成要素的分析，根据协同所包含的内容和指向，西部地区新农村建设中经济发展与环境保护协同总体模式可以理解为：就是总体上西部地区农村发展与环境保护协同的基本目标、行动主体、基本手段、主要领域、战略突破口和基本进程及它们相互之间的整体联系。西部地区新农村建设中经济发展与环境保护协同模式构建的思路详见图7-1。

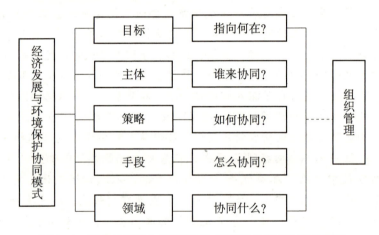

图7-1　新农村建设中经济发展与环境保护模式构建的思路

二、协同的目标

人类的目标具有多样性，对于特定目标而言，实现目标的途径也具有多样性。一般而言，人类在实现大目标的过程中，往往要受到自然规律、社会规律、经济规律、技术规律和环境规律等多种规律的作用，规律的作用可以表现为三种状态：规律的作用方向与目标一致称为协同，相反为拮抗，规律的作用

---

① 陈润羊. 西部地区新农村建设中环境经济协同的模式研究 [J]. 资源开发与市场，2016，32 (9)：1064～1067.

方向偏离预期目标为偏离[①]。

新农村建设中的经济发展与环境保护的协同，在实现新农村建设的目标上，主要受经济规律和环境规律的综合作用。要达到新农村建设的经济与环境的协同，经济规律和环境规律的作用方向与目标要一致。其作用见图7-2。

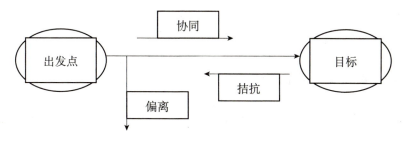

图7-2 新农村建设中环境经济的目标协同作用示意图

资料来源：左玉辉．环境经济学［M］．北京：高等教育出版社，2003：13．

（一）经济与环境目标协同的思想演变

经济与环境的目标协同，在指导思想和发展战略层面，一般分为三种类型：经济优先、环境经济协调、环境优先。长期以来，人们基本上走的是一条"经济优先"的道路。当自然资源、环境容量超出承载力时，人们才认识到环境容量和自然资源的有限性，提出了"环境经济协调"发展的战略。再到后来，当环境承载力已不堪经济发展的重负，严重的环境问题已影响或制约经济发展的速度和效益时，"环境优先"战略便应运而生。

1989年施行的《中华人民共和国环境保护法》，在总则的第四条规定："国家制定的环境保护规划必须纳入国民经济和社会发展计划，国家采取有利于环境保护的经济、技术政策和措施，使环境保护工作同经济建设和社会发展相协调。"因此有学者认为，协调发展是我国环境法的基本原则，也就是指环境法所确认并体现的反映环境法本质和特征的基本原则，它贯穿于整个环境法体系，对贯彻和实施环境法具有普遍的指导作用[②]。但这里的"协调发展"，是环境保护与经济、社会发展相协调。尽管有"环境与社会经济相协调"的原则，但在实际上大部分地区走的仍然是一条"经济优先"的道路。随着环境形势的日益严峻，以及对经济发展与环境保护关系认识的不断深化，由经济优先主导下的协调发展战略向环境优先战略的转变，这是借鉴吸收国内外的经

---

① 左玉辉．环境经济学［M］．北京：高等教育出版社，2003：13．
② 陈泉生．环境法学基本理论［M］．北京：中国环境科学出版社，2004：134．

验教训，依据我国严峻的环境形势，指向生态文明的一种战略。"环境优先"战略从孕育到不断成熟，经历了一个发展变化的过程。

2005 年国务院颁布的《关于落实科学发展观加强环境保护的决定》中，已经初步蕴含了"环境优先"的理念，提出了"经济社会发展必须与环境保护相协调"的思想。2006 年 4 月，时任国务院总理温家宝提出了加快实现"三个历史性转变"的思想，其中便有这样的内容：从重经济增长、轻环境保护转变为保护环境与经济增长并重；从环境保护滞后于经济发展转变为环境保护和经济发展同步。《国民经济和社会发展第十二个五年规划纲要》中，明确提出了要"实施主体功能区战略"：统筹谋划人口分布、经济布局、国土利用和城镇化格局，促进人口、经济与资源环境相协调；《国家环境保护"十二五"规划》中，提出了"科学发展，强化保护"的原则：在保护中发展，在发展中保护，促进经济社会与资源环境协调发展。2014 年修订通过于 2015 年施行的新《中华人民共和国环境保护法》，在总则的第四条规定："保护环境是国家的基本国策。国家采取有利于节约和循环利用资源、保护和改善环境、促进人与自然和谐的经济、技术政策和措施，使经济社会发展与环境保护相协调。"并在第五条中更是明确规定："环境保护坚持保护优先、预防为主、综合治理、公众参与、损害担责的原则。"修订后的环境保护法与之前环境保护法的这种变化，一方面适应了日益严峻的环境形势；另一方面也体现了对环境保护与社会经济发展关系认识的深化。

这些法律规定、政策性文件和相关的国民经济和社会发展、环保等规划，都体现了一脉相承的发展战略取向。"环境优先"思想的提出，是一种国家战略的转变，将过去的"环境保护与经济社会发展相协调"转变为"经济社会发展与环境保护相协调"，就是说，当环境保护与经济发展产生矛盾时，不再是环境保护服从于经济发展，而是要让经济发展服从于环境保护，实行环境优先。

(二)"环境优先"的目标协同

西部作为经济欠发达地区，一方面，生态环境整体比较脆弱，难以承载大规模的经济开发活动；另一方面，有的地区自然条件比较优越，在国家已实施主体功能区战略的前提下，西部地区的限制开发区域和禁止开发区域占国土面积比重高。2013 年，以自然保护区面积占辖区比重作为指标进行衡量，全国为 14.8%，而西部高达 17.54%（见表 3-2），不同类型的自然保护区西部占的比例都较大，大规模开发将毁坏良好的生态环境。在全国具有生态屏障作用的广大西部农村地区，主要以提供生态产品和农产品为主体功能，把提供工业品作为从属功能，否则，就有可能损害生态产品和农产品的生产能力。所以，在西部地区新农村建设中，经济发展与环境保护的目标协同，就是要实施"环境优先"的战略方针。

环境优先，又称"生态优先""环保优先"，是指在一些特殊区域或领域，把环境质量状况作为指导包括经济发展在内的各项工作的基本衡量标准之一，以环境承载能力为基础和底线来规划和约束各方面工作，使环境保护成为保障人民生存环境、优化经济发展方式的重要和首选的手段①。具体到西部新农村而言，所谓环境优先，就是在西部地区的新农村建设中，把环境质量状况作为指导经济发展的基本衡量标准，以环境承载能力为基础和底线来规划和约束各类新农村建设活动，使环境保护成为保障环境安全、优化经济发展方式的重要和首选的手段。

国外和一些发达地区实施环境优先战略已经取得了明显效果，可为西部欠发达地区提供必要的经验借鉴。国外一些国家的实践说明实施"环境优先"战略，一方面可以保护环境，同时也能优化经济发展的方式。如日本面对高度增长产生的公害污染，1970 年对《公害对策基本法》做了修订，废除了"保护环境与经济发展相协调"的相关条款，以"环境优先"替代了"经济优先"的原则，其后，走上了一条持续发展的道路，并取得了显著的成绩。我国一些发达地区也有实施"环境优先"战略的先例。如广东省 2004 年提出在珠江三角洲地区实行"环境优先"的总体方针；上海浦东新区 2006 年把"环境优先"作为发展方针，建设"生态城区"。江苏 2006 年实施环保"十优先"的战略方针，具体体现为：环境立法、环保规划、环境影响决策、发展清洁产业、节约环境资源、环境评估、环保投入、环境设施、环保型技术、环保指标考核等的优先②。

新农村建设中环境经济的协同研究目前的定性分析较多，定量测度少；较少的量化研究的指标体系设计大多处于探索阶段，其研究定性的、描述性指标多，量化程度低，理论叙述多，实证研究少。针对这种情况，构建新农村建设的经济与环境目标协同的指标体系，在理论上就可解决上述问题，从而促进该方面的理论探索和深入研究。在实践意义上，建立起一套功能完善、科学合

---

① 夏光．论中国环保新道路的核心思想［N］．中国环境报，2010－03－24（002）．
② 高杰．实行环保优先 提高发展质量［N］．中国环境报，2006－7－31（002）．

理、操作简便的指标体系，可测度和量化新农村建设经济与环境协同的进程和发展阶段，也可发现和识别存在的问题，为制定切合实际的战略和政策提供技术依据①。

三、协同的主体

新农村建设中经济发展与环境保护的协同主体，就是要解决谁来实现协同的问题。新农村建设中经济发展与环境保护的协同，首要的问题是如何最大限度地增强各类行为主体的合力作用。一方面，各类主体要积极参与、各尽其职，为实现协同目标尽最大努力；另一方面，各主体之间必须建立协同行动的机制②。

（一）协同主体的类型

影响和制约新农村经济发展与环境保护协同的主体类型主要包括四大类：政府、企业、农户及社会组织。其中，政府是主导，其职责是制定协同的政策，并监督实施；农村各类企业尤其是涉农企业，是农村产业发展的实体，是实现协同目标的行为主体；农户是农村产业发展的非企业性主体，数量大、影响面宽，对其进行组织管理有一定难度，其实现协同目标的积极性如何具有基础性的决定作用；社会组织是促进企业与农户进行合作、实现政府与涉农企业有效沟通的联结主体③。

（二）各协同主体的作用领域

1. 政府

在遵循经济规律和环境规律的基础上，政府（包括中央政府和各级地方政府）是经济规则、环保法律等社会运行规则的制定者，也是新农村建设中经济发展与环境保护协同的管理协调主体。政府的引导作用对于新农村建设中经济发展与环境保护的协同至关重要，中央政府和地方政府协同的作用领域也各有不同。对于中央政府而言，其作用领域是全国性的具有宏观意义的方面。

① 陈润羊. 新农村可持续发展水平评价研究——以典型区域为例 [J]. 科学·经济·社会, 2011, 29 (2)：11～16.
② 陈润羊，张永凯. 新农村建设中环境经济协同机制研究 [J]. 农业现代化研究, 2016, 37 (4)：769～776.
③ 陈诗波. 基于协同理论的循环农业发展主体研究 [J]. 南方农业, 2009 (9)：103～107.

如主要有：制定和推行全国性的与协同发展有关如环境评价、资源有偿使用、生态补偿、排污交易、绿色发展等法律、法规、政策、规划；确立并实施可持续发展战略；建立基于主体功能区的分类政绩考核和综合评价体系；推动协同发展的理论研究和科技研发；推动与协同发展有关的文化、教育，营造保护环境、协同发展的良好风气等。地方政府根据各地的特点，针对辖区发挥其在新农村建设中经济发展与环境保护的协同中的作用，其职责主要有：制定和推行具有地方特点的协同发展的法律法规和政策体系；制定和实施有利于协同发展的循环农业、节能和环保产业等相关规划；进行协同发展涉及的如环境治理、农田水利等公共基础设施建设；推进绿色农产品的市场培育；开展协同发展的科技研发与推广服务体系建设；环境监管向农村延伸等。

2. 企业

企业是市场经济的主体，也是新农村建设中经济发展与环境保护协同的带动主体。这里的企业主要是指在农村从事生产经营的实体，包括从事农业生产资料供应、农产品加工和流通以及经营种植业、养殖业、林业、渔业、手工业和农村工业、服务业的所有企业。企业实现协同目标的作用领域主要有：遵守环保法律法规，履行企业的环保责任，塑造绿色企业形象；针对协同目标的需要进行科技创新和技术改造，实现企业生产经营由传统型向生态型、循环型、清洁型、环境友好型转变；实施清洁生产与循环经济，推行环境管理体系的标准化认证；组建环保机构，加大环保投入，建设环境治理设施，进行污染治理等。

3. 农户

农户是构成农村经济社会大系统的基本单元，也是新农村建设中经济发展与环境保护协同的微观主体。其实现协同目标的作用领域主要有：改变传统的生产和生活方式，实行环境友好型的生产和生活方式；积极发展生态农业，提高科学种植、养殖水平，降低化肥、农药施用造成的污染，包括肥料和养分的科学搭配，秸秆的循环利用和无害化处理，土壤肥分的保护，粪便的沼气化和归田、废物处理，清洁能源的使用、垃圾分类、合理装修、适度消费、家园和田园的清洁化等。

4. 社会组织

社会组织是社会建设的新兴力量，也是新农村建设中经济发展与环境保护协同的联结中介。社会组织是联结农户、企业、政府的重要桥梁和纽带，主要涉及两大类社会组织：一类是涉农类社会组织；另一类是环保类社会组织。涉农类社会组织主要有农业合作经济组织和一些如节水、养殖、种植等技术协会，其协同的作用领域有：架设市场与农户、生产与技术、政府与群众、农户与大学之间的沟通桥梁；通过信息反馈、价格机制推进绿色安全的农产品的销售；进行生态农业、节水农业、循环农业等农技推广；对农民的致富能力和科学种植和养殖进行技术培训；通过科普教育等，提高农民的环保意识；为反映农民的意见和利益提供多种渠道等。环保类社会组织在新农村建设中经济发展与环境保护的协同中也有其积极作用，主要作用领域有：进行环境教育；向政府提供经济与环境协同发展的有关政策建议；对新农村环境变化规律进行科学研究；进行环保科普等。新农村建设中协同主体的主要目标及其协同作用领域具体见表7-1。

表7-1　　　新农村建设中协同主体的主要目标及其协同作用领域

	协同主体	主要目标	作用领域
政府	中央政府	全国性的经济和环境的协同发展	制定和推行全国性的与协同发展有关的法律、法规和政策以及规划；确立并实施可持续发展战略；建立分类政绩考核和综合评价体系；推动协同发展的理论研究和科技研发；推动与协同发展有关的文化、教育等
	地方政府	地方性的经济与环境的协同发展	制定和推行具有地方特点的协同发展的法律法规和政策体系；制定和实施有利于协同发展的相关地方性规划；进行公共基础设施建设；推进绿色农产品的市场培育；建立协同发展的推广服务体系；环境监管向农村延伸等
企业	涉农企业、龙头企业等	利润最大化	遵守环保法律法规，履行企业的环保责任；针对协同目标的需要进行科技创新和技术改造；实施清洁生产与循环经济，推行环境管理体系的标准化认证；组建环保机构，加大环保投入，建设环境治理设施，进行污染治理等
农民	农户	生活宽裕	改变传统的生产和生活方式，实行环境友好型的生产和生活方式；积极发展生态农业，提高科学种植、养殖水平；家园和田园的清洁化等。
社会组织	涉农类NGO	互助合作、社会公益	沟通桥梁、信息反馈、农业科普、农技推广、技术培训、组织渠道等
	环保类NGO	环境公平	环境教育、政策建议、科学研究、环保科普等

资料来源：作者整理。

四、协同的策略

策略，一般是指实现目标的方案集合。在此，把策略定义为包含目标、手段和阶段等要素在内的方案总体。也就是说策略是应用什么样的手段，采取什么样的步骤，来实现特定目标的有效途径①。

（一）实现协同目标的基本阶段

新农村建设中经济发展与环境保护的协同是分阶段的，从协同的水平变化来看，可划分为初级阶段、中级阶段和高级阶段。

1. 协同的初级阶段

在协同的初级阶段，以夯实经济发展基础和解决突出农村环境问题为重点，并初步构建基本的协同机制。主要包括：根据区位特点，寻找新农村的发展战略；大力发展生态型产业，积极改造升级已有的传统产业；推进当地产业与区域环境的融合共生，寻求产业生态化的实施途径；建立健全农村环境监管机构，加强农村环保能力建设；改进农村宣教工作，提升农民群众的环保意识；通过农村环境综合整治，治理严重危害群众健康的突出环境问题；推进农村生态文明建设，初步改善农村环境质量。

2. 协同的中级阶段

在协同的中级阶段，通过多种政策手段，以市场为导向，以构建经济与环境协同发展的机制为重点。主要包括：严重危害群众健康的突出农村环境问题得到基本解决；初步形成各有特色的新农村产业结构；生态文明试点示范全面展开，生态文明建设水平大幅度提高；基本形成资源节约型、环境友好型农村生产体系和生活体系；基本建立城乡一体化的环保体制机制，并初步形成了农村环境与经济、社会协同发展的格局。

3. 协同的高级阶段

在协同的高级阶段，经济与环境协同发展的机制将走向完善，协同机制将持续发挥作用，使新农村建设中经济发展与环境保护的协同走向制度化、程序化的轨道，经济系统和环境系统在新农村建设的复合系统中将进入良性循环，

---

① 陈润羊. 西部地区新农村建设中环境经济协同的策略［J］. 云南农业大学学报（社会科学版），2015，9（4）：18~23.

并依靠已经形成的协同机制，对协同的障碍、出现的问题进行有效修正和调节。基本特点表现为：完全形成资源节约型、环境友好型农村生产体系和生活体系；产业生态化和生态产业化并行发展；城乡一体化的环保体制机制进一步完善，已经形成农村环境与经济、社会协同发展的长效机制。新农村建设中经济发展与环境保护协同阶段的重点和目标具体见图7-3。

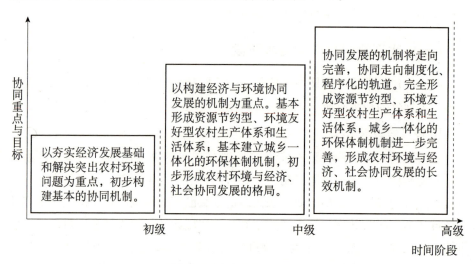

图7-3　新农村建设中经济发展与环境保护协同的阶段

资料来源：作者根据已有资料归纳整理。

（二）实现协同目标的基本策略

就协同的实施步骤而言，借鉴国内外协同发展已有的经验，可选择基础条件比较成熟的点先行示范，探索先进的发展理念和转型经验，进而以点带面带动整个新农村建设的协同发展。在新农村连片推进示范区中，按照协同发展的思想进行产业升级改造、农业园区生态链设计、农民低碳生活倡导，充分利用试点示范的优惠政策、资金、技术、管理经验，开展协同发展的规划与政策试点，探索可延伸到所在区域范围的协同发展的经验，再总结推广，以建设环境经济协同推进的社会主义新农村。

1. 连片示范推进的类型

新农村经济与环境协同发展的连片示范推进类型，主要包括三类方式：一是对地域空间相连的村子实施连片示范推进；二是针对协同面临的同类型障碍或者相同的协同目标，对地域上分割的多个农村同步推进；三是通过建设集中的环境治理设施或生态修复工程，能整体推动协同发展的农村。具体见图7-4。

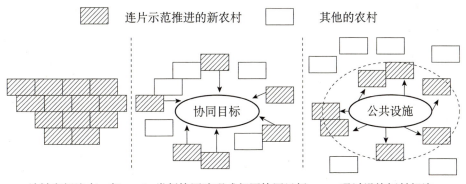

a.地域空间连在一起　　b.类似协同障碍或相同协同目标　　c.通过设施辐射相连

图7-4　新农村建设中经济与环境协同推进的三种形式

资料来源：作者整理。

2. 连片示范区的选取原则和要求

新农村经济与环境协同发展的连片示范区的选取要遵循一定的原则，并符合一定的要求。在具体选择示范区域时，要综合考虑所在区域的经济和环境特点，并要有一定的代表性，在经济发展水平、经济发展类型、重点环境问题类别等方面都要有所涵盖，这样的示范布局，才能对不同类型的其他农村真正起到示范推广价值。可考虑将以下地区作为示范区域：退耕还林、生态移民、循环农业促进行动、乡村清洁工程、农村小康环保行动计划等重大政策和工程实施区；已有一定工作基础，预期在短期内可以取得明显成效的地区。这些地区可以在政策叠加作用下，可以比较明显地见到成效，对后续的推广和扩大示范地区，能起到较好的标杆作用。在协同发展的连片示范村选取要求上，连片区原则上应在同一个县级行政区范围内，这样便于协调，但对于地理相连、问题相关的区域，也可考虑建立跨行政区域的示范区；同时，受益人口要有一定的规模。

五、协同的手段

新农村建设中经济发展与环境保护的协同手段主要是解决靠什么协同的问题。协同手段是协同主体关于协同所采取的方式、工具和措施等的集合。综合而言，在新农村建设中经济发展与环境保护的协同手段大体上可以分为三大类：命令—控制型、经济—激励型、鼓励—自愿型。其中，每一类都是由多种具体手段构成的复杂手段体系。

（一）协同手段的构成

依据协同的主体和协同手段实施的强制性程度以及发展趋势，可分为命令—控制型、经济—激励型、鼓励—自愿型等三大类协同手段。一般而言，命令—控制型手段的强制性最高，经济—激励型次之，而鼓励—自愿型强制性程度最小，基于协同主体的协同手段的类型的具体构成见表7-2[①]。

表7-2 协同的手段类型

类型	政府	企业	社会组织	公众
命令—控制型	法律手段、行政手段、规划手段等	接受、执行、落实政府的规制，如在政府指令下进行环保型技术改造，按期实现节能、减排、治污、清洁生产等目标	接受、执行、落实政府的管理规范等	接受、执行、落实政府的管理规范等
经济—激励型	经济手段、环境科学技术手段等	接受、执行、落实与自身利益有关的政策、措施、任务，如进行环保型技术创新、实行有利于提高企业经济利益的清洁生产和环保措施等	接受、执行、落实与自身利益有关的政策、措施、任务	接受、执行、落实与自身利益有关的政策、措施、任务
鼓励—自愿型	政府信息公开、政府环境绩效评估等	环境管理体系认证、自愿性清洁生产、企业环境教育、企业信息公开、企业环境绩效评估等	社会组织环境教育、环境经济信息公开、环境绩效评估、畅通组织化渠道、搭建协同平台等	积极主动和有效的公众参与、绿色消费的激励、环境教育、环境经济信息公开等

资料来源：在下列文献基础上总结提炼。叶文虎，张勇. 环境管理学（第2版）[M]. 北京：高等教育出版社，2006.

（二）协同手段的比较

当然，不同类型的协同手段有其优点，也有其不足，在具体选择时应全面分析三大类协同手段的基本原则、体系构成、主要优点、主要缺点、防治环境问题的属性、效果影响因素等各个方面，从而加以综合配套地采取因地制宜、

---

① 叶文虎，张勇. 环境管理学（第2版）[M]. 北京：高等教育出版社，2006：78.

因势利导的有针对性的手段或手段体系，以促进新农村建设中经济发展与环境保护的协同。综合已有的研究文献，三种类型协同手段的比较见表7-3。

表7-3   三种类型协同手段的比较

比较项目	命令—控制型	经济—激励型	鼓励—自愿型
基本原则	政府应用行政和法律等手段的强制性，推进经济与环境的协同发展	通过环境资源市场机制的建立，以环境经济工具激励企业参与协同发展	企业、社会组织和公众等主体通过信息公开、环境教育等自愿性活动主动参与经济与环境的协同发展
体系构成	环境保护目标责任制、污染集中控制、限期治理、环境影响评价、"三同时"制度、污染物排放的浓度控制和总量控制等	庇古手段：税收、收费、押金—退款制度、补贴；科斯手段：排污许可、排污交易等	自愿性环境协议（VEP、VEA）、环境经济信息公开、环境教育等
主要优点	环境治理效果确定性和可操作性较强、权威性和强制性、规范性、针对性强等	发挥市场资源配置的功能、管理成本低、可筹集资金、灵活性高等	自主性和自愿性高、被动协同变为主动协同、管理成本低等
主要缺点	缺乏灵活性和应变性、管理成本相对高、忽视差别的"一刀切"式的应对	效果具有后效性、效果依赖于环境资源市场机制的发育、环境经济政策体系的建立等情况	效果的后效性、中小规模的和环保技术落后的企业难以纳入监管、不能处罚那些一贯忽视协议或表现差的参与者、可能是反竞争的、不能确保一致性和统一的评估协调
防治环境问题	末端控制	末端控制、全过程控制	全过程控制、源头控制
效果影响因素	政府治理目标、环境管理体制、政府环境管理能力等	环境资源的市场机制、环境管理体制、环境经济政策体系、环境经济信息公开等	管制性压力和非管制性压力、公众环保意识、社会组织的发育程度、环境经济信息公开等

资料来源：根据以下相关文献整理。①沈满洪．环境经济手段研究 [M]．北京：中国环境科学出版社，2001．②谢玉敏．环境管理手段研究 [J]．地质技术经济管理，2004，26（5）：26~30．③郑亚南．自愿性环境管理——经济与环境协调发展的创新 [J]．环境经济，2004（5）：29~33．④秦颖，徐光．环境政策工具的变迁及其发展趋势探讨 [J]．改革与战略，2007，23（12）：51~54，72．⑤杨洪刚．中国环境政策工具的实施效果及其选择研究 [D]．复旦大学博士学位论文，2009．⑥夏申，俞海．自愿性环境管理手段的研究进展综述 [J]．环境与可持续发展，2010（6）：53~56．⑦王惠娜．自愿性环境政策工具在中国情境下能否有效？[J]．中国人口·资源与环境，2010，20（9）：89~94．⑧董战峰，葛察忠，高树婷，等．"十二五"环境经济政策体系建设路线图 [J]．环境经济，2011（6）：35~47．

（三）协同手段的作用关系

随着新农村建设的推进，各种环境经济政策法规的引导，协同主体间关于协同手段的关系也经历了一个相互作用、相互演进的过程。作为"规则"制定者的政府，在经济与环境的协同发展中，经历了"管制—促进—扶持—信任"的过程，而其他主体如企业、社会组织和公众则经历了一个由"消极"到"积极"、由"漠视"到"主动"的一个演变过程。具体见图7-5。

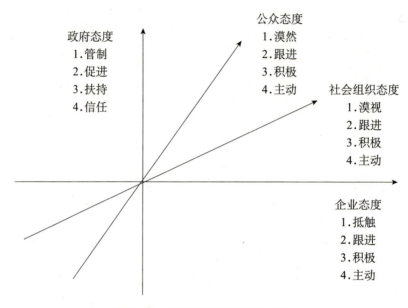

图7-5　协同手段关系的变化矩阵

六、协同的重点领域

新农村建设中经济发展与环境保护的协同不可能均衡推进，而必须选择重点领域，实施重点突破，带动整体进展。这里所说的重点领域主要是指在实现协同目标中经济发展与环境保护之间矛盾突出、影响深远、基础性和关键性作用强、关系协同成败的领域，一般来说，这些领域也就是主要的产业领域、污染严重或战略地位重要、或容易取得突破产生示范的重点地区等，把这些领域的协同问题解决好，协同的主要目标就可以实现。基于此，西部地区新农村建设中经济发展与环境保护协同有四大重点领域：生态型农村城镇化是主要推动力，也是新农村建设协同推进的主要方向；重点地区先行突破和关键产业融合推进无疑是协同推进的主要载体和关键对象；农村空间重新构建亦是协同的微观领域和关键环节①。

（一）生态型农村城镇化

目前，西部农村人口相对较多，农村水土资源约束趋紧，使经济发展与环境保护协同的难度增大，城镇化既是国家经济社会发展的主要推动力，也是解决西部地区农业、农村和农民"三农"问题的有效途径。在西部地区的新农村建设中，走生态型城镇化道路，是西部地区新农村建设的必然选择。通过生态型的城镇化，有效转移西部农业人口，减轻西部区域资源环境的压力，促进土地的规模化和集约化利用，进而实现经济发展与环境保护的协同目标。

1. 将生态文明理念全程、全域融入农村城镇化的进程

在西部农村城镇化的进程中，要全面深入地贯彻落实生态文明的理念。首先，渗透生态文明的理念，确立绿色、循环和低碳发展的基本原则。在水土资源的利用上，树立节约集约利用的意识，严格水资源保护、耕地保护和环境保护的基本制度，生态建设和生态修复并举，构建一套完整的符合生态文明基本理念的生产方式、生活方式、消费方式和城市规划、建设和运营模式。其次，加快西部绿色城市建设步伐。通过技术进步、设备更新和管理改进，不断提高各类资源的循环利用水平。构建以太阳能、风能、生物质能等西部相对丰富的可再生能源为重点的能源体系。推行绿色建筑，对老旧建筑进行节能改造和提升，对新建筑严格执行高要求的绿色建筑标准。严格机动车环境控制标准，推进汽车尾气治理，加强城市大气污染防治。不断完善废旧物品、生产和生活垃圾的分类处理以及回收利用体系。科学划定并严守区域生态保护红线，构建以生态功能红线、环境质量红线和资源利用红线为核心的生态红线体系②，形成国土开发的生态安全格局，推动西部地区的转型发展。最后，建立体现生态文明要求的政绩考核评价体系。西部地区中限制开发区域和生态脆弱的国家扶贫开发县占据的比例大，这些地区不把生产总值作为考核指标。进一步完善城镇化发展评价体系，探索逐步把环境保护、能源使用、资源利用、污染损失、环境效益等体现生态文明发展状况的指标纳入城镇化质量的评价，建立健全体现生态文明要求的政绩考核体系，以引导各级政府和各级官员树立并践行科学发展观。

---

① 陈润羊. 西部美丽乡村建设中环境经济协同推进的重点领域 ［J］. 资源开发与市场，2016，32（7）：823～826，831.

② 高吉喜. 国家生态保护红线体系建设构想 ［J］. 环境保护，2014（Z1）：18～19.

2. 构建生态型农村城镇化网络体系

第一，形成农村城镇化网络体系。依据生态经济的理论启示，贯彻循环和低碳的发展理念，结合各地实际，重点发展特色镇、卫星镇，以特色优势产业为支撑，促进产业和城镇化的融合发展，积极创建生态城市、低碳城市。在区域中心城市、县城、建制镇、农贸集市所在的乡镇等四个层面上推进西部地区的农村城镇化①，贯彻生态文明的理念，积极创建西部生态型的小城镇、特色镇、卫星镇以及生态村，进而形成生态型农村城镇化网络体系。第二，完善基础设施和社会公共服务体系。按照"科学规划、统筹发展、设施配套、功能完备"的原则，加强雨水、污水、垃圾中转回收、给水及电力、电信、燃气及环卫设施等配套建设，并完善教育、医疗卫生、商贸服务、购物消费、文化娱乐等公用服务体系，将其统一纳入城镇规划与建设中去。第三，保障必要的生态空间。依托各地的资源和特色，加大绿化建设，适当扩大城市绿地。对城市周边的郊区和农村地区的土地进行综合整治，把农村废弃的土地、退役工矿用地等进行生态修复，并纳入生态用地，对区域的生态空间、生产空间和生活空间进行合理规划和科学的功能布局。

3. 依托生态产业支撑生态型农村城镇化建设

传统城镇化道路存在着环境压力越来越大、资源约束越来越强的挑战，生态型农村城镇化，就是要走一条资源消耗小、环境压力小、科技含量高、以人为本的新型城镇化道路。在生态型城镇化进程中，以产业结构调整推进经济的转型升级，形成产业和城镇化互促互推的机制。产业生态化，无疑是促进工业化和城镇化协调发展的有效途径，也是西部生态型城镇化的必由之路。第一，大力发展生态工业。促进工业向园区集聚，并对传统工业实施生态化改造。对于工业企业，当前以清洁生产审核为重点，促进企业清洁生产水平的不断提高。对于区域而言，以发展循环经济为重点，形成不同层面、不同层次的循环产业链，进而使不同企业的产品流、资金流和技术流能互通互融、相互促进。第二，积极发展生态服务业。以生态旅游业与现代物流业为重点，努力提高服务业的比重和质量，充分发挥服务业在生态型城镇化中的积极作用。

4. 做好生态型城镇的规划、建设和管理

生态型城镇的规划、建设与管理，是三位一体的有机构成，其目标是将生态文明思想体现在整个生态型城镇的全过程去，进而实现区域经济、资源、环

---

① 董锁成，王海英. 西部生态经济发展模式 [J]. 中国软科学，2003 (10)：118.

境、科技、人口和社会等不同子系统协调发展。第一，在规划中，要把生态文明理念放在首位，同时树立如下规划思想：以人为本的思想统筹城镇化涉及的各类规划；本区域和相邻区域的错位发展和协调发展相统一；综合考虑当前和长远的关系，以可持续发展规划和统筹各类要素，并体现因地制宜和因时制宜的原则。第二，严格按已经科学论证的规划进行建设，统筹安排特定区域的空间布局、主导产业、基础设施、公共服务体系等。第三，注重城市的管理，既统筹大局，也体现细节，突出城市环境综合整治管理和环境目标责任管理，以政府的优质行政服务，助推生态型城镇化的进程。

（二）重点地区先行突破

区域是经济发展的空间依托，在新农村建设中，经济发展和环境保护的协同，要在一定的区域展开。所以，区域是经济发展与环境保护协同的重点领域之一。城郊新农村建设示范区具有先天的协同优势，预期可取得重大突破，并对其他地区的协同发展产生明显的示范带动效应；重点生态区的生态地位重要，但生态环境系统比较脆弱，在国家实施主体功能区战略的背景下，经济发展受限，属于协同的难点区域；农村贫困区，是经济发展的后进和制约区域，也是经济发展与环境保护协同的难点区域；在空间分布上，由于西部的农村贫困区和生态脆弱区具有重叠性，这类地区面临环境资源约束和经济发展缓慢的双重考验，无疑是协同的重点实施地区；农村面源、工矿污染严重的地区，主要的制约在于环境压力大、经济发展的资源依赖性强、空间布局受限等，这类地区如何实现协同，也是需要重点关注的区域。因此，协同的重点地区就是上述的四类地区，协同的重点地区的范围类型具体见表7-4。

表7-4　　　　　　　　　　　　　协同的重点地区

类型区	重点范围
重点城市（群）郊区	成渝郊区、关中天水郊区、呼包银榆郊区、兰西格郊区等
重点生态区	西北草原荒漠化防治区、黄土高原水土保持区、青藏高原江河水源涵养区、西南石漠化防治区、重要森林生态功能区
农村贫困区	六盘山区、乌蒙山区、滇桂黔石漠化区、滇西边境山区、秦巴山区中的川渝陕甘、武陵山区中的渝黔、大兴安岭南麓山区中的内蒙古、燕山—太行山区中的内蒙古、吕梁山区中的陕晋等连片特困地区和已明确实施特殊政策的西藏、滇川甘青四省藏区、新疆南疆三地州等扶贫攻坚主战场；重点县和贫困村

续表

类型区	重点范围
农村环境问题突出的地区	西南片区农村饮水安全问题突出，川渝畜禽养殖污染问题严重；村庄布局分散，农村生活垃圾和污水处理设施缺乏，采矿污染严重；西北片区农村环境基础设施十分缺乏，养殖业污染较为普遍，矿产开采和农畜产品加工污染问题较为突出；内蒙古的畜禽养殖污染严重、农村工矿污染问题突出；广西山区丘陵分布广，生活污水和生活垃圾污染问题较为突出

资料来源：依据相关文献整理。

1. 重点城市郊区

重点城市郊区作为城乡连接的纽带和结合部，是西部新农村建设的重点地区，也是经济发展与环境保护协同的关键地区。

（1）根据自身特点，依托城市，确定城郊区的功能定位。

城郊区新农村建设中经济发展与环境保护的协同，要找准定位，依据城郊区农村的自身资源、环境特点和区位条件，结合紧靠城市的需要，做好功能定位，并突出主体功能。充分依托各地的自然大背景，深入分析区域的社会和经济发展趋势，结合本地的特色发展战略，通过空间布局来优化产业安排、项目建设和民居聚落建设，从空间上保障经济发展与环境保护的协同。空间布局的主要手段是进行科学的规划，重点是对现代生态农业发展、村落民居建设、基础设施建设、社会事业发展、环境综合治理和基层民主制度建设等六个方面进行空间规划和统筹安排。一般意义上，根据离城建区距离的远近，把城郊区新农村依次划分为三大功能区：近郊区生态缓冲功能区、中郊区生产服务功能区和远郊区景观文化功能区等三大功能圈层①。当然，其他具体的功能划分，要根据各地的自然、资源、区位、交通、文化等多种实际因素而确定。

（2）通过城乡一体化，解决协同面临的难题。

目前，城郊区新农村建设中经济发展与环境保护协同的主要难题有：农村生活垃圾和生活污水等环境基础设施严重不足，制约了环境治理的步伐；面临着城市和工业污染转移的压力和风险等。相对其他区域而言，城郊区新农村建设具有一定的优势。新农村建设中经济发展与环境保护的协同，需要充分利用城郊区的区位和资源优势，充分利用紧靠城市在交通、信息、人才、市场、资金等方面的优势，在服务城市发展中，找准自身的功能定位。发挥示范带头效应，率先实现包括资源节约和环境友好在内的新农村建设的全面目标。更要在构建新型城乡形态为目标的城乡一体化上寻找出路，重点是推进城乡规划一体化、城乡产业布

---

① 李洪庆，刘黎明．现代城郊农业功能定位和布局模式探讨——以北京市为例［J］．城市发展研究，2010，17（8）：62～67．

局一体化、城乡生态环境保护一体化、城乡基础设施建设一体化、城乡公共服务一体化、城乡市场体制一体化和城乡社会管理一体化的"七个一体化"，要求在产业发展、基础设施建设、村落民居建设、社会事业发展、环境综合治理和基层民主管理等方面进行整体统筹、全面部署。

（3）深入挖掘和发挥农业的多功能性。

城郊区的新农村建设中，农业除了传统的生产和经济功能外，还需进一步发挥其环境保护、文化传承、旅游休闲等方面的功能。农业功能的拓展不仅提升了农业的内在价值，也顺应了当前世界农业发展的主要趋势。城郊区新农村建设中，城郊农村功能除了为城市提供基本农产品外，其生态环境保护功能和文化传承功能的作用会更加凸显，要针对城郊区农村紧靠城市的不同城市化水平，适时合理地调整农业的空间布局和产业结构，进一步发挥城郊农业的生态缓冲功能、生产服务功能和景观文化功能，以促进城郊区新农村建设中的可持续发展。当然，每个城郊区，要根据其所处的区位和依托的城市规模、功能特点，根据本区域的基础条件和资源优势，探索实现农业多功能的具体途径，并在此基础上，走一条以发挥多功能农业为核心的城郊区新农村经济发展与环境保护的协同发展之路。

2. 重点生态区

提高西部农村各类生态工程建设水平，促进农村产业发展与环境保护相互结合，是重点生态区新农村建设中经济发展与环境保护协同的有效途径。通过建设各类生态工程，将产业发展与生态环境的恢复、改善、重建纳入到统一的"人工——自然系统工程"的设计、建设、运行过程之中，采用先进、适用、系统的工程技术措施，实现经济发展与环境质量提高等可持续发展目标。

我国从 20 世纪 80 年代开始研究生态工程理论，探索生态工程建设的路线和方式，到 90 年代中后期取得了大量成果，形成了适合各地区特点的生态工程理论、技术、模式①，推动了农业和农村可持续发展。21 世纪开始以来，以生态工程的理论和技术为基础的生态县市、生态省市、资源节约型和环境友好型"两型"社会等建设方兴未艾。这些为西部地区农村产业发展与环境保护相结合的生态工程建设提供了丰富的经验。西部新农村建设中，应当结合各地实际总结经验，坚持创新驱动，提高各类生态工程建设的水平，使新农村建设成为西部可持续发展的主要带动领域。

---

① 云正明，刘金铜. 生态工程［M］. 北京：气象出版社，1998：82～88.

（1）建设产业主导型生态工程。

根据各地产业发展的优势、劣势条件和生态环境特点，确定以某一种或某一类产业为主导的生态系统发展目标，设计产业发展与生态系统良性运行、相互、协调的系统结构—功能模式和维持、提高系统良性运行水平的技术组装模式，通过调控生态系统的结构和功能状况以及技术组装模式，保持系统按既定目标运行，将产业发展与一定范围的环境保护纳入到人工设计、维持的生态系统之中，使产业发展与环境保护的相互结合处于人工调控之中。

产业主导型生态工程的基本类型大致包括种植业主导型、林业主导型、养殖业主导型和农林牧渔业复合主导型等，其中每一基本类型又可以细分为具体的类型。各类产业主导型生态工程的范围和规模，小到如田间种植业生态工程这样的微小型人工系统，大到县、市、流域等区域范围的人工生态系统，具有不同的范围、规模层次差别。但这类生态工程建设的目的，都是发展主导产业与实现一定范围生态环境的恢复、改善紧密结合。

（2）建设环境治理主导型生态工程。

在生态环境恶化或生态环境脆弱的地区，设计、建设以治理生态环境为主要目的同时兼顾产业发展的生态工程，其主要类型如污染治理主导型、水土保持主导型、草原保护主导型、沙化治理主导型、退耕还林还草主导型、自然保护区主导型以及特殊自然资源保护主导型等。

西部地区特别是西北地区生态环境脆弱，建设大中小型环境治理型生态工程不仅是当地经济社会发展的重要保证条件，而且是为全国建造生态安全屏障的重大战略工程。2013 年，国务院批复了《甘肃省加快转型发展建设国家生态安全屏障综合实验区总体方案》，启动实施祁连山生态环境保护和综合治理规划，建立河西走廊国家级高效节水灌溉示范区，实施祁连山人工增雨（雪）体系工程，开启南水北调西线工程等一系列生态工程，以加强甘肃作为我国西北地区重要生态屏障和战略通道的功能。在西部地区，与此类似的生态工程国家已批复或实施了许多项，今后还将有更多的生态工程付诸实施。西部各省市区应当规划和实施地方力所能及的生态工程项目，加快生态环境恢复、治理、改善的步伐，使大中小型环境治理工程与新农村建设工程形成紧密结合和整体配套的关系。

（3）建设综合性区域生态工程。

根据区域生态环境特点和经济、社会发展的状况和需要，设计和建设以全面提高生态环境质量和经济社会发展水平为目的的大中小型综合性区域生态工程，如庭院、村、乡镇、县市域、省市域综合生态工程，流域、沙化区、城乡一体化地区生态工程，自然保护区、限制开发区综合生态工程等。近年来，全国各地建设的生态县市、生态省市、资源节约型和环境友好型"两型"社会等工程，基本上属于综合性的区域生态工程。西部地区新农村建设中，应当将农村各类产业的发展与省市、县市、乡镇等区域生态工程建设紧密相结合，落实国家和地区的生态环境保护规划，提高可持续发展能力。

3. 农村贫困区

西部农村贫困人口点多面广，很多贫困区与生态脆弱区相互交叉重叠，因此，农村贫困区新农村建设中经济发展与环境保护的协同，就是要寻找既减轻生态环境压力，又促进区域发展的新路子，把农村扶贫与生态环境治理、产业发展与环境保护、发展教育与农民增收等综合起来进行统筹考虑、合理安排、系统推进。

（1）通过生态移民搬迁，减轻生态压力。

在西部地区新农村建设的规划中，进行生态环境承载力的测评和预测，基于主体功能区的方向，确定特定区域的适宜人口、经济规模。通过生态移民、教育移民、劳务移民等移民工程，把生态脆弱区的人口大力向经济开发区的城市转移，减轻人口对当地短缺的资源和脆弱的环境的压力，同时，移民工程也有助于改善农民生产生活条件、促进城市化进程，推动国民经济的持续发展。移民搬迁在西部地区已有初步探索，并取得了积极的成效。如20世纪80~90年代，甘肃省定西、河西地区和宁夏西海固地区的"吊庄移民"①，四川藏区"人草畜"三配套移民搬迁和游牧民定居工程②等。21世纪以来，西部农村相对比较普遍的生态移民搬迁，都是减轻生态的人口压力，通过搬迁移民进而改善生产生活条件，并实现协同发展的有益探索。这些一般搬迁的探索，需要进一步推广，如"人草畜"三配套工程，可在西藏、滇川甘青四省藏区以及新疆牧区进行推广。

（2）通过特色资源和产业开发，促进协同发展。

开发特色资源和产业是西部贫困地区实现脱贫致富的基本途径，也是推进经济发展与环境保护协同的有效方式。培育以专业合作社为主体的新型合作组织，大力发展各类农业社会化服务组织，推行"龙头企业＋合作社＋基地＋

---

① 吊庄移民：在生存条件恶劣、自然资源贫乏、一方水土养活不了一方人地方的人口，迁入到土地资源相对丰富、地势较为平坦、能灌溉等生产生活条件较好的地区。最开始是一家人走出去一两个劳动力，到外地开荒种植，并再建一个简陋的家，这样一户人家扯在两处，一个庄子扯在两个地方吊庄，称之为"吊庄"。一个局部的地区的人口逐步迁移到另外一个地方，所建立的移民基地或迁入地即是吊庄。

② "人草畜"三配套建设工程：是四川省在四川藏区牧区中推广的以"人有住房、草有围栏、畜有棚圈"为主要内容的畜牧业定居建设工程，以"人草畜"为中心，以水电路学校医院商店等基础设施和社会事业综合配套思路建设牧民定居点。

农民"的模式，形成龙头企业和农民的利益联结机制，不断提高特色资源和产业开发的产业化、组织化水平。发挥专业合作社在特色资源和产业开发的生产加工、销售经营、技术指导、金融信贷和社会服务等方面的功能。构建包括商业性金融、合作性金融、贫困区的金融支持体系，加大信贷资金的投入力度，重点支持能够促进农民脱贫致富的种植业、养殖业、畜禽业、农牧产品加工业、旅游业、中医药业、特色矿产资源开发、水电以及基础设施建设项目。在特色资源和产业开发上，把有助于直接解决农民温饱问题的种养业以及农副产业加工业作为投资重点，并构建以资源型和劳动密集型产业为主体的西部贫困区的产业体系①。在特色资源和产业的开发过程中，以科学化的政策规划、合理化的空间布局、清洁化的生产过程、循环化的产业链条、全程化的环境管理、达标化的末端治理为基本导向，努力防治资源开发和产业发展中产生的各类环境问题，并积极进行有效治理，推动特色资源和产业开发与环境保护的协同发展。

4. 农村环境问题突出的地区

农村环境问题突出是西部地区新农村建设的重大挑战，也是实现经济发展与环境保护协同需要解决的关键问题。在新农村建设中，既有老的环境问题，也有因新农村建设出现的新问题，协同发展的基本原则就是要做到"多还老账、不欠或少欠新账"。

（1）分类推进农村环境综合整治。

新农村建设中的环境问题主要体现为农业和农村的非点源污染或者说是面源污染，其不同于城市和工业的点源污染，具有一定的特性。如原因的复杂性和影响因子的多样性、来源的广泛性和类型的多元性、时空的分散性和发生的随机性、影响的纵深性和治理的困难性等，因此，针对新农村建设中的环境问题，采用的技术方法和模式就要适应农村社会经济的实际。基于此，必须遵循经济、高效、节能、简便的原则，针对农村不同污染源和不同污染物各自的特点采取因地制宜的技术方法。要适应农村环境保护技术进步的趋势和环境保护的时间需要，研发和推广先进的环保技术和与环保密切相关的产业技术，主要依靠技术的先进性、全面性、适用性解决环保的难题。

（2）分区推进农村环境综合整治。

对于川渝黔滇藏等西南片区，针对本区的主要环境问题，主要解决如下关

---

① 赵曦. 中国西部农村反贫困模式研究 [M]. 北京：商务印书馆，2009：327～328.

键问题：第一，适当集中村庄布局，科学规划农村生产空间、生态空间和生活空间的功能，大力推进"村村通"的交通工程和信息工程，通过政府投资和吸引社会投资相结合的办法，努力完善生活垃圾处理和污水处理的环境基础设施。第二，针对该片区矿产污染比较严重的现实，一方面，通过生态修复、土地复耕等措施解决历史遗留的采矿污染问题；另一方面，努力建设绿色矿山，引导矿山企业走上清洁生产的道路。第三，加强饮用水源地保护，努力解决农村饮水安全问题。第四，由于川渝地区畜禽养殖污染问题严重，因此，在深入推进畜禽养殖污染治理的同时，通过发展生态型的养殖小区，在产量的规模化、布局的科学化、工艺的清洁化、排放的达标化上下功夫。

对于陕甘宁新青等西北片区而言，第一，以加强黄河等流域保护为重点，对于农区，通过新农村和新村建设，适当集聚人口分布，对于牧区，推进游牧民定居和生态移民，不断完善农村环境基础设施。第二，西北片区中牧区占据比例大，通过发展生态型的畜禽养殖业，努力实现产量的规模化、布局的科学化、工艺的清洁化、排放的达标化，同时改善人居环境，解决好人畜混居问题。第三，有效治理并积极防治矿产资源开采和农畜产品加工城市的环境污染问题[1]。

（3）积极防治新农村建设中的环境问题。

在西部新农村建设中，既要积极解决如农业面源污染严重、生活污水和垃圾乱倒乱放等已有的农村环境问题，又要有效防治新农村建设出现的新的环境问题，如农村集聚化引发的环境问题，小城镇和农村聚居点的规模迅速扩大，使乡镇和农村的生活污染物因基础设施和管理不善造成的严重的"脏、乱、差"问题等。重点做好西部农村饮用水水源地保护、农村生活污水和垃圾处理、畜禽养殖污染防治、历史遗留的农村工矿污染治理、农业面源污染防治和农村生态示范建设等六个方面的工作，以"以奖促治、以创促治、以减促治、以考促治"为抓手，深入推进新农村的环境保护工作。新农村建设中要统筹做好农村环保工作，构建教育、规划、法律、技术等多种手段多管齐下的新农村环保工作综合防治体系。

（三）关键产业融合推进

产业是经济发展的依托，也是有可能引发环境问题的源头。产业作为新农

---

[1]　环境保护部，财政部．全国农村环境综合整治"十二五"规划［EB/OL］．（2012-06）. http://www.doc88.com/p-9149970638893.html.

村建设的重要载体，也是经济发展与环境保护协同的纽带，无疑，产业是新农村建设中经济发展与环境保护协同的重点对象之一。就新农村建设而言，涉及的产业不仅重点包括农村本身的一、二、三产业，也涉及城市、工矿区的部分产业。

西部新农村建设中产业发展与环境保护的主要结合点亦即协同点，在于转变产业运行、发展的方式和模式，即由传统的产业体系和产业发展方式、发展模式转变为资源节约型、环境友好型、生态型、循环式的现代产业体系和产业发展方式、发展模式。

1. 农业发展与环境保护的协同推进

农业生产与环境保护紧密相结合，实现产业发展与环境保护相协同。农业发展只有在更多的关键点上实现与环境保护、污染防治的结合，才能有效推进协同目标的实现。

西部新农村建设中农、林、牧、渔业发展与环境保护协同的根本保证，在于实现这些产业的现代化，即以传统农业向现代生态农业转变为主旋律，建设现代农业产业体系，实行生态型、环境友好型的产业发展模式，使产业发展的每一步和每一个环节都能够与环境保护、污染防治形成紧密的结合点。

（1）种植业发展与环境保护的相互结合。

新农村建设中应当加大力度发展以先进技术为支撑和对农业生产技术体系进行生态优化为保证的现代化种植业。从研发和推广两方面加快种植业科技进步和种植业技术的生态优化，全面提高种植业现代化水平。推广节地、节水、节能、节肥、节药等节本增效技术，提高农业生产效率和经济效益。

分类建设粮食主产区、特色农产品种植区、市郊农产品种植区等种植业集中区，促进种植业集中连片发展，以利集中连片进行污染治理和环境监测。实行健全的土地管理制度，保证土壤、土地质量不受到破坏。

大力发展杂粮、豆类、薯类、药材、果蔬、食用菌、花卉等特色种植业，以及创意农业、观赏农业、休闲农业，为城乡居民提供多样性的食物和旅游、观光、休闲消费品，获取良好的经济效益、生态效益、社会效益。

改善农业生产条件，改造中低产田，建设高标准农田，提高种植业生产能力。以灌区和小流域为单位，实施农业综合开发项目，集中投入，田水路林山综合、连片治理，整村、整乡、整县推进，将一部分坡耕地改造为高标准的梯田或水浇地，提高土地产出能力。如陕西延安地区实施以治沟造地为主的小流域治理工程，发挥机械化治沟造地的优势，实现退耕还林、耕地增加、拦洪蓄水、泥不出沟等多重目标①。类似的工程措施，都可取得种植业发展与环境保护有效结合的良好效果。

西部各地的农业科技工作者和广大农民群众长期探索，形成了行之有效的生态型、环境友好型种植业发展模式。继续创新和完善这些模式，将使环境保护与产业发展达到更高的结合水平。

如甘肃省多年探索和应用旱作农业技术，根据水资源状况确定种植业结构，如推广全膜双垄沟播技术扩大种植玉米、马铃薯等作物，减少冬小麦播种面积，使天然降水利用率提高了一倍，玉米、马铃薯单产提高30%以上，实现了旱地种植业连年稳定增产。其中，定西地区根据雨养农业的特点，实行高效农业科技园区发展模式，将雨水蓄积、节水灌溉、高效节能日光温室、食用菌生产等新技术、新成果进行组装、集成运用，形成各具特色的高效农业科技示范园区，在干旱、少雨的地区发展了马铃薯、药材、果菜、食用菌和畜牧等特色产业。这些措施大幅度提高了农民收入，保护了脆弱的生态环境，使定西成为国内外闻名的"马铃薯之乡"。黄土高原地区针对土地承载力下降和农业资源掠夺式开发的突出问题，实行集水型生态农业模式，建设良性循环的农业生态系统，小麦产量提高一倍，发展了药材、蔬菜、水果、花卉、林木等高附加值产业，缓解了人畜饮水困难，降低了土壤侵蚀程度，有效防止了水土流失，改善了居民环境卫生条件，显著提高了农民收入。内蒙古自治区以封沙育草、植树造林、恢复植被为突破口，改善生产和生活条件，促进人地关系的良性互动，实行乡、村、户三级治理开发的防治荒漠化模式，有效控制了土地沙漠化，发展了种植业、畜牧业，实现了经济效益与生态效益的统一。新疆充分利用光热条件实行多熟立体种植模式，使小麦、玉米、大豆、棉花、蔬菜、瓜果、牧草等实现间作套种和一年多熟，取得了培肥地力、改良农田生态系统和增产、增收的多重效益。此外，还有如四川省的秸秆综合利用模式、黄土丘陵地区小流域综合治理模式等行之有效的环境友好型产业发展模式②，均有进一步提高、完善、推广的广阔空间。

（2）畜牧业发展与环境保护的结合。

日益增大的环境压力要求畜牧业实行深刻的变革。农村畜禽养殖场要适当集中分布，形成设施齐全的专业化养殖小区，集中采用、推广先进、高效、有

---

① 佘惠敏. 治沟造地："山沟沟"将成"粮食囤"[N]. 经济日报，2012-11-22（9）.
② 陈建华，魏百刚，苏大学. 农牧交错带可持续发展战略与对策[M]. 北京：化学工业出版社，2004：92～99，102～106.

效治理污染的养殖技术。养殖场和养殖区要建设标准化的污染物处理设施，将畜禽养殖的污染物转变为沼气、沼渣等能源、肥料产品，实现生产经营绿色化、清洁化、高效化。

西部草原畜牧业实现从粗放型放牧、游牧的生产经营方式向现代科技推动的生态型、质量效益型生产经营方式转变[①]。根据各类牧区不同的资源和环境条件，按照草原承包、基本草原划定、草原功能区划的政策和制度要求，分类实行生态保护和禁牧为主、保护和利用并重、全面推行休牧和划区轮牧等不同的资源开发利用方式，恢复和保护受损草地，建立高效人工草地，实现草畜平衡。实行人工草地与天然草地相结合，发展高效草产业、饲料业、草食畜牧业，促进天然放牧向舍饲、半舍饲和各种养殖场转变，遏止以致改变过牧超载造成的草原退化、沙化趋势。确定合理的草原载畜量，严格执行季节转场制和分片放牧制，鼓励、帮助牧民在承包草原上划区轮牧，种草减畜，建立合理的畜群结构，改良畜群品种，提高产草量和出栏率，实现草畜良性循环。通过封育、补播、灌溉、施肥、种植优良牧草、防治草原病虫害和鼠害等，恢复和改良草场，提高产草量和草原生态环境质量。

（3）林业发展与环境保护的结合。

林业具有经济、社会和生态等多重功能，发展林业本身就是实现农村产业发展与环境保护相互结合的重要途径。

通过建设自然保护区、森林公园、观赏林业等，将产业发展与保护天然林、扩大天然林覆盖范围、改善和提高农村环境质量结合起来。实行退耕还林、封山育林和荒山荒地造林，营造用材林、生态林等各种人工林，发展木材及其他原料林产业，使产业发展与增加森林覆盖面积和改变土地沙化、植被稀疏、水土流失状况达到良好结合。

调整农村产业结构，增加和扩大果园、茶园、木本粮油、药用林、竹木、花卉苗木等经济林种植面积，使发展经济林业与增加森林覆盖面积、减少水土流失、优化和美化环境实现良好结合。甘肃陇南种植茶叶、核桃、橄榄、花椒等林木，陕北地区种植红枣，陇东地区种植沙棘，宁夏、青海种植枸杞等，均不同程度地达到了特色林业发展和水土保持、防沙固沙等生态环境保护、改善的多重目的。许多地区还吸引企业在生态脆弱地区投资建设用材林、经济林基地，就近进行加工增值，增加了农牧民收入和就业。发展林下种植养殖业、森

---

① 国务院. 关于促进牧区又好又快发展的若干意见 [EB/OL]. (2011 - 06 - 01) http://www.gov.cn/zwgk/2011 -08/09/content_ 1922237. htm.

林旅游业、花卉业，可以提高林地综合利用效率。发展林产品加工业和各种林业企业，促进形成加工业与林业种植业相互促进的良性循环。

（4）发展农村水利产业。

西部地区特别是西北地区农村环境脆弱的主要原因是干旱缺水，发展农村水利产业可以起到经济建设与环境保护相互结合的良好效果。主要的途径包括：建设大中小型水利工程，实现跨流域、跨地区引水，优先解决干旱地区、沙漠地区缺水问题；继续实施集雨水利工程，蓄积、保留天然降水，力求使干旱地区的绝大部分天然降水得到保留和利用，使相当一部分天然降水补充到地下，恢复或提高地下水位；发展节水灌溉等节水农业，节约利用水资源；发展水资源管理和水利服务业，全面提高水资源利用效率。

（5）建设以产业链和生态链为基本纽带的农林牧渔各业协调发展的生态型农业体系。

农业发展与环境保护协同推进的根本途径在于农业的生态化转变。农林牧渔各业都要向现代化和生产经营专业化、标准化、规模化、集约化、生态化转变，使产业发展产生的废弃物在多元、多层的循环中实现无害化和充分利用，提高资源综合利用水平和产业综合生产能力。

第一，种植业与畜牧业协同发展。形成粮食作物、经济作物和饲料作物的三元种植业结构，使种植业为畜牧业提供充足的饲料。建设农区饲料加工企业，将秸秆、糠麸、果渣等农林副产品加工成优质饲料。实施有机肥推广示范工程，将养殖废弃物转化为农林种植业的肥料，形成种植业——生物能源（沼气等）——畜牧业良性循环。建立牧区繁育，农区育肥的产业链，形成农区与牧区的优势互补。第二，农林结合发展。在林地、果园间作粮食、蔬菜、药材、食用菌等作物，在不适合种植粮菜的土地植树造林，发展用材林、经济林、观赏林、生态林，在农田周围建设防护林。第三，农牧林渔业结合，实现农牧林业废弃物资源化。在有条件的地方，建设农牧林渔业紧密结合的产业链和综合产业系统，力求在产业链中和综合产业系统内将各个产业的废弃物转化为资源加以利用，实现少排放甚至零污染。第四，建设高效生态农业示范基地，示范、推广生态农业的生产技术和运行模式。逐步实现整村、整乡（镇）、整县（市）和小流域等区域性农业生产经营的生态化。

2. 工业发展与环境保护的协同

农村工业发展与环境保护的主要结合点，在于传统工业向现代循环式工业转变。要按照国家环境保护规划的要求，"优化农村地区工业发展布局，严格工业项目环境准入，防止城市和工业污染向农村转移。对农村地区化工、电镀等企业搬迁和关停后的遗留污染要进行综合治理。"从布局调整、环境准入、技术革新和污染治理等重点领域入手，推动传统工业向循环式工业转变。

（1）严格工业项目的环境准入，加快传统工业行业的低碳化、清洁化改造。

村镇不能无选择地承接工业项目转移，所有工业项目必须达到节能减排标准要求方能进入园区。凡属国家淘汰的落后产能项目、不符合环评准入要求的工业项目不能在农村工业园区落户。控制矿产、冶金、化工、水泥、食品、造纸等重点行业的污染排放总量和强度，制定相应的指标和按期实现减排、零排放和节能的进程表，按期淘汰落后的产能、工艺、设备、产品，推广高效、低耗、低排放生产技术，加快传统工业行业向环境友好型行业的转化。工业企业和村镇行政管理机构各自必须承担相应的工业项目环境责任。企业不能单纯追求经济利益而忽视环境责任，村、镇、县市管理机构要实行鼓励和奖励企业进行污染控制与治理的政策、制度，并以财政补贴和税收优惠等方式支持、帮助企业增加环境保护投入，严格履行对工业企业的环境监管职责。

鼓励、引导企业开展清洁生产，支持、帮助企业按照清洁生产的要求采用资源利用率高、污染物排放少的技术和工艺，对企业开发和采用清洁生产技术工艺提供必要的资金补助，逐步实现企业能耗、物耗、水耗和污染物排放强度达到或接近国内先进水平，并向高效益、零污染水平过渡。农村制造业要与城市制造业同步实现绿色化。如作为重点污染行业的造纸业，已经开发和推广了诸如化学品回收和水循环利用等先进技术和工艺，配合淘汰落后产能并进一步研发更先进的清洁化技术工艺，有条件实现大幅度减排和绿色化生产经营。

（2）建设农村工业循环经济体系。

改变农村工业分散布局状况，村镇工业企业和生产机构必须集中于工业园区。村镇工业园区要进行科学规划和设计，便于集中控制和治理污染，并逐步向零污染、生态型的循环工业园区过渡。

用生态型的产业链组织园区的产业关联，使上游企业的废弃物转变为下游企业的原料，在企业之间、行业之间形成废弃物资源化利用和污染不断减少的良性循环。不能用生态型产业链进行资源化利用的工业废弃物，则建立专门的废水、废气、废料处理设施或处理厂，进行集中的无害化处理，提高专业化废料处理的技术、成本、经营管理优势。按照生态型产业链特征设计和调整园区产业构成，对生态功能不足、不健全的园区进行循环化的改造和再改造，逐步形成企业之间、行业之间、园区与园区之间工业废物循环转化、利用的网络。

（3）建设农村新能源生产——消费体系。

发展秸秆气化、秸秆发电、沼气、太阳能、风能、地热能、节能灶等新能源生产和消费，鼓励居民在生产和生活中增加新能源和水电、天然气等清洁能源消费，大幅度减少煤炭、石油等化石能源消费。淘汰大量消耗化石能源的工业企业和落后的技术工艺设备，促进农村工业向低能耗和使用新能源、清洁能源生产技术体系转化。

（4）建设绿色矿区。

农村矿业是重点污染行业，造成污染的主要原因是生产技术工艺落后，缺乏科学管理和环境监督。国内外先进的矿区生产已经达到较高的清洁化、绿色化水平，对西部新农村建设中矿业发展与环境保护的相互结合提供了多方面的借鉴。

推广共生、伴生矿综合开发利用技术，回收利用生产中的废水、废气、废渣、余热、余压。推广采用先进的采矿设计和选矿、洗矿技术工艺，可以做到生产和生活污水零排放，使处理后的选矿、洗矿和生活污水水质达到城镇杂用水水质的控制指标，重新用来洗矿，做到污水循环利用。先进的选矿、洗矿技术设备和工艺流程还可以做到对粉尘进行无害化处理，使生产中排入外环境的粉尘浓度和总量低于行业排放标准，车间内的粉尘浓度符合工业卫生劳动保护有关标准。煤矿区的粉煤灰可以就地加工成建材和化工产品，大量的煤矸石可以用于发电。较大的煤矿可以就地建设煤矸石发电厂，小煤矿可以将煤矸石集中到发电厂发电。不能用于发电的少量煤矸石则生产建筑材料产品或回填于矿坑，不断提高煤矸石的回收利用率。

3. 服务业发展与环境保护的协同

农村第三产业即服务业发展与环境保护的相互结合有以下几种形式。

（1）扩大服务业在农村经济中的比重。

扩大服务业在农村经济中的比重本身就是一种将产业发展、居民收入增加和生态环境保护三者紧密结合的重要途径，也是农村产业结构演进、升级的必然趋势。引导农村富余劳动力从事运输、商贸、餐饮、金融、保险、旅游、信息、科技推广、培训等各种服务业的创业和就业，改变富余劳动力向过度垦殖、过度放牧方向转移的趋势。调整服务业结构，增强服务业对一、二产业的支持、配套能力，强化农村一、二、三产业的关联程度。

发展绿色服务业，提倡、鼓励农村商业、交通运输、餐饮、旅游业等第三产业实行节能、节水、节地和少污染甚至零污染的绿色经营方式。

（2）发展农村环境保护服务业。

发展农村环境保护产业无疑是服务业发展与环境保护紧密结合的又一重要途径。按照农村生态环境综合治理工程要求，建立专业化的环境服务企业及中介组织，承担农村垃圾处理、污水处理、环境调查和环境监督监测等职能和业务。已形成的环境管理服务机构要实行企业化经营，除政府工作人员外，各类环保社会组织和人员按照市场化机制开展农村环保服务。政府应当成为环境服务业的主要买单人，根据环境保护的需要逐年增加环境保护专项基金及其他环境保护的投入。

合理布点农村环境监测点，开展对化肥、农膜、养殖、土壤、水、饮用水源等污染状况的动态监测，并定期组织环境质量评估。实行污染收费制度，对生活和生产经营过程中排放的污染物收取合理费用，或者改费为税，征收环境税。

建制镇和集中居住区要建设污水管网和污水处理工厂。村镇要设专门机构或专人收集垃圾、污染物并运往集中点进行无害化处理，健全垃圾站、垃圾收集箱、垃圾转运车等设施。开展农村资源回收，对从事金属、塑料、玻璃、纸张、电子产品等废料回收的人员或机构进行奖励和补助。按照企业化经营机制设立专门机构或专人开展农村工业污染整治和矿山植被恢复，维护山林、水库、池塘、耕地、道路、公共场所、饮用水源的清洁卫生，监督执行有关政策和法律法规，对农村居民进行环境知识的宣传、培训等。

（四）农村空间重新构建

当前，西部农村地区普遍存在如下现象，农村公共设施薄弱，村庄布局分散，农村空心化问题突出，致使"村村通"等道路建设成本高、占用耕地多；也使农村市场体系建设、污水处理设施、垃圾中转和运贮、乡村小学设立、集中供水供暖供气等都难以形成规模效应。因此，重新构建农村的产业空间、生活空间、生态空间、生产空间[①]，对目前大多"散乱空"的村庄进行空间上的整合，适当集中村庄布局，推进农村空心化整治，拓展乡村聚落生活、生产、生态的综合功能，提高人口和产业的集聚化程度，解决投资规模效益低下的问题，以便集中配套涉及农村经济发展的公共设施和涉及农村环境治理的基础设施，因此，农村空间重构是协同的重点领域之一。

---

① 刘彦随，楼花楼，陈玉福，等. 中国乡村发展研究报告——农村空心化及其整治策略 [M]. 北京：科学出版社，2011：182~183.

1. 科学规划村庄布局，创造统一、有序的村庄空间形态

由于区域经济条件的限制和缺乏统一规划等因素的制约，西部村庄布局、民居设计还存在着一些不合理因素。通过科学规划，围绕各地的村落民居建设传统、地形地貌、产业发展等因素，采用统一规划设计、政府引导、农民自愿、自主选择的方式，按照"依山傍水、因地顺势、宜聚则聚、宜散则散、适度集中、各具特色、错落有致"的标准，在新农村建设中，对村落布局进行重新规划，对民居重新设计。本着"安全、经济、实用、省地"的原则，加快建设新型村落村庄，按照"三打破、三提高"的要求①，根据各地土地条件、经济实力和产业布局，将统筹统建、统筹自建、民居加固、风貌提升工作紧密结合，创造统一、有序的村庄空间形态，塑造有亮点、有特色的新农村村庄风貌。针对各地的地形地貌特点，按照"大分散、小集中"的方式进行村落规划。通过大区域内"大分散"的方式，有效解决农民生产不便的问题；通过"小集中"的方式，设计小范围内民居适度集中建造，既有效解决农村基础设施建设问题，又满足农民文化休闲需求。制定村庄布局、村落规划和民居设计，充分体现田园风光和各地民居特色。坚持农房建设与新村建设、土地整理等相结合，坚持农房建设与公共设施同步规划、同步推进、同步投入使用。同步做好农房相对集中点的给排水、供电、道路以及生产配套设施等基础设施建设。重点加强镇村规划建设和人居环境治理，旧村改造与新居建设。在村落规划上，整体规划要符合当前村落生产、生活实际，同时也要预测未来发展的需要。

2. 因地制宜，尊重农民意愿进行旧村改造

目前，西部大部分农村地区，由于耕作半径的因素，多数农户散居，缺乏统一的规划，显得很不规范，也没形成独特的地方建筑风貌。在旧村改造中本着"因地制宜、充分尊重农民意愿"的原则，对未集中居住的农民旧房按照"整洁、安全、经济、实用、省地"的原则进行改造。主要采用两种方式进行改造。一是集中新建：对因城镇建设、工业建设、重点工程、土地整理、边远山区、地质避险、生态脆弱等需要实施整体搬迁的，按照"三打破、三提高"的要求，统一规划、统一建设，配套完善公共服务设施，建设新型农村社区和集中居住点。二是聚集扩建：对区位优势较好、经济发展水平较高且已有相对

---

① "三打破、三提高"：指在村镇建设规划中，打破"夹皮沟"，注重共享性，提高村庄布局水平；打破"军营式"，坚持相容性，提高村落规划水平；打破"火柴盒"，突出多样性，提高居民设施水平，不断改善农村居民的人居环境。

集中度的，以现有农民集中村落为基础，以规划引导、政策激励、功能吸引，让有条件的农民向中心村集聚，逐步扩大集中居住规模。

3. 优化村庄布局结构，推进新村建设

依据每个村的产业发展、历史文化、受灾状况、经济状况等不同特点，采取集中与分散相结合，宜聚则聚，宜散则散，实施小集中、大集中和居住小区等三种不同的建设类型。每个村以社区为节点，以社区间道路为主线，将村庄连接成片，以核心村为节点，以村间的道路为主线，形成"点—线—片"的整体建设格局。

在布局结构上，根据村镇规划标准，结合当地地形地貌特点，打破传统布局模式，提高村庄布局水平。设立若干农民集中居住区，建成户型实用美观、整体格调统一、配套设施完善、服务功能齐备的新型社区，并对散户进行风貌整治。依据自然资源概况和产业发展基础，采取不同的建造方式，配置不同的设施，从而实现其相应的功能。类型划分为两大类：一是以城郊周边村和交通要道沿线村为主，集中居民点住户多，特色效益农业发展好，交通方便经济基础较好或有发展前景，距离其他周边居民点距离适中，带动作用强，其基础设施和公共服务建设应力求完善，并达到辐射带动周边村的需要。二是比较偏僻，经济条件一般，集中居民点人数少，交通条件相对薄弱，其基础设施和公共服务设施应以满足本村的基本需要为主。

4. 建立等级有序、功能互补的村镇空间体系

按照新农村建设"村容整洁"的总体要求，依托前期规划编制，依据各地的文化、地形地貌、民居传统等因素，积极构建"村—院—户"三级村落民居体系。以聚居点个体单元为基础，在聚居户相对集中的聚居点建立中心村，配套完善公共服务设施，环形辐射管理周边聚居点，形成一级村落布局形态。结合生态保护工程，以大型院落和重点保护院落为单元，构建二级村落布局形态。为体现以人为本的规划理念，对部分农户也可以依据其实际情况采取分散布局的方式，构建三级村落布局形态。

在功能布局结构上，按照集中居住、集中配置和集中管理"三集中"的理念，聚居点建设体现"宜居乐业"的要求，以适宜居住为核心功能，以适宜开展种养殖、适宜商贸、适宜开展庭院经济等为延展功能，以适宜公共服务配置、适宜物业管理开展等为配套功能，实现村落与产业发展联动，达到提升村民生活品质、文化素质、劳动技能等目的。

七、"环境优先—四位一体—协同推进" 模式的内涵

在上述关于协同模式涉及的相关关键要素综合分析的基础上，可以得出西部地区新农村建设中经济发展与环境保护协同模式的基本内涵：在西部地区新农村建设中以环境资源承载力为前提，依据环境经济系统经济规律和环境规律的协同原理，优化环境经济系统结构，增强新农村建设的系统功能；运用环境经济原理认识、分析和指导新农村建设中的各类行为和活动；把经济发展与环境保护有机结合起来，双向推进产业的生态化和生态建设的产业化，构建环境友好型经济体系，打破"环境脆弱—经济落后—环境脆弱"的恶性循环，达到经济发展与环境保护的双重目标；促使经济发展与环境保护的互促互推、良性循环和协同演化；实现经济效益、社会效益和环境效益相统一的综合效益，达到新农村建设环境经济系统的功能最大化。

根据协同的目标取向、协同的主体作用和协同的重点领域以及它们相互之间的协调性联系的特点，由此可概括出西部地区新农村建设中经济发展与环境保护协同模式的名称为："环境优先—四位一体—协同推进"模式。整体上，西部地区在新农村建设中，以"环境优先"为目标导向，以农村城镇化、重点区域、关键产业、农村空间"四位一体"为协同的重点突破领域，通过政府、企业、农户和社会组织"四位一体"等多元主体的共同参与，实施从示范推进到全面展开的协同策略，综合应用"命令—控制型、经济—激励型、鼓励—自愿型"等协同的手段体系，建立协同目标、协同手段、协同策略、协同主体和协同领域"协同推进"的有效机制，以实现新农村建设的经济繁荣和环境友好的双重目标。这里所说的"环境优先"，并不是指不追求经济发展，仅仅单纯地保护好原生的环境系统，而是指把"环境优先"作为经济发展的约束和前提。由于西部环境系统的脆弱性和重要性，"环境优先"更加强调的是一种底线思维和发展导向，只有这样，才有可能扭转目前新农村建设中太注重经济发展，而忽视环境保护的偏向。"四位一体"既包括农村城镇化、重点区域、关键产业、农村空间构成的重点领域，也包括政府、企业、农户和社会组织构成的协同主体，"四位一体"要求四类协同主体要发挥合力，四大重点领域要互促共推，进而带动协同模式的全域化、深入化实施。"协同推进"是指涵盖协同目标、协同手段、协同策略、协同主体和协同领域互为一体的整体联系和共同促进的有效机制，协同主体运用协同手段和协同策略作用

于协同领域以实现协同目标，协同目标的实现情况又反馈到协同主体，促使协同主体调整、完善协同手段和作用于协同领域的方式，进而又促进协同目标向更高级、更全面的方向运行。西部地区新农村建设中经济发展与环境保护协同模式的体系具体见图7-6。

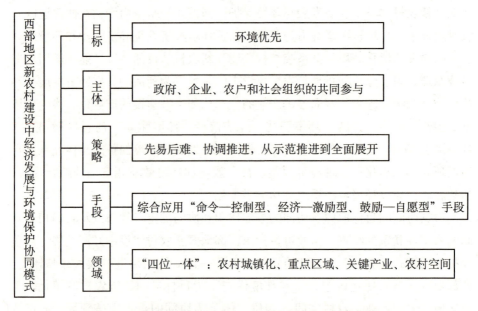

图7-6　新农村建设中经济发展与环境保护协同模式的体系

（一）确立"环境优先"的目标，引导和调控新农村建设的经济活动

1. 摒弃"经济优先"的思想，确立"环境优先"的战略目标

由于西部地区生态系统总体比较脆弱，限制开发区和禁止开发区比例大，总体上不能以"经济优先"为战略导向，但"环境经济协调"战略在经济发展需求旺盛的西部在实际上也往往陷入"经济优先"的迷局中去，因此，为保障西部地区在国家战略中的生态安全屏障的重要地位，就应当以"环境优先"为协同的目标导向。在西部地区的新农村建设中，把环境质量状况作为指导经济发展的基本衡量标准，以环境承载能力为基础和底线来规划和约束各类新农村建设活动，使环境保护成为保障环境安全、优化经济发展方式的重要和首选的手段。

2. 构建协同的总体目标体系

新农村建设中经济发展与环境保护协同的总体目标，主要包括，一是农村经济向生态化、循环化的转型目标：建成生态型、循环型、环境友好型农村新经济形态，使传统的农村经济转变为新型的、现代化的环境友好型经济；二是建设高质量生态环境的目标：通过环境的恢复和治理，形成有利于可持续发展的良好生态环境；三是发展与环境良性互动的关系型目标：形成经济发展与环境保护相互促进、相互协调的良性关系；四是保障体系的目标：形成保证经济发展与环境保护相互促进、相互协调的制度体系和政策体系；五是意识目标：形成自觉维护经济发展与环境保护相互促进、相互协调关系的社会氛围、发展理念等。

3. 全面落实目标协同的措施

在具体实施层面上，新农村建设中经济与环境目标协同下的"环境优先"主要体现在以下几个方面：把环保规划作为农村经济社会发展的基础性、约束性、前提性规定，使其成为制定新农村其他规划的前提和基础，并严格监督执行；把环境影响作为新农村建设各项决策、规划和项目的首要考虑因素，以环境容量和环境承载力为底线和基础来布局各类发展规划和建设项目；将环境评价作为新农村建设各类规划和项目的前置审批环节，在招商引资中，不降低环境准入"门槛"；以提高农业资源利用率为关键环节，以节肥、节药、节水、节能和农村废弃物资源化利用技术推广为工作重点，提升农业可持续发展能力；优先发展清洁环保型产业以促进农村经济结构调整，以生态农业、循环农业、服务业为引导，增强农村产业发展与区域资源和环境承载的协调能力；完善农村环保法律法规体系，把农村环保投入作为公共财政支出的重点，并统筹安排新农村的环境设施建设；推行先进、适用的农村环保技术，研发和推广先进的环保技术和与环保密切相关的产业技术，主要依靠技术的先进性、全面性、适用性解决环保的难题；将环保指标纳入新农村建设的考核验收体系，引导各级政府和官员树立科学的发展观和政绩观。

4. 注重目标的指标化并有机衔接

结合西部地区实际条件，不仅提出和确定经济发展与环境保护协同的战略目标，而且要强调和分析战略目标及相应的指标符合西部农业、农村经济发展和环境变化的一系列重要规律，适应各地区的区情条件，使经济发展与环境保护能够实现紧密结合和协同推进，经过努力能够实现，并且能够覆盖西部地区经济发展与环境保护的主要领域，能够与国家整体发展和全国农业、农村发展的战略目标相衔接、相适应。这些目标包括农村生产力发展、农业科学技术发展、农村改革和农村政策、环境质量、环境治理、农村经济转型、城乡一体化发展等新农村建设涉及的主要方面。

（二）发挥"政府、企业、农户和社会组织"的协同作用

1. 发挥总体的协同效应

协同理论的原理之一便是协同效应。在新农村建设中，政府、企业、农户及社会组织等四类主体依据各自的性质特点发挥各自在经济发展和环境保护协同中的作用，使多种力量汇聚成实现共同目标的合力，产生超越原各自效应相加之和的总效应，也就是协同效应。

2. 影响协同主体发挥作用的因素

政府、企业、农户及社会组织这四类主体能否形成最大合力，决定于这样几方面的因素：各类主体的基本素质；各类主体在实现协同目标中的利益大小或职责是否明确；刺激、调动各类主体实现协同目标积极性的政策力度和制度状况；对各类主体进行组织管理的能力等。

（三）实施先易后难、由试点示范到连片推进的协同策略

在协同的策略上，实施分段逐步推进和先易后难、由点到面、由试点示范到连片推进的协同策略。

1. 实施由低级向高级不断发展的分段逐步推进策略

西部地区区域广阔，自然、社会和经济类型多样，发展水平也各有差异，新农村建设中经济与环境的协同发展，不能追求统一的高标准和高规格，新农村建设中经济发展与环境保护的协同是分阶段的，实施由初级阶段到中级阶段再到高级阶段的逐步深化策略，应结合西部新农村建设各地各类实际，在不同层次和水平上，倡导并践行环境经济协同发展的理念和发展方式。

2. 实施连片推进的协同策略

由经济发展与环境保护协同推进的三个基本阶段，实现协同由低级向高级不断深入的基本进程，这三个阶段之间有其内在的规律性的联系，既符合、适应未来农业和农村现代化发展的趋势，也符合、适应国家大战略的思路和方案，这些阶段的划分有充分的科学依据和事实依据。把环境经济的协同发展纳入现有各地都在普遍实施的新农村建设的试点示范实践中去，结合新农村建设

发展的趋势，连片示范推进是可行路径。

（四）综合应用协同的手段体系

1. 协同手段的选择依据

在具体协同手段的选择依据上，要根据协同主体、协同问题的类型（经济发展与环境保护的组合关系，一般分为经济发达、环境良好类；经济发达、环境一般类；经济发达、环境脆弱类；经济一般、环境良好类；经济一般、环境一般类；经济一般、环境脆弱类；经济落后、环境良好类；经济落后、环境一般类；经济落后、环境脆弱类等九种）、协同的目标、协同手段本身的特点、外部条件等因素，依据适用性、引导性和动态性的原则，进行优化选择。

2. 不同协同手段的作用

在新农村建设的经济发展与环境保护的协同中，命令—控制型、经济—激励型、鼓励—自愿型等三类协同手段各有其独特作用，但针对某一领域的协同对象是，协同手段的应用是一个体系，并不能截然分开，而是相互依存、彼此互补的。其中，命令—控制型手段是基础和保障，经济—激励型手段、鼓励—自愿型手段的实施要依赖于相对健全的法律体系和管理机制，经济—激励型手段的适用不能独立于命令—控制型手段，它必须以命令—控制型手段为载体；而经济—激励型手段是杠杆和导向，经济—激励型通过庇古手段和科斯手段发挥市场对资源的配置功能，引导企业发挥协同中的主体作用；鼓励—自愿型手段是动力和去向，通过激励和调动企业、社会组织和公众行为的自主性和自愿性，将为协同发展注入持久的动力。总之，三大类协同手段要综合应用，以发挥协同的合力。

（五）以"四位一体"重点领域的突破，带动协同发展战略的全域深入实施

1. 构建"四位一体"重点领域体系

新农村建设中经济发展与环境保护的协同不可能均衡推进，而必须选择重点领域，实施重点突破，带动整体进展。基于此，西部地区新农村建设中经济发展与环境保护协同有四大重点领域：农村城镇化、重点地区、关键产业和农村空间，这"四位一体"的重点领域进行突破，并形成"四位一体"互相推动的良性格局，经济发展与环境保护的协同目标才能实现。

2. 通过重点领域的突破实现协同的总体目标

通过加快生态型城镇化步伐、重点地区的协同发展、农村产业的生态化、农村空间重构、重大生态工程实施、农村环境综合整治等，实现战略重点的突破，有效影响全局变化，较快改变目前西部农村经济落后、环境恶化的现状，提高经济、环境和社会等综合效益，顺利实现协同的总体目标。

一是生态型农村城镇化是新农村建设的主要推动力，也必将带动协同发展的深入实施。将生态文明理念全程、全域融入农村城镇化的进程。积极创建西部生态型的小城镇、特色镇、卫星镇以及生态村，进而形成生态型农村城镇化网络体系。依托以生态工业和生态服务业为重点的生态产业体系支撑生态型农村城镇化建设。做好生态型城镇规划、建设和管理的协调和衔接，将生态文明思想体现在整个生态型城镇的全过程中，将促进区域经济和环境等不同子系统的协调发展。

二是地区是经济发展与环境保护协同推进的主要载体，以重点城市郊区、重点生态区、农村贫困区和农村环境问题突出地区为关键地区，以这四类地区的先行突破，带动其他地区的协同发展。重点城市郊区城郊新农村建设示范区具有先天的协同优势，预期可取得重大突破，并对其他地区的协同发展产生明显的示范带动效应；重点生态区的生态地位重要，但生态环境系统比较脆弱，通过建设产业主导型生态工程、环境治理主导型生态工程和综合性区域生态工程等三大类生态工程，提高各类生态工程建设水平，促进农村产业发展与环境保护相互结合，将产业发展与生态环境的恢复、改善、重建纳入到统一的人工—自然系统工程的设计、建设、运行过程之中，采用先进、适用、系统的工程技术措施，可以实现经济发展与环境质量提高等可持续发展目标；农村贫困区，是经济发展的后进和制约区域，也是经济发展与环境保护协同的难点区域，通过生态移民搬迁和特色资源和产业开发，减轻生态压力，促进协同发展，把农村扶贫与生态环境治理、产业发展与环境保护、发展教育与农民增收等综合起来进行统筹考虑、合理安排、系统推进；在农村环境问题突出的地区，按照污染源分类推进农村环境综合整治，并按照西北片区和西南片区分区推进环境治理，在新农村建设中，既解决老的环境问题，也积极防治新农村建设中出现的新环境问题，也必将促进该类地区的协同发展。

三是产业是经济发展与环境保护协同推进的主要载体和关键对象，关键产业的融合推进是协同发展的主要途径。通过关键产业的融合推进，转变产业运行、发展的方式和模式，即由传统的产业体系和产业发展方式、发展模式转变为资源节约型、环境友好型、生态型、循环式的现代产业体系和产业发展方式、发展模式，同样，也将促进西部新农村建设中产业发展与环境保护的协同。

四是农村空间是协同的微观领域和关键环节，重新构建农村空间有助于协同发展的深入实施。重构农村的产业空间、生活空间、生态空间、生产空间，对目前大多"散乱空"的村庄进行空间上整合，适当集中村庄布局，推进农村空心化整治，拓展乡村聚落生活、生产、生态的综合功能，提高人口和产业的集聚化程度，解决投资规模效益低下的问题，以便集中配套涉及农村经济发展的公共设施和涉及农村环境治理的基础设施。

八、协同模式的分类

"环境优先—四位一体—协同推进"模式是西部地区新农村建设中经济发展与环境保护协同的总体模式。由于西部地区地域广阔，经济发展与环境保护协同的关系多样，因此，还需要对此总体模式进行进一步的划分。新农村建设中的环境经济协同的主题是探究新农村建设中正确处理经济发展与环境保护关系的可行途径与模式，针对经济发展、环境保护两个对象性系统，刻画二者的协同模式，协同模式分类基准是基本动力及其地域差异，即基于经济发展与环境保护协同关系的界定和识别，确定协同推动的动力，进而划定地域差别化的模式来。可以从两个角度进行分类。

（一）基于协同动力的分类

协同的动力，主要是解决关于经济发展与环境保护协同的推动力如何确定的问题，这就涉及在协同的主体中，哪一种或者哪几种主体起主导作用或关键作用，进而在主导和关键主体的推动下，其他主体的参与下，应用协同手段，作用于协同对象，实现协同的目标。基于不同的主导协同动力源，把协同模式分为以下三大类。

1. 政府引导型

政府引导型的协同模式，是指在新农村建设的协同进程中，政府作为主要的协同主体，发挥主导作用，政府，主要是当地政府，通过采取政策激励、规划引导、管理规制、投资扶持、项目建设等单项或综合性措施，以新农村建设的试点示范为载体，以环境友好型新农村为目标，以经济发展的环境承载力和资源支撑力为前提，调控和引导新农村建设其他主体，如企业、社会组织和农户的各类行为，使新农村建设涉及的功能定位、产业方向、布局规划、项目建设等经济活动与区域的资源和环境特点相匹配，产生的环境影响可承受；同时，不断增加对环境保护的投入，促进环境科技进步，并通过环境科技和环境工程等手段进行生态恢复和环境治理，完善环境基础设施，改善区域环境质量，提升环境承载力，使环境功能保证经济发展的可持续性，进而形成经济发展与环境保护的双向协同作用。

政府引导型的协同模式主要适用于市场发育相对滞后的区域和领域，在西部大部分地区和大部分关键领域中，主要表现为这种类型。当然，政府引导型模式的运行要以经济规律和环境规律的协同规律为依据，在相应的法制轨道上进行。

2. 企业带动型

企业带动型协同模式，是指在新农村建设中，企业主要是涉农的企业，特别是龙头企业，充分利用市场的作用，进行各类资源的配置，以实现经济繁荣和环境友好新农村建设的目标。一方面，涉农企业履行环保的主体责任，遵守环保法律，严格按环境标准进行清洁生产；另一方面，通过"公司＋农户"或"公司＋农户＋生产基地"等方式，与当地农户形成协作、互动的关系，带动农户实现协同目标的转型发展，如标准化的农业耕作、绿色化的产品、低碳化的生活方式等方面，真正起到新农村环境经济协同推进的"龙头"带动作用。

企业带动型协同模式主要适用于市场发育相对较好、龙头企业有一定实力的区域和领域，这类地区和领域，通过相对完善的市场体系，使市场在资源配置中起决定性的作用，企业在协同推进中起着主要推动力的作用。如农村环境基础设施和社会事业，可以适当以企业化运行的方式进行建设。

3. 社会组织服务型

社会组织服务型协同模式，是指在新农村建设的经济与环境协同进程中，社会组织起主要推动力。社会组织联系农户、面向市场、承接政府转移出的部分职能等，通过信息反馈、农业科普、农技推广、技术培训、环境教育、政策建议、科学研究、环保科普等活动，为政府、企业和农户的沟通交流搭建平台，投身环境公益和环境公平，积极推动经济发展与环境保护的协同演化，积极促进新农村建设的协同发展。

社会组织服务型协同模式主要适用于公益性相对较强的协同领域，在这些领域中，政府不适于进行管理，企业又无利可图，只能通过社会组织发挥其独有的协同作用。

（二）基于区域差别的分类

基于新农村建设中经济与环境协同的主题，考虑自然环境和农业生产方式等因素，可将西部地区新农村建设中经济发展与环境保护协同的区域划分为六大类型区，并实施不同区域的协同模式①。区域协同模式是对各区域典型地区的实践探索的总结提炼，详见第九章的分析。

1. 城郊区

城郊区新农村建设中经济发展与环境保护协同模式可以概括为：西部地区城市郊区注重发挥区位和资源优势，结合郊区背靠城市的一系列区情特点，根据经济与环境协同发展的基本目标和要求，明确自身在区域大环境系统中的功能定位；以景观化和城市化为特色建设新农村，把培育和壮大城郊优势产业作为重要支撑条件；在服务城市的过程中，寻求自身战略的突破点；注重发挥经济生产、生态保障、景观休闲、文化体验等农业的多功能性，着力发展现代生态农业，重视发展乡村旅游等绿色产业；以农村饮水安全、农业面源控制、生活污水和垃圾处理、畜禽养殖污染防治、工矿污染防治、生态示范区创建、城市和工业污染转移防范等为重点，加大农村环境综合治理的力度；科学分工、有效配置城郊区的主体功能和辅助资源，以优化空间布局的形式分类落实经济发展与环境保护的协同目标；统筹城乡发展，推进城乡一体化的进程，关键是对污水处理、生活垃圾回收处置等环境公共设施进行城乡统一规划、统一建设和统一管理，促进环境公共产品的均等化供应；创造性地解决实现协同目标中的遇到的难点和重点问题，在经济发展与环境保护的相互协同上走出了一条成功的路子。

2. 西南丘陵区

西南丘陵区新农村建设中经济发展与环境保护协同模式可以概括为：通过积极创建环境优美乡镇、生态村和农业生态园区，以建设农村生态文明家园为目标；以产业的品牌化和经营化为重点，积极推进农业的产业化；发展生态农业、设施农业和立体农业，促进产业的生态化；并以农业产业化和产业生态化作为经济发展与环境保护协同的动力和纽带；不断发展特色效益农业，促进产

---

① 陈润羊．西部地区新农村建设中环境经济协同的分区研究［J］．资源开发与市场，2012，28（7）：613～615．

业的园区化，以产业园区化作为经济发展与环境保护协同的实施载体；建设标准化规模养殖区，把发展种养结合的循环经济作为协同的基本实施形式，积极防治畜禽养殖污染问题；以重构农村空间为主要内容，适当集中村庄布局，促进人口和产业的集聚，集中配套包括污水和垃圾处理在内的基础设施和公共设施；以农村环境整治为切入点，加强饮用水源地保护，积极防治工矿污染，为经济发展提供良好的生态环境支持；加强沼气的建设和管理，解决农民生活用能问题，并以沼气等为代表的清洁能源作为协同的重点领域；积极培育和规范发展农民专业合作经济组织，以此推动经济发展与环境保护的协同。

3. 西南山区

西南山区新农村建设中经济发展与环境保护协同模式为：依据当地气候、环境、土壤和农业资源的特点，以发展特色农业作为经济环境协同发展的产业支撑；推进种植业、养殖业和工业各自的以及相互间的循环经济，并以构建生态循环产业链条作为经济环境协同发展的依托；推进产业的集聚化和园区化，以农业园区、农业科技示范区、生态工业园等作为经济环境协同发展的重要载体，从空间布局上落实协同发展的理念；积极调整农村产业结构，以促进生态旅游作为经济环境协同发展的重要内容；促进人口和产业的集聚，适当集中村庄布局，加强包括污水和垃圾处理在内的公共品的供应；加强饮用水源地保护，不断提高农村饮用水的达标率；注重经济发展与农村环境综合整治、乡风文明等综合统筹，把农村扶贫和生态环境建设结合起来，积极防治畜禽养殖、农业面源、工矿污染等环境问题；生态脆弱区通过生态移民减轻人口对环境的压力，进而形成经济环境协同发展的长效机制。

4. 西北旱作区

西北旱作区新农村建设中经济发展与环境保护协同模式可以概括为：以抗旱节水为核心，构建现代集水农业体系；以基础设施建设和清洁能源开发为切入点，推进农村环境整治，重视水土流失治理，并推进生态治理的产业化；以创建生态示范区为载体，把握协同的重点领域，确立经济与环境协同推进的目标，推进经济建设与环境保护的互促共进；以集中村庄布局为基础，促进人口和产业聚集，并集中供应垃圾和污水处理等农村环境基础设施；以生态家园为目标，推动新农村建设与生态保护的互促互建；以生态功能区划为引导，确定生态保护和经济发展的方向；以循环经济为重点，促进农民致富、资源综合利用和环境保护；以农林牧集合共生为内容，产业开发与环境保护互促共进；以循环农业与庭院经济为支撑，建设生态型新农村，加强农村面源的污染控制，积极防治畜禽养殖、矿产开采和农畜产品加工等环境污染问题，不断推进"清洁田园、清洁家园、清洁水源"为重点内容的农村生态文明建设。

5. 西北绿洲区

西北绿洲区新农村建设中经济发展与环境保护协同模式可以概括为：依据该区水资源作为制约因子的现实，以水资源配置为核心，量水而行，以调整结构优化发展方式；扬弃"经济优先"的理念，以"环境优先"为目标，推进以防沙治沙和水土流失治理为重点生态建设，并注重生态建设产业化；基于农村的环境承载力确定新农村经济发展的方向，以承载减压为手段，以生态移民、教育移民、劳务移民等移民工程减轻人口压力；分析区域经济发展的资源承载力，以资源倒逼为压力，以节水农业促进环境友好；着眼整个生态大系统，以流域治理为载体，以环境保护优化经济发展；经济发展和生态治理要逐步实现有机结合，走"产业发展生态化、生态建设产业化"的转型之路；大力发展具有绿洲特色的优势特色产业，进行生态养殖，防治畜禽养殖污染；以集中村庄布局为基础，促进人口和产业聚集，并配套建设垃圾和污水处理等农村环境基础设施；以节水保墒增效为重点，大力推广旱作农业技术；努力开发和推广适宜的农村清洁能源，并推行环境治理；以农村环境综合整治为切入点，积极解决农村饮水安全、农业面源、矿产开采和农畜产品加工等环境污染问题，努力探索经济环境协同发展的不同实现途径，促进西北绿洲区生态环保由纯生态向生态经济的转变，实现环境效益和经济效益的统一。

6. 青藏高原区

青藏高原区新农村建设中经济发展与环境保护协同模式可以概括为：以主体功能区战略为先导，实施限制开发和禁止开发区各有侧重的差异化发展路径；树立"环境优先"的目标，经济发展要以区域环境承载力为基础；根据农牧业的比重，区分农区、牧区和半农半牧区的协同重点；以农林、农牧、林牧相互结合或农林牧集合共生为内容，形成产业开发与环境保护互促共进的格局；发展具有青藏高原优势特色的产业，加大生态环境保护和农牧村的环境整治力度；根据各地实际，推动风能、太阳能等农村清洁可再生能源的开发利用；探索生态公益型人口转移，减轻生态环境的压力；通过游牧民定居工程，适当集中人口和产业，并配套建设农村环境治理的公共设施，促进游牧民向现代的生产生活方式过渡，努力改善农牧民生产生活基础设施；加强农牧民的教育和培训，完善生态补偿机制，促进农牧民增收；以生态农业为重点，形成农牧林业互促互推的机制，以生态农业推进新农村建设的深入发展。

第八章

西部地区新农村建设中环境
经济协同的机制

本章内容摘要：协同模式的运行，有赖于建立新农村建设中经济发展与环境保护的相关机制。本章构建了五个相互依存的环境经济协同机制体系："环境优先"的协同目标与综合性的协同手段体系之间的双向反馈调节机制；"政府引导、企业带动、农户参与、社会组织服务"的协同主体作用机制；以生态补偿为核心的不同主体间、不同地区间的利益协调机制；农村城镇化、重点地区、关键产业和农村空间等协同重点领域的互推共促机制；以及达到协同目标、协同手段、协同主体和协同领域共同促进的组织管理机制。对新农村建设而言，研究阐明了环境经济协同机制具有理论的多维性和实践的适用性，可实现经济发展与环境保护之间的全面、动态和有序协同。

一、环境经济协同机制构建的现实和理论背景

自 2006 年实施新农村建设战略以来，我国的农业、农村和农民的"三农"问题逐步得以化解。然而，受自然条件、发展导向等多种因素的影响，当前我国尤其是西部地区的新农村建设面临的环境压力越来越大，资源和环境因素对农业现代化的约束作用更为趋紧。环境经济的协同推进是当前我国新农村建设中面临的重大挑战。

自 2012 年党的十八大确立了生态文明建设为我国现代化"五位一体"的重要构成后，标志着生态文明建设已经上升为我国的国家意志。2015 年 4 月，中共中央和国务院出台了《关于加快推进生态文明建设的意见》，其中首次提

出了"绿色化"的概念。2015 年的中央一号文件《关于加大改革创新力度，加快农业现代化建设的若干意见》中指出："我国农业资源短缺，开发过度、污染加重，如何在资源环境硬约束下保障农产品有效供给和质量安全、提升农业可持续发展能力，是必须应对的一个重大挑战"，并提出了"繁荣农村，必须坚持不懈推进社会主义新农村建设"的论点和"加强农业生态治理""鼓励各地从实际出发开展美丽乡村创建示范"的战略任务。在此背景下，在我国农业现代化的进程中，新农村建设中环境经济的协同发展无疑具有重大而现实的意义，其既是农村生态文明建设的主要内容，也是落实绿色化战略的重要支撑①。

目前，我国的新农村建设尽管已经取得了积极进展，但其面临的环境挑战已成为区域发展和农业现代化的制约因素。以农业面源为主体的原有农村污染问题在新农村建设背景下呈现新的形势：我国化肥、农药、农膜的施用总量和强度都居高不下，且使用效率低、土地残留大；畜禽养殖尤其是规模化养殖污染突出，而防治措施未能配套建设。据污染源普查结果显示，畜禽养殖业主要水污染物排放量中化学需氧量、氨氮排放量分别为当年工业源排放量的 3.23 倍和 2.30 倍；随着新农村建设的推进，一些新的建设也纷纷立项建设，城市和工业环境问题也有向农村转移的现象；农村垃圾处置、污水处理等基本环境治理设施跟不上农村集聚化的步伐，集中性的环境问题给原本环境自净能力较强的农村生态系统带来巨大压力；一些地方资源约束趋紧，特别是西北农村地区水资源短缺已成为农业发展的重要制约因素等。目前，环境问题与贫困、经济发展等问题在特定的时空条件下呈现交错的综合效应。新农村建设的环境问题有四大特点：原因的复杂性和影响因子的多样性、来源的广泛性和类型的多元性、时空的分散性和发生的随机性、影响的纵深性和治理的困难性②。因此，实施综合的环境经济协同战略，构建环境经济协同的机制，是建设经济繁荣和环境友好的社会主义新农村的基本出路。

关于经济发展与环境保护的协同研究，目前已取得了积极的进展。国外的研究起步更早，其中以研究经济发展与环境质量关系为核心的环境库兹涅兹曲线（Environmental Kuznets Curve，EKC）最具代表性。在研究视角上，国内外的研究主要都从传统农业改造、可持续发展、生态经济、循环经济、平衡发

---

① 陈润羊，张永凯. 新农村建设中环境经济协同机制研究 [J]. 农业现代化研究，2016，37（4）：769~776.

② 陈润羊. 西部地区新农村建设中环境保护的战略研究 [J]. 资源开发与市场，2015，31（8）：994~998.

展、生态文明和人居环境等不同视角展开①。在研究内容上，国内主要集中在协同效应②及其驱动力③、耦合仿生及协同管理、不同主体的协同关系④、协同进化模型的构建等方面⑤。

　　尽管在新农村环境经济的协同研究上已经取得了积极进展，但总体而言，该领域的系统研究不足，协同发展的理论研究比较薄弱，尤其是关于协同的作用机制、动力演化等理论问题尚需深化，这样的研究现状难以从理论上有效指导蓬勃发展的新农村建设的实践。基于此，从新农村建设面临的环境挑战越来越大的现实出发，运用系统学、协同学、环境经济学等多学科的知识，深入分析经济与环境子系统之间协同的关键要素和作用机制，以期为科学深入推进新农村建设实践提供理论指导。

二、环境经济协同的机制体系

　　协同模式的运行，有赖于建立新农村建设中经济发展与环境保护的相关机制。构建环境经济协同的运行机制，通过物质交换、能量流动和信息交流，实现协同目标、协同手段、协同策略、协同主体和协同领域的整体联系和共同促进。

　　基于西部地区新农村建设中环境问题比较突出的客观背景，深入分析新农村建设中经济系统和环境系统之间的相互作用关系和关键要素，构建关于协同的目标、手段、主体和重点领域相互促进和共同演化的作用关系和运行方式，是当前及未来新农村建设亟待解决的重点课题。

（一）建立协同目标和手段的双向反馈调节机制

　　根据协同主体、协同问题的类型、协同的目标、协同手段本身的特点、外部条件等因素，依据适用性、引导性和动态性的原则，进行协同手段的优化选

　　① 张永凯，陈润羊. 农村经济和环境协同发展研究［J］. 科学·经济·社会，2012，30（2）：51～54.
　　② 杨玉文. 区域经济发展的环境协同效应研究——以辽宁省为例［J］. 经济问题探索，2014（12）：105～109.
　　③ Zheng D F, Zhang Y, Zang Z, Sun C Z. The Driving Forces and Synergistic Effect between Regional Economic Growth, Resources and the Environment in the Yangtze River Economic Zone［J］. Journal of Resources and Ecology, 2014（3）：203～210.
　　④ 王爱苓，严永路，尹崧，等. 经济、社会、资源、环境复合系统协调发展研究——以保定市为例［J］. 中国农学通报，2012，28（23）：171～176.
　　⑤ 范斐，孙才志，王雪妮. 社会、经济与资源环境复合系统协同进化模型的构建及应用——以大连市为例［J］. 系统工程理论实践，2013，33（2）：413～419.

择。针对某一领域的协同对象时，协同手段的应用是一个体系，并不能截然分开，而是相互依存、彼此互补的。一般而言，协同的手段可以分为三大类：命令—控制型、经济—激励型和鼓励—自愿型。其中，命令—控制型手段是基础和保障，经济—激励型手段是杠杆和导向，鼓励—自愿型手段是动力和去向。只有三大类手段的综合配套使用，形成合力，达到新农村建设的行动服务协同目标，手段支持协同行动、目标引导协同手段、手段促进协同目标的良性循环。

有效实现目标所采取的手段同样是一套手段体系，具体主要包括技术创新、体制改革、政策创新、投资、财税、农民教育和培训、战略规划、组织管理等。应当强调的是目标与手段具有整体联系性，目标只有符合规律和各地区实际条件，有战略远见，适应目标要求的手段也就是主要的、重大的措施才会有创新性、健全性、可行性；手段具有创新性、健全性、可行性，才能保证目标得以实现。手段要注重战略全局上的实用性、有效性及其紧密的配套性。手段有效、健全与否，就看它能否有效实现目标。

（二）构建协同的主体作用机制

作为环境经济协同过程中的实践者，政府、企业、农户和社会组织各自发挥着重要的作用，它们之间的相互作用是实现协同目标的关键。

1. 协同主体的作用关系

只有政府、企业、农户和社会组织各自发挥的作用形成最大合力，环境经济的协同发展才能实现。基于协同主体的职能，以及环境经济协同的特点，构建"政府引导、企业带动、农户参与、社会组织服务"的"四位一体"协同作用机制，是实现协同目标的主要途径。在新农村这个复杂系统中，农民不仅是环境经济协同的参与主体，也是协同的受益主体（经济收益和环境收益）。在协同过程中，农户需要发挥能动性、积极性、创造性，主动参与到实现协同目标的社会实践中，成为环境经济协同的基础力量。企业在履行环保主体责任、积极投身到新农村建设中的同时，还应与当地农户形成协作、互动的关系，要发挥企业经济实力强、组织性高、管理效率高、社会化生产经营能力强等方面的优势，通过"公司＋农户"或"公司＋农户＋生产基地"等方式，给当地农户提供信息、资金、技术、人力等方面的支持和指导，将越来越多的农户吸引、组织到实现协同目标的转型发展过程中，真正发挥"龙头"带动作用。政府（特别是地方政府）是引导、推动环境经济协同的决策和管理机

构，企业、农户以及社会组织也都需要政府在政策、法律、项目等方面的支
持；同时政府还需要对企业、农户和社会组织等主体进行必要的约束和监督，
理顺这几个主体在环境经济协同中的利益关系，引导各参与主体的行为目标趋
于同向。社会组织应充分发挥联系农户、面向市场、延伸产业链和对接企业和
政府等方面的作用，指导、帮助农户开展环境友好型活动，实现生产经营转型
和生活方式转变。只有这四类主体真正能"协同一致"和"四位一体"，环境
经济的协同才是持续、长效和有序的（见图8－1）。

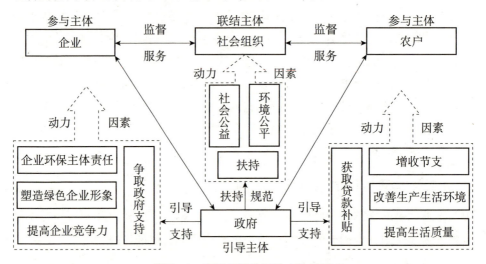

图8－1　环境经济协同的主体关系

2. 协同主体作用的动力

"四位一体"的协同作用机制的有效运行依赖于协同主体动力的激发。对
于企业而言，积极参与环境经济的协同，一方面是企业履行环保主体责任的需
要，另一方面也有助于塑造良好的绿色企业形象，进而提升企业的核心竞争
力，扩大企业产品的市场占有率，获得更大利润，在政策、项目、用地等方面
有利于获得更多的政府支持。对于农户而言，积极参与环境经济的协同，在改
善生产生活环境的同时，将提高生活质量，可进一步增收节支，进而会有助于
获得政府的贷款补贴等支持。对于社会组织来说，以追求社会公益和环境公平
为基本诉求，积极参与环境经济的协同，为政府、企业和农户的沟通交流搭建
平台，拓宽渠道，可增大其影响力，推动自身建设，获得政府的扶持，为其更
大的发展开拓空间。对于政府而言，引导环境经济的协同，是其必须履行的政
治责任。政府通过有效地行使对企业、农户和社会组织的监督管理职责，为企
业、农户和社会组织提供服务和指导，促进各主体之间的协调统一和协同目标

的实现，赢得社会的信任和支持，是政府成功管理社会的重要体现。

（三）建立利益协调机制

利益的协调是协同作用机制的核心，在新农村建设的环境经济协同中，涉及不同主体间、不同地区间的利益博弈，特别是生态地位重要的西部地区，为了生态保护，只能限制或约束经济发展行为，这就导致部分主体、部分地区的利益受损，因此，如何进行环境保护外部性的内部化，使生态环境保护的受益者付费、受损者得到补偿，并确保生态保护工程、环境治理工程、环境基础设施等的投资者得到合理回报，这就需要从机制上激励协同主体的积极性，基于此，以生态补偿政策为基础构建利益协调机制是协同模式实施的必要条件。

在此涉及几个关键点：第一，建立和扩大利益共同体。努力找到企业、农户和社会组织等协同主体的利益交汇点，进而通过协作共赢，从整体利益来看，使协同合作的利益大于各个利益的总和，推进经济与环境系统的不断融合。第二，对利益受损害的主体进行补偿。在协同的过程中，有时尽管整体利益大于各个利益之和，但也不可避免会出现使部分主体利益受损的情况，在这种情况下，为求得协同的整体推进，就需要在整体利益中，对利益受损的主体给予必要的和适当的利益补偿，以减少协同的阻力，调动各方的积极性。如政府给予采用环保技术的企业税收优惠；给予推广农业环保新技术试点示范、教育培训农户的社会组织给予项目支持；对退耕还林、退耕还草、畜禽粪便等农村废弃物建设沼气池的农户给予生态补偿、贷款补贴等。除此之外，还需限制不合理的利益诉求，制定和实行协调各方利益的政策、制度，创新和完善利益协调机制，增强各类主体追求环境经济协同的积极性。

（四）建立协同重点领域的互推共促机制

整体而言，新农村建设中环境经济协同涉及四大重点领域：农村城镇化、重点地区、关键产业和农村空间，这"四位一体"的重点领域进行突破，并形成"四位一体"互相推动的良性格局，环境经济协同的目标才能实现。

在"四位一体"的重点协同领域中，生态型农村城镇化是主要推动力，也是新农村建设协同推进的主要方向。通过生态型城镇化建设，有效转移农业人口，减轻区域人口压力，推动农村空间的重建，有利于土地的集约和规模化利用，同时，为重点地区和关键产业的环境经济协同，创造有利条件并提供支持①。农村空间是实施协同发展的微观领域和关键环节，重构农村产业空间、生态空间、生产空间和生活空间，可以促进农村产业结构的升级改造，并为重点地区的协同提供空间布局的支持②。重点地区先行突破和关键产业融合推进无疑是协同推进的主要载体和关键对象，区域和产业的协同也是互相交错，彼此促进的。产业协同要具体落实在具体的空间区域上，同时，区域的协同也要靠产业协同来完成。当然，区域和产业的协同，从另一个角度来看会促进城镇化的发展，为进一步的农村空间重构创造了必要条件。所以，在实施环境经济的协同时，就需要构建"农村城镇化、重点地区、关键产业和农村空间"等四位一体互助共推的有效机制。

（五）建立协同推进的组织管理机制

根据协同主体、协同手段、协同对象和协同目标之间内在的作用机理和动态的特征，创新和完善组织管理方式，以便充分发挥各类主体的积极性，以合理、有序、高效的方式实现预期目标。协同主体、协同手段、协同对象和协同目标之间有其内在的作用机理（见图8-2）。协同主体运用协同手段作用于协调对象以实现协同目标，协同目标的实现情况又反馈到协同主体，促使协同主体调整、完善协同手段和作用于协同对象的方式，更有效地实现协同目标。

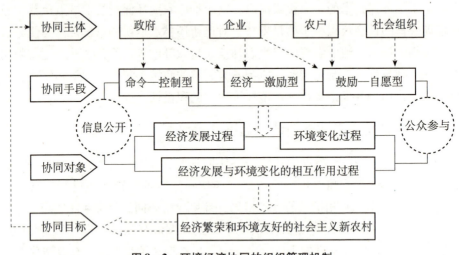

图8-2　环境经济协同的组织管理机制

---

① 董锁成，王海英. 西部生态经济发展模式［J］. 中国软科学，2003（10）：118.
② 刘彦随，楼花楼，陈玉福，等. 中国乡村发展研究报告——农村空心化及其整治策略［M］. 北京：科学出版社，2011：182~183.

在一定程度上，协同主体同时又是协同对象，如农户、企业、政府等，他们的经济和社会行为必须纳入协同的约束过程中，服从协同目标的要求。譬如乡政府的行为必须纳入县政府的协同管理之中。协同对象主要应包括三部分：经济发展过程；环境变化过程；经济发展与环境变化的相互作用过程。经济发展又包括产业发展、科技进步、生活消费、经济转型、人口素质变化等。环境变化包括经济社会发展引起的环境变化和自然因素引起的环境变化两方面。经济发展与环境变化的相互作用包括经济社会发展对环境的正面和负面作用，以及环境对经济的正面负面作用等。

基于协同目标的协同主体在实施协同手段，以发挥协同的效果时，信息公开和公众参与是两个必须的关键要件。组织管理和反馈联系过程中信息状况具有重要作用，保证信息的完整和畅通，可防止信息不充分、信息不对称以及信息不准确等"信息失灵"问题，便于协同主体间充分的沟通和互动。而公众参与无疑是协同的持久动力，可进一步促进和推动环境经济协同的深层次、宽领域的发展，最终促成建设经济发展、环境友好的社会主义新农村。

在资源和环境因素已经成为我国现代化的基本约束因素的背景下，构建环境经济的协同机制无疑是当前新农村建设的根本机制。环境经济协同机制就是要通过物质交换、能量流动和信息交流，实现协同目标、协同手段、协同策略、协同主体和协同领域的整体联系和共同促进。

三、环境经济协同机制体系各构成要素的关系

在环境经济协同的基本机制中，协同的目标和手段的双向反馈调节机制是基础，协同的主体作用机制是运行的主要动力，利益协调是环境经济协同机制的核心，协同的重点领域是环境经济协同机制的作用对象；而协同的目标、手段、主体和作用对象的运行则要依靠组织管理机制的建立，协同的目标、手段、重点、进程相互之间具有规律性联系、反馈式联系，它们彼此影响、作用，通过一定的组织管理措施，可以达到经济发展与环境保护之间的全面、动态、协调推进。因此，这里所设计的环境经济协同机制具有可行性。

整体而言，环境经济的协同推进，在我国区域整体上具有普遍的价值，但对欠发达的西部地区更具迫切性，因为西部地区多种属性的空间重叠功能突出：贫困地区与生态脆弱区、限制和禁止开发区、老少边穷区高度重叠。环境经济协同机制的实施，有赖于从政策设计层面对协同主体进行功能界定以及对

协同发展给予动力激励，更需着力引导和调适农民的环境友好行为：首先，从组织化的角度来发展壮大各类农业经济组织，为农民参与协同、发出声音和协调利益提供平台和渠道；其次，从生态补偿机制上完善各类奖励、补贴、补偿等政策，保证不同生态功能区域间的基本环境公平；再次，提供必要的环境公共产品，完善农村垃圾收集和污水处理体系，研发和推广因地制宜农业面源污染控制技术、农业废弃物的资源综合利用技术、生态养殖技术和循环农业技术，增强产业与科技的融合度；最后，制定针对农民及新型经营主体从事环境友好型生产行为的补偿政策，提高补偿标准，调动其积极性。

　　总之，在当前西部的新农村建设中，环境问题与经济发展问题、扶贫问题等多种问题相互交织并呈现综合的累积效应，这就需要寻求一种新的突破性战略——"环境经济协同战略"来化解当前农业现代化过程中面临的资源约束趋紧、环境压力增大等多种现实矛盾。无疑，环境经济协同机制是其有效途径和重要载体，只有实现经济繁荣和环境友好型的新农村建设，夯实升级版的美丽乡村建设的基础，才能实现美丽中国的宏伟蓝图。

　　通过上述分析可知，协同的目标、手段、重点、进程相互之间具有规律性联系、反馈式联系，它们彼此影响、作用，通过一定的组织管理措施，可以达到经济发展与环境保护之间的全面的、动态的、协调的推进。由此得出，"环境优先—四位一体—协同推进"的模式在西部地区具有很高的创新性、适用性和重大的理论启迪作用。

第九章

西部地区新农村建设中环境
经济协同的区域模式

本章内容摘要：西部地区地域广阔，类型多样，在新农村建设中，经济发展与环境保护协同，需要构建因地制宜和分区推进的协同模式。基于新农村建设中经济与环境协同的主题，考虑自然环境和农业生产方式等因素，把西部地区新农村建设中经济发展与环境保护协同的区域划分为六大类型区：城郊区、西南丘陵区、西南山区、西北旱作区、西北绿洲区、青藏高原区，相应地选择这六大类型区中有代表性的典型地区：成都三圣乡和都江堰、四川丹棱县、贵州余庆县、陕西安塞县和甘肃泾川县、甘肃民勤县、甘肃甘南藏族自治州作为重点研究对象，分析总结重点研究对象在新农村建设中经济发展与环境保护协同的主要实践探索、对类似地区的启示和推广价值，从而总结提炼出六大类型区新农村建设中经济发展与环境保护协同的区域模式。

就新农村建设中经济与环境协同的主题而言，就是要探究新农村建设中正确处理经济发展与环境保护关系的可行途径与模式。协同模式分类基准应是基本动力及其地域差异，即基于经济发展与环境保护协同关系的界定和识别，进而划定出地域差别化的模式来。在总体协同模式分析的基础上，提出协同的区域模式。依据环境经济学的基本理论原理，基于新农村建设中经济与环境协同的主题，考虑自然环境和农业生产方式等因素，可将西部地区新农村建设中经济发展与环境保护协同的区域划分为六大类型区①：城郊区、西南丘陵区、西南山区、西北旱作区、西北绿洲区、青藏高原区，分别选择这六大类型区有代

---

① 陈润羊. 西部地区新农村建设中环境经济协同的分区研究［J］. 资源开发与市场，2012，28（7）：613～615.

表性的典型，作为重点研究对象，分析总结这些重点研究对象在新农村建设中经济发展与环境保护协同的主要实践探索、对类似地区的启示和推广价值，从而总结提炼出关于新农村建设中经济发展与环境保护协同的区域模式，以利于分区实施协同模式。这里所划分的六大类型区，是针对新农村建设中的环境经济的协同而言的，主要是指农区，不涉及林区，但在青藏高原区会涉及部分的牧区。

一、城郊区的协同模式

（一）城郊区的区域概况及其代表性

城郊区是城市和农村的过渡和交叉地带，也是新农村建设的重点区域之一。城郊区经济发展与环境保护的协同面临着这样一些问题：耕地资源日益稀缺；城市和工业污染转移；环保与经济发展矛盾日趋严重等。这些问题使城郊农业区经济发展与环境保护的协同显得更加必要和紧迫。这里以成都市郊的三圣乡和都江堰市的新农村建设为例，具体分析城郊区的经济与环境协同模式的关键要素[①]。

三圣乡（2004 年底改为三圣街道办事处）位于成都市东南部，坐落在素有"中国花木之乡"之称的四川成都市锦江区，总面积约 1.5 万亩，距成都市区二环路约 5 千米，通过多年的努力，三圣乡探索了一条建设城郊型社会主义新农村发展道路，形成了"五朵金花"的典型经验。

都江堰市位于成都平原西北边缘，现辖 19 个乡镇、1 个街道办事处，199 个行政村。辖区面积 1207.5 平方千米，其中山地、丘陵和平原面积的比例为：54.3%∶11.5%∶34.2%。距成都中心城区 40 千米，经成灌高速仅 40 分钟车程。境内铁路、公路等交通比较便利，乡村公路、村通道路也比较通畅。都江堰市 2009 年被列入四川省新农村建设整体推进市后，其在统筹城乡发展、发展现代生态农业、持续化发展等方面开创了新农村建设的新格局[②]。

三圣乡和都江堰市根据紧靠城市的实际，利用区位和资源优势，结合自身的特点，在城乡一体化、以乡村旅游带动经济发展、发展绿色产业、发挥农业

---

① 陈润羊. 城郊区新农村建设中环境经济协同发展路径——以成都郊区为例 [J]. 资源开发与市场，2015，31（6）：736~739.
② 钟丽娟，李雪林. 都江堰模式 新农村建设的成功实践——都江堰市摸索出建设省级新农村示范有效途径 [N]. 成都日报，2010-12-17（09）.

多功能性等经济发展与环境保护的协同上走出了一条有效的路子，对其他类似的城市郊区实现经济发展与环境保护的协同具有启发和借鉴意义。

（二）主要实践探索

1. 充分利用紧靠城市的区位特点，依托自身资源优势确立发展思路

各地区的区位和基础各不相同，依托的城市规模、功能特点也大相径庭，如何根据本区域的基础条件和区位特点，探索城郊区新农村建设的道路，成为每一个城市郊区农村都需面临的课题。三圣乡按规划不能用作建设用地，农业产值比例低，农民人口比例小，土质也不适宜种植粮食作物，但三圣乡的农民种植花卉的历史较长，本地土壤也很适合鲜切花成长，由于靠近成都，该地一直是成都的蔬菜供应基地，同时城市居民有越来越高层次的出外郊游、放松心情和休闲娱乐的需要。正是全面分析自身优势和区位特点的基础上，三圣乡利用下属的五个村：红砂村、幸福村、江家堰村、驸马村、万福村，分别打造出了花乡农居、幸福梅林、江家菜地、东篱菊园、荷塘月色"五朵金花"的知名品牌。通过做足"花"的文章，将鲜切花销售、乡村旅游、观光休闲、文化产业、酒店餐饮等结合起来，这样，当地居民增加了收入，也提升了当地的文化品位。"五朵金花"所涉及的都是环境影响很小也可控的产业，无疑为经济与环境的协同发展奠定了基础。

2. 体现经济发展与环境保护兼顾的思想，以城市化和景观化为特色建设新农村

三圣乡以现代城市的理念，统筹城乡发展规划、基础设施建设和社会事业，建设社会主义新农村。加快完善道路、自来水、天然气和污水处理等农村基础设施建设，并大力发展农村教育、医疗、健身等社会事业，统一城乡社保，农民全部参加了"新农合"，将三圣片区的农村学校统一纳入所属的温江区教育管理体系等①，让当地农民就地享有现代城市文明的成果。三圣乡在新农村建设中，在遵循生态规律的基础上，景观化建设新农村。通过新建绿地，保护湿地，建设农业文明记忆馆、荷塘月色画意村、设计艺术博物馆等，举办梅花节等集聚人气、传播文化等活动，使"五朵金花"呈现出各有特色的自然和人文景观。城市化和景观化为特色建设新农村的思路，契合了经济发展和环境保护兼顾的思想，也顺应了新农村建设的发展趋势。

---

① 锦江区委党校课题组. 从"五朵金花"的打造看社会主义新农村建设 [J]. 四川行政学院学报，2006（4）：97~100.

3. 积极发展乡村旅游，促进传统农业向休闲经济的转化

都江堰以乡村休闲观光体验旅游为重点，在"山水"上做文章，在"玩"字上下功夫；以休闲旅游为主导，在"文化"上做文章，在"特"字找出路；以资源优化整合为宗旨，在"创新"上做文章，在"品牌"上下功夫，做到"田""园""游"的有效整合。同时，强化生态环境保护，坚持以市场需求为导向，注重旅游产品的体验性、参与性、娱乐性、养生性、康体性功能，充分满足游客个性化、多样化休闲旅游需求。在区域布局上，主要划分为 7 个休闲观光旅游区，并突出各自的功能：如山水文化旅游区，以景点游玩、农家休闲为主要方式；田园风光旅游区，以观赏园林花卉、体验农家生活为主和以体验传统农业生产、欣赏农田风光为主；原生态观光旅游区，以贴近自然、浏览自然风光、观赏珍稀动植物、体验山区农村生活为主；道教文化与佛教文化旅游区，以感悟道家文化、佛教文化、体验农家生活为主；会务休闲旅游区，主要开展会务休闲、体验农事活动为主；莲花湖旅游区，主要开展休闲、体验农事活动为主；特色种植旅游区，以特色种植示范园区为依托，开展以浏览园区、观花品果活动为主①。

一般意义上讲，传统农业是低效率的，其发展对农药化肥的依赖性强，对环境的影响也较大。三圣乡在新农村建设中，以农业现代化为发展趋向，促进传统农业向以乡村旅游业为重点的休闲经济发展，实现农村经济、社会和环境的可持续发展。在三圣乡充分挖掘"五朵金花"的品牌价值，依托"五朵金花"实现农业的产业化。鼓励发展乡村旅游，推出了观花、赏景、亲身体验等多个旅游项目，具备了吃喝玩乐等多种功能，满足了不同消费需求游客的需要。三圣乡"五朵金花"已成为一个以观光休闲农业和乡村旅游为主题，集休闲度假、观光旅游、餐饮娱乐、商务会议等于一体的城市近郊生态休闲度假胜地。三圣乡的"五朵金花"通过发展乡村旅游，增加了农民收入，改善了农民的生活环境，改变了农民传统的生产方式，形成有利于环境经济协同发展的生产和生活方式。

4. 遵循产业与环境和谐发展的原则，着力发展现代生态农业

在新农村建设中，都江堰依据产业与环境和谐发展的原则，根据都江堰市产业发展现状，规划围绕资源、区位和交通优势，建设"223"工程，着力发

---

① 中共都江堰市委，都江堰市人民政府. 都江堰市省级新农村建设整市推进产业发展规划（2010～2012）［R］. 2010.

展现代生态农业，即"两大主导产业"——优势种植业和乡村休闲观光旅游业，"两大配套产业"——特色种植业和生态健康养殖业，以及"三大支撑体系"——现代农业技术、市场体系建设和机制体制创新。通过培育农产品市场、创新产权制度和引入新型技术等，注重"接二连三"的产业形态发展，提升都江堰市现代农业产业化水平。在都江堰新农村建设产业发展中，以主导产业发展为核心，以特色产业为配套，围绕良种化、规模化、标准化和品牌化，完善农业产业发展的产前、产中、产后各个环节，发展循环农业，延长农产品产业链，增加附加值，最终建立其设施完善的现代农业产业基地，为率先构建新型城乡形态，成为世界现代田园城市示范区奠定坚实基础①。

5. 以空间布局为载体，寻求因地制宜的错位发展战略

都江堰依据因地制宜的原则，以空间布局为载体，针对山区和平原不同的自然条件差异，探索各自适宜的发展路子。在都江堰市的 19 个乡镇，针对各自产业优势，选择相应的主导产业，配套发展特色产业。同时，依据不同产业作物的生长属性合理规划轮作、套作。在条件适宜的区域选择建立现代农业产业基地，在山区和平原地区的林盘周围选择性保留传统农业种植，实现现代农业产业化发展和传统农耕文明的有机结合，实现生态休闲观光旅游产业的有效衔接。同时，构建都江堰市现代农业新格局。大力发展以农产品加工为主的第二产业，积极开辟以休闲观光农业为主的第三产业，通过第二、第三产业来提升现代农业的整体效益。形成以第一产业发展为基础，农业加工为保障，第三产业为派生的第一、第二、第三产业联动发展②。都江堰在地形地貌方面素有"六山一水三分田"之称，复杂多变的地理环境为产业的多元化发展提供了条件。在产业布局上，根据地理环境差异布局，在山区发展林果经济类产业和道地中药材产业等，平原地区发展蔬菜类短周期性产业，这不仅符合其世界现代田园城市示范区的定位，也为与生态休闲旅游产业的有效衔接提供了空间。在乡村休闲观光体验旅游的区域布局，主要划分为 7 个休闲观光旅游区，并突出各自的功能，也体现了这种因地制宜的思想，以克服千篇一律和规划趋同造成恶性竞争。

6. 重视环境综合治理，为协同发展提供良好的环境支持

环境改善是改善民生的主要内容，也是促进新农村建设中经济与环境协同

①②　中共都江堰市委，都江堰市人民政府. 都江堰市省级新农村建设整市推进总体规划（2010~2012）[R]. 2010.

发展的关键因素。都江堰按照"清洁化、秩序化、优美化、制度化"的要求，强化节能减排、大气和水环境保护及污染治理，对都江堰的环境进行综合治理，把实现"村容整洁"作为新农村建设的目标。在生态环境保护与建设方面，通过进行水土保持综合治理，加强成都平原饮用水源地保护。在生活污水处理工程方面，在有条件的村民集中居住区建设人工湿地污水处理系统，在其他行政村建设村级生活污水排污管道，并接入乡镇污水处理厂，努力使生活污水处理率达到90%以上。在建立农村垃圾集中收集系统方面，逐步推广以"户分拣、村收集、镇集运、市处理"为主，简单卫生填埋和堆肥为辅的垃圾处理模式，妥善处理农村生活垃圾，使垃圾收集率和处理率达到98%以上。在规模化畜禽养殖污染防治方面，合理布局畜禽禁养区、限养区和宜养区，搬迁或关闭位于水源保护区和城镇居民集中区的畜禽养殖场，引导畜禽养殖业向畜禽粪尿消纳土地相对充足的农村地区转移，积极推进人畜分离和圈舍改造，建设标准化养殖小区。在农业面源污染治理方面，着力提高农业面源污染的监测能力，加强对农业用地的环境监测和评估，通过技术、工程等多种手段防治土壤污染；大力推广测土配方施肥技术，积极引导农民科学施肥，在粮食生产基地和重点流域重点推广；引导和鼓励农民使用生物农药或高效、低毒、低残留农药，推广病虫草害综合防治、生物防治和精准施药等技术；积极推行秸秆综合利用和地膜覆盖回收，实现农药化肥施用强度小于250千克/公顷，主要农产品农药残留量合格率达95%以上，农作物秸秆综合利用率达80%以上；推行田间合理排灌，发展节水农业。进行种植业结构调整与布局优化，在高污染风险区优先种植需肥量低、环境效益突出的农作物。

（三）启示和推广价值

1. 城郊区新农村的协同发展要深入挖掘和发挥农业的多功能性

无论是从"五朵金花"还是从都江堰新农村建设的实践探索可以发现，城郊区的新农村建设中，农业除了传统的生产和经济功能外，还需进一步发挥其环境保护、文化传承、旅游休闲等方面的功能。农业功能的拓展不仅提升了农业的内在价值，也顺应了当前世界农业发展的主要趋势。城郊区新农村建设中，城郊农村功能除了为城市提供基本农产品外，其生态环境保护功能和文化传承功能的作用会更加凸显，要针对城郊区农村紧靠城市的不同城市化水平，适时合理地调整农业的空间布局和产业结构，进一步发挥城郊农业的生态缓冲功能、生产服务功能和景观文化功能，以促进城郊区新农村建设中的可持续发展。当然，每个城郊区，要根据其所处的区位和依托的城市规模、功能特点，根据本区域的基础条件和资源优势，探索实现农业多功能的具体途径，并在此基础上，形成以发挥多功能农业为核心的城郊区新农村经济发展与环境保护的协同发展之路。

2. 以空间布局的形式落实城郊区的不同功能定位

都江堰依据因地制宜的原则，以空间布局为载体，针对山区和平原不同的自然条件差异，探索各自适宜的发展路子。在乡村休闲观光体验旅游的区域布局，也划分为7个休闲观光旅游区，并突出了各自的功能。因此，关于城郊区新农村建设中经济发展与环境保护的协同模式，要找准定位，依据城郊区新农村的自身资源、环境特点和区位条件，结合紧靠城市的需要，做好功能定位，并突出主体功能。充分依托各地的自然大背景，深入分析区域的社会和经济发展趋势，结合本地的特色发展战略，通过空间布局来优化产业安排、项目建设和民居聚落建设，从空间上保障经济发展与环境保护的协同。空间布局的主要手段是进行科学的规划，重点是对现代生态农业发展、村落民居建设、基础设施建设、社会事业发展、环境综合治理和基层民主制度建设等六个方面进行科学规划和统筹安排。一般意义上，根据离城建区距离的远近，把城郊区新农村依次划分为三大功能区：近郊区生态缓冲功能区、中郊区生产服务功能区和远郊区景观文化功能区等三大功能圈层①。当然，其他具体的功能划分，要根据各地的自然、资源、区位、交通、文化等多种实际因素而确定。

3. 利用城郊区的区位和资源优势，推进城乡一体化的进程

相对其他区域而言，城郊区新农村建设具有一定的优势。新农村建设中经济发展与环境保护的协同，需要充分利用城郊区的区位和资源优势，充分利用紧靠城市在交通、信息、人才、市场、资金等方面的优势，在服务城市发展中，找准自身的功能定位。发挥示范带头效应，率先实现包括资源节约和环境友好在内的新农村建设的全面目标。更要在构建新型城乡形态为目标的城乡一体化上寻找出路，重点是推进城乡规划一体化、城乡产业布局一体化、城乡生态环境保护一体化、城乡基础设施建设一体化、城乡公共服务一体化、城乡市场体制一体化和城乡社会管理一体化的"七个一体化"，要求在产业发展、基础设施建设、村落民居建设、社会事业发展、环境综合治理和基层民主管理等

① 李洪庆，刘黎明. 现代城郊农业功能定位和布局模式探讨——以北京市为例 [J]. 城市发展研究，2010，17（8）：62~67.

方面进行整体统筹、全面部署。

（四）城郊区实现协同模式需要解决的重点问题

城郊区新农村建设中经济发展与环境保护的协同模式构建的关键要素主要有：针对城市郊区新农村建设过程中面临的土地资源愈加短缺、水资源等资源约束日益加强等挑战，努力克服城市和工业对农村和农业污染转移和环境压力迁移的不利影响，顺应现代城市郊区农业向环境保护、旅游休闲、体验参与、文化传承等多功能农业转变的共同趋势，以新农村建设的升级产业结构、改善环境质量、改善民生等为基本目标，发挥城郊农业的多种功能，优化农村空间布局，以不同的功能圈层进行总体布局，促进空间布局与农业产业功能的耦合共生，找到经济与环境协同的契合点，在发展循环经济、资源充分利用、扶持生态服务业、壮大旅游业方面下工夫。加大农村环境综合整治力度，注重生产生活污染及废弃物的无害化处理，以发展循环经济为主要途径，推动废弃物的资源化综合利用，并把农民增收率的提高、农村生活垃圾分类收集率和无害化处理率以及农村生活污水处理率等作为协同的目标指标值；以农村技术骨干、科技示范户和新型农民为培训重点群体，推动农民整体素质的提高；形成以发挥多功能农业为核心的城市郊区新农村建设经济与环境协同推进的区域模式，通过前期的试点示范到后期的整体推进，进而形成城郊区社会主义新农村建设的协同机制。

总体而言，城郊区新农村建设中经济发展与环境保护协同模式可以概括为：西部地区城市郊区注重发挥区位和资源优势，结合郊区背靠城市的一系列区情特点，根据经济与环境协同发展的基本目标和要求，明确自身在区域大环境系统中的功能定位；以景观化和城市化为特色建设新农村，把培育和壮大城郊优势产业作为重要支撑条件；在服务城市的过程中，寻求自身战略的突破点；注重发挥经济生产、生态保障、景观休闲、文化体验等农业的多功能性，着力发展现代生态农业，重视发展乡村旅游等绿色产业；以农村饮水安全、农业面源控制、生活污水和垃圾处理、畜禽养殖污染防治、工矿污染防治、生态示范区创建、城市和工业污染转移防范等为重点，加大农村环境综合治理的力度；科学分工、有效配置城郊区的主体功能和辅助资源，以优化空间布局的形式分类落实经济发展与环境保护的协同目标；统筹城乡发展，推进城乡一体化的进程，关键是对污水处理、生活垃圾回收处置等环境公共设施进行城乡统一规划、统一建设和统一管理，促进环境公共产品的均等化供应；创造性地解决实现协同目标中的遇到的难点和重点问题，在经济发展与环境保护的相互协同上走出了一条成功的路子。

二、西南丘陵区的协同模式

（一）西南丘陵区的区域概况及其代表性

西南丘陵区是西部地区在经济发展和环境保护协同方面的重点地区之一，该区新农村建设面临着如下一些挑战：土地资源稀缺并贫瘠，荒漠化和石漠化等生态问题突出，农村基础设施比较薄弱，部分地区交通不便，一些地区生态脆弱区和贫困地区叠加重合，协同难度大等。推进西南丘陵区新农村建设中经济发展与环境保护的协同发展，以积极应对挑战，全面完成农业的现代化。这里以四川省眉山市丹棱县为典型区域，具体分析西南丘陵区的环境经济协同模式的关键要素①。

丹棱县是西部地区典型的丘陵农业县，辖区面积449平方千米，总人口16.4万人，其中农村人口13万人，辖5镇2乡、71个行政村、493个村民小组，是全国首个国家级农村生态文明家园建设试点县，中国西部首个农村信息化建设示范县，四川省可持续发展实验区，四川省省级生态县②。2006年启动新农村建设，2010年被列为四川省整县推进新农村建设县。近年来，丹棱在新农村建设中，走出了一条以生态文明家园建设为载体、以农业产业化为基础、以生态循环农业为特色的路子。

（二）主要实践探索

1. 以绿色创建为载体，积极推进农村生态文明家园建设

2008年，丹棱县被国家环境保护部列为全国第一个农村生态文明家园建设试点县。农村生态文明家园创建的目标和内容，契合了新农村建设中经济发展与环境保护协同的方向和领域。通过编制《农村生态文明家园建设规划》，确立以"两池六改一集中"③为建设重点；以发展生态循环农业为核心，以生态循环农业园区为载体，以"猪—沼—果、桑、茶"为实施模式，以沼气等

---

① 陈润羊. 四川丹棱美丽乡村建设的路径选择 [J]. 城乡建设, 2015（12）: 62~64.
② 严力蛟. 中国大雅家园: 四川丹棱 [M]. 中国环境出版社, 2013: 1~2.
③ "两池六改一集中"指: 沼气池、湿地污水处理池, 农户改厨、改水、改厕、改圈、改庭院、改道, 建垃圾集中处理池。

清洁能源为基础，以生态旅游为特色，以实现道路硬化、村庄净化、庭园美化、环境优化"四化"为标准，以促进农村可持续发展为目的。首先在该县的 4 个镇 20 个示范村 5 个示范带进行试点，每个村前期确定 5 户示范户，然后逐步拓展。丹棱县还制定了《农村生态文明家园建设规范》的标准，涵盖生态农家建设工程、生态循环农业发展工程、面源污染综合治理工程、农村生态文化建设工程和农村和谐社会建设工程等。利用广播、电视、报刊等媒体，通过设置专栏、制作宣传手册和年画、发布公开信、文艺表演等多种形式宣传教育，普及生态文明知识。发动村民讨论形成"村民生态文明公约"，并张贴上墙，提高农民参与生态文明建设的积极性和自觉性。同时，积极进行环境优美乡镇、农业生态园区、绿色社区等"绿色创建"工作，有效解决农村生活污水和垃圾处理处置、工业和畜禽养殖防治、农村饮用水源地保护等突出的环境问题[①]。如 2010 年，已建成省级环境优美乡镇 5 个，省级生态村 7 个，省级农业生态园区 8 个，新建生态文明家园农户 1.1 万户，全县建成生态文明家园农户 3.4 万户。

2. 以产业的品牌化和经营化为重点，积极推进农业的产业化

农业产业化是经济发展与环境保护协同的纽带，丹棱县以产业的品牌化和产业经营化为重点，积极推动农业产业化的发展。根据当地气候、土壤、水质条件，进一步调整优化产业结构和品种品质结构，形成自身独具特色的农产品。建立柑橘新品种繁育基地和标准化生产基地，着力打造名牌产品、驰名商标和地理标识产品，以品牌发展提升农产品市场竞争力和综合效益。如积极申请绿色食品、有机食品品牌标志认证，涵盖丹棱县境内 6 个乡镇 65 个村的"丹棱桔橙"，申报为国家地理标志保护产品。该县还大力实施"品牌推进计划"，努力培育专业合作组织的自主品牌，做大做强龙头企业优势品牌，逐步建立现代化果品营销体系，拓展果品市场[②]。充分发挥农民主体作用，探索"大园区、小业主"模式，实行"统一技术指导、统一标准生产、统一物资采购、统一品牌销售、分户建设种植""四统一分"的统分结合生产经营方式。大力推行"市场＋专合组织＋农户""龙头企业＋专合组织＋农户""龙头企业＋基地＋农户"等发展模式，积极培育和规范发展农民专业合作经济组织，积极引进或者培育本地的龙头企业，建立完善利益联结机制，努力带动农民发

---

① 王忠文，汪开成. 国家环保部门官员称：丹棱农村生态文明家园建设为全国树了典型 [N].眉山日报，2009 - 03 - 19 (06).

② 李开鹏，王泽会，李勇军. 丹棱：优质桔橙成就富民大产业 [N]. 眉山日报，2013 - 3 - 28 (03).

展现代农业①。

3. 发展生态农业、设施农业和立体农业，促进产业的生态化

丹棱积极推进农业产业生态化，生态建设产业化。加大生态产业基地、绿色产业基地建设，积极发展无公害农产品、绿色食品、有机食品，突出基地认证、产品认证、加工包装和市场营销四个重要环节，进一步巩固"省级无公害农产品生产基地县"成果，打好无公害牌，完成"张场镇无公害茶叶"省级农业标准化示范项目验收工作。实施"猪—沼—果"为代表的"畜禽—沼气—种植"农业生态循环模式。大力发展设施农业，发展葡萄避雨栽培、滴水灌溉等设施栽培，推广水果留树保鲜技术，以水果为主的冷藏保鲜设施。大力发展立体农业，综合利用果林资源，发展果林鸡、山地鸡。大力推进现代畜牧业，以适度规模养殖户为重点，发展以生猪、家禽、肉兔（长毛兔）等适度规模养殖户，新建扩建奶牛小区，新建生猪标准化养殖场。

4. 不断发展"一县四品"的特色效益农业，促进产业的园区化

丹棱县按照"一乡一园、一园一业、多业富民"思路，引导产业聚集，推进产业向园区集中，依托现有产业基础，做好区域化布局。重点建设统筹城乡发展试验园区、生态循环农业园区、绿色枇杷产业园区、葡萄现代观光园区、生态蚕桑观光园区、老峨眉山有机茶园区"六大园区"，打造示范样板，引领全县现代农业发展。以园区带动，做大横向规模效益，壮大"一县四品"特色效益农业基地规模，发展优质水果、优质桑园、优质茶园、竹木原材料等产业。如生态循环农业园区，园区范围涉及丹棱镇板桥、红石、兴隆、龙滩、桂花村等5个村38个社和双桥镇梅湾村5个社，园区面积26.9平方千米，包含农户3572户1万多人。具体目标有：形成类型多样的生态循环农业模式，创建水果有机食品品牌1个，农户全部使用沼气、太阳能、电能等清洁能源，社会事业进一步发展，人居环境质量显著提升。该园区的整体目标为：发展现代农业，以市场需求为导向，以科技创新为手段，建设集生态农业、循环经济、清洁能源、旅游观光农业为一体的水果产业园区②。

5. 建设标准化规模养殖区，积极发展种养结合的循环经济

种植业和养殖业相互结合的循环经济模式，走出了经济发展与环境保护协同的新路子。丹棱采用猪业家园、相对集中分户联片小区、集中标准化小区建

---

①② 中共丹棱县委办公室，丹棱县人民政府办公室. 关于2011年整县推进新农村建设的实施意见［Z］. 2011.

设三种形式，建设以仁美镇、石桥乡、杨场镇为重点的规模养猪示范区；充分利用水果林地多、无污染等自然优势，结合水果地面的综合利用，发展"水果—养鸡—鸡粪肥地—果增收"等种养业相结合的循环经济模式，建设以顺龙乡、石桥乡、丹棱镇为重点的果草鸡规模养殖示范区；充分利用山区耕地和牧草资源丰富的有利条件，建设以张场镇、顺龙乡为重点的规模养兔示范区①。丹棱县依托 10 万亩果园的资源优势，大力发展果林养鸡、林下养鸡，走种养结合、循环发展的养殖模式。该县重视发展果林养鸡，将果林养鸡列为整县推进社会主义新农村建设重点项目之一，制定了果林草鸡发展规划。目前，该县的丹棱镇、双桥镇、石桥乡、顺龙乡等乡镇已开始规模饲养，已发展年出栏 5000 只以上的大户 13 户，带动农户 894 户，面积已达 1 万亩的规模，年可出栏果林草鸡 100 万只，增加农民收入 1500 万元。

6. 加强沼气的建设和管理，解决农民生活用能问题

丹棱县农村沼气建设起步较早，目前，全县适宜农户沼气池普及率超过 90%。同时，该县成立了沼气协会，发展会员 6000 多人。并建立了 52 个乡村服务网点，组建了一支专职和兼职相结合的服务技术人员队伍，同时配有沼渣服务车。如丹棱镇兴隆村已建沼气池 510 口，容积 7650 立方米，年产沼气 20.4 万立方米；丹棱镇兴隆村全村加入沼气协会会员 350 户，占全村建池农户的 69%。已建成乡村服务网点 1 个，服务网点采取流动服务与集中服务相结合的方式，为广大会员提供精细、精致、精心的服务。沼气池的大量建成普及，解决了农民生活用能问题，减少了二氧化碳排放。采取"猪—沼—果"循环经济模式实施建设，农民年增收入每户增加 1220 元。配套修建了卫生厕所，购置了垃圾车，建立了垃圾回收处理站，真正做到垃圾不出村，污水不入河，粪水进沼气池，秸秆综合利用，有效解决了农村面源污染问题，实现了庭院、水源、田园清洁干净、环境优美。

（三）启示和推广价值

1. 以建设农村生态文明家园作为协同的目标定位

西南丘陵区新农村建设中经济发展与环境保护的协同，要遵循"环境优先"的原则，从丹棱的实践探索中可以发现，农村生态文明家园建设，体现

---

① 中共丹棱县委，丹棱县人民政府. 丹棱县整县推进新农村建设总体规划（2010—2012）[R]. 2010.

了"环境优先"的思想，把握住了经济发展与环境保护协同的目标定位。农村生态文明家园建设包含的范围更大、层次更高、内涵也更丰富，与此相比，而新农村建设中的经济发展与环境保护的协同，则更为微观和具体，环境经济协同发展是农村生态文明建设的重要内容，积极推进环境经济的协同发展，将有助于农村生态文明建设的全面实现。因此，在新农村建设中经济发展与环境保护的协同过程中，要以农村生态文明家园建设为目标定位。

2. 以农业产业化和产业生态化作为协同的动力和纽带

在经济发展与环境保护的协同中，需要找到协同的动力和纽带。产业和生态是新农村建设的关注领域，二者如何链接就成为协同的动力和纽带。从丹棱的实践经验来看，在新农村建设中，农业产业化和产业生态化，既是经济发展与环境保护协同的动力，又是经济发展与环境保护协同的纽带。具体而言，产业的品牌化和产业的经营化，可以有效促进农业的产业化；在产业的生态化中，要把发展种养结合的循环经济作为基本的实施形式，也要把大力发展沼气等为代表的清洁能源作为重点领域。在农业产业化和产业生态化过程中，农合组织发挥了积极的作用，大力推行"市场＋专合组织＋农户""龙头企业＋专合组织＋农户""龙头企业＋基地＋农户"等发展模式，积极培育和规范发展农民专业合作经济组织，积极引进或培育大型龙头企业，以此推动经济发展与环境保护的协同。

3. 以产业园区化作为经济发展与环境保护协同的实施载体

产业园区化，是经济发展与环境保护协同的空间载体。产业的集聚，有利于各类产业的相互促进，一定区域集中化的产业，也便于统一配置环境治理设施和环境污染的集中监管，因此，以产业园区化是经济发展与环境保护协同的有效实施载体。丹棱生态循环农业园区的目标为建设集生态农业、循环经济、清洁能源、旅游观光农业为一体的水果产业园区，这样的目标定位与协同发展的思想是一致的。丹棱的实践可以得出这样的启示，通过新农村建设的整体规划、产业规划，在区域层面，做好产业的空间布局，使本地的特色产业与区域空间特征相结合，并促进产业和区域的互促互推。同时，配套建设园区的水电气暖、通信、污水处理和垃圾收集等设施，从源头上保障园区企业的可持续发展。

（四）西南丘陵区实现协同模式需要解决的重点问题

西南丘陵区新农村建设中经济发展与环境保护的协同，首先要针对西南山区新农村建设中普遍面临的如下挑战：土地资源稀缺并贫瘠，荒漠化和石漠化等生态问题突出，农村基础设施比较薄弱，部分地区交通不便，一些地区生态脆弱区和贫困地区叠加重合，协同难度大等。协同模式的关键要素在于寻求经济发展与环境保护协同推进的重点链接纽带，主要包括：着力培育和发展丘陵生态农业和丘陵特色农业、丘陵立体农业，促进产业的生态化，与此同时，在以荒漠化和石漠化为代表的生态环境治理中，注重生态建设的产业化；把农村环境综合整治与清洁能源推广、人居环境改善结合起来统筹安排，以生态补偿、生态移民促进农村扶贫；推广农业科技，以科技促农业发展，努力提高单位土地的产出率和农民收入；以技术骨干、科技示范户和新型农民为重点群体，加大培训和扶持力度；发挥政府主导作用，并调动龙头企业、农合组织的积极性，形成各主体协同作用的有效机制。

西南丘陵区新农村建设中经济发展与环境保护协同模式可以概括为：通过积极创建环境优美乡镇、生态村和农业生态园区，以建设农村生态文明家园为目标；以产业的品牌化和经营化为重点，积极推进农业的产业化；发展生态农业、设施农业和立体农业，促进产业的生态化；并以农业产业化和产业生态化作为经济发展与环境保护协同的动力和纽带；不断发展特色效益农业，促进产业的园区化，以产业园区化作为经济发展与环境保护协同的实施载体；建设标准化规模养殖区，把发展种养结合的循环经济作为协同的基本实施形式，积极防治畜禽养殖污染问题；以重构农村空间为主要内容，适当集中村庄布局，促进人口和产业的集聚，集中配套包括污水和垃圾处理在内的基础设施和公共设施；以农村环境整治为切入点，加强饮用水源地保护，积极防治工矿污染，为经济发展提供良好的生态环境支持；加强沼气的建设和管理，解决农民生活用能问题，并以沼气等为代表的清洁能源作为协同的重点领域；积极培育和规范发展农民专业合作经济组织，以此推动经济发展与环境保护的协同。

三、西南山区的协同模式

（一）西南山区的区域概况及其代表性

各类山区在西部地区的土地面积中占很大比例，西南地区尤其如此。西南山区新农村建设面临着如下一些挑战：平均耕地少、土壤资源相对贫瘠、荒漠化和石漠化问题突出、水土流失较为严重、交通等基础设施还需不断完善、工程型缺水问题显现、农业基础设施薄弱、农村的市场还需加大开放力度、农村生态型贫困现象多见等。西南山区经济发展与环境保护的协同,可有效推进该地区的环境友好型和资源节约型新农村建设。这里以贵州省遵义市余庆县为典型区域,具体分析西南山区的区域环境经济协同模式的关键要素。

余庆地处黔中腹地,遵义市的东南,地貌以山地为主,丘陵、坝区交错其间。全县农业人口占总人口超过 85%,是一个典型的西南山区农业县。早在 2001 年余庆县就开展了以"富在农家、学在农家、乐在农家、美在农家"为载体的新农村创建活动,2012 年,余庆县以"四在农家·美丽乡村"为主题获得国家级西部山区新农村建设标准化示范项目,目前已经通过验收①。发端于余庆的"四在农家"创建活动,已在贵州全省全面推广,并成为影响全国的社会主义新农村建设的有效载体。"四在农家"其中蕴含着有关经济与环境协同发展的内容,全面总结其主要经验和举措,进而可为西部特别是西南山区新农村建设实现经济发展与环境保护的协同提供有益的启示和借鉴②。

(二) 主要实践探索

1. 以发展特色农业作为环境经济协同的产业支撑

环境经济的协同要靠产业的支撑,余庆实行"富在农家增收入"的发展战略,注重立足自身优势、突出自身特色,依靠科学技术,不断开拓市场,培育和壮大优势特色产业,促进农民增加收入,为经济发展与环境保护的协同奠定了坚实的产业基础。余庆以建设贵州省现代农业示范县为目标,以现代农业示范园区和农业科技园区的建设为载体,实施了"八大产业"振兴计划,做大做强"粮、油、烟、畜、茶、果、蔬、中药材"等主导产业,调整优化农业产业结构,推动优质农产品向优势产业的集中,提高农业生产的规模化、标准化和生态化水平。

2. 以构建生态循环农业产业链条作为协同的依托

余庆县根据山区农业县的实际,按照"山上林、果、茶,山下粮、油、菜,水里养鱼、虾,庭院喂畜禽"的循环经济思路,发展生态循环农业,将自然地理优势与循环经济理念相结合,使经济发展与环境保护形成良性循环的互动关系,并在实践中形成了多种生态循环农业的有效形式。以稻田为核心的稻田养鱼,形成了种植业内部的单个农户循环经济;以秸秆和沼气利用为核心

---

① 徐启俊. 余庆"四在农家·美丽乡村"通过国审 [N]. 遵义日报,2013 – 11 – 07 (1).
② 陈润羊. 贵州余庆:新农村建设中环境与经济协同发展 [J]. 城乡建设,2015 (2):68~69.

的综合循环类型,把种植业和养殖业结合起来,形成种养互通型的生态循环经济;林果为核心的立体套种循环型,则把农业和林业连接了起来。多种生态循环农业链条的构建,是经济发展与环境保护协同的有力依托,并取得了良好的经济效益、社会效益和环境效益。

3. 以建设现代高效农业园区作为协同的载体

余庆现代高效农业园区围绕土地集约化、产业立体化、乡村景观化、生活休闲化的发展理念,以打造集高效、生态为一体的科技农业示范基地和农业观光旅游示范基地为载体,使经济发展与环境保护的相互协同目标和各地区的功能定位落到了实处。如白泥现代高效农业示范园区在功能结构上包括下里草坪片区、玉带金盆区、上里天塘片区、冷水河片区、黄泥冲片区,形成分区分类、特色各异的多样化载体。在农业园区的建设过程中,余庆县组建了相应的经济实体如有限公司等,搭建融资服务平台,进行信用担保,使实体的生产经营与银行等金融组织的扶持行为相对接,并在省内外积极地推介相关项目,吸引了包括成都等大中城市的企业前来投资创业,使农业园区的建设有了实体和资金方面的保证;同时,按照全额投入基础设施,按比例部分投入设施农业的原则,完善农业园区配套功能,推进水、电、路、通信等基础设施建设,为农业园区建设创造配套性条件。

4. 以促进生态旅游作为协同的重要内容

余庆依托"全国绿化模范县""国家级生态示范区""全国绿色小康县"和构皮滩电站"高峡平湖"的资源优势,充分发掘"四在农家"品牌优势,打造龙家黄金榜、白泥金橘园等一批"黔北民居"群,着力创建全国农业旅游示范点;加强区域合作,联合湄潭、凤冈共建"西部茶海",全力打造"百里生态茶园观光长廊",着力构建生态旅游精品线,把余庆建成乌江旅游胜地。并以生态旅游业来推动产业结构的优化调整,进而促进新农村建设中的经济发展与环境保护的协同和融合。

(三) 启示和推广价值

1. 经济发展与环境保护协同的关键要靠产业

产业是链接经济发展和环境保护的纽带和桥梁。在新农村建设中,扶持和发展适合本地特征,具有本地优势和特色的产业,是建设环境友好型新农村的重要内容,也是促进农村经济持续发展、农民收入不断增加的有效途径。无论是较小尺度上的"一村一品",还是更大范围上的若干主导产业、优势产业,都是振兴产业、发展产业的好方式，并且引导优势农业产业在条件优越的地区集聚发展，建设农业产业园或农业科技园，可以有效促进产业的做大做强，也更有利于区域环境管理水平的提高。

2. 生态循环农业是山区协同的有效形式

生态循环农业是现代农业的新形态，也是未来农业的发展趋势，无疑也是新农村建设中经济发展与环境保护协同的有效形式。生态循环农业，以"减量化、资源化和无害化"等"三化"为基本原则，根据各地自然地理、经济基础、市场条件的不同，可以有多种不同的类型。无论是采取资源综合利用型、"猪—沼—果"型，还是立体种养型等，都要遵循当地的自然气候等基本环境规律，同时，把生态循环农业的发展与农村经济发展、农村环境整治、乡风文明等综合起来进行统筹，才能形成环境经济协同推进的长效机制。

3. 经济与环境的协同要有一定的载体

经济发展与环境保护的协同必须在一定的空间、产业等载体上进行，农业园区、农业科技示范区、生态工业园等，就是经济发展与环境保护协同的有效载体。通过通水、通路、通电、通电话、通广播电视、通网络；改灶、改厕、改环境等来完善基础设施建设，制定现代农业园区的生态化评价考核指标，引导园区内农业企业走清洁生产之路，带动相关种植户和养殖户，树立协同发展的理念和目标，进而促进农民生产和生活环境的不断改善。

（四）西南山区实现协同模式需要解决的重点问题

西南山区新农村建设中经济发展与环境保护的协同，首先要针对西南山区新农村建设中普遍面临的如下挑战：平均耕地少、土壤资源相对贫瘠、荒漠化和石漠化问题突出、交通等基础设施还需不断完善、工程型缺水问题显现、农业基础设施薄弱、农村的市场还需加大开放力度、农村生态型贫困现象较多等。西南山区经济发展与环境保护协同模式的关键要素，主要包括：着力培育和发展山地生态农业和山地特色农业；开发利用民俗旅游资源，促进生态乡村旅游业的大发展；探索同步推进生态环境修复与产业发展融合的道路；加大农村环境综合整治力度，推动农村面源治理，为协同发展创造良好的环境支持；在西南山区的农民民居建设中，注意与水源地的保护相结合；加强培训和扶持新农村建设技术骨干、科技示范户和新型农民，并不断拓展农民增收的渠道；构建政府、市场和社会组织、农户等相关主体的共同参与的协同机制，不断促进西南山区环境友好型新农村的建设。

总体而言，西南山区新农村建设中经济发展与环境保护协同模式为：依据当地气候、环境、土壤和农业资源的特点，以发展特色农业作为环境经济协同的产业支撑；推进种植业、养殖业和工业各自的以及相互间的循环经济，并以构建生态循环产业链条作为环境经济协同的依托；推进产业的集聚化和园区化，以农业园区、农业科技示范区、生态工业园等作为环境经济协同的重要载体，从空间布局上落实协同发展的理念；积极调整农村产业结构，以促进生态旅游作为环境经济协同的重要内容；促进人口和产业的集聚，适当集中村庄布局，加强包括污水和垃圾处理在内的公共品的供应；加强饮用水源地保护，不断提高农村饮用水的达标率；注重经济发展与农村环境综合整治、乡风文明等综合统筹，把农村扶贫和生态环境建设结合起来，积极防治畜禽养殖、农业面源、工矿污染等环境问题；生态脆弱区通过生态移民减轻人口对环境的压力，进而形成环境经济协同推进的长效机制。

四、西北旱作区的协同模式

（一）区域概况和代表性

旱作区是指没有灌溉条件的地区，农业主要是"靠天吃饭"，也就是主要依靠天然降水。旱作区占据西部的比例较大，西北旱作区既是我国生态环境的高度敏感区，也是新农村建设中经济发展与环境保护之间的矛盾突出的地区。西北干旱地区新农村建设中面临着下列问题：生态环境脆弱、水资源匮乏、水土流失严重以及农村社会经济落后、产业结构单一、农村基础条件差、农民增收缓慢等问题，在新农村建设中统筹经济发展与环境保护的关系，对西北旱作地区具有重要意义。本区域以陕西省延安市安塞县、甘肃平凉市泾川县为例进行实例探讨①。

安塞位于西北内陆黄土高原腹地，在陕西省的北部，总土地面积 2950 平方千米，其中耕地 710 平方千米，95% 属于山地。安塞人均水资源 947 立方米，年平均降水量 505.3 毫米，自然灾害中尤以干旱最为严重。安塞下辖 11 个乡镇、1 个街道办和 211 个村。安塞县在新农村建设中，确立了"城镇带动、产业结合、生态文明"等思路，其中蕴涵着经济发展与环境保护的协同

---

① 陈润羊. 新农村生态文明建设的路径探析——以甘肃省泾川县为例 [J]. 生产力研究，2016 (1)：36~39.

推进思想，具体的新农村建设实践为西北干旱区经济发展与环境保护的协同进行了有益探索，可为相似地区提供借鉴和启示。

泾川县属于平凉市管辖，位于甘肃东部的秦陇交界处，整体上属于旱作农业区。全县共下辖 14 个乡（镇），1 个开发区，215 个行政村。总面积 1409.3 平方千米，总人口中农业人口占据比例大。泾川县年均降雨量 540 毫米，蒸发量 11456 毫米。2009 年被列为甘肃省第二轮新农村建设试点县，在农业循环发展，创新农业生产方式以及新农村建设规划布局等方面，进行了经济发展与环境保护协同的实践探索，对其他西北旱作区也具有一定的借鉴意义。

（二）主要实践探索

1. 把握协同的重点领域，确立经济与环境协同推进的目标

安塞在新农村建设中，提出"三清三改、三分离""五通五化、八有一发展"的重点内容和目标。"三清"是指清洁庭院、清洁水源、清洁村庄；"三改"是改厕、改圈和改灶；"五化"是村庄布局优化，农民住宅美化，农户庄园绿化，环境卫生净化，道路院场硬化。"三清"抓住了经济发展与环境保护协同推进的重点问题，如庭院、水源和村庄；"三改"把握了农村环境问题产生的三大污染源：厕所排污、畜禽养殖和生活用能；生产区、生活区、粪土区的"三分离"意味着划分了各自的主体功能，体现了分类规划的思想；"五通五化、八有一发展"[①] 涉及农村环境等基础设施的完善、沼气等清洁能源的推广等方面。安塞新农村建设的内容，把握了经济发展与环境保护协同的重点领域，新农村建设的目标中，也体现了协同发展的思想内涵。

2. 不断改善农村生态环境，为经济发展提供良好的环境支持

安塞在新农村建设中，以建设生态安塞和绿色安塞为目标，注重统筹生态环境保护与经济建设的关系，通过生态建设，持续改善农村生态环境和生产生活条件，为经济发展提供良好的生态环境支持。主要着力于以下几个方面：实施绿色长廊工程规划，人工造林与封山育林相结合，不断提高森林覆盖率；推进绿色家园建设，进行宅旁、村旁、路旁和水旁等"四旁"植树；实施农村安全饮水工程计划，提高农村自来水普及率，保护水源地，确保供水水源地水质达标，逐步解决农村饮水困难和饮水安全问题；严格耕地保护制度，进行土

---

① "五通"是指：通自来水、通油路或水泥路、通电、通有线电视、通电话和网络；"八有一发展"指：有两委会办公室、有图书室、有多功能活动室、有医疗卫生室、有休闲娱乐广场、有商贸网点、有垃圾污水处理场、村中心有公厕、每户发展一口沼气池。

壤改良和沟道造地及旧坝整治，从基本农田的数量和质量上确保粮食安全。同时，加大农村环境综合整治力度，积极防治农业面源污染；形成农村生活污染回收体系，建立"户分类、村收集、镇中转、县处理"的模式；根据人口集中、环境容量和离城市远近等具体情况，采取农村生活污水纳入城市污水处理系统、自建人工湿地等多种措施；严格农村工业企业的环境监管，防止城市和工业环境污染向农村地区的转移等。

3. 创建生态示范区，推进经济建设与环境保护的互促共进

自2004年平凉市被原国家环保总局列为第九批生态示范区试点地区以来，泾川县立足"生态立县"战略，着力推进新农村建设，大力实施生态经济发展战略，持续推进生态文明建设，积极构建"生态农业、生态工业、生态城镇、生态旅游"四大体系，按照建成全国新农村与生态县互促互建示范区、全国生态示范县，打造黄土高原水土保持生态建设示范区、312国道生态经济发展走廊和关中经济圈"生态后花园"的目标，全面落实环保优先方针，积极开展生态示范区创建工作，生态农业、生态林业、生态文化等各个方面均取得了显著成效，按照国家级生态示范区建设的要求，生态示范区内80%的乡镇达到生态示范乡（镇），80%的村达到生态示范村。实现了经济建设与环境建设同步推进，物质文明与生态文明同步提升，呈现出经济较快增长、污染持续下降、环境质量不断改善的良好态势①。

4. 实施农村生态家园工程，推动新农村与生态县的互促互建

泾川县完成了党原等14个生态示范乡镇的建设，通过了平凉市的验收。按照"由点到面、分步推进"的思路，积极培育新农村建设示范区、示范乡，纵深推进村庄环境综合整治，积极实施以"五改一池"为主要内容的农村生态家园工程②，从新农村示范区、示范村、示范户三个层面进行建设，通过示范带动，全县生态家园工程得到广泛实施，涌现出了王村镇墩台村、玉都镇康家村等一批生态型新农村。建成了党原李家等几个新农村环境治理示范村，实现了产业园区化、居住社区化、废物资源化、环境生态化的目标，有力地助推了新农村建设。持续加大农村水源保护，配套实施农村供水管网延伸工程，提高农村自来水入户率。大力开展村庄绿化和农村环境综合整治，绿化村庄道路，整修绿化带，基本消除了垃圾乱倒、粪土乱堆、污水乱泼、畜禽乱跑、柴

---

① 泾川县环保局. 泾川县创建国家级生态示范区工作总结［R］. 2008.

② "五改一池"：指改房、改灶、改水、改厕、改圈和建沼气池。

草乱堆等"五乱"现象。扶持丰农公司在党原乡李家村建成了生物有机肥料厂，生年有机肥。实施德国援助5.4千瓦时的太阳能发电项目，逐步扩大受益农户面①。

5. 基于不同生态功能区划，确定生态保护和经济发展的方向

通过对泾川县自然生态环境和社会经济发展特征的综合分析，泾川县细分为三个生态功能区，各个不同的生态功能区实施差异化生态保护建设和区域经济发展的思路。一是北部黄土残塬旱作农业水土流失生态功能区。生态保护与建设方向为：塬面加强建设和保护农田防护林网，增加"四旁"②绿化程度；农村大力推广利用沼气和太阳能；绿化塬面边缘，防止土壤侵蚀加剧；沟谷区以水土流失治理为主，加强拦蓄工程、梯田和草灌覆盖建设。区域经济发展方向为：塬面区进行农业结构调整，促进经济林果业、养殖业与粮食种植齐头并进；沟谷区利用梯田和拦蓄淤坝工程为依托发展经济林果业；限制过牧和砍伐行为等。二是泾汭河谷城镇与灌溉农业生态功能区。生态保护与建设方向为：增加城镇绿化面积，提高河岸绿化水平和防洪能力；提高污染物处理能力。区域经济发展方向为：改善城镇基础设施，提高城市化水平；加快发展以循环经济为主的生态工业；充分利用灌溉优势发展附加值高的农业产品和绿色农产品；限制高污染的工业项目。三是南部黄土丘陵沟壑林牧生态功能区。生态保护与建设方向为：进行梁峁—坡地—沟谷系统综合治理，推行"山顶梁峁和陡坡地防护林戴帽、缓坡地经济林缠腰、地埂地缘林草锁边、沟底水保林穿靴"的造林模式；加快实施"一池三改"③项目建设和太阳能的利用，减少对薪炭林的采伐。区域经济发展方向为：农业生产主要以杂粮种植为主；努力发展经济林果业和畜牧养殖业以及药材种植；改善交通运输条件；限制过牧和薪炭林过度采伐行为等④。

6. 在各个层面推行循环经济，促进农民致富、资源综合利用和环境保护

以泾川县党原乡的循环经济最有代表性。近年来，党原乡结合新农村建设，按照科学统筹、循环发展、再生利用的原则，立足本乡实际，积极开展"点、线、面"结合、"大、中、小"循环的试点探索，突出产业结构调整，项目支撑两个环节，着力建设环中心城镇多功能农副工联合循环经济示范基

---

① 泾川县环保局. 泾川县创建国家级生态示范区工作总结［R］.2008.
② "四旁绿化"：指在宅旁、村旁、路旁和水旁进行的绿化造林。
③ "一池三改"指：沼气池，改圈、改厕、改厨。
④ 泾川县环境保护局. 泾川县生态环境保护专项规划（2008～2020）［R］.2008.

地，中部生态养殖循环经济示范基地，南北部塬区果畜互促循环经济示范基地、山区综合开发及畜牧共建循环经济示范基地等四大基地，实现了农业增效、农民增收和农村发展。恒兴果汁、旭康肉食等农业产业化龙头企业，坚持因地因企制宜，加快污染治理技术改造，污染物实现了排放低浓度或"零排放"①。通过实施循环经济，党原乡养殖和种植业形成了无污染、无废料或低污染低废料的生态农业体系，拉动种养业的持续发展；解决农村能源短缺问题，增加农民收入；促进庭园生态系统物能良性循环和合理利用，改善农业生态环境。

（三）启示和推广价值

1. 以抗旱节水为核心，构建现代集水农业体系

西北旱作区，最大的制约因子是水资源，所以高效利用水资源是旱作地区新农村建设经济与环境协同发展的核心问题。发端于甘肃并已在西北旱作区推广示范的"全膜双垄沟播技术"② 就是对普通地膜覆盖技术的改进而形成的新型抗旱耕作技术，如泾川县种植了 10 万亩全膜双垄沟播玉米，比半膜平覆增产 35% 以上。但在此过程中，要注意防治残留农膜的"白色污染"问题，因此，需要建立农膜的回收体系，并开办废旧地膜及塑料制品回收处理厂，对废旧地膜、废旧塑料进行处理加工，生产的再生大棚模可运用于农业生产，实现资源的循环利用。因此，西北旱作区要立足区域水土资源的平衡条件，合理调配农业、工业及生活用水的比例，并大力发展节水农业，特别是要推广旱作节水技术，根据本地的水土条件，确定农业产业布局和产业结构。采取多种防旱抗旱措施，提高水资源的利用效率③。

2. 以基础设施建设和清洁能源开发为切入点，推进农村环境整治

如安塞提出新农村建设的目标中，"五通五化、八有一发展"的内容，涉及农村环境等基础设施的完善、沼气等清洁能源的推广等方面。泾川县通过实施不同层面的循环经济技术模式，大力推广太阳能利用和沼气等清洁能源，控制面源污染，促进种、养业废物资源化。大力推广秸秆还田、过腹还田、秸秆

---

① 泾川县党原乡人民政府，泾川县环境保护局. 泾川县党原农村循环经济示范乡建设方案[R]. 2008.

② 全膜双垄沟播技术，指集覆盖抑蒸、垄沟集雨、垄沟种植技术为一体，实现了保墒蓄墒、就地入渗、雨水富集叠加、保水保肥、增加地表温度，提高肥水利用率的效果。

③ 岳邦瑞，王军，雷玉山，等. 黄土高原旱作区新农村建设关键技术分析 [J]. 人文地理，2010 (1)：85～88.

气化等综合利用技术。以实施生态家园富民工程为重点，发展沼气、太阳能、节能灶等清洁能源。加强规模化畜禽养殖业的污染防治，推广畜禽养殖业粪便综合利用和处理技术，抓好畜禽养殖综合治理示范乡、示范村建设工作。合理施用农药和化肥，建立了农用废膜回收利用体系，减少农田残留。加强农村水源地保护，并完善垃圾收集和污水处理等基础设施。通过农村环境整治，为经济发展提供良好的环境容量和环境空间支持。

3. 以循环农业与庭院经济为支撑，建设生态型新农村

发展循环经济，建设生态农村，是实现新农村可持续发展的有效途径。如泾川县党原乡23个行政村建成循环经济示范户3000户，并大力发展庭院经济作物，开展庭院绿化、美化，畜禽实行中小规模化养殖，探索形成了以循环农业和庭院经济为支撑的生态村协同道路。建设生态型新农村中，根据不同情况，实施不同的循环经济技术模式：有一定种、养规模的农户采用"畜禽—沼—粮、果、菜"的技术模式；庭院和养殖规模较大的农户采用"生态家园"技术模式；一般农户采用"一池三改"技术模式；有一定果畜和畜牧基础地区的农户，采用"五配套"生态果园模式①。"五配套"生态果园模式实行鸡猪主体联养，圈厕池上下联体，种养沼有机结合，使生物种群互惠共生，物能良性循环，取得了省煤、省电、省劳、省钱，增肥、增效、增产，病虫减少、水土流失减少，净化环境的"四省、三增、两减少、一净化"的综合效益②。因此，西北旱作区新农村建设中，要努力建设基于不同循环经济技术模式与庭院经济相结合的生态型新农村。

4. 以农林牧集合共生为内容，产业开发与环境保护互促共进

如泾川县三个生态功能区实施的经济发展与生态保护建设统筹发展的思路，就体现了农林牧集合共生的思想。通过塬面区农业结构调整，促进经济林果业、养殖业与粮食种植齐头并进；沟谷区利用梯田和拦蓄淤坝工程为依托发展经济林果业，促进北部黄土残塬水土流失的治理。同时，以果畜菜互支互促为方向，围绕提高产业关联度和竞争力，积极推广"牛（猪）—沼—果"等循环发展模式，大力发展有机果品、现代畜牧业和无公害蔬菜，实现了产业开发与环境保护互促共进，相得益彰。因此，在西北旱作区的新农村建设中，要

---

① "五配套"：该系统是以5亩左右的成龄果园为基本生产单元，在果园或农户住宅前后配套一口8立方米的新型高效沼气池，一座12平方米的太阳能猪圈，一眼60立方米的水窖及配套的集雨场，一套果园节水滴灌系统。

② 泾川县党原乡人民政府，泾川县环境保护局. 泾川县党原农村循环经济示范乡建设方案[R]. 2008.

按照以工促农、以农带工、工农互支互促的思路，形成农牧结合、林牧结合、农林牧共生的有机体系，并注重产业开发与环境保护互促共进。

（四）西北旱作区实现协同模式需要解决的重点问题

针对西北干旱地区新农村建设中存在的下列问题：生态环境脆弱、水资源匮乏、水土流失严重以及农村社会经济落后、产业结构单一、农村基础条件差、农民增收缓慢等问题，经济发展与环境保护的协同推进的重点领域和关键要素有：针对水资源是西北旱作区的最大制约因子，所以区域新农村建设经济与环境协同发展的核心问题是如何高效利用水资源，应以优化水资源配置为核心，通过采取各类节水技术和措施，充分利用天然降水，形成以现代节水农业为核心的农业体系；通过实施"四位一体""五配套"等不同形式的循环农业，开发利用沼气等清洁能源，建设生态养殖场，连接养殖业和种植业，形成以农牧结合、林牧结合以及农林牧三结合为重点内容的生态农村；以"清洁田园、清洁家园、清洁水源""三清"为目标，以农村秸秆等废弃物资源化利用和农村面源污染防治为重点，推动农村环境的综合整治，加强环境治理的基础设施建设。通过农业技术的推广、加强田间管理、测土配方、农民环境意识的培养等综合性举措，提高农村的土地产出率、水资源利用率和劳动生产率等指标；通过发展农业循环经济，配套建设规模化养殖的环境治理设施，不断提高农业秸秆、畜禽粪便利用率；将节水农业和特色优势农业结合起来，拓宽增收渠道，不断提高农民收入，为西北旱作区的新农村建设提供示范。

西北旱作区新农村建设中经济发展与环境保护协同模式可以概括为：以抗旱节水为核心，构建现代集水农业体系；以基础设施建设和清洁能源开发为切入点，推进农村环境整治，重视水土流失治理，并推进生态治理的产业化；以创建生态示范区为载体，把握协同的重点领域，确立经济与环境协同推进的目标，推进经济建设与环境保护的互促共进；以集中村庄布局为基础，促进人口和产业聚集，并配套建设垃圾和污水处理等农村环境基础设施；以生态家园为目标，推动新农村建设与生态保护的互促互建；以生态功能区划为引导，确定生态保护和经济发展的方向；以循环经济为重点，促进农民致富、资源综合利用和环境保护；以农林牧集合共生为内容，产业开发与环境保护互促共进；以循环农业与庭院经济为支撑，建设生态型新农村，加强农村面源的污染控制，积极防治畜禽养殖、矿产开采和农畜产品加工等环境污染问题，不断推进"清洁田园、清洁家园、清洁水源"为构成的农村生态文明建设。

五、西北绿洲区的协同模式

(一) 区域概况和代表性

西北绿洲地区在全国的生态地位非常重要，但其面临着一系列突出问题：如生态环境脆弱、水资源短缺、农村经济社会发展相对缓慢、农业基础薄弱等，如何在资源约束和生态脆弱的限制下，建设社会主义新农村，走经济与环境协同发展之路成为必然选择。这里以甘肃武威民勤县为典型，进行分析。

近年来，甘肃省民勤县新农村建设蓬勃发展，在探索经济发展与环境保护协同发展方面进行了许多有益的探索和尝试，走出了一条资源约束和生态脆弱的西部地区新农村建设经济与环境协同发展之路[①]。甘肃省民勤县地处内陆，位于河西走廊东北部，石羊河流域下游，东西北三面被腾格里和巴丹吉林两大沙漠包围，是深居沙漠腹地的一块绿洲，数千年来一直是阻止两大沙漠汇合的一个重要绿色屏障。气候干旱、降雨稀少、风多沙大是民勤的基本特征，历来就有"十地九沙，非灌不殖"之说，水资源短缺是影响当地经济社会发展的主要限制性因子，民勤是全国最干旱的地区之一，年均降水量110毫米，蒸发量高达2644毫米。民勤也是全国荒漠化危害最严重的地区之一，是四大沙尘暴发源地之一，荒漠化面积占全县总面积的94.5%，绿洲边缘风沙线长达408千米。石羊河流域极度恶化的生态环境问题引起了党中央、国务院的高度重视和社会各界的广泛关注。国务院前总理温家宝多次批示，他曾指出："决不能让民勤成为第二个罗布泊，这不仅是个决心，而是一定要实现的目标。这也不仅是一个地区的问题，而是关系国家发展和民族生存的长远大计。"

(二) 主要实践探索

2006年，民勤县开始进行新农村建设，同时，当年作为武威市的代表被列为甘肃省首批新农村建设试点县，并有2个村列为省级试点村。2008年，民勤又被甘肃省列为第二批新农村建设省级试点县。民勤县新农村建设试点实践以来，围绕"紧扣一个主题（建设节水型、生态型新农村），着力两个重点（建立农民收入稳定增长机制、农村制度建设与创新）"，突出"六突破一加

---

① 陈润羊. 甘肃民勤谱写新农村建设的经济与环境协同乐章 [J]. 环境保护, 2012 (19): 72~74.

强"（农村制度建设和创新有新突破、现代农业发展有新突破、农民素质转型有新突破、农业产业化和农民组织化程度有新突破、城乡公共服务均等化水平有新突破、乡村文明程度有新突破，加强农村基层组织建设），深入实施节水增收入户工程，分片定位、分类指导、分层管理、分步建设。以"生态、节水"为主题，以"节水模范县""防沙治沙示范县"和统筹城乡发展为目标，突出生态重建、经济发展和农民增收三大中心任务，以产业调整、基础设施建设为先导，以农村制度建设和创新为突破，以提高农民素质、整治村容村貌为基础，不断调整优化经济结构，大力发展节水农业、现代农业，加快推进农业产业化、农村工业化和城镇化进程，实现民勤城乡生态、经济社会发展一体化新格局①。民勤探索了一条资源缺乏、生态脆弱的西部贫穷地区建设社会主义新农村的新路子。

1. 量水而行，以调整结构优化发展方式

根据水资源严重短缺的现实，民勤通过详细调查和科学论证，在新农村建设中围绕"节水"的主题，通过减少高耗水作物、发展节水高效农业来调整农业产业结构，从而优化发展的方式。民勤遵循"以水调结构、以水定产业、以水布局经济社会发展"的原则，提出了"2311"计划：户均2座棚、3亩特色经济林，人均1亩高效节水大田，农民人均收入达到1万元。依据"面积调小、水耗调低、效益调高"的原则，减少小麦、玉米等高耗水作物种植面积，大力发展棉花、食葵、饲草、中药材、茴香等节水作物，积极推动以高效节水为主导的产业向资源优势区、高产丰产区和技术成熟区集聚，以此形成与水资源承载能力相适应、农民增收目标相配套的种植业结构。与其他农作物相比，节水作物生育期平均少浇水两次，每亩每次节水70立方米，年节水达3900万立方米以上。"2311"计划已纳入民勤"十二五"的总体规划，通过农业结构的调整，着力培育四大产业体系：以日光温室为重点的瓜菜产业，以暖棚养殖为重点的现代畜牧业，以葡萄、红枣、枸杞等重点的特色林果业和以高效节水大田为重点的特色产业。

2. 生态立县，以防沙治沙带动生态建设

针对沙漠化严重的形势，民勤坚持"生态立县"战略，把生态建设和保护作为新农村建设的另一大主题，并以防沙治沙为主要内容，带动整个生态建设，为新农村建设提供必要的生态安全保障。目前，国家发改委已经批复了

---

① 甘肃省社会科学院课题组. 民勤县社会主义新农村建设整体规划（2011~2015）［R］. 2011.

《石羊河流域防沙治沙及生态恢复规划》，确定的主要建设内容为祁连山生态保护与建设工程、民勤盆地生态建设与保护工程、配套工程和生态监测体系建设。具体建设规模为：封山（沙）育林（草）7.4万公顷，人工造林3.6万公顷，工程治沙0.4万公顷。同时，民勤遵循"以保为主、保重于治、以治促保"的生态建设方针，把全县划分为绿洲外围荒漠草场区、绿洲边沿退耕还林区和绿洲内部高效种养区等三大生态类型区，分类区划，分区建设，并从政策、资金、科技等方面向防沙治沙和生态治理两大领域倾斜，广泛动员和组织干部群众，坚持不懈地进行压沙造林，防沙治沙和生态治理工作，为新农村建设和农村经济发展提供生态保障。

3. 承载减压，以移民工程减轻人口压力

民勤县在历史上就有移民的传统，有"天下有民勤人，民勤无天下人"之说。近年来，民勤在新农村建设中，通过生态移民、教育移民、劳务移民等移民工程，大力转移人口，减少人口对当地短缺的水资源和脆弱的环境的压力，同时，移民工程也有助于改善农民生产生活条件、促进经济持续发展。

第一，生态恶化引起的生态移民。政府通过兴建道路等基础设施、指导日光温室建设、落实建房帮扶资金、补助养殖项目资金、水权配置引导等方式，努力改善生态移民群众的生产生活条件，不断增强他们的自我发展能力。主要有两种情况：一是在县境内，从库区向坝区移民，以减轻库区的生态压力；二是向县境外移民，主要是向地广人稀的新疆、内蒙古一带移出。据估计，民勤籍县外人口达100多万，在民勤周边和新疆、内蒙古的一些地方，整村、整乡、整县的绝大多数人口都是民勤籍移民。第二，教育移民是一种"绿色"的智力移民方式。自恢复高考以来，已有3万多名学子通过高考走向全国各地，受了高等教育的民勤学子在县外就业，又会带出一定的县内人口，在县外长期定居。作为西部穷县的民勤在县级财政困难紧张的情况下，教育财政拨款每年都要高于财政经常性收入的增长。2006~2009年，民勤县教育经费分别占全县当年国民生产总值的5.74%、5.74%、6.97%、7.90%。2006年民勤县就设立了"县长教育基金"，截至2011年9月26日，民勤县县长教育基金收到社会各界捐款760万元，为7416名贫困教师、中小学生和考入名牌大学的大学生发放救助、奖励金543万元；支付希望小学修建费60万元。第三，传统的劳务移民。早在2005年，民勤县就做出规划，从2006年到2020年，每年劳务移民1万人，其中在外定居的每年能够达到1000人，这样15年就有1.5万人。劳务移民，即可减轻人口压力，也可使农民工在大千世界学到本领、扩大见识，有的在外定居，而有些提升了素质和有了资金积累的返乡农民，在当地进行创业，将进一步促进当地的新农村建设。

4. 资源倒逼，以节水农业促进环境友好

近年来，民勤县以科学发展观为指导，以石羊河流域重点治理为契机，以建设节水型社会为目标，以创建全国节水模范县为载体，坚持生产节水和生活节水相结合、节水和增收相结合，"地下水、地表水、天上水"三水齐抓，生物、工程、农艺、管理等多种节水措施并举，建立以水权管理为核心的水资源管理制度，完善以灌区节水改造为主的输配水工程，不断调整优化农业结构，大力推广农田高效节水技术，探索发展高效节水农业，节水型社会建设取得了显著成效，积累了成功的节水经验，建立了民勤特色的节水模式。到 2010 年，全县国民经济用水总量控制到 3.5107 亿立方米，其中地表水达到 2.0716 亿立方米，地下水削减到 1.4391 亿立方米，用水总量较 2004 年的 7.42 亿立方米削减了 3.91 亿立方米。蔡旗断面来水量达到 2.617 亿立方米，较 2004 年增加了 1.52 亿立方米。地下水开采量大幅度削减，较 2004 年削减了 4.47 亿立方米。全县国民经济各部门农业、工业、生活、生态用水比例由 2004 年的 94.31∶0.83∶1.36∶3.50 调整到 2010 年的 88.78∶0.73∶4.69∶5.80。全县万元 GDP 用水量由 2004 年的 9852 立方米下降为 1068 立方米，下降了 89%。农村生活用水定额控制在每人每天 50 升。农业用水中，农田综合灌溉定额由 2006 年的每亩 585 立方米下降到 2010 年的 415 立方米，每亩下降 170 立方米；农田灌溉水利用系数由 2003 年的 0.55 提高到 2010 年的 0.61，提高了 6 个百分点；农业单方水产值由 2004 年的 2.22 元/立方米提高到 2010 年的 4.38 元/立方米，提高了近 1 倍。

5. 流域治理，以环境保护优化经济发展

为改善石羊河流域的生态与环境状况，总投资达 47 亿元的《石羊河流域重点治理规划》已经国家发展和改革委员会、水利部报请国务院同意，并于 2007 年 12 月 7 日由两部委联合印发。民勤通过石羊河流域治理投资，进一步推动了当地的社会经济发展。民勤作为西部经济落后、环境脆弱、资源约束的地区，通过石羊河流域的投资和治理，进一步推动了当地的社会经济发展。按照"先节水、后调水"的原则，加强水资源统一管理；加快建立"三大体系"：以水权管理为重点的水资源管理制度体系、与水资源承载能力相协调的经济结构体系、与水资源优化配置相适应的水利工程体系；通过细化流域水量定额分配方案、明确初始水权、进行用水总量控制核定额管理等多种措施，初步形成了政府调控、市场引导、公众参与的运行机制,进而促进节水型社会的建设。在社会经济发展目标上,注重发展发展速度建立在水资源和环境承载力的基础上。如在规划中提出的民勤县经济增长速度在 2010 年以前,低于全流域平均速度 2% 左右,就是考虑了水资源对经济发展的承载力而主动调整的。

(三) 启示和推广价值

1. 环境经济协同要找到实现途径和载体

环境经济的协同就是新农村建设中经济和环境两个子系统之间和其子系统内部各要素之间,按一定数量和结构所组成的有机整体,使经济发展建立在环境承载力之内,根本落脚点是农民和其他相关群体受益。具体到每一个地区,必须根据各地的实际,因地制宜、因时制宜,分析新农村建设中经济与环境协同发展的主要制约因素,找到诸如规划战略引导、产业调整优化、生态移民应对等不同的协同实现途径,并根据要求,找到与当地实际结合的诸如发展节水高效农业、循环农业、生态治理等载体,促进资源节约型和环境友好型的新农村建设。

2. 经济发展和生态治理要逐步实现有机结合

新农村建设中经济发展与环境保护的协同,就要把二者有机地统筹起来,不能单纯追求单个的目标。在我国主体功能区战略实施初期,生态补偿机制尚待完善、财政转移支付还需细化推进的阶段,西部农村地区,经济发展水平低,农民增收困难,环境问题往往和贫穷问题交织在一起,唯有找到经济发展和生态治理的结合点,才能实现发展和环保的双赢。如民勤县按照"政府引导、公益支持、项目依托、资源整合、市场运作、农民自建"和"分沙到户、承包治理、开发经营、收益归己"的原则,探索推行"生态公益型人口转移"模式,实现了"群众收入公益化、耕作土地林草化、水效利用最优化、产业发展生态化"的目标,取得了较为显著的成效。

3. 生态环保要逐步由纯生态向生态经济转变

生态治理也不能就生态论生态,特别是作为相对欠发达的农村地区而言,生态环保一定程度上除了讲生态效益外,也需要讲经济效益。如民勤积极探索生态经济、循环经济与沙产业相结合的节水增收模式,走"生态建设产业化、产业发展生态化"的转型之路,充分利用光热资源、合理利用土地资源、科学利用水资源,建立沙产业试验示范生态园,依托生态园的技术集成优势,扩大酿造葡萄、梭梭接种肉苁蓉等建设规模,配套滴灌设施,全力打造"千亩大田林业高效节水灌溉"示范区,大力发展干旱区沙地治理与开发相结合的生态经济产业，在沙化土地治理、植被恢复、结构调整、农民增收综合效益等方面的结合上进行了积极探索。

（四）　西北绿洲区实现协同模式需要解决的重点问题

针对西北绿洲区生态环境脆弱、水资源短缺、农业基础比较薄弱、农村经济社会发展相对缓慢等新农村建设的突出问题，确立"环境优先"的目标，依据水土等资源的支撑力和环境的承载力，确定人口容量和经济发展规模，调整和优化农村产业结构与布局，积极发展生态化节水型附加值高的产业。构建主要包括农业、旅游业和生态环境建设产业等的节水型和环境友好型的生态产业体系；推广以节水保墒增效为重点的旱作农业技术，探索生态经济、循环经济与沙产业等特色产业相结合的节水增收模式，走"生态建设产业化、产业发展生态化"的转型之路，充分利用光热资源、合理利用土地资源、科学利用水资源；大力发展生态环境治理与特色产业开发相结合的生态经济产业；发展绿洲农区的特色农业，促进农民增收；开发利用沼气等农村清洁能源，用生态养殖促进养殖业和种植业的结合；积极构建生态旅游产业体系，突出特定区域的历史文化和生态旅游两大内涵，以大旅游业为先导，依靠旅游产业链带动传统产业结构的战略性调整，走集约型城镇化道路，实现西北绿洲地区的可持续发展①。

西北绿洲区新农村建设中经济发展与环境保护协同模式可以概括为：依据该区水资源作为制约因子的现实，以水资源配置为核心，量水而行，以调整结构优化发展方式；扬弃"经济优先"的理念，以"环境优先"为目标，推进以防沙治沙和水土流失治理为重点生态建设，并注重生态建设产业化；基于农村的环境承载力确定新农村经济发展的方向，以承载减压为手段，以生态移民、教育移民、劳务移民等移民工程减轻人口压力；分析区域经济发展的资源承载力，以资源倒逼为压力，以节水农业促进环境友好；着眼整个生态大系统，以流域治理为载体，以环境保护优化经济发展；经济发展和生态治理要逐步实现有机结合，走"产业发展生态化、生态建设产业化"的转型之路；大力发展具有绿洲特色的优势特色产业，进行生态养殖，防治畜禽养殖污染；以集中村庄布局为基础，促进人口和产业聚集，并配套建设垃圾和污水处理等农村环境基础设施；以节水保墒增效为重点，大力推广旱作农业技术；努力开发和推广适宜的农村清洁能源，并推行环境治理；以农村环境综合整治为切入

---

① 董锁成，张小军，王传胜. 中国西部生态—经济区的主要特征与症结 [J]. 资源科学，2005，27 (6)：103～111.

点，积极解决农村饮水安全、农业面源、矿产开采和农畜产品加工等环境污染问题，努力探索经济环境协同发展的不同实现途径，促进西北绿洲区生态环保由纯生态向生态经济的转变，实现环境效益和经济效益的统一。

六、青藏高原区的协同模式

（一）青藏高原区区域概况及其代表性

青藏高原地区作为我国一个独特的自然地理单元，经济发展相对落后，生态环境极为脆弱，因此探索该区域新农村建设中经济发展和环境保护协同途径具有重要的现实意义。青藏高原地区大部分在中国西南部，包括西藏自治区和青海省的全部、四川省西部、新疆维吾尔自治区南部，以及甘肃、云南的一部分，位于我国第一级阶梯，平均海拔 4000 ~ 5000 米，具有海拔高、日照长、气温低、无霜期短等气候特点，土地生产力低、生态系统脆弱、农业基础设施落后、经济发展相对滞后。这里以甘肃省甘南藏族自治州的三个县为典型对象，进行分析。

甘南藏族自治州位于青藏高原东北边缘，地处甘肃省南部，它是全国十个藏族自治州之一。甘南藏族自治州新农村建设中存在的主要制约因素有：高寒缺氧、交通不便、科技支撑体系薄弱、市场发育迟缓、产业化程度低、经济发展相对滞后、生态环境脆弱等。根据新农（牧）村经济与环境协同发展的内在要求，以青藏高原地区为区域背景，选择甘肃省甘南藏族自治州的夏河县、迭部县和舟曲县为研究对象，在对研究区的地域类型划分的基础上，总结当地新农（牧）村经济与环境协同的实际做法和举措，提炼了纯牧区、半农半牧区和农区新农（牧）村经济发展和环境保护的协同路径，为青藏高原同类地区的新农村建设中环境经济的协同发展提供实践参考①。

由于研究的视角和侧重点不同，对于一个区域的类型划分往往不尽相同，行政区划、自然区划和经济区划各自的目标和功能也存在差异。自然区划就是以地域分异规律学说为理论依据划分自然区，并力求反映客观实际的方法。甘南州的夏河县是甘肃省 2009 ~ 2012 年第二批试点县，另有 8 个州级新农牧村建设试点村。甘南藏族自治州的新农（牧）村建设紧紧围绕"农牧互补"（牧

---

① 张永凯，陈润羊. 青藏高原新农（牧）村经济与环境协同途径研究——基于甘肃省夏河、迭部和舟曲三县的分析 [J]. 资源开发与市场，2013，29（7）：717 ~ 720.

区繁育、农区育肥、农区种草、牧区补饲）战略，大力推进"一特四化"（即打造特色产业，实施专业化布局、产业化经营、标准化生产、技能化培训），实施游牧民定居和整体搬迁，在经济发展和环境保护的协同上进行了有益探索，具有典型性，对同类地区具有一定的借鉴意义。这里重点从自然区划角度出发，根据区域自然地理特征和农牧业生产方式，坚持自然区域为经济建设服务①，参照协同理论的基本构架以及对藏区研究的传统类型划分，将甘南藏族自治州进一步划分为纯牧区、半农半牧区（农牧交错区）和农区三种类型，进而分析各自在新农村建设中经济发展与环境保护协同的途径。

（二）主要实践举措

1. 纯牧区典型区域：夏河县

根据经济发展和环境保护协同要求，夏河县在新牧村建设中采取以下举措。

（1）发展高原生态畜牧业。

由于夏河县是一个纯牧业县，畜牧业是全县的主导产业，目前提出了种植优质牧草、发展畜牧业的新兴产业发展思路。在牧草种植方面，扩大优质饲草料种植面积，大力推广青饲玉米和紫花苜蓿等多年生优质牧草等当年生饲草，实施牦牛繁育业、藏羊繁育业、奶产业、草产业专业化布局，加快畜牧业规模化养殖小区建设，调整养殖业结构，探索纯牧区新牧村建设的新模式。

（2）采取草场联户经营。

草场联户经营模式可以具体分为亲属联户、共用同一夏季草场的联户、因草场相邻而自愿进行的联户经营②，这些模式也是牧民在长期的生产实践中总结出来的。与单户经营模式比较，联户经营模式具有经济效益、社会文化效益和环境效益普遍好的优点③，在生态环境脆弱的青藏高原地区值得推广和应用。夏河县在新牧村建设试点中，不断加快新牧村制度创新，采用集中承包、竞标承包、股份合作、转包、出租、互换、转让、托管等方式，积极稳妥地推进草场承包经营权流转，重点推广草地的联户经营，试点乡镇率先成立专业合作社，建立联户牧场。

①　伍光和，田连恕，胡双熙，等. 自然地理学（第三版）[M]. 北京：高等教育出版社，2000：6.

②　Yan Z. L, Wu N, Doriji Y. A Review of Rangeland and Privatization and Its Implication in the Tibetan Plateau, China [J]. Nomadic peoples, 2005, 9（1 - 2）：31 ~ 51.

③　Cao J J, Xiong Y C, Guo Z D et al. Different Benefits of Multi-and Single-household Grassland Management Patterns in the Qinghai-Tibet Plateau of China [J]. Human Ecology. 2011, 2（39）：217 ~ 227.

（3）发展生态旅游业。

夏河县拥有高品质的旅游资源，特别是拉卜楞寺、甘加草原和桑科草原等独特的人文和自然景观，牧民可以借此大力发展具有浓郁民族特色的"牧家乐"，提高牧民的经济收入，目前比较有影响的"牧家乐"有夏河"赛池牧家乐"等。

（4）实施游牧民定居工程。

夏河县通过牧民定居工程的实施，引导农牧民转变思想、生产和生活观念，减轻草场的压力，逐渐恢复项目核心区草原生态环境，保护水源涵养，这一做法已经成为新牧村试点中的一个突出亮点。目前，夏河县已完成搬迁和游牧民定居 2503 户、13785 人，其中游牧民定居 1183 户、5856 人，占拟定居人口的 71.8%，建设牧民定居点 8 个，科才乡、桑科乡两个纯牧业乡基本实现了全乡规模定居①。

（5）建立生态补偿机制。

夏河县是甘南黄河水源的重要补给区，大夏河作为重要的水源涵养区，生态功能极其重要。目前，夏河县正在实施草原生态补偿机制试点项目，项目实施后，促使草场得到有效保护和建设，通过对草原生态补偿机制试点区实施禁牧 5 年后，植被覆盖度由 65% 提高到 95% 以上，预计产草量提高 30%~60%，优良牧草比例由 55% 提高到 75% 以上。

2. 半农半牧区典型区域：迭部县

迭部县在新农（牧）村建设过程中，采取了很多切实可行的做法，对半农半牧区的新农（牧）村经济发展与环境保护的协同具有一定借鉴意义。

（1）稳步推进"农牧互补"与"一特四化"战略。

迭部县按照"一特四化"的基本要求，在全面摸清各乡镇各类村户各类牲畜饲养底数的基础上，按每年完成 30% 专业化布局试点村建设的要求，完成了 37 个试点村建设，培育种草养畜专业户 3150，修建牲畜暖棚 817 座，青贮氨化池 24 座，建成牦牛（犏牛）、藏羊育肥养殖小区 12 个，并积极打造牦牛、藏羊和草产业带②。

（2）注重农牧民的技能培训。

迭部县把提高农牧民整体素质，培养造就有文化、懂技术、会经营的新型农牧民，作为增强农牧民致富本领的首要环节来抓，采取"走出去，请进来"

---

① 夏河县新农村工作办公室. 夏河县新农村建设试点经验总结 ［R］. 2011.
② 中共迭部县委，迭部县人民政府. 迭部县农牧业产业化发展情况汇报 ［R］. 2012.

等多种渠道和集中培训、分散培训的形式，了解掌握温室大棚的种植与管理技术、农作物病虫害防治、农机具管理维护、沼气的使用管理等方面的技能，进一步提高农牧民整体素质。根据对迭部县电尕村的实地调研，该村目前已经从甘肃省白银市聘请了 6 位农业技术指导员指导长期驻留本村对温室大棚的种植和管理进行长期指导。由此可见，迭部县在新农（牧）村建设中对农业技术培训的高度重视。

（3）大力发展特色林果业。

在新（牧）农村建设中，迭部县非常重视特色林果业的发展。目前，迭部县正在积极打造白龙江沿岸林果产业带。主要是利用灌溉条件较为便利的沿江台地农田及山地，大力发展高原优质特色苹果、樱桃、核桃等经济林产业，建成以苹果和樱桃交叉种植为主的经济林果面积达 5000 余亩。同时，也积极探索林下资源，大力发展以育苗为主的育苗产业，农牧民通过自筹资金，在沿江有灌溉条件的地区发展苗木种植近万亩。另外，政府投入资金 60 万元用于藏中药材种苗（籽）补助，在高山二阴地区种植以当归、柴胡、旱防风为主的藏中药材面积 1 万余亩，在何日滩建成种苗示范基地 100 亩。

3. 农区典型区域：舟曲县

目前，舟曲县按照新农村建设的总体要求，并根据当地的自然条件和灾后重建部署，采取有效措施扎实推进新农村建设，已取得了阶段性的成果。从环境经济协同发展的视角考察，具体做法主要体现在以下几个方面。

（1）因地制宜的发展特色林果业。

舟曲县利用自身特有的气候条件和地理区位，大力发展特色林果业。截至 2011 年底，全县经济林果栽培面积达 11.2 万亩，经济林果总产量 1.31 万吨，产值 4340 万亩，农业人口人均经济林果面积 0.71 亩，人均产值 353.29 元。同时，舟曲县还积极发展育苗产业。政府以投资 1200 万元，在武坪、拱坝、立节乡高标准建设 950 亩优质苗木基地及相应的配套设施。据不完全统计，目前舟曲县已建立育苗基地 2600 亩，每年新移植苗木 1000 多亩，每亩年产值平均在 1.2 万元以上。今后将重点围绕以花椒和核桃为主的林果基地、中药材种植基地和特色产品加工，计划新建花椒基地 9000 亩、核桃基地 5000 亩、优质鲜果基地 1500 亩、木本药材基地 4500 亩。

（2）积极发展劳务输出。

鉴于舟曲县人地关系矛盾突出，生态环境脆弱等现状，在新农村建设中把劳务输出作为增加农民收入的重要抓手，使劳务经济成为农民增收的主渠道。

据统计，截至 2011 年底，舟曲县累计输出劳务 3.8 万人次，同比增长 62.6%，其中有组织集中向江苏等东部沿海发达省市和新疆、内蒙古等西部地区共输出务工人员 1.22 万人，创劳务收入 3.5 亿元，劳务收入已占全县农民人均纯收入的 56%。

（3）充分利用清洁能源。

在舟曲新农村建设中，2000 年开始，在全县范围内大力推动农村沼气池建设，推广太阳能灶，推广高效低排放生物质炉为核心的生态模式，农村能源建设工作取得了长足发展。2006 年舟曲县被农业部和国家发改委正式列为农村沼气建设国债资金项目县。10 年间，舟曲县 19 个乡镇共建成农村户用沼气池 7810 户，推广低排放生物质炉 1360 台，太阳能校舍改建 13 处，共计 4275 平方米，推广太阳能热水器 3000 台，推广太阳灶 19287 台，推广节能灶（炕）0.17 万户（铺），推广藏式节能炉灶 8666 台，改建公益性太阳能暖房 4449 平方米。各项农村能源建设设施累计达到年开发和节约能源量 175.1 万吨标煤的能力，可保护林草植被 15.07 万亩。

（三）启示和推广价值

基于甘南藏族自治州的夏河县、迭部县和舟曲县的典型案例分析，通过总结纯牧区、半农半牧区和农区新农（牧）村建设中的经济发展与环境保护协同的具体途径和举措，从中可以发现，在生态环境极其脆弱的青藏高原地区，不同地域类型的新农（牧）村在促进当地经济发展与环境保护协同推进的做法不尽相同，有必要对这些途径和举措加以归类和提炼，供同类地区借鉴和参考。

1. 纯牧区

纯牧区一般位于大江大河的上游地区，是重要的水源补给区和生态功能区，生态地位非常重要。纯牧区牧民的生产生活与畜牧业息息相关，畜牧业是该区域的支柱产业。因此，纯牧区新牧村经济和环境的协同发展途径可总结为以下几方面。

（1）大力发展生态畜牧业。

纯牧区的畜牧业发展要摒弃传统的产业发展路径，一方面要不断加大牧业科技投入，采取草原围栏种草、防虫灭鼠、疫病防治和畜种改良等措施，大力推广畜牧业实用新技术；另一方面要采取草地承包，围栏放牧，创新草地管理模式，推广草场的联户经营，推动生态畜牧业的持续发展。

（2）实施游牧民定居工程。

加速西北牧区牧民定居和城镇化进程，是改善草原生态环境、缩小牧区与发达地区差距、促进区域可持续发展的根本途径[①]。通过游牧民定居，减轻人畜活动对草地的破坏，有利于高效利用草地资源，保护和恢复草地生态系统，同时也利于发展生产力，提高牧民收入[②]。

（3）有条件的（环境可承受）地区发展"牧家乐"形式的生态旅游业。

随着近年乡村旅游的悄然兴起，乡村旅游业的发展潜力凸显。新牧村要根据当地的旅游资源优势，挖掘民族地方特色，注重生态环境保护，走品牌化经营的道路，这样有利于促进农村剩余劳动力转移并带动牧民脱贫致富，同时也减轻了传统生产和生活方式对生态环境的压力。

（4）建立生态补偿机制。

纯牧区多处于大江大河的发源地（譬如甘南藏族自治州夏河和玛曲县都是黄河的重要水源补给区），是流域生态补偿的重点区域。纯牧区要充分利用地处重要生态功能区的战略地位，明确补偿的主客体，制定补偿标准和补偿方式，建立和完善生态补偿机制，促进新牧村经济发展与环境保护的协同演进。

2. 半农半牧区

半农半牧区作为一种农牧交错地带，兼备农区和牧区的自然地理特征和农牧业生产方式，在新农（牧）村建设过程中，实现经济发展与环境保护的协同推进，可从以下几种途径入手。

（1）发展农牧互补的循环经济。

半农半牧区要充分发挥自身的独特优势，把农区的农业优势和牧区的畜牧业优势结合起来，积极推动"农区育肥、牧区繁育、农区种草、牧区补饲"的循环经济模式，提高资源的利用效率，走循环型生态产业发展道路。

（2）加大农牧业科技投入。

半农半牧区农（牧）村经济与环境协同发展离不开科技的支撑，要不断提高农牧业相关环节和领域的技能培训和技术指导，加快农牧业机械化步伐，推进农牧业科技示范服务，加强现代农牧业科技服务体系建设，增强农牧业科技创新能力，实施农牧互补发展战略。

---

① 李志刚. 牧民定居与小城镇建设——甘肃阿克塞哈萨克族自治县的案例研究 [J]. 社会，2004（12）：10～12.
② 张涛. 甘南藏族自治州牧民定居模式与效应分析 [J]. 甘肃社会科学，2003（3）：104～106.

（3）发展特色生态产业。

半农半牧区的地理环境多样，根据新农（牧）村经济与环境协同发展的客观需要，发展符合当地实际的适宜特色生态产业，境内的牧区依然发展生态畜牧业，林区可以发展特色林果业，农区可以大力发展设施农业等。总之，半农半牧区特殊的地域类型决定了其产业发展的多元化，因此需要根据区域条件和特质，做好产业规划，实施大农业格局下的农牧林融合发展战略。

3. 农区

青藏高原地区农区的新农村建设既要要借鉴其他农区经济与环境协同的发展经验，同时也要考虑本地区的区域特色。要实现经济与环境的协同发展，可从以下几个途径展开。

（1）适当控制人口规模。

相对于纯牧区和半农半牧区，农区的人口数量相对比较多，农区有限的资源和相对脆弱的生态环境将难以维持日益增加的经济和人口总量①，人地矛盾十分突出。因此，新农村建设中要注意适度控制人口规模，大力发展劳务输出，同时鼓励向环境承载力强的地区移民，缓解人口对当地生态环境的压力。

（2）积极发展有机农业。

有机农业是一种完全不用人工合成的肥料、农药、生长调节剂和家畜饲料添加剂的农业生产体系。目前，农业面源污染逐步成为现代农业和可持续发展的重大课题，有机农业的发展潜力巨大。在有机农业的发展过程中，要注重农业技术的推广与应用，做好有机农业的品牌打造，尤其是发展设施农业和经济效益好、市场前景广和生态环保型的特色农业。

（3）注重清洁能源开发与利用。

清洁能源的利用既节约了能源，又有效地保护了当地的生态环境。农区要根据本地的地域类型特点，有选择地加大对沼气、太阳能以及风能等清洁能源的利用，促进农村经济和环境的有机协同发展。

（四）青藏高原区实现协同模式需要解决的重点问题

依据青藏高原地区的如下特点：海拔高、土地贫瘠产出低、生态系统脆弱而重要、农业基础薄弱、农村经济发展水平偏低等问题，新农村建设中经济发展与环境保护的协同的重点领域和关键要素有：完善生态补偿机制，细化财政

① 吴国玺，赵新军. 基于农区开发的农村环境保护与可持续发展研究［J］. 安徽农业科学，2007（27）：8658～8660.

转移支付，保障该区域生态保护为第一位的目标；培育优势特色产业培育，培养本地新农村建设技术骨干和农牧民科技大户，促进农牧业增产和农牧民增收；加强生态建设，促进生态建设的产业化；依据农牧区的具体特点，选择因地制宜的发展路径。在新农（牧）村建设过程中，不同区域类型应该因地制宜，结合当地的自然地理条件、经济发展水平、生态环境脆弱度以及农牧业生产方式，探索符合当地实际情况的新农（牧）村经济发展与环境保护协同路径。

青藏高原区新农村建设中经济发展与环境保护协同模式可以概括为：以主体功能区战略为先导，实施限制开发和禁止开发区各有侧重的差异化发展路径；树立"环境优先"的目标，经济发展要以区域环境承载力为基础；根据农牧业的比重，区分农区、牧区和半农半牧区的协同重点；以农林、农牧、林牧相互结合或农林牧集合共生为内容，形成产业开发与环境保护互促共进的格局；发展具有青藏高原优势特色的产业，加大生态环境保护和农牧村的环境整治力度；根据各地实际，推动风能、太阳能等农村清洁可再生能源的开发利用；探索生态公益型人口转移，减轻生态环境的压力；通过游牧民定居工程，适当集中人口和产业，并配套建设农村环境治理的公共设施，促进游牧民向现代的生产生活方式过渡，努力改善农牧民生产生活基础设施；加强农牧民的教育和培训，完善生态补偿机制，促进农牧民增收；以生态农业为重点，形成农牧林业互促互推的机制，以生态农业推进新农村建设的深入发展。

当然，我国地域广阔，各地区域差异巨大，一地的经验和实践对其他类似地区具有一定的借鉴和启发意义，但各地同时要结合实际，进行因地制宜和因时制宜的实践和探索，以形成类型多样、各有特色的西部地区新农村建设中经济发展与环境保护协同模式的格局。

第十章

西部地区新农村建设中环境
经济协同的战略

本章内容摘要：西部地区新农村建设中经济发展与环境保护的协同，需要清晰地把握全局，依据内部的优势与劣势，把握外界的机会，防范可能存在的风险与威胁，SWOT（优势—劣势—机会—威胁）模型可以把各种因素相互匹配起来加以对应分析和合成分析，进而生成切实可行的供决策参考的战略。对西部地区新农村建设中经济发展与环境保护协同战略进行 SWOT 分析，对提出有针对性的协同战略具有重要意义。运用系统分析的思想，全面分析了西部地区新农村建设中经济发展与环境保护协同的优势、劣势、机会和威胁（SWOT）等因素，提出了西部地区新农村建设中经济发展与环境保护协同的总体战略、基本原则和战略对策。提出西部地区应立足实际，实施差异化的主体功能区协同战略；发挥后发优势，严把西部农村地区的产业准入"门槛"；转变发展方式，积极防治新农村建设中的环境问题；进行分区考核，促进城乡的环保一体化。

一、分析工具

西部地区是我国主要的生态屏障，也是我国社会、经济发展相对落后的地区。谋求经济发展与环境保护的协同推进，是西部地区新农村建设面临的重要课题。目前，虽然有学者对一般意义上经济发展与环境保护协同（部分文献用"协调"一词）的内涵和特点进行了初步研究，但结合新农村建设的经济与环境协同战略研究颇显不足。分析经济发展与环境保护协同面临的内外部因素，并提出协同的战略，SWOT 模型为此提供了有益的分析工具①。

SWOT 模型是在全面系统地分析与研究对象密切相关的各种主要内部的优势（Strength）和劣势（Weakness）因素、外部的机会（Opportunity）和威胁（Threat）因素的基础上，运用系统分析的思想，把各种因素相互匹配起来加以对应分析和合成分析，进而生成切实可行的供管理者决策咨询参考的战略或策略。SWOT 分析最早用于企业管理，后来其应用范围不断拓展，目前已经从单个企业的战略管理延伸到产业群体、区域经济、城市管理、环境管理、海岸带综合管理乃至国家战略等领域②。但在环境经济领域应用很少，尤其是结合新农村建设的经济发展与环境保护的协同方面，这方面的研究比较缺乏。SWOT 方法可以对研究对象进行全面、系统、准确的研究，从而为制定切实可行的战略和对策提供依据。对西部地区新农村建设中经济发展与环境保护协同战略进行 SWOT 分析，以清晰地把握全局，分析优势与劣势，把握外界的机会，防范可能存在的风险与威胁，对提出有针对性的协同战略具有重要意义③。本书对西部地区新农村建设中经济发展与环境保护的协同进行 SWOT 分析，就协同所涉及的关键的内部要素和外部因素进行系统分析，以期为制定协同战略提供科学依据。

二、经济发展与环境保护协同的 SWOT 分析

（一）优势分析（S）

1. 西部地区新农村建设蓬勃开展，已初步具备经济与环境协同的基础（S1）

党的十六届五中全会提出了建设社会主义新农村的重大历史任务，中共中央、国务院颁布的《关于推进社会主义新农村建设的若干意见》，明确了建设新农村的目标任务和政策措施。西部地区 12 个省市区党委和政府按照中央文件的要求，通过各种措施推进新农村建设，并已初步具备了经济与环境协同的基础。

（1）从规划上注重环境保护在新农村建设中的引导作用。党的十六届

---

① 陈润羊. 西部地区新农村建设中经济与环境协同发展研究——基于 SWOT 模型的视角 [J]. 北京林业大学学报（社会科学版），2012，11（3）：83~88.
② 弗雷德·R·戴维著. 李克宁，译. 战略管理 [M]. 北京：经济科学出版社，2002：222~223.
③ 陈润羊，花明. 新农村环境保护的 SWOT 研究 [J]. 乡镇经济，2009（8）：37~40.

五中全会后，西部各地在不同层级上制定了新农村建设的总体规划，有些地区还有子规划和专项规划，在西部各地制定的相关规划中都结合当地实际提出了建设新农村的相关内容，并注重发挥规划在经济与环境协同中的引导和指向作用。各地新农村建设规划中有明确的生态环境保护的内容，一些地区还制定了有关新农村生态环境建设的专项规划，如四川、重庆制定了新农村环境保护与建设规划，新疆制定了村庄整治建设规划等。

（2）新农村建设中比较关注经济与环境的协同问题。西部各地结合各自实际，在开展新农村建设中探索经济与环境的协同之路。如陕西、贵州等地结合扶贫促进新农村建设，进而减轻农民因生存而对环境产生的巨大压力；青海、内蒙古、西藏等牧区，新农村与新牧区相结合，通过牧民安居工程，改善生活条件和人居环境。一些地方的环保部门纳入了当地新农村建设领导小组成员单位，新农村建设试点示范考核的指标中设置了环保方面的指标；新农村建设中结合村庄整治工程、乡村清洁生产工程、农村小康环保行动计划、循环农业促进行动、农村沼气工程等涉及了经济与环境协同发展中产业优化、清洁能源使用、人居环境美化、环境治理等内容。

2. 西部地区的特殊性使经济与环境协同发展成为中央和地方政府、农民的共同需要（S2）

西部地区是我国主要的生态屏障，也是我国生态退化与生态恢复的重点地区，同时又属于社会经济发展相对落后的地区，统筹经济发展与环境保护是西部地区新农村建设命题的应有之义，是实施我国区域协调发展总体战略的客观需要，也是构建国家生态安全屏障，实现可持续发展的基本要求。同时，经济与环境协同发展对于促进农民增收、增进民族团结和维护社会稳定，拓展我国发展空间等都具有现实意义。

3. 协同具有后发优势，有可资借鉴的经验和教训（S3）

后发优势是指后发区域因经济发展相对迟缓和滞后而拥有的有利条件或各种机遇，涵盖技术和制度的各个领域和层面。作为经济欠发达的西部地区，在新农村建设经济发展与环境保护的协同推进中，既可以借鉴国外的经验教训，如韩国的新村运动、日本的造村运动等；也可借鉴我国东中部地区的经验教训，从而在政策、制度、组织和技术等方面进行创新[1]。

---

[1] 徐建华，岳文泽，鲁凤. 中国西部地区的迟发展效应、后发优势及创新对策研究 [J]. 地域研究与开发，2002，21（3）：47~54.

（二）劣势分析（W）

近年来，随着西部地区工业化、城镇化进程的加快及新农村建设的推进，农村工业园在各地兴起，西部一些农村地区因污染危害农民健康和利益受损引发的群体性事件也偶有发生。农村面源污染不容忽视，环保基础设施薄弱。我国是世界上化肥、农药、农膜使用量最大的国家，总用量和单位耕地面积的使用强度都不断增加①。

1. 新农村建设引发的环境问题成为新的挑战（W1）

随着西部地区新农村建设步伐的加快，小城镇和农村聚居点的规模迅速扩大，农村集聚化使乡镇和农村的生活污染物因基础设施和管理不善造成了严重的脏、乱、差问题。乡村旅游对环境带来了新的挑战、室内污染问题也不容忽视。新农村环境问题呈现以下特点：农业生产和人们行为方式引发的环境问题均有点源污染与面源污染共存、生活污染和工业污染叠加、环境和能源问题复合、生态破坏和环境污染问题兼有、各种新旧污染相互交织、工业及城市污染向农村转移②。目前，西部地区环境与经济发展、贫困、人口、"三农"等问题相互交织，互相影响，使新农村建设面临的局势更为复杂。

2. 经济发展水平低，发展需求强劲，协同难度大（W2）

西部地区基础设施滞后，经济结构不合理，自我发展能力不强，贫困面广量大，基本公共服务能力薄弱的问题突出；区域广阔，差异性大，"老少边穷"地区比例大，限制开发区域和禁止开发区域占国土面积比重高，作为禁止开发区的自然保护区，西部地区占全国自然保护区的比例达82.95%，不同类型的自然保护区西部占的比例都较大；工业化、城市化发展水平较低，工业反哺农业、城市支持农村的能力较弱；"三农"问题突出，传统农业向现代农业转型难度大，新农村建设目前尚在探索发展阶段。多年来，西部地区的农民收入在"四大经济板块"中是最低的。2015年，西部农村居民家庭人均纯收入为9093元，只占同期全国的80%，仅为东部地区的64%。当前情况下，发展仍然是第一要务，对西部地区尤其如此。在落后的经济现实和强劲的发展需求之间，经济与环境协同的难度增大。

3. 环境与发展的综合决策机制尚未建立（W3）

建立环境与发展综合决策机制，才可在决策过程中对环境、经济和社会发

① 陈润羊，花明. 新农村建设中的环境问题初探 [J]. 环境保护，2008（22）：31～33.
② 陈润羊，花明. 新农村建设中环境问题的法律解读 [J]. 乡镇经济，2008（12）：5～7.

展进行统筹兼顾、综合平衡、科学决策，实现经济效益、社会效益和环境效益的统一。目前，西部地区有关环境与发展综合决策的制度尚未建立，领导干部科学政绩考核制度、绿色国民经济核算制度、重大决策的环境影响评价制度、决策的监督与责任追究制度等综合决策制度都需要不断完善①。近年来，在政府和官员政绩考核指标上，以往以 GDP 总量和增速为唯一衡量标准的情况已有所改变，并已纳入了环境保护等方面的指标，但不同主体功能区差异化的考核尚还没有推行，而这对生态环境比较脆弱的西部地区尤为重要。

（三）机会分析（O）

1. 主体功能区的战略机遇（O1）

国家从"十二五"规划开始，明确要实施主体功能区战略，国土空间开发将形成新的格局。西部地区尽管限制和禁止开发区比例大，但在国家宏观的主体功能区战略下，保护好生态屏障，若能充分利用财政、农业、环境等相关政策，将在基于不同主体功能区的绩效考核评价体系下受益。财政转移支付、分区考核等，将进一步促使西部在新农村建设中实施差异化的协同战略，这样既是实施主体功能区的需要，也消除了西部地区因保护生态环境有可能使经济发展放缓导致对官员晋升、人民生活水平提高影响的顾虑。

2. 西部大开发战略和国家支持西部省市的政策机遇（O2）

2000 年开始实施的西部大开发战略至今已有快 20 年了。2010 年，中共中央和国务院《关于深入实施西部大开发战略的若干意见》颁布。国家第十二个五年规划纲要提出，要把西部大开发放在区域发展总体战略的优先位置。国家第十三个五年规划纲要中又再次明确重申，要把深入实施西部大开发战略放在优先位置。西部大开发政策演变如表 10 - 1 所示。

表 10 - 1　　　　　　　　　西部大开发政策演变一览

时间	主要内容
1999 年 9 月	党的十五届四中全会召开，提出要实施西部大开发战略
2000 年 10 月	中共十五届五中全会通过的《中共中央关于制定国民经济和社会发展第十个五年计划的建议》，把实施西部大开发、促进地区协调发展作为一项战略任务
2001 年 3 月	九届全国人大四次会议通过的《中华人民共和国国民经济和社会发展第十个五年计划纲要》对实施西部大开发战略再次进行了具体部署

① 蔡守秋，莫神星. 我国环境与发展综合决策探讨［J］. 北京行政学院学报，2003（6）：28～32.

续表

时间	主要内容
2004 年 3 月	国务院印发《关于进一步推进西部大开发的若干意见》，即国发〔2004〕6 号文件
2006 年 12 月	国务院常务会议审议并原则通过《西部大开发"十一五"规划》
2010 年 6 月	中共中央、国务院印发了《关于深入实施西部大开发战略的若干意见》文件
2011 年 3 月	国家第十二个五年规划纲要明确提出，要把深入实施西部大开发战略置于区域发展总体战略的优先位置
2012 年 2 月	国务院正式批复同意发展改革委组织编制的《西部大开发"十二五"规划》
2016 年 3 月	国家第十三个五年规划纲要中明确提出，要把深入实施西部大开发战略放在优先位置
2017 年 1 月	国务院批复同意《西部大开发"十三五"规划》

资料来源：根据相关资料整理。

与此同时，国务院已出台支持新疆、宁夏、广西、甘肃、云南、内蒙古、重庆、西藏等单个省市区以及青海、四川、云南、甘肃等藏区经济社会发展的若干意见（见表 10-2）。国务院已批复了成渝、关中—天水、广西北部湾经济区规划、陕甘宁革命老区振兴规划等国家战略层面的规划。重庆已被列为国家推进统筹城乡改革和发展的试点地区，《甘肃循环经济总体规划》和《青海柴达木循环经济试验区总体规划》是国家批复的第一和第二个区域循环经济发展规划。宁夏为环境保护部首个农村小康环保行动试点地区，提出了创建全国农村环境综合整治示范省区目标。同时，政府实行地区互助政策，开展多种形式对口支援，也会加大对"老少边穷"地区扶持力度。近几年来，国家一系列涉及西部、专门为西部各省市区的政策相继出台，各种支持政策的叠加，并且政策范围覆盖西部各个省份，这些都将给西部发展带来巨大机遇。

表 10 - 2　　　　　　　　国家支持西部省份的政策及战略定位

序号	名称	战略定位
1	《国务院关于进一步促进新疆经济社会发展的若干意见》	我国重要的能源资源的战略基地；西部经济增长的重要支点；向西开放的重要门户；西北边疆的战略屏障
2	《国务院关于进一步促进宁夏经济社会发展的若干意见》	少数民族自治区之一；革命老区和集中连片贫困地区
3	《国务院关于支持青海等省藏区经济社会发展的若干意见》	青海、四川、云南、甘肃省藏区是藏族与其他民族共同聚居的民族自治地方，是长江、黄河、澜沧江等江河的发源地及水源涵养地，重要的高原生态屏障
4	《国务院关于推进重庆市统筹城乡改革和发展的若干意见》	西部的重要增长极，长江上游综合交通枢纽和国际贸易大通道，内陆出口商品加工基地和扩大对外开放的先行区。国家重要的现代制造业基地，长江上游的科技创新中心和科研成果产业化基地，长江上游生态屏障和生态文明示范区

续表

序号	名称	战略定位
5	《国务院关于进一步促进广西经济社会发展的若干意见》	我国面向东盟的重要门户和前沿地带，西南地区最便捷的出海大通道
6	《国务院办公厅关于进一步支持甘肃经济社会发展的若干意见》	连接欧亚大陆桥的战略通道和沟通西南、西北的交通枢纽；西北乃至全国的重要生态安全屏障；全国重要的新能源基地、有色冶金新材料基地和特色农产品生产与加工基地；重要的文化资源宝库，促进各民族共同繁荣发展的示范区
7	《国务院关于支持云南省加快建设面向西南开放重要桥头堡的意见》	我国向西南开放的重要门户；沿边开放的试验区和西部地区实施"走出去"战略的先行区；西部地区重要的外向型特色优势产业基地；重要的生物多样性宝库和西南生态安全屏障；民族团结进步、边疆繁荣稳定的示范区
8	《国务院关于进一步促进内蒙古经济社会又好又快发展的若干意见》	我国北方重要的生态安全屏障；国家重要的能源基地、新型化工基地、有色金属生产加工基地和绿色农畜产品生产加工基地；向北开放的重要桥头堡；团结繁荣文明稳定的民族自治区
9	《国务院关于进一步促进贵州经济社会又好又快发展的若干意见》	全国重要的能源基地、资源深加工基地、特色轻工业基地、以航空航天为重点的装备制造基地和西南重要陆路交通枢纽；扶贫开发攻坚示范区；文化旅游发展创新区；长江、珠江上游重要生态安全屏障；民族团结进步繁荣发展示范区
10	《国务院办公厅关于印发支持西藏经济社会发展若干政策和重大项目意见的通知》	重要的国家安全屏障、重要的生态安全屏障、重要的战略资源储备基地、重要的高原特色农产品基地、重要的中华民族特色文化保护地、重要的世界旅游目的地

资料来源：根据相关资料整理。

3. 解决"三农"问题的政策机遇（O3）

近年来，"三农"问题已经提升到全党工作的重中之重的高度。自2004年到2017年，从2004年起，中央出台了14个有关"三农"问题的"一号文件"，强农惠农富农政策体系不断完善（见表10-3）。2012年11月，党的十八大提出了促进工业化、信息化、城镇化、农业现代化同步发展的战略思想。这一系列文件的出台和相关的重大理论论述，对解决"三农"问题进行了系统部署。西部新农村建设中经济发展与环境保护的协同问题，也与解决"三农"问题紧密相关，有关解决"三农"问题的战略举措，同样也将为促进经济发展与环境保护的协同提供机遇。2013年12月，中央政治局决定成立中央全面深化改革领导小组，其中农村改革也被纳入全面深化改革的领域之一，先后研究出台了《关于完善农村土地所有权承包权经营权分置办法的意见》等文件。2015年，中共中央办公厅、国务院办公厅印发了《深化农村改革综合性实施方案》。进一步厘清了农村集体产权制度、农业经营制度、农业支持保护制度、城乡发展一体化体制机制和农村社会治理制度等5大领域的改革思路，含 26 项举措。

表 10 - 3 新世纪以来中央下发的 14 个涉农"一号文件"

年度	文件名称
2004	《关于促进农民增加收入若干政策的意见》
2005	《关于进一步加强农村工作　提高农业综合生产能力若干政策的意见》
2006	《关于推进社会主义新农村建设的若干意见》
2007	《关于积极发展现代农业　扎实推进社会主义新农村建设的若干意见》
2008	《关于切实加强农业基础建设　进一步促进农业发展农民增收的若干意见》
2009	《关于促进农业稳定发展农民持续增收的若干意见》
2010	《关于加大统筹城乡发展力度　进一步夯实农业农村发展基础的若干意见》
2011	《关于加快水利改革发展的决定》
2012	《关于加快推进农业科技创新　持续增强农产品供给保障能力的若干意见》
2013	《关于加快发展现代农业　进一步增强农村发展活力的若干意见》
2014	《关于全面深化农村改革　加快推进农业现代化的若干意见》
2015	《关于加大改革创新力度　加快农业现代化建设的若干意见》
2016	《关于落实发展新理念加快农业现代化　实现全面小康目标的若干意见》
2017	《关于深入推进农业供给侧结构性改革　加快培育农业农村发展新动能的若干意见》

资料来源：根据相关资料整理。

4. 深化生态环保领域改革的机遇（O4）

《中共中央关于制定国民经济和社会发展第十三个五年规划的建议》提出实行最严格的环境保护制度，党中央、国务院印发《关于加快推进生态文明建设的意见》和《生态文明体制改革总体方案》，共同形成了深化生态文明体制改革的战略部署和制度架构。出台党政领导干部生态环境损害责任追究等配套文件，打好生态文明建设和体制改革"组合拳"[1]。

（四）威胁分析（T）

1. 二元化结构影响的长期存在（T1）

西部是我国相对落后的地区，不仅存在着发展中国家具有的"二元经济结构"问题，还具有更特殊的结构——双层刚性二元经济结构。从总体上是城市现代化经济部门与乡村传统经济部门并存的二元经济结构，而每一元中又分为两层：从城市来看是现代工业与传统工业并存，从农村来看是传统农业与

---

[1] 环境保护部. 2015 中国环境状况公报 [EB/OL]. (2016 - 06 - 01). http：//www. zhb. gov. cn/hjzl/zghjzkgb/lnzghjzkgb/.

以乡镇企业为代表的现代农业并存①。长期以来形成的二元化结构的影响，使西部地区城乡之间、工农之间的经济发展差距巨大。我国的环保起步于甚至现在也基本上是围绕着城市和工业进行的，无论法律规范、机构建设，还是资金投入，科研服务都是以城市和工业为中心的。这种现象虽然正在发生改变，但二元化结构的影响不仅不可能在短期内消除，而且是协同必须面对的客观因素，也为经济发展与环境保护的协同带来了长期的挑战。

2. 产业转移可能带来的环境污染风险（T2）

随着东部地区经济发展方式的转变、产业的升级改造、环境标准的提高，西部为了自身发展，也出台优惠政策吸引投资。东部一些难以立足的能耗大、污染重的化工，造纸，电镀等企业，可能转移或部分已转移到西部地区。在西部地区内部，城市环境监管相对比较严格，农村环境监管是薄弱环节，在城市的企业，随着新农村建设的推进，已有或可能有下乡进村的趋势。越来越多的开发区、工业园区特别是化工园区在一些西部农村地区兴起，造成污水和垃圾等环境污染问题向农村地区转移的趋势有所加剧，工业企业的废水、废气、废渣等"三废"超标排放已成为影响农村地区环境质量的主要因素。

三、协同战略

协同是指系统内各子系统之间的相互适应、相互协作、相互配合、相互促进和耦合而成的同步协作与和谐发展的良性循环过程。经济发展与环境保护的协同，就是在经济和环境两个子系统之间及内部各要素间，按一定数量和结构组成有机整体，配合得当，有效运转。协同要使经济发展建立在环境承载力之内，根本出发点和落脚点是人民群众受益。

（一）总体战略

在西部地区的新农村建设中，要贯彻绿色发展，协调发展的理念，把经济发展与环境保护、改善农村人居环境、促进农业可持续发展、提高农民生活质量和健康水平，以及保障农产品质量安全结合起来，全面推进环境友好的农村生产生活方式，积极培育农村生态文明，以环境保护优化农村经济增长，为实现新农村建设目标和构建和谐社会提供生态安全保障，构建西部新农村建设中

---

① 曹力维，陈敬东. 西部二元经济结构的特点及其转换措施［J］. 改革与开放，2005（10）：27～28.

经济与环境的耦合模型，进行经济与环境二者的机理分析。协调新农村建设利益相关方的博弈关系，以新农村环境承载力作为协同的"度"，在协同的产业形态和组织形态研究基础上，依据经济与环境的协同关系，设计因地制宜的协同模式，以制度创新作为实施协同模式的保障。

（二）基本原则

1. 科学发展，以人为本

新农村建设中要协调人口、资源和环境等各方面的关系，处理好发展的规模、比例、结构和速度等关系。协同要与农民增收、改善农民生活水平结合起来，把保障和改善民生作为协同的出发点和落脚点，着力解决涉及群众切身利益的环境问题，使各族群众共享协同发展的成果。

2. 统筹规划，突出重点

要统筹好经济与环境的结构、层次和空间关系，协调好产业规划、环境规划、能源规划、基础设施等规划。影响协同的因素是多方面的，首先要确定主导因素，克服最大的影响因子。由于新农村建设尚处于试点示范阶段，经济发展与环境保护的协同，需要随着新农村建设的逐步深入和全面推开而有重点地逐步推进，不可急功近利、贪功冒进。

3. 因地制宜，模式多样

根据西部地区自然生态环境、社会经济发展水平、新农村建设的类型和协同面临的主要问题，因地制宜地设计不同的协同模式，提出各自相应的对策和措施，积极探索适合不同区域特点的协同道路，不断提高协同的水平。

4. 政府主导，多方参与

新农村建设中寻求经济发展与环境保护的着力点和链接途径，既要发挥政府的科学引导作用，更要发挥市场配置资源的决定性作用。政府主要通过规划、法律法规、区域政策、产业导向等手段，引导市场主体参与到协同中来。同时，发挥农民群众的主体作用，建立和完善公众参与机制，鼓励和引导社会力量参与、支持经济与环境的协同。

（三）战略对策

在对西部地区新农村建设中经济发展与环境保护协同 SWOT 分析的基础上，提出如下几点经济发展与环境保护协同的战略对策（见表 10 - 4）。

表 10 - 4　　　　　西部地区新农村经济与环境协同战略的 SWOT 分析表

外部因素 对策 内部因素	机会（O） （1）科学发展观下主体功能区战略的机遇；（2）西部大开发战略的优先位置和国家支持西部省市区的政策机遇；（3）解决"三农"问题的政策机遇；（4）深化生态环保领域改革的机遇	威胁（T） （1）二元化机制长期影响仍然存在；（2）产业转移可能带来的环境污染转移的风险
优势（S） （1）西部地区新农村建设蓬勃开展，已初步具备经济与环境协同的基础；（2）西部地区的特殊性使协同成为中央和地方政府、农民本身的共同需要；（3）协同具有后发优势，有可资借鉴的经验和教训	S-O 对策：依靠内部优势，利用外部机会 ——立足西部实际，寻求连接途径，实施差异化的主体功能区协同战略（S_1、S_2、O_1、O_4）	S-T 对策：利用内部优势，规避外部威胁 ——借鉴经验教训，发挥后发优势，严把西部农村地区的产业准入"门槛"（S_3、T_2）
劣势（W） （1）生态环境问题突出，是协同面临和需要解决的问题；（2）经济发展水平低，发展需求强劲，协同难度大；（3）环境与发展的综合决策机制尚未建立	W-O 对策：利用外部机会，弥补内部劣势 ——利用政策机遇，转变发展方式，积极防治新农村建设中的环境问题（W_1、W_2、O_2、O_3）	W-T 对策：减少内部劣势，规避外部威胁 ——进行分区考核，延伸环境管理，促进城乡的环保一体化（W_3、T_1）

1. 立足西部实际，寻求连接途径，实施差异化的主体功能区协同战略（S_1、S_2、O_1、O_4）

要依靠西部地区新农村建设现有的经济发展与环境保护协同的基础，充分利用科学发展观下主体功能区战略实施的机遇，协调中央和地方政府、农民 3 方的博弈关系，寻求不同主体功能区经济发展与环境保护的结合点和连接途径，实施差异化战略。由于西部地区在国家层面上没有优化开发区域，所以对于西部地区而言，就只涉及以下 3 类开发区域。

（1）重点工业化城镇化开发的城市化地区的协同。如成渝、关中—天水和广西北部湾等重点开发区，特别是城郊的新农村建设，充分挖掘农业除生产外的休闲、旅游和观光等多种功能，重点在城乡一体化、城市化、乡村工业化、乡村集镇化、乡村生活方式城市化等方面先行探索，并寻求经济发展与环境保护的着力点和连接途径。在规划层面上，推进城乡一体化的规划，充分发挥规划对经济发展和环境保护协同的导向作用；在产业层面上，实施产业生态化战略，积极发展农村生态经济，加快生态建设的产业化进程，为环境保护提供经济支撑；在协同的载体层面上，完善生态农业园和生态农业园的管理。

（2）限制开发区域的农产品主产区的协同。在新农村建设中，重点要在发展现代农业、保护农业生产条件等方面寻求经济发展与环境保护的着力点和连接途径。在保护农业生产条件层面，要加强水利等农业基础设施建设，深入开展小流域综合治理；在农业布局规划层面，要根据自然环境要素，调整农业结构，因地制宜地发展特色和优势农业，如在西北干旱区大力发展旱作节水农业，西南丘陵山区发展山地高效立体农业，青藏高原发展生态农牧业，在河套平原、宁夏平原、河西走廊和新疆绿洲等地发展灌溉农业等；在优化开发方式层面，要控制农产品主产区开发强度，发展循环农业、生态农业、特色农业和绿色农业，促进农业资源的永续和综合利用；在资源利用层面，大力发展沼气、作物秸秆及林业废弃物利用等生物质能和风能、太阳能，加强省柴节煤炉灶炕改造等。

（3）限制开发区域的重点生态功能区的协同。新农村建设要在生态系统的物质循环、能量流动和信息传递的三大功能上寻求经济发展与环境保护的着力点和连接途径。在空间结构层面，要进行点状开发、面上保护；在产业层面，要发展不影响生态系统功能的适宜产业、特色产业和服务业，如沙产业、草产业和林业产业等，形成环境友好型的产业结构；在人口迁移层面，要引导超载人口逐步有序转移到城市化地区，实施生态移民战略，减轻对生态环境的压力。

2. 借鉴经验教训，发挥后发优势，严把西部农村地区的产业准入"门槛"（S_3、T_2）

发挥西部地区的后发优势，借鉴国内外协同的经验和教训，严把产业准入"门槛"，化解东部、城市产业转移对西部、农村可能带来的环境污染转移的风险，在政策、制度、组织、技术等方面进行创新，避免走"先污染，后治理"的老路。

（1）在西部地区承接国内外产业转移中，要严把产业准入"门槛"。将资源承载能力、生态环境容量作为承接转移的依据，以环境标准为基线，防止落后产能的转移，特别是要严控"高污染、高能耗、消耗资源性""两高一资"项目的准入，而对可再生能源、节能环保、旅游产业、现代服务业、特色农牧业及加工业、高技术产业等方面，则要积极吸纳。

（2）在西部城乡内部，要严格环境监管。新农村建设的相关项目，要符合当地的生态功能定位，在能耗、物耗、水耗等指标上不降低标准，并引导产业向园区集中；落实新农村相关规划和项目的环境影响评价制度，进行必要的环境可行性论证，对规划或项目可能造成的环境影响进行调查、预测和评价，并提出防治环境污染和破坏的对策，以及制定相应方案，为环境管理提供科学依据；大力推进清洁生产，通过清洁生产审核，引导企业发展循环经济。

3. 利用政策机遇，转变发展方式，积极防治新农村建设中的环境问题（W_1、W_2、O_2、O_3）

充分利用西部大开发战略和国家支持西部省市区以及国家解决"三农"问题的政策机遇，加快西部地区发展步伐，提高经济发展的质量，并在经济发展中，积极防治环境问题。

（1）加快西部农村地区经济发展方式的转变。总体上，西部地区要从高投入、高消耗、高速度、低质量、低效益，追求数量和速度的粗放型发展方式，转变到高投入、低消耗、高速度、高质量、高效益，兼顾速度与效益的集约型发展方式。根据主要限制因子，调整产业结构。西北要"因水制宜"，西南要"因土制宜"，如发展节水型和节地型产业；要把资源优势转化为经济优势，由资源依赖转向创新驱动；大力发展乡村旅游等无污染的产业；推动特色农业发展，使之产业化、生态化等。

（2）积极防治新农村建设中出现的环境问题。随着西部大开发战略的实施，中央财政将加大对西部地区均衡性转移支付力度，将有更多的财政性投资投向生态环境领域，这将为还清西部生态环境欠账提供难得的机遇。在西部新农村建设中，既要积极解决如农业面源污染严重、生活污水和垃圾乱倒乱放等现有的农村环境问题，又要有效防治新农村建设中出现的新的环境问题，如农村集聚化引发的环境问题，小城镇和农村聚居点的规模迅速扩大，使乡镇和农村的生活污染物因基础设施和管理不善造成的严重的脏、乱、差问题等。重点做好西部农村饮用水水源地保护、生活污水和生活垃圾处理、畜禽养殖污染防治和土壤环境保护等5个方面的工作，以"以奖促治、以创促治、以减促治、以考促治"为抓手，深入推进新农村的环境保护工作。

4. 进行分区考核，延伸环境管理，促进城乡的环保一体化（W_3、T_1）

推动建立基于不同主体功能区的科学考核机制，规避二元化结构对协同的长期影响，逐步构建城乡一体化的环保机制。

（1）建立基于不同主体功能区的绩效考核评价体系。绩效考核是领导干部的"指挥棒"和"风向标"，建立科学的考核评价体系，可以引导领导干部树立正确的政绩观和科学的发展观。按照不同区域的主体功能定位，实行各有侧重的绩效考核评价方法，并强化考核结果运用，有效引导各地区按照主体功能区的方向统筹安排辖区内的各项经济活动。如在重点开发区域，实行工业化城镇化水平优先的绩效评价，综合评价经济增长、环境保护等内容，弱化对投资增长速度、吸引外资、出口等指标的评价。在限制开发的农产品主产区，实行农业发展优先的绩效评价，强化对农产品保障能力的评价，弱化对工业化城镇化相关经济指标的评价。限制开发的重点生态功能区，实行生态保护优先的绩效评价，强化对提供生态产品能力的评价，弱化对工业化城镇化相关经济指标的评价。在禁止开发区域。按照法律法规和规划的保护对象确定评价内容，强化对自然文化资源原真性和完整性保护情况的评价。

（2）统筹城乡环保规划，环境管理向农村延伸。充分考虑城乡之间的功能和分工，从区域经济统筹发展的角度，统筹考虑城乡空间布局，把规划覆盖到农村地区。从区域生态系统结构和功能的角度，综合考虑城乡不同区域的生态功能，统筹城乡区域环境规划。在科学预测城乡经济和社会发展需要的基础上，统筹城乡布局排水、垃圾和污水处理等基础设施建设，努力克服农村因基础设施落后导致的协同困难。逐步健全县乡两级环保机构，环保管理延伸到乡镇和村，重点乡镇建立环保所，形成以市、县（区）环保局为主体，以重点乡镇环保所为支撑，以乡、村环保监督员为辐射的四级管理体系；建立分工明确、统一协调的管理体制①；加强监测、监察和宣教设施和手段等农村环境能力建设，推进城乡环境管理一体化。

总之，西部地区在国家生态安全战略中占据特殊地位，因此经济发展与环境保护的协同在多要素的协调中更具基础性。在国家实施新一轮西部大开发战略背景下，西部地区要充分把握难得的政策机遇，直面内部难点，化解外部挑战，唯此，西部地区才可实现持续协调和以人为本的科学发展，并促进国家区域发展战略的深入实施。

---

① 陈润羊，花明. 构建农村环保保障体系［J］. 环境保护，2010（4）：42～43，46.

第十一章

西部地区新农村建设中环境经济协同的制度

本章内容摘要：环境经济协同发展的根本保障在于构建完善的制度体系，针对西部地区新农村建设中经济发展与环境保护协同模式实施时所面临的主要制度性障碍，构建了环境经济协同发展的制度体系。首先分析了环境经济协同发展面临的主要挑战，揭示了环境经济协同发展的制度障碍有五：政绩考核制度不科学，目标导向性不强；生态补偿制度不健全，利益驱动性不强；生态环境管理制度不完善，决策综合性不强；公众参与制度不完善，治理激励性不足；监测评估制度不齐全，管理约束性不强。进而提出了环境经济协同发展的制度体系：以科学的政绩考核为导向，完善综合决策的体制和机制；以合理的利益协同为核心，建立并完善生态补偿的制度；以环境评估为前置条件，不断完善生态环境管理制度；以发挥协同效应为目标，构建公众参与制度；以协同性发展为基本战略，建立严格的监测和评估制度。

一、环境经济协同发展的主要挑战

目前，西部地区的新农村建设取得了积极进展，如农业产业结构不断优化、基础设施和社会事业不断夯实，农民收入有所提高、农村发展路径更加多样等，但是西部地区新农村建设也面临着经济发展动力不足、环境问题日益突出、环境保护与经济发展脱节等一系列挑战，实施环境经济协同发展战略才能应对这些挑战。西部地区新农村建设中的环境问题与经济发展的滞后问题等相互交织、互相影响，呈现交错的综合效应，环境经济协同发展同样也面临诸多挑战：由于区域环境保护面临的挑战和区域经济发展面临的挑战已经在前述章节中作了阐述，这里主要分析环境经济协同发展方面的挑战①。

（一）生态农业发展缓慢，在新农村建设中对产业的支撑作用不突出

受自然条件、技术水平等多方面因素的影响，西部地区传统的依靠化肥、农药促进农业生产的方式在短期内不可能完全改变。尽管各地结合实际，探索出了一些生态型循环农业的模式，如将沼气池、猪禽舍、厕所和日光温室集合的"四位一体"模式、将沼气池、果园、暖圈、蓄水窖和看营房结合的"五配套"模式、"猪—沼—果"模式等，但这些都是在农户层面的小循环经济模式，其规模效益较小。

（二）生态工业比重偏低，农村生态园区建设受限

目前，大多数的西部农村，以简单的农副产品加工为主的乡镇企业，由于产业链条短、企业关联度低、地域限制等原因，无法在区域层面发展生态工业园区，生态工业对新农村建设的提升效应不能完全显现。

（三）生态型服务业尚未形成气候，生态循环型社会建设任务艰巨

西部地区的金融、物流、高新科技等产业比重偏低，打通生产、消费、流通等环节的循环型社会体系尚未建立，新农村建设中低碳、循环和绿色发展的理念未能完全落实，资源节约、生态文明的社会风尚还没形成。鉴于西部地区在国家生态安全、社会经济方面的特殊性，应以新农村建设为契机，可以在西部新农村建设中率先实施环境经济协同发展的战略，以建设环境友好型的新农村，为全国的新农村建设提供有益的探索。

二、环境经济协同发展的制度障碍

目前，西部地区新农村建设中经济发展与环境保护脱节的现象较为突出，既有历史原因，又有现实原因；既有经济发展的阶段性原因，又有环境公共品供应不足的限制；既有产业水平低下的制约，又有环境意识不高的影响；但归根到底的根本原因则在于制度层面还没有形成环境经济协同发展的体系。

---

① 陈润羊. 西部农村地区构建环境经济协同发展制度的思考 [J]. 福建农林大学学报（哲学社会科学版），2015，18（3）：15~20.

（一）政绩考核制度不科学，目标导向性不强

政绩考核的主要目的是真实反映各级政府和官员的工作实绩，全面衡量政府和官员的决策体制、工作方向、综合素质。科学发展的政绩考核体系，事关发展的价值导向，是各级政府和官员工作成效的真实呈现，也是作为官员升迁、使用和评价的重要依据。然而，目前的政绩考核更多偏重经济指标而忽视环境目标，也没有体现区域差异化的考核原则，未能充分体现西部一些地区特殊而又重要的生态地位，致使以牺牲环境为代价的发展路径在西部地区的表现依然比较普遍。如当前西部各地的新农村建设评价指标体系中，尽管设置了环境整治、生态保护等方面指标，但其权重占比低、约束力不强，评估指标更多还是以经济发展为主要导向。同时，有的生态脆弱区，仍然把 GDP 纳入政府和官员的绩效考核中，这与其脆弱而又重要的生态主体功能不相符合。

（二）生态补偿制度不健全，利益驱动性不强

在新农村建设中，对于我国重点生态功能区的西部地区来说，经济发展与环境保护的协同本身是一个两难的选择。一些地区只能以提供生态产品和农产品为主要功能，但因环境保护而放弃的发展机会、受损的利益等就需要一定的生态补偿机制予以弥补。但是现有的生态补偿机制的不健全，造成生态补偿方式单一、效果有限，相关群体生态保护的积极性不高。只有通过建立持久、稳定的生态补偿机制，对重点生态功能区因环境保护丧失发展机会或增加的发展成本给予合理的经济补偿，才能解决西部地区面临的环境保护与经济发展的矛盾，进而促进环境经济的协同发展。如在三江源、青藏高原牧区等地，目前的生态补偿方式单一、规模低、数量少，还不足以调动一切农牧民参与生态建设、退耕还林、退牧还草的积极性。

（三）生态环境管理制度不完善，决策综合性不强

环境影响评价制度通过环境评估，为政策制定、规划编制到项目论证提供科学依据。在新农村建设中通过政策、规划、项目的事前环境影响评价和实施后的环境影响后评估，科学预测其环境影响，并提前采取预防措施，有助于科学的综合决策。但是，目前西部农村环境管理工作薄弱，新农村建设的决策和项目建设更多考虑经济利益，环境影响还不是决策的主要因素。据调研，一些地方存在为招商引资而降低环保"门槛"的现象，特别是结合新农村建设的

项目一些地方作出了在环保审批上"开绿灯"的承诺，项目的建设更多地考虑经济效益，而忽视了环境承载力评估和资源支撑力分析。这就需要进一步完善以环境影响评价、环境目标责任制等为重点的环境管理制度，增强决策的综合性。

（四）公众参与制度不完善，治理激励性不足

受历史文化、社会经济等因素的影响，我国尤其是西部地区，在生态环境的协同治理上，更多偏向于采取短期见效快的行政性强制性手段，经济性手段的应用也在不断受到重视，然而，基于公众利益的协商、信息公开、宣传教育等鼓励和自愿性的手段应用不足，也没完全建立起充分发挥公众作用、畅通公众发言渠道、体现公众利益的公众参与制度体系。在市场化程度和人们法治意识不断提高的情况下，管理链条过长、信息传递不畅甚至失真、横向沟通困难等引发的交易效率低下等问题，在人们权益意识不断高涨的今天，更多地引起了质疑①。以行政手段为主导的生态环境治理尽管有见效快、实施容易等优点，但其造成的不利后果是政府在生态环境方面的努力得不到广大公众的充分认可，在特定条件下，也催生了某些环境事件乃至群体性环境事件的发生。尽管政府部门在生态环境质量的改善上，采取了诸多措施、作出了不懈的努力，即使从生态环境的监测指标和综合评价指数上看，生态环境的质量有所改善，然而，公众的认可度并不高、生态环境质量的获得感也较低。这与公众未能充分参与生态环境的治理有关，与目前生态环境治理上的开放性不够、治理的激励性不足，公众的积极性发挥受限等因素都密切相关。

（五）监测评估制度不齐全，管理约束性不强

确立环境经济协同发展的基本战略，建立西部地区新农村建设中的经济发展与环境保护协同发展的机制，才能有效实施环境经济协同发展的模式。但是目前西部地区尚没有建立一套环境经济协同发展的监测和评估制度，这就不能为适时地调整区域和产业协同发展战略提供科学依据，也无法从整体的格局上有效推进环境经济的协同发展。同时，环境经济协同发展战略还未能充分纳入西部社会经济发展规划，造成了环境经济不能齐头并进。因此，建立新农村协同发展战略的监测评估制度，从战略高度驱动政府、企业、社会组织和农民等各类主体沿着环境经济协同发展的轨道推进新农村建设已经显得刻不容缓。

---

① 安树伟. 西部大都市区管治 [M]. 北京：经济科学出版社，2016：113.

三、环境经济协同发展的制度构建

要直面新农村建设中的环境保护和经济发展的双重挑战，就必须实施环境经济协同发展的战略，构建环境经济协同发展的制度体系，使环境经济的协同发展步入制度化的轨道，以建设既经济繁荣又环境友好的社会主义新农村。通过构建完整的制度体系，来引导、规范新农村建设的各类经济行为，使环境保护与经济发展能够协同推进。这就要求在政策上进行创新，通过实施一系列改革措施，革除不符合协同发展需要的制度、体制，创新、完善新的制度、体制，并通过有关的法律来进行强制性维护和强制性执行。同时，注重经济手段、公众参与等手段的综合配套使用，提高经济发展过程中的经济效率和生态效率。

（一）以科学的政绩考核为导向，完善综合决策的体制和机制

针对现有政绩考核体系的不足，需要突出科学发展的政绩考核导向，要发挥好政绩考核的"度量衡"和"指挥棒"的作用。

1. 根据不同地区的主体功能要求实施分类考核

西部地区在国家层面没有优化开发区，重点开发区有成渝经济开发区和北部湾经济开发区等，而限制开发区和禁止开发区所占全国的比例较大。以科学发展为导向的政绩考核，要根据主体功能区规划的要求，对不同层级的领导班子和领导成员，构建基于不同导向、各有侧重的考核指标体系，引导各级政府和官员树立科学的政绩观，突出各地区的特点，加大环境保护、节能减排等指标的权重。严格落实《关于改进地方党政领导班子和领导干部政绩考核工作的通知》精神，限制开发的农产品主产区和重点生态功能区以及禁止开发的重点生态功能区，分别实行以农业优先、生态保护优先、注重自然文化资源原真性和完整性保护的绩效评价，生产总值、工业增长等不作为考核指标。

2. 落实生态环境保护责任，分步实施环境绩效考核

在具体考核上，分步推行由自然资源资产到全面环境质量的环境绩效考核，对所辖区的领导干部进行由自然资源资产到全面环境质量的离任审计，进而建立生态环境损害责任终身追究制。由试点示范开始，探索编制一个地区的自然资源资产负债表，从自然资源资产和其所提供的生态效益两个层面展开核算。核算自然资源资产的存量及其增量情况，评估当期生态资产实物量和价值

量的变化，以反映各级政府和官员任期内对生态文明建设贡献与否、大小的"生态政绩"①。在自然资源资产绩效探索成熟的基础上，逐步纳入如大气环境质量、水环境质量、土壤环境质量等全面环境质量的离任审计，引导政府和官员决策时全面综合地考虑环境影响。

3. 完善环境与发展综合决策的体制和机制

从根本上讲，决策对环境的影响更为广泛和深远。要全面落实可持续发展战略和环境保护的基本国策，就需要完善环境与发展综合决策的体制和机制。环境与发展综合决策主要是指在决策中，综合考虑环境的影响和区域环境容量，统筹安排经济活动和环境保护，实现经济效益、环境效益和社会效益的有机统一。对于西部各级人民政府而言，应该进一步完善六大综合决策制度：决策的环境影响评价制度、决策的科学咨询制度、决策的部门会审制度、决策的公众参与制度、决策的信息公开与保密制度、决策的监督与责任追究制度等②。通过修订相关法律法规，进一步完善综合决策的有关程序，在决策上把环境经济协同发展的原则得以制度化、法制化和具体化，使新农村建设涉及的不同层次的政策、规划以及项目建设等与当地的自然资源的支撑力、环境容量的承载力相匹配，促进决策的科学化和民主化。

（二）以合理的利益协同为核心，建立并完善生态补偿的制度

不同地区和不同主体的利益协同，无疑是环境经济协同模式实施的核心，利益协同的基本出发点是约束和激励并行，一是限制和约束不友好的生态环境行为，二是激励和整合友好型的生态环保行为。

1. 在国家层面，建立综合和横向相结合的生态补偿政策体系

在 2014 年修订并于 2015 年施行的《中华人民共和国环境保护法》中，已明确了生态保护补偿的法律地位。目前的重点是在科学论证的基础上，尽快出台《生态补偿条例》，确定生态补偿的政策地位，并将生态补偿的原则、范围、领域和基本方法等予以规范化和程序化。国家进一步加大对生态地位突出的西部地区的财政转移支付力度，对重点生态功能区、禁止开发区域进行纵向的生态补偿；探索实施东部发达生态受益地区对西部欠发达生态保护地区的生态补偿模式，并鼓励和引导下游地区与上游地区，通过协商或者市场交易，建

---

① 王金南. 自然资源资产产权制度十问？[N]. 中国环境报，2013 - 11 - 29 (003).
② 蔡守秋，莫神星. 环境与发展综合决策的立法探讨 [J]. 中国人口·资源与环境，2004，14 (2)：30～33.

立环境经济政策体系，项目合作，产业承接与转移，共建生态工业园和生态农业园，管理和技术人才的相互交流，高新生态技术培训等不同方式，积极推动横向补偿；生态受益地区的地方政府应落实生态保护补偿资金，以用于生态保护地区的生态保护补偿。

2. 在西部内部扩大生态补偿的试点范围和领域，并丰富补偿的方式

政府主导的财政转移支付和吸引社会资本投资的市场型补偿相结合；退耕还林、退牧还草和生态移民安置等生态保护补偿，要和扶持生态农牧业发展，鼓励农村清洁能源利用，创造农牧民就业机会、技术培训，改善农牧民生活条件等民生发展等多样化的补偿方式相结合。进一步建立健全包含针对森林生态系统、草原生态系统和湿地生态系统以及水土流失、荒漠化治理等领域在内的生态补偿制度，建立三江源等江河源头区、水源保护区和生态环境修复治理区等重点生态区的生态补偿机制。

3. 生态补偿要与生态环境的绩效考核相联系

在西部各级地方政府的政绩考核中，完善相关指标体系，并根据重要性为各个指标赋予不同权重，生态保护地区的地方政府生态补偿政策的支持额度、投向等要与生态环境的绩效考核挂钩。与此同时，要进一步加大专项环境审计的力度，规范和引导生态补偿资金的使用方向，以使地方政府真正负起生态保护的责任，将生态补偿资金真正用于生态保护方面。

4. 生态补偿与加大农村环境治理力度相结合

根据"受益者付费、破坏者赔偿、开发者补偿"的原则，西部各地也要不断探索辖区内涉及的流域上下游之间的生态补偿等问题，并在不同层级的生态环保跨行政区合作上，迈出实质步伐。在农村环境治理的投资上，西部各级政府要加大对污染防治、生态保护等环境基础设施的投资力度，中央政府应加大对西部地区的环境治理投入和财政转移支付力度，在强化西部地区生态环境保护的同时进一步缩小区域差距[①]，也缩小西部区域内部在城乡生态环保方面的差距。

（三）以环境评估为前置条件，不断完善生态环境管理制度

进一步完善以环境影响评价、"三同时"和环境目标责任制为重点的环境管理制度，是实施新农村建设中经济建设与环境保护协同模式的基本制度保障。

---

① 张克云. 生态文明的区域经济协调发展战略［M］. 北京：北京大学出版社，2014：320.

1. 把环境影响作为新农村建设决策的首要考虑因素

开展有关西部开发和新农村建设的重大政策、规划的战略环境影响评价，推动环境保护参与综合决策。战略环境评价将环境因素置于经济决策和规划实施的前端，是促进环境与发展综合决策的主要方式，也是经济发展与环境保护协同推进的重要保证。开展西部开发有关重大政策以及新农村建设涉及的土地利用、园区拓展、农业、能源和资源开发等重大规划的环境影响评价，分析、预测和评估这些政策和规划实施可能对环境系统、人体健康的重大和长远影响，并提出预防或者减轻不良环境影响的对策和措施，以及对相关政策和规划草案的修改或者调整的意见和建议。这些政策和规划的战略环评要纳入环境与发展综合决策过程中，并落实在综合决策实施的不同层面，并有效指导新农村建设的项目环评工作。

2. 以环境评估优化新农村建设的各类项目

新农村建设中，对环境评价要求新建设的各类投资项目，将环境评价置于审批前端，不做环评或环评没有通过的项目不得实施。积极开展畜禽养殖、农产品加工、各类招商引资项目、农业园区、新农村的住宅区等重点产业和重点区域的建设项目的环评，综合分析产业结构、空间布局、产业规模等项目特性与当地环境资源承载能力的协调性、匹配性，并采取预防或者减轻这些环境影响的综合措施，以环境评价优化农村经济发展方式。

3. 把环境容量作为产业规划、空间布局和项目准入的前提条件

结合西部各地新农村建设的环境区域、资源约束、产业特点以及发展的战略方向，设置基本的环境"门槛"，严把包括空间、总量、项目等在内的准入关，从源头上引导和规划各地新农村形成与本地环境系统相容，并利于发展循环经济的产业链条、产业类型和空间布局。考虑区域的环境承载力，新农村建设在发展经济中关于产业项目的人口数量、产业方向和产业规模以及项目的安排选择、空间布局、工艺路线、园区建设等，都要在充分考虑区域环境承载力之后而确定。

4. 在农村着重落实和创新"三同时"和环境目标责任制

除了严格新农村各类发展规划和建设项目的环境评价，从源头上防治新农村建设引发的环境问题外，还需：一是严格"三同时"管理制度①，严把新农

---

① "三同时"制度指：新建、改建、扩建项目和技术改造项目以及区域性开发建设项目的污染治理设施与主体工程同时设计、同时施工、同时投产。

村建设的产业规划和项目建设的"入口关"和"过程关";二是强化和明确地方政府和官员的环境责任,层层分解和落实环境目标,并纳入政绩考核体系。

(四) 以发挥协同效应为目标,构建公众参与制度

依据协同论的基本原理,在西部地区新农村建设中经济发展与环境保护的协同中,应发挥各协同主体的作用,达到产生协同效应的目的。发挥政府在行政管理、政策支持、规划引导、资源和资金支撑等方面的主导作用,保障环境公共品如农村环境污染治理设施、排灌和水利设施等的基本公平的供应;发挥市场在资源配置中的决定性作用,通过明确产权、排污交易等不同方式,克服环境污染的外部性,使排污企业承担环境保护的主体责任。进一步发挥农户和社会组织的积极作用,构建公众参与机制。通过公众参与,协调农民和企业、政府在农村经济发展与环境保护协同过程中的各种关系,积极化解环境纠纷。根据利益相关主体与相关利益要求,进行公众参与过程的路径设计,建立公众全过程参与的系统,讨论具体利益相关者的合作空间,搭建政府、社会、企业和农民共同推进协同发展、解决协同难题的平台①。

1. 加强环境教育和法治教育,培育公众的参与意识

环境教育和法治教育是提高农民参与协同效果的有效途径。通过宣传栏、电视、广播、网络等媒介,倡导和实践环境友好的绿色生产、生活方式,改革和摈弃传统落后的生产、生活方式,达到人与自然的和谐发展。充分利用大众媒体的强大影响力,普及环境法律知识,培养农民的环境法治观念,提高法治素质,树立依法维权的观念,从而有效地监督政府决策和企业的环境行为,进而促进新农村建设中环境经济的协同发展。

2. 推进信息公开,发挥媒体的宣传教育和舆论监督作用

利用广播、电视、杂志、报纸、网络等传媒,充分发挥其宣传教育和舆论监督的功能。新闻媒体要把新农村建设的相关内容纳入宣传计划当中,要加强对重点环境问题、重点污染源、重大建设项目环境影响以及各种环境违法问题的新闻监督。建立和完善新农村公共信息公开制度(包括新农村规划、项目建设、财务资金、环境治理等信息),保证公共信息的公开性和透明性以及公众获得的便利性。

---

① 陈润羊,花明. 构建农村环境保护长效机制研究 [J]. 农业环境与发展,2010,27 (5):6~8.

3. 完善法律法规，确保农民的参与权

完善协同发展的法律法规，确立保障农民能够有效行使知情权、参与权、司法救济权等各方面的权利，并使各构成部分之间在程序上互相呼应和支撑①。完善涉及公众参与权的相关民事、行政诉讼制度和民事、行政赔偿制度，建立环境公益诉讼的制度，使农民在自身环境权利和公众环境权益受到损害或即将损害时及时获得环境法律救济；广泛听取农民对涉及自身环境权益的发展规划和建设项目的意见，尊重农民的环境知情权、参与权和监督权，维护农民的环境权益；建立公众参与责任追究制度，对有责任协助实施但拒绝者施以惩戒，以保障公众参与落到实处。

4. 畅通参与渠道，建立有效的公众参与机制

组织化是提高农民参与效果的主要形式，也是一种有力的公众参与模式。加强与社会组织的联系，发挥志愿者的作用。引导非政府性的环保组织、农业协会等社会组织健康有序地发展，支持其开展各种新农村环境保护的社会监督和公益活动，使其成为公众参与环境保护的桥梁和纽带②。新农村建设涉及的规划编制、区域开发、建设项目以及有关的政策制定和项目论证等方面，政府部门要通过座谈会、问卷调查、听证会等适当形式向公众征询意见，并畅通建言献策的渠道，促进科学决策和民主决策。

（五）以环境经济协同发展为基本战略，建立严格的监测和评估制度

在实施环境经济协同发展战略过程中，有效的监测、评价和跟踪协同发展的进程必不可少，这就需要建立一套协同发展的监测和评估制度，以为适时地调整区域和产业协同发展战略提供科学依据。

1. 建立监测和评估环境经济协同发展的信息数据库

系统收集西部新农村建设所涉及的经济、社会、环境、资源、人口等方面的动态数据，数据源主要来自地方政府和省级的统计年鉴、调研获得的数据资料、遥感获取的信息数据、计算机和专用软件模拟计算获得的数据、评估推演等获得的数据，并不断更新，以监测各个地区或不同产业中环境经济协同发展的动态变化过程。并据此分析各个地区、不同产业在环境经济的动态发展情况、存在的薄弱环节、发展态势，并不断调整相应的政策导向，以使环境经济

---

① 陈润羊，花明. 论可持续发展中的公众参与 [J]. 环境与可持续发展，2009 (4)：29~31.
② 陈润羊，花明. 论环境保护中的公众参与 [J]. 环境与可持续发展，2008 (2)：21~24.

的协同发展走向持续化的轨道。

2. 应用好协同发展的监测评估体系

西部地区新农村建设中的经济发展与环境保护协同发展的监测评估体系，其主要作用在于系统收集协同发展的相关数据，并为协同战略的制定和调整提供决策依据。除此之外，监测和评估数据库还有其他用途，如跟踪协同发展所涉及的目标、区域、产业等方面的进展情况；掌握一定时期内协同发展进程中的主要不足、限制因子；监测并评估采取的各类协同发展措施的单独手段和综合手段的实施效果和影响因素；不定期地公布重点区域和重点领域关于协同发展的现状和趋势的指标数据；把各地协同发展的监测和评估结果，纳入各级政府和官员的政绩考核中去。

总之，依据协同论的基本原理，要在新农村这个复杂开放系统中使经济子系统和环境子系统相互作用而产生的整体效应或集体效应，就要发挥各个主体的协同作用，并使其多种力量集聚成合力，形成大大超越原各自功能总和的新功能，即产生协同效应。在西部地区新农村建设中经济发展与环境保护的协同中，应发挥政府、企业、农户、社会组织等各协同主体的作用，达到产生协同效应的目的。在生态文明已经成为时代趋势的背景下，西部地区新农村建设中的环境经济的协同发展，应放在更为宽阔的视域加以思考。包含经济、环境、人口、资源等要素在内的协同发展应置于国家长期战略规划中，将经济、环境和社会协同发展的思想贯彻在西部大开发规划、各级政府国民经济和社会发展规划中去。只有这样，西部地区的新农村建设才会把美丽乡村变为现实，进而使西部的广大农村能够紧跟全国全面建成小康社会的步伐。

第十二章

西部地区新农村建设中环境经济协同的对策

本章内容摘要：针对西部地区新农村建设中经济发展与环境保护协同模式实施时，所面临的难点和重点，以及需要解决的关键问题，从具体措施的层面，提出了相应的对策建议。考察了新农村建设中环境保护与经济发展的六大突出矛盾：农村环境问题突出，制约区域经济发展；延续传统发展方式，农业绿色发展受限；工农城乡分割严重，特色功能定位不清；村庄空间布局分散，基础设施建设滞后；农村环境监管乏力，基础能力建设薄弱；持续资金投入不足，环境治理模式落后。在此基础上，从六个方面提出了西部地区新农村建设中环境经济协同的对策建议：创新环境宣传教育，培育生态文明意识；加快循环经济步伐，推动产业转型升级；提高科学规划水平，优化空间功能布局；分类推进村庄整治，完善公共服务体系；加强基本能力建设，强化农村环境监管；开辟多元互补渠道，加大资金投入力度。

西部地区新农村建设中经济发展与环境保护的协同，除了依靠协同发展制度保障外，还需根据实施协同模式的需要，采取必要的具体对策措施。根据西部地区新农村建设中经济发展与保护环境协同的优势、劣势、机会和威胁（SWOT）等因素，在总体战略分析的基础上，针对实施协同模式的需要和西部新农村建设的实际，提出关于新农村建设中经济发展与环境保护协同的对策建议，以期为国家制定和调整相关政策提供决策依据，并为西部新农村建设中环境经济协同的实践提供科学的参考①。

2017 年的中央一号文件《关于深入推进农业供给侧结构性改革　加快培

---

① 陈润羊. 美丽乡村建设中环境经济协同发展研究［J］. 福建农林大学学报（哲学社会科学版），2016，19（4）：21~27.

育农业农村发展新动能的若干意见》中指出：近几年，我国推进农业转型升级，但要素配置不合理、资源环境压力大、农民收入持续增长乏力等问题仍很突出，因此，需要推进农业供给侧结构性改革，进而提高土地产出率、资源利用率、劳动生产率，促进农业农村发展由过度依赖资源消耗、主要满足量的需求，向追求绿色生态可持续、更加注重满足质的需求转变。环境保护与经济发展的协同推进，是新农村建设的基本内涵，也是协调发展新理念和绿色发展新理念的具体体现。

一、新农村建设中环境保护与经济发展的突出矛盾

新农村建设是一个包含经济发展、社会进步、环境友好、科技创新等多重内容在内的系统工程。当前全国各地的新农村建设在不断拓展，国家、省和地市等层级的创建活动进行得也是有声有色，新农村建设在促进农村经济发展、助力精准扶贫、改善基础设施、提升农业产值、扩大农民增收等方面都取得了积极进展。然而，不容忽视的是，新农村建设中环境保护与经济发展的矛盾依然突出。

（一）农村环境问题突出，制约区域经济发展

随着资源环境的约束趋紧，日益突出的环境问题已成为区域发展的制约因素。新农村建设面临的环境问题的类型多样，既有老问题，也有新挑战，既有生态破坏的挑战，也有环境污染的压力。化肥农药等施用引发的农业面源污染问题、畜禽养殖的后续治理措施欠缺、乡村工业污染蔓延等老环境问题没有得到根治，而农村集聚化、乡村旅游等引发的新环境问题也不容忽视。

全国环境统计公报显示：2015 年，全国废水排放总量 735.3 亿吨。废水中化学需氧量排放量 2223.5 万吨，其中，工业源化学需氧量排放量为 293.5 万吨、农业源化学需氧量排放量为 1068.6 万吨、城镇生活化学需氧量排放量为 846.9 万吨。废水中氨氮排放量 229.9 万吨。其中，工业源氨氮排放量为 21.7 万吨、农业源氨氮排放量为 72.6 万吨、城镇生活氨氮排放量为 134.1 万吨[①]。由此可见，废水中化学需氧量排放量污染源的构成中，农业源、工业源和城镇生活的占比分别为 48.4%∶13.3%∶38.3%；废水中氨氮排放量污染源的构成中，农业源、

---

① 环境保护部 . 2015 年全国环境统计公报［EB/OL］. （2017 - 02 - 23）. http：// www. zhb. gov. cn/ gzfw_ 13107/hjtj/hjtjnb/.

工业源和城镇生活的占比分别为 31.8%∶9.5%∶58.7%；农业污染是造成废水中化学需氧量的第一大污染源，氨氮的第二大污染源。

根据第一次全国水利普查水土保持情况普查成果，中国现有土壤侵蚀总面积 294.91 万平方千米，占普查范围总面积的 31.12%。目前，全国化肥当季利用率只有 33% 左右，普遍低于发达国家 50% 的水平；中国是世界农药生产和使用第一大国，但目前有效利用率同样只有 35% 左右；每年地膜使用量约 130 万吨，超过其他国家的总和，地膜的"白色革命"和"白色污染"并存。首次全国土壤污染状况调查（2005 年 4 月~2013 年 12 月）结果显示，全国土壤总的点位超标率为 16.1%，耕地土壤点位超标率为 19.4%，林地、草地和未利用地土壤点位超标率分别为 10.0%、10.4% 和 11.4%。土壤污染类型以无机型为主，有机型次之，复合型污染比重较小，无机污染物超标点位数占全部超标点位的 82.8%[①]。农村地区已成为环境群体性事件的易发地和多发地。研究表明：我国农村环境突发事件与贫困具有高度的重合性，农村环境突发事件与贫困互为因果关系，具有共生风险[②]。近年来，一些农村地区因污染危害农民健康和利益受损引发的群体性事件也时有发生，环境问题已成为影响农村社会稳定和经济持续发展的重要因素。

（二）延续传统发展方式，农业绿色发展受限

当前，从整体而言，我国农业经济发展的"绿色化"问题还处在探索过程，农业绿色发展的模式、路径还不够明确。受自然条件、技术水平、历史文化等多方面复杂因素的影响，传统的农业生产的方式在短期内不可能完全改变。尽管各地结合实际，在不断探索循环农业、生态农业园区、生态工业园区的建设模式，这些符合农业绿色发展的模式尽管也取得了积极的成效，但也存在数量稀少、特色不明、难以持续、规模效益和推广价值不大等不足。以现代生态循环农业建设为例，我国目前建设国家级生态农业示范县只有 100 余个，省级生态农业示范县仅有 500 多个，建成生态农业示范点 2000 多处，实施了10 个循环农业示范市建设，11 个涵盖不同主导产业类型的现代生态农业清洁生产示范基地建设[③]。尽管这些现代生态循环农业的建设取得了一定的带动效

---

① 环境保护部.2014 年中国环境状况公报［EB/OL］.（2015 - 06 - 05）. jcs. mep. gov. cn/hjzl/zkgb/2014zkgb/201506/t20150605_ 303033. htm.

② 王庆霞，龚巍巍，张姗姗. 中国农村环境突发事件现状及原因分析［J］. 环境污染与防治，2012, 34（3）：89~94.

③ 农业部. 农业部就"农业部浙江现代生态循环农业发展试点省建设"举行发布会［EB/OL］.（2015 - 01 - 06）. http://www. moa. gov. cn/sydw/stzyzz/tpxw1/201501/t20150106_ 4324051. htm.

应，但就整体而言，我国以现代生态循环农业为代表的农业绿色发展仍然处在试点示范阶段，试点示范的规模和面积对于广大的农村区域而言也仅仅是凤毛麟角，整体农业绿色发展的路径仍然处在艰难的探索过程中，绿色发展的模式还需不断实践适应和理论提炼。怎样由传统的产业和产业发展方式、发展模式转变为资源节约型、环境友好型、生态型、循环式的现代产业体系和产业发展方式，如何形成因地制宜的农业绿色发展的模式，进而发挥其对新农村建设的提升效应仍然任重而道远。

（三）工农城乡分割严重，特色功能定位不清

"十二五"期间，我国的农村发展取得了喜人的成绩，我国农民人均收入年均增长 9.5%，2015 年我国农村居民人均可支配收入首次超过 11000 元大关，更是达到了 11422 元。连续六年农民收入增幅高于 GDP 增幅，也高于城镇居民收入增幅。但是也要看到，城乡差距、工农差距过大仍然是我国经济社会持续发展面临的基本挑战，"十二五"期间城乡居民收入差距尽管在不断缩小，但城乡居民收入比值还是达到 2.9 比 1，城乡收入差距较大仍然是不争的客观事实。与此同时，农民收入不高且不平衡问题依然存在，随着农产品价格下行和农民工资性收入增长乏力"双碰头"，保持农民收入持续较快增长难度加大[1]。在当前的新农村建设中，一般比较注重单个村庄的规划，但工农融合和城乡一体的科学统筹的整体理念缺乏，使单个的或成片的新农村建设不能充分依靠区位优势，也无法形成各具特色的建设模式。如能从城乡统筹的角度，规划、建设和管理基础设施，将会改善农村基础设施普遍落后的局面，为环境经济的协同发展奠定基础。同时，由不同层级的政府、不同主管部门主导的新农村建设涉及的环保、产业、能源、旅游、基础设施等各类规划在内容上衔接不够，自成体系，但不能有机统一，致使部分专项规划之间存在矛盾和冲突的地方。区域环境承载力、资源支撑力如何与经济发展涉及的产业规模、产业结构等相适应，无疑是环境经济协同发展的基本原则。

（四）村庄空间布局分散，基础设施建设滞后

当前农村地区普遍存在如下现象：农村公共设施薄弱，村庄布局分散，农村空心化问题突出，致使"村村通"等道路建设成本高、占用耕地多；也使

① 施韶宇.2015 年我国农民人均纯收入 11422 元［EB/OL］.（2016-01-20）［2016-3-12］. http://m.news.cntv.cn/2016/01/20/ARTIYxP7cUB6lDVSI1lFm7ck160120.shtml.

农村市场体系建设、污水处理设施、垃圾中转和运贮、乡村小学设立、集中供水供暖供气等都难以形成规模效应。另外，农村环境保护的基础设施建设严重滞后。中国环境状况公报数据显示：2014 年，全国对生活垃圾进行处理的行政村有 25.7 万个，占行政村总量的 47.0%；有生活垃圾收集点的行政村为 34.6 万个，占行政村总量的 63.2%；对生活污水进行处理的行政村为 5.5 万个，仅仅占行政村总量的 10.0%①。这些数据表明，由于受经济发展水平和资金投入等因素的限制，农村有关环境保护的基础设施供给严重不足，难以满足农村环境治理的基本需求，这也是造成农村环境问题日益突出的根源之一。因此，重新构建农村的产业空间、生活空间、生态空间、生产空间，对目前大多散乱空的村庄进行空间上整合，适当集中村庄布局，推进农村空心化整治，拓展乡村聚落生活、生产、生态的综合功能，提高人口和产业的集聚化程度，解决投资规模效益低下的问题，以便集中配套涉及农村经济发展的公共设施和涉及农村环境治理的基础设施②。

（五）农村环境监管乏力，基础能力建设薄弱

目前，在新农村建设经济发展与环境保护的协同中，面临着如下不足：许多地方没有相应的农村环境监管机构，尤其是西部的大多乡镇和村一级的环境管理存在空白领域；农村环境监测目前还处在试点阶段，不能全面反映农村环境质量的现状，也无法为新农村建设中经济发展与环境保护的协同提供可靠的环境质量数据支撑；农村环境宣传教育设施和手段落后，宣教的层次、形式、渠道相对比较单一，内容比较枯燥，宣教效果不理想等。以农村环境监测现状为例，2009 年，我国才在全国开展农村环境监测的试点，2009 ~ 2012 年全国累计监测试点村庄只有 1510 村次，根据全国农村环境质量监测工作进度安排，2014 ~ 2016 年，全国合计监测县域总数约为 454 个，监测村庄总数约为 1362 个③。这样的环境监测规模，对于幅员广阔的广大农村而言范围太小，也难以全面客观地反映农村环境质量的状况。

---

① 环境保护部. 2014 年中国环境状况公报 [EB/OL]. (2015 - 06 - 05). jcs. mep. gov. cn/hjzl/zkgb/2014zkgb/201506/t20150605_ 303033. htm.

② 刘彦随，楼花楼，陈玉福，等. 中国乡村发展研究报告——农村空心化及其整治策略 [M]. 北京：科学出版社，2011：182 ~ 183.

③ 中国环境监测总站. 全国农村环境质量监测工作实施方案（修改稿）[EB/OL]. (2014 -02 -13). http://www. doc88. com/p-5631081711556. html.

（六）持续资金投入不足，环境治理模式落后

在新农村建设中，持续的资金支持无疑是实施经济发展与环境保护协同模式的基本条件，但是当前在此方面却存在着这样的挑战：新农村的项目建设特色化不够彰显、各方面的资源和资金投入不足、融资渠道相对单一、环境基础设施建设薄弱、有限资金的使用效益有待提高等。以环境污染治理投资为例，2015 年我国污染治理投资总额为 8 806.3 亿元，占当年 GDP 的 1.3%，比 2014 年的 1.51% 有所下降①。但这一数据统计的是工业污染治理项目、"三同时"项目环保和城市环境基础设施建设的投资额，而广大农村的环境保护投资尚无统计资料。在村庄整治方面，2014 年，全国有 25.0 万个行政村开展了村庄整治，占行政村的 45.7%②。以新农村建设为载体，开辟多渠道的资金来源，努力形成工业反哺农业、城市扶持农村、其他地区帮助和补偿生态屏障区的新型农村环保投资机制，将是实施环境经济协同模式的需要解决的难题。同时，在农村环境问题的治理模式上，由于受最小经济规模规律和高折旧率的限制③，农村的生活污水和生活垃圾、乡镇企业污染和畜禽养殖场污染，仍然套用针对主要城市和工业点源污染的"末端治理"模式，对于农村的面源污染既治不起，也治不净，这就需要创新农村环境治理的模式，采用新型的合同环境服务的方式来应对。

二、新农村建设中环境经济协同的对策建议

实施环境经济协同发展战略，既是解决现有农村环境问题的有效手段，也是农村地区实现持续发展的重大任务。环境经济的协同发展，其实就是新农村建设中贯彻落实协调发展和绿色发展两大发展新理念的具体路径。

（一）创新环境宣传教育，培育生态文明意识

思想是行动的先导，生态文明意识在环境经济协同中起着基础性的作用。通过宣传教育，提高新农村建设中各重点群体的生态文明意识，进而在全社会

---

① 环境保护部.2015 年全国环境统计公报［EB/OL］.（2017 - 02 - 23）. http://www.zhb.gov.cn/gzfw_ 13107/hjtj/hjtjnb/.
② 环境保护部.2014 年中国环境状况公报［EB/OL］.（2015 - 06 - 05）. jcs.mep.gov.cn/hjzl/zkgb/2014zkgb/201506/t20150605_ 303033. htm.
③ 苏杨，马宙宙.2006. 我国农村现代化进程中的环境污染问题及对策研究. 中国人口. 资源与环境，16（2）：12~18.

形成良好的生态文明建设的氛围，将在新农村建设中经济发展与环境保护的协同中发挥长远性的引导性作用。当前，农村环境教育既是我国生态文明教育的薄弱环节，又是生态文明意识培养的切入点，也是协同模式得以实施的基础[①]。

1. 弘扬优秀传统文化，形成生态文明风尚

认真汲取中华传统文化中符合当今生态文明建设的思想精华，注重吸收各地农村尤其是一些少数民族地区符合生态文明行为的宝贵经验，也要引导农民生活方式向现代化生活方式转变。通过弘扬生态文化，提高相关群体的生态文明意识，调动各方参与环保的积极性和主动性，倡导推广健康文明的生产、生活和消费方式，提高全社会的科学发展意识和生态道德素质，进而形成环境友好和资源节约的良好社会风尚。

2. 根据不同受众对象，进行分层分类教育

突出领导干部和基层科员，乡镇企业领导和员工，农民等三大重点群体，设计包括目标任务、教育内容和教育途径在内的生态文明教育方案。领导干部和基层科员生态文明教育的目标是增强科学发展意识，提高环境保护综合决策能力；乡镇企业领导和员工教育的目标是增强企业的环境保护责任意识和树立绿色企业形象意识；农民生态文明教育的目标是树立环境资源有限性和"绿色致富"的意识，进行科学种植和养殖，增强环境权益意识。通过生态文明教育，使各相关群体提高生态文明意识，了解美丽乡村环境保护的基本知识、法律法规，掌握美丽乡村环境保护的基本技能，积极参与到美丽乡村环境经济协同的具体实践中，转变生产和生活方式，形成符合可持续发展的行为习惯。

3. 强化平台基地建设，发挥示范带动作用

充分发挥各级各类学校，如党校、成人教育、国民教育系列学校等教育资源丰富的优势，渗透生态文明的相关内容。通过"绿色社区""绿色学校"创建等活动，增强公众参与生态文明建设的积极性。在生态文明建设试点示范区、农村环境连片整治示范区、环境优美的乡镇、文明生态村、生态农业示范点、土壤污染修复示范点和农业环保科研基地中选择典型，作为国家级的生态文明教育基地，供公众参观、学习和体验，各省市也可根据需要确定各自的生态文明教育基地，把生态文明教育基地建设成向公众普及生态文明知识，提高

① 陈润羊. 新农村建设背景下农村环境教育对策研究 [J]. 资源开发与市场，2011，27 (11)：461~463.

生态文明意识的主要场所，开展具有知识性、趣味性的科普活动，发挥生态文明教育基地的载体作用。加强各级各类生态文明教育基地的教育设备和展示手段建设，积极探索教育的新途径，不断丰富教育的新内容，提高教育的效果，以期对周边地区起先进示范作用，以点带面，用鲜活的案例教育各相关群体。

（二）加快循环经济步伐，推动产业转型升级

产业是新农村建设的重要载体，也是经济发展与环境保护协同的纽带和桥梁。在新农村建设中，基于循环经济，推动产业发展与环境保护的协同，在于转变产业运行、发展的方式。

1. 改造升级传统产业，推动集中布局园区

对新农村原有的资源消耗大、环境污染重、技术含量低的传统产业，通过清洁生产审核，实施清洁生产的工艺、设备和管理，进行生态化改造。国家有关节能减排、循环经济、清洁生产等专项基金适当向农村地区倾斜，各级地方政府积极筹措专项清洁生产的专项扶持基金，以推动各企业加大实施清洁生产的力度，并给予实施清洁生产的企业适当的资金补贴，前期清洁生产审核费用视情况由专项资金予以适当比例的支持，以利企业的初期推动工作。制定政策和规划，引导产业尤其是工业类企业向园区化集中，并配套建设水、电、暖、气、污水处理、垃圾回收等基础设施，便于集中化的环境监管。

2. 优先发展环保产业，调整农村经济结构

大力发展农村新兴产业，夯实新农村建设的产业基础。主要包括农村资源节约与生态环保产业、农村资源型特色产业、休闲农业产业、农村信息化产业、农村物流产业、农村新能源产业、农村社区服务产业、农村金融服务产业等农村新兴产业。通过发展生态农业、循环农业、环境服务业，减少对资源的过度消耗和环境的污染压力，增强农村产业发展与环境承载力的相容性，进一步促进农村产业的可持续发展[①]。

3. 加大清洁能源利用，优化农村能源结构

能源结构不合理是影响经济发展、环境保护以及二者协调关系的重大难题。必须积极调整农村能源结构，采取因地制宜的举措，大力推广应用风能、

---

① 刘娟，蔡功文. 构建产业支撑体系 推进新农村建设 [J]. 小城镇建设，2007 (11)：80~83.

太阳能、生物质能等清洁能源，减少化石能源的生产和消费。在城郊的农村地区，通过城乡一体化的基础设施规划和建设，将天然气管道延伸到城郊的农村地区，提高液化天然气等能源的比例，降低薪柴、煤炭等传统能源的比例；在远郊区，气候等条件适宜的农村地区，大力扶持和推进农村沼气的使用，解决目前农村沼气推广中存在的技术指导不够、前期扶持不力、农民培训不足等问题；在远郊的其他地区，推进节能锅灶的使用、改造并提高能源的利用效率，减少污染物的排放。

4. 制定废物利用政策，大力发展循环经济

基于农业循环经济小尺度的目标清洁水源、清洁能源、清洁田园和清洁家园的"四清"，进而达到大尺度生产发展、生活富裕、生态良好的"三生"目标。从三个层面上推行农业循环经济：微观层面，推行农业有关单元、系统的清洁生产；中观层面，建立农业循环经济园区；宏观层面，实现农业、工业和服务业三大产业之间的循环。当前急需制定有关废弃物资源化的扶持政策，一些农村农用塑料薄膜用量巨大，因回收获利小、回收系统尚未全面覆盖，农膜回收不尽造成土壤质量下降；废弃农膜加工企业缺少、生产中有二次污染产生。因此，亟须制定相关扶持鼓励政策，通过补贴、减免税等多种政策措施，扶持废弃农膜加工企业扩大生产，并采取清洁生产的技术工艺；统一规划，优化固体废物的收集与处理设施的布局，建立全覆盖的农村生活垃圾和农业固体废弃物的收集与处理体系。

（三）提高科学规划水平，优化空间功能布局

在新农村建设中，依据不同的区域、经济和环境特点，做好功能定位，通过科学规划，进而优化空间布局，是从空间层面实施经济发展与环境保护协同模式的根本。

1. 基于不同功能定位，优化农村空间布局

在新农村建设中，基于经济发展与环境保护的协同发展的思想，编制环境功能区划，按照自然生态保留区、生态功能保育区、食物环境安全保障区、聚居环境维护区和资源开发环境引导区等不同类型的环境功能区，结合主体功能的方向，根据所在区域的主体功能和提供主体产品以及不同用途，实施差异化的分类分区建设策略，寻求差异化的发展路径，并在空间上进行合理的分工、协作，寻求城乡、乡乡的统筹发展。如处在城郊区的新农村，其功能除了为周边城市的提供基本农产品外，其生态环境保护功能和文化传承功能会更加凸

显，要针对城郊区紧靠城市的不同城市化水平，适时合理地调整农业的空间布局和产业结构。一般意义上，根据离城建区距离的近远，把城郊区依次划分为三大功能区：近郊区生态缓冲功能区、中郊区生产服务功能区和远郊区景观文化功能区等三大功能圈层①。当然这三大功能区也要协同发展，以促进城郊区所连接的城市和农村的经济社会和环境的可持续发展。

2. 环保优化发展方式，统筹各类各级规划

把环保规划作为新农村建设的基础性、约束性、前提性规定，并严格监督执行。新农村建设的各项发展规划都应在环保规划的基础上进行编制，以确保经济发展涉及的产业规模、产业结构等与区域环境承载力、资源支撑力相适应。统筹新农村建设涉及的环保、产业、能源、旅游、基础设施等规划，把环境规划纳入新农村建设规划，将农村环保体现在地方的有关计划和规划中，做到建设服从规划、规划体现环保，根据不同区域的发展阶段制定相应的规划内容，并严格按规划内容执行，作好规划的管理和落实工作，充分发挥环境保护对优化经济发展方式的作用。

3. 根据城乡功能定位，促进工农协调发展

从区域环境经济协同发展的角度，将城乡发展作为一个整体进行规划，使农村居民点能有序发展，克服一些地方新农村盲目集聚化引发的环境问题。在区分城乡功能的基础上，本着集约用地、保证耕地的原则，统筹区划县市域的全部土地。科学预测城乡社会经济发展的规模、结构和方向，统筹布局水、电、暖、气、污水处理、固体废物处理处置等基础设施，大力改善农村基础设施落后的局面。

（四）分类推进村庄整治，完善公共服务体系

针对目前新农村建设中存在的农村环境问题突出、村庄空间布局分散，基础设施建设滞后等问题，需要从应用科学技术、实施村庄整治和健全运行机制等方面入手，着力完善基本的农村公共服务体系，努力改善农村的生产生活面貌。

1. 科学治理环境问题，加大基础设施建设

按照"科学规划、统筹发展、设施配套、功能完备"的原则，重视新农

村院落基础配套设施建设，努力构建村容整洁、乡风文明的人居环境。

（1）靠近城市且规模较大的乡镇集中居住点。加强雨水、污水、垃圾中转回收、给水，电力、电信、燃气以及环卫设施等配套建设，完善教育、医疗卫生、商贸服务、农家购物、文化娱乐等公用服务体系，将其统一纳入城镇规划与建设中。

（2）远离城市的乡镇集中点。完善居民点排水设施，实现雨、污分流，雨水可利用现有沟渠就近排放，污水可结合沼气池建设，经生化处理后排放；给水可通过城市给水系统或打井取水、雨水收集等方式解决。有条件的地方，利用新农村建设资金，或通过农民自筹等形式，配套建设天然气或沼气等清洁能源，并设立一定环卫设施，如垃圾收集点、公厕等。完善路、水、沟、庭院相结合的绿化配套，对整理出的空间进行绿化布局。

（3）集中居住区。应按照新型农村社区的要求进行改造和建设，在实际建设中，应尊重农民意愿，不搞大拆大建，通过政策引导农民逐步聚居。除撤并的集中村落点外，其余农村集中村落点将保留，以整治改造为主，完善现有基础设施，以改善农民的生产生活条件和村落整体面貌。

2. 分类推进整治村庄，加强人居环境治理

按照"规划先行，有序推进，政府引导，农民为主，因地制宜，突出特色"原则，认真做好村容整治规划。通过保护耕地，改善生态环境，创建环境优美的村庄，使村落民居符合人与自然和谐发展的要求。村庄整治主要有3类[①]：①修缮式整治。对住房质量较好或地理位置较为偏僻的居民点，采取"局部改造、整体修缮"的原则进行整治。②适度搬迁与更新式改造。对于交通条件不畅，公共设施不够齐全的居住点，根据村民意愿进行整体搬迁，或者按照"相对集中、设施完善、方便生产"的原则，进行集中改造。③新建村民住宅。按"就近方便，村民自愿"的原则，尊重民意，合理规划选择居住点，先期进行必需的基础设施建设，引导村民积极参与新村建设。

3. 调动各方积极力量，健全组织运行机制

县、乡（镇）党委政府在宏观上把握和领导规划建设部门的技术和业务；村委会从社区的选点、道路网的规划、配套服务设施的规划、村落的结构、户型的设计以及费用的筹集等方面进行具体的组织实施；同时吸纳社会力量参与

---

① 李小平，邹异玲，刘汉明. 湖南长沙县石塘铺村 科学规划改造旧村庄 ［J］. 城乡建设，2007 （3）：47～48.

进来，结合实际进行市场化运营；村民参与讨论，献计献策，在基础设施建设等方面可以投工投劳，积极引导群众参与新农村建设。村庄建设费用主要来自新农村示范点的政府补贴、村民自筹资金、信用社贷款、企业投资、民间借贷资金等。

（五）加强基本能力建设，强化农村环境监管

不断完善包括机构、监测、监察、宣教等方面在内的基本环境能力建设，是新农村建设经济发展与环境保护协同的基础。

1. 延伸环境管理领域，构建新型环保格局

针对目前农村环境监管存在的薄弱局面，要逐步健全县乡两级环保机构，环保管理延伸到乡（镇）和村，重点乡（镇）建立环保所，形成以市、县（区）环保局为主体，以重点乡（镇）环保所为支撑，以乡村环保监督员为辐射的四级管理体系。在具体实施路径上，可以在先期开展农村环境连片整治和生态示范建设的乡（镇）中，设立环保机构并配备专职人员，再逐步扩大设置农村环保监管机构的范围。加强农村环境监管人员的法律和技术培训，打造一支专业素质强的农村环境监管队伍[①]。

2. 扩大环境监测范围，全面反映环境质量

针对目前我国农村环境监测面窄点少的不足，在农村环境监测试点的基础上，逐步扩大监测试点的范围，优化监测方案，视情况开展农村饮用水水源地水质、地表水水质、土壤、空气、噪声、养殖业面源污染、工矿企业污染等农村环境质量的监测。逐步形成以县（区）级环境站为主的农村环境监测机制，并加强标准化建设；上级环境监测站应有针对性地对下级监测站进行技术指导和监测人员培训。尽可能地配备比较简单实用、操作方便的监测仪器和监测设备，在新农村建设的试点示范地区优先开展农村环境监测，为环境保护与经济发展的协同提供反映农村环境质量的准确参考数据。

3. 加大环境执法力度，提高监察执法能力

对农村环保领域的监察，有利于阻止工业和城市污染向农村转移，改善农村环境质量，促进新农村建设。应配备必要的监察设备，加强农村环境监察队伍建设。农村环境监察机构的开支由本级政府的财政承担，并列入所属环保部门的预算。农村环境监察应重点围绕农村环境综合整治（畜禽养殖污染防治、

---

① 陈润羊，花明. 构建农村环保保障体系［J］. 环境保护，2010（4）：42～43，46.

生态修复、主要污染物的减排)，创建生态文明示范和环保目标责任制等与农村环境保护相关的主要政策来开展，全面监督检查农村尤其是新农村建设地区的环境保护法律法规执行情况，以保证国家环境保护法律在农村地区的真正落实。

（六）开辟多元互补渠道，加大资金投入力度

以新农村建设为载体，开辟资金来源渠道，努力形成工业反哺农业、城市扶持农村、其他地区帮助和补偿生态屏障区的新型农村环保投资机制。

1. 重视生态项目建设，促进协同模式实现

在新农村建设中，项目带动和投资拉动是环境保护与经济发展协同推进的重要途径，也为环境经济协同模式得以实现提供资金支持。通过大力发展符合各地实际，体现本地特色，科技含量高、品牌优势明显、资源能源消耗低、环境友好型的项目，如发展节水型和节地型的项目，推动特色项目发展，使之产业化、生态化。

2. 财政主导资金投入，治理农村环境问题

通过整合涉农资金、排污费中部分列支等途径，多渠道筹集农村环保资金，形成政府投入与市场运行相配合的政策体系，引导和鼓励社会资金通过利益分享的方式参与到农村环保领域。尽快完善农村面源污染治理、农村矿业治理、畜禽养殖污染防治、生活垃圾和生活废水处理等方面，为环境经济的协同发展奠定坚实的基础。

3. 政府采购环境服务，开展合同环境服务

完善相关配套支持政策，发展环境公司，鼓励其以合同环境服务的形式为政府和企业提供环境咨询、污染治理等技术服务，并根据具体的环保成效获得相应的技术服务费。可先在新农村建设的示范区开展合同环境服务试点，改善农村环境质量，具体实施领域可涵盖农村安全饮水，农业面源控制和治理，农村污水处理，农村垃圾收集运输和处理，以及适宜于农村环保的相关新型材料和新型设备采购等方面。各地可根据实际，通过必要的财政补贴，市场和专业化运营，村镇集体和农户自筹，适当收取一定费用等不同方式，拓宽农村环保设施运行维护费用的渠道。

总之，自 2006 年国家实施社会主义新农村建设战略政策以来的十年，我国各地的新农村建设得到了蓬勃发展。西部地区是我国主要的生态安全屏障区和重要的生态服务功能供给区，也是我国四大区域中社会经济最为落后的地

区。鉴于西部地区在国家生态安全、社会经济方面的特殊性，在西部新农村建设中应率先实施环境经济协同发展的思想，因地制宜、因时制宜，探索协调发展和绿色发展的新型道路，以建设经济繁荣、环境友好的社会主义新农村，进而促进我国农业现代化的进程。

参 考 文 献

[1] 陈润羊，花明，王坚. 发展生态农业，促进新农村建设 [J]. 乡镇经济，2007 (7)：5~7.

[2] 陈润羊，花明. 新农村建设中的环境问题初探 [J]. 环境保护，2008 (22)：31~33.

[3] 陈润羊，花明. 构建农村环保保障体系 [J]. 环境保护，2010 (4)：42~43，46.

[4] 陈润羊. 新农村可持续发展水平评价研究——以典型区域为例[J]. 科学·经济·社会，2011，29 (2)：11~16.

[5] 陈润羊. 建设新农村 甘肃谋求协同发展 [J]. 环境保护，2011 (21)：65~67.

[6] 陈润羊. 新农村环境保护：国外经验借鉴和启示 [J]. 世界农业，2011 (12)：21~26.

[7] 陈润羊. 新农村模式分类述评及对西部新农村经济与环境协同发展的启示 [J]. 开发研究，2011 (6)：41~44.

[8] 陈润羊. 西部地区新农村建设中环境经济协同的分区研究 [J]. 资源开发与市场，2012，28 (7)：613~615.

[9] 陈润羊. 西部地区新农村建设中经济与环境协同发展研究——基于SWOT 模型的视角 [J]. 北京林业大学学报 (社会科学版)，2012，11 (3)：83~88.

[10] 陈润羊. 贵州余庆：新农村建设中环境与经济协同发展 [J]. 城乡建设，2015 (2)：68~69.

[11] 陈润羊. 西部农村地区构建环境经济协同发展制度的思考 [J]. 福建农林大学学报 (哲学社会科学版)，2015，18 (3)：15~20.

[12] 陈润羊. 西部地区新农村建设中环境保护的战略研究 [J]. 资源开发与市场, 2015, 31 (8): 994～998.

[13] 陈润羊. 西部地区新农村建设中环境经济协同的策略 [J]. 云南农业大学学报 (社会科学版), 2015, 9 (4): 18～23.

[14] 陈润羊. 美丽乡村建设中环境经济协同发展研究 [J]. 福建农林大学学报 (哲学社会科学版), 2016, 19 (4): 21～27.

[15] 陈润羊. 西部地区新农村建设中环境经济协同的模式研究 [J]. 资源开发与市场, 2016, 32 (9): 1064～1067.

[16] 陈润羊, 张永凯. 新农村建设中环境经济协同机制研究 [J]. 农业现代化研究, 2016, 37 (4): 769～776.

[17] 陈润羊, 张贡生. 清洁生产与循环经济——基于生态文明建设的理论建构 [M]. 太原: 山西经济出版社, 2014.

[18] 花明, 陈润羊, 华启和. 新农村建设: 环境保护的挑战与对策 [M]. 北京: 中国环境科学出版社, 2014.

[19] 张永凯, 陈润羊. 农村经济和环境协同发展研究 [J]. 科学·经济·社会, 2012, 30 (2): 51～54.

[20] 张永凯, 陈润羊. 青藏高原新农 (牧) 村经济与环境协同途径研究——基于甘肃省夏河、迭部和舟曲三县的分析 [J]. 资源开发与市场, 2013, 29 (7): 717～720.

[21] 田万慧, 陈润羊. 新农村经济发展与环境保护的耦合协调——基于西部地区1999～2012年数据的演化分析 [J]. 广东农业科学, 2014, 41 (13): 172～177.

[22] 安虎森, 高正伍 [韩]. 韩国新农村运动对中国新农村建设的启示 [J]. 社会科学辑刊, 2010 (3): 83～87.

[23] 安树伟. 西部大都市区管治 [M]. 北京: 经济科学出版社, 2016.

[24] 蔡昉, 王德文, 都阳. 中国农村改革与变迁: 30年历程和经验分析 [M]. 上海: 格致出版社, 上海人民出版社, 2008.

[25] 蔡平. 经济发展与生态环境的协调发展研究 [D]. 新疆大学博士学位论文, 2004.

[26] 蔡守秋. 环境政策学 [M]. 北京: 化学工业出版社, 2007.

[27] 陈泉生. 环境法学基本理论 [M]. 北京: 中国环境科学出版社, 2004.

［28］陈锡文，赵阳，陈剑波，等．中国农村制度变迁 60 年［M］.北京：人民出版社，2009.

［29］陈诗波．基于协同理论的循环农业发展主体研究［J］.南方农业，2009（9）：103～107.

［30］党国英．中国农业农村农民［M］.北京：五洲传播出版社，2006.

［31］戴胜利．跨区域生态文明建设的利益障碍及其突破——基于地方政府利益的视角［J］.管理世界，2015（6）：174～175.

［32］［德］H. 哈肯著．郭治安译．高等协同学［M］.北京：科学出版社，1989.

［33］［德］赫尔曼·哈肯著．凌复华译．协同学——大自然构成的奥秘［M］.上海：上海译文出版社，2005.

［34］董锁成，王海英．2003. 西部生态经济发展模式［J］.中国软科学，2003（10）：115～119.

［35］董锁成，张小军，王传胜．中国西部生态—经济区的主要特征与症结［J］.资源科学，2005，27（6）：103～111.

［36］董战峰，葛察忠，高树婷，等．"十二五"环境经济政策体系建设路线图［J］.环境经济，2011（6）：35～47.

［37］［法］孟德拉斯著，李培林译．农民的终结［M］.北京：社会科学文献出版社，2010.

［38］范鹏．西部地区新农村建设的路径选择——以甘肃为例［J］.开发研究，2006（1）：8～10.

［39］费孝通．乡土中国［M］.北京：人民出版社，2008.

［40］冯刚．新农村建设中经济与生态保护协调发展模式研究［D］.北京林业大学博士学位论文，2008.

［41］郭俊华，卫玲．西部地区新农村建设的模式及路径选择［J］.兰州大学学报（社会科学版），2010，38（6）：99～105.

［42］郭杰忠，黎康．关于社会主义新农村建设的理论研究综述［J］.江西社会科学，2006（6）：217～224.

［43］郭晓鸣，张克俊．城乡经济社会一体化新格局战略研究［M］.北京：科学出版社，2013.

［44］郝寿义，安虎森．区域经济学（第 3 版）［M］.北京：科学出版社，2015.

[45] 贺雪峰. 新乡土中国（修订版）[M]. 北京：北京大学出版社，2013.

[46] 胡璇，李丽丽，栾胜基，等. 强、弱外部性农村环境问题及其管理方式研究 [J]. 北京大学学报（自然科学版），2013，49（3）：509~513.

[47] 黄季焜. 制度变迁和可持续发展：30 年中国农业与农村 [M]. 上海：格致出版社，上海人民出版社，2008.

[48] 黄祖辉. 转型、发展与制度变革——中国"三农"问题研究 [M]. 上海：格致出版社，2008.

[49] 黄祖辉. 中国"三农"问题解析——理论述评与研究展望 [M]. 杭州：浙江大学出版社，2012.

[50] 贾卫列，杨永岗，朱明双. 生态文明建设概论 [M]. 北京：中央编译出版社，2013.

[51] 蒋和平，朱晓峰. 社会主义新农村建设的理论与实践 [M]. 北京：人民出版社，2007.

[52] 李昌平. 再向总理说实话 [M]. 北京：中国财富出版社，2012.

[53] 李含琳. 论西部欠发达地区新农村建设的模式和对策——以对甘肃省的分析为基础 [J]. 甘肃理论学刊，2006（5）：121~124.

[54] 李浩淼. 西部地区生态文明建设与经济发展关系研究 [M]. 成都：西南财经大学出版社，2013.

[55] 李建桥. 我国社会主义新农村建设模式研究 [D]. 中国农业科学院研究生院博士学位论文，2009.

[56] 李周，于法稳. 西部的资源管理与农业研究 [M]. 北京：中国社会科学出版社，2010.

[57] 林伯强，邹楚沅. 发展阶段变迁与中国环境政策选择 [J]. 中国社会科学，2014（5）：81~95.

[58] 林卿，张俊飚. 生态文明视域中的农业绿色发展 [M]. 北京：中国财政经济出版社，2012.

[59] 林毅夫. 制度、技术与中国农业发展（第3版）[M]. 上海：格致出版社，上海三联书店，上海人民出版社，2008.

[60] 刘思华. 生态文明与绿色低碳经济发展总论 [M]. 北京：中国财政经济出版社，2011.

[61] 刘晓艳. 新农村科技、经济、社会、环境耦合仿生及协同管理研究 [D]. 吉林大学博士学位论文，2010.

［62］刘彦随.中国新农村建设地理论［M］.北京：科学出版社，2011.

［63］刘彦随，楼花楼，陈玉福，等.中国乡村发展研究报告——农村空心化及其整治策略［M］.北京：科学出版社，2011.

［64］陆大道.区域发展及其空间结构［M］.北京：科学出版社，1995.

［65］陆学艺."三农"续论：当代中国农业、农村、农民问题研究［M］.重庆：重庆出版社，2013.

［66］陆益龙，王成龙.社会主义新农村建设的模式比较——凤阳县小岗村和赵庄的经验［J］.江淮学刊，2007（4）：49～54.

［67］吕忠梅，高利红，余耀军.环境资源法学［M］.北京科学出版社，2004.

［68］马中.环境与自然资源经济学概论（第2版）［M］.北京：高等教育出版社，2006.

［69］［美］巴利·C·菲尔德（Barry C. Field），玛莎·K.菲尔德（Martha K. Field）著.原毅军，陈艳莹译注.环境经济学（第5版）［M］.大连：东北财经大学出版社，2010.

［70］［美］D·盖尔·约翰逊著.林毅夫，赵耀辉编译.经济发展中的农业、农村和农民问题［M］.北京：商务印书馆，2004.

［71］［美］汤姆·蒂坦伯格（Tom Tietenberg），琳恩·刘易斯（Lynne Lewis）著.王晓霞，杨鹂译.环境与自然资源经济学（第8版）［M］.北京：中国人民大学出版社，2011.

［72］聂华林，李泉.中国西部三农问题通论［M］.北京：中国社会科学出版社，2010.

［73］农业部调研组.社会主义新农村建设百村调研汇集［M］.北京：中国农业出版社，2006.

［74］农业部规划组.社会主义新农村建设示范村规划汇编［M］.北京：中国农业出版社，2006.

［75］潘岳.生态文明知识读本［M］.北京：中国环境科学出版社，2013.

［76］曲福田.资源与环境经济学（第2版）［M］.北京：中国农业出版社，2011.

［77］曲玮，涂勤，牛叔文，等.自然地理环境的贫困效应检验——自然地理条件对农村贫困影响的实证分析［J］.中国农村经济，2012（2）：21～34.

［78］任保平.西部地区生态环境重建模式研究［M］.北京：人民出版

社，2008.

[79] 任保平. 西部资源富集区新农村建设的经济学分析［M］.北京：中国经济出版社，2009.

[80] 任正晓. 农业循环经济概论［M］.北京：中国经济出版社，2007.

[81]［瑞典］托马斯·思德纳（Sterner. T.）著. 陈昕，张蔚文，黄祖辉译. 环境与自然资源管理的政策工具［M］.上海：上海三联书店，上海人民出版社，2005.

[82] 沈满洪. 资源与环境经济学［M］.北京：中国环境科学出版社，2007.

[83] 苏杨，马宙宙. 我国农村现代化进程中的环境污染问题及对策研究［J］.中国人口.资源与环境，200，616（2）：12～18.

[84] 宋国君，冯时，王资峰，等. 中国农村水环境管理体制建设［J］.环境保护，2009（9）：26～29.

[85] 孙久文. 走向2020年的我国城乡协调发展战略［M］.北京：中国人民大学出版社，2010.

[86] 孙若梅，尹晓青，操建华，等. 资源与环境经济学学科前沿研究报告［M］.北京：经济管理出版社，2013.

[87] 汤维祺，吴力波，钱浩祺. 从"污染天堂"到绿色增长——区域间高耗能产业转移的调控机制研究［J］.经济研究，2016（6）：58～70.

[88] 钱易，唐孝炎. 环境保护与可持续发展［M］.北京：高等教育出版社，2000.

[89] 王惠娜. 自愿性环境政策工具在中国情境下能否有效？［J］.中国人口.资源与环境，2010（9）：89～94.

[90] 王金南，陆军，吴舜泽. 中国环境政策（第9卷）［M］.北京：中国环境科学出版社，2012.

[91] 王庆霞，龚巍巍，张姗姗. 中国农村环境突发事件现状及原因分析［J］.环境污染与防治，2012，34（3）：89～94.

[92] 王振波，方创琳，王婧.1991年以来长三角快速城市化地区生态经济系统协调度评价及其空间演化模式［J］.地理学报，2011，66（12）：1657～1668.

[93] 汪劲. 环境法治的中国路径：反思与探索［M］.北京：中国环境科学出版社，2011.

[94] 韦苇. 关于陕西省社会主义新农村建设内容与模式的调研报告［J］.

贵州财经学院学报，2007（2）：76～81.

　　[95] 文传浩，马文斌，左金隆. 西部民族地区生态文明建设模式研究 [M]. 北京科学出版社，2013.

　　[96] 温铁军. 新农村建设：挑战与反思 [J]. 理论探讨，2006（6）：76～78.

　　[97] 温铁军. 新农村建设中的生态农业与环保农村 [J]. 环境保护，2007（1）：25～27.

　　[98] 吴传钧. 中国农业与农村可持续发展问题——不同类型地区实证研究 [M]. 北京：中国环境科学出版社，2002.

　　[99] 西部新农村建设课题组（执笔人高新才）. 西部地区新农村建设的五大障碍及其突破 [J]. 兰州大学学报（社会科学版），2006，34（2）：82～87.

　　[100] 夏光. 论中国环保新道路的核心思想 [N]. 中国环境报，2010－03－24（002）.

　　[101] 夏红民. 探索：甘肃省新农村建设试点经验集 [M]. 北京：中国农业出版社，2009.

　　[102] 解振华，冯之浚. 生态文明与生态自觉 [M]. 杭州：浙江教育出版社，2013.

　　[103] 熊继宁. 决策方式转变与"经济—科技—社会—环境—法律"系统协同发展 [J]. 中国政法大学学报，2011（5）：90～110.

　　[104] 严澍，揭筱纹. 新农村建设视角下的西部农村贫困地区环境危机管理 [J]. 农村经济，2010（2）：29～31.

　　[105] 杨朝飞，王金南，葛察忠，等. 环境经济政策改革与框架 [M]. 北京：中国环境科学出版社，2010.

　　[106] 杨洪刚. 中国环境政策工具的实施效果及其选择研究 [D]. 复旦大学博士学位论文，2009.

　　[107] 杨涛. 经济转型期农业资源环境与经济协调发展研究 [D]. 华中农业大学博士学位论文，2003.

　　[108] 叶敬忠，杨照. 参与式思想与新农村建设 [J]. 中国农村经济，2006（7）：36～41，47.

　　[109] 叶峻. 社会生态学与协同发展论 [M]. 北京：人民出版社，2012.

　　[110] 叶文虎，张勇. 环境管理学（第2版）[M]. 北京高等教育出版社，2006.

[111]［英］弗兰克·艾利思著．胡景北译．农民经济学——农民家庭农业和农业发展（第2版）［M］.上海：上海人民出版社，2006.

[112]隋映辉．协调发展论——社会经济科技协调发展的系统研究［M］.青岛：青岛海洋大学出版社，1990.

[113]隋映辉．协调发展：一种新的增长战略［J］.福建论坛（人文社会科学版），2005（2）：18～22.

[114]于法稳，胡剑锋．生态经济与生态文明［M］.北京：社会科学文献出版社，2012.

[115]俞可平，李慎明，王伟光．农业农民问题与新农村建设（第5辑）［M］.北京：中央编译出版社，2006.

[116]余谋昌，严耕．生态文明论［M］.北京：中央编译出版社，2010.

[117]余谋昌．环境哲学：生态文明的理论基础［M］.北京：中国环境科学出版社，2010.

[118]张克云．生态文明的区域经济协调发展战略［M］北京：北京大学出版社，2014.

[119]张惠远，王金南，饶胜．青藏高原区域生态环境保护战略研究［M］.北京：中国环境科学出版社，2012.

[120]张清宇，秦玉才，田伟利．西部地区生态文明指标体系研究［M］.杭州：浙江大学出版社，2011.

[121]张平．2011国家西部开发报告［M］.杭州：浙江大学出版社，2011.

[122]张晓山，李周．新中国农村60年的发展与变迁［M］.北京：人民出版社，2009.

[123]张晓山，李周，陈佳贵．中国农村发展道路［M］.北京：经济管理出版社，2013.

[124]赵曦．中国西部农村反贫困模式研究［M］.北京：商务印书馆，2009.

[125]赵曦．中国西部大开发战略前沿研究报告［M］.成都：西南财经大学出版社，2010.

[126]中国科学院可持续发展战略研究组．2013中国可持续发展战略报告——未来10年的生态文明之路［M］.北京：科学出版社，2013.

[127]周其仁．城乡中国［M］.北京：中信出版股份有限公司，2013.

［128］左玉辉，梁英，柏益尧．经济—环境调控［M］．北京：科学出版社，2008．

［129］左玉辉，徐曼，张亚平，等．农村环境调控［M］．北京：科学出版社，2008．

［130］左玉辉，华新，孙平，等．2010．环境学原理［M］．北京：科学出版社，2010．

［131］魏后凯．区域经济理论与政策［M］．北京：中国社会科学出版社，2016．

［132］Albrizio S, Kozluk T, Zipperer V. Environmental Policies and Productivity Growth: Evidence across Industries and Firms［J］. Journal of Environmental Economics and Management, 2017, 81: 209～226.

［133］Christensen P, Mccord G C. Geographic Determinants of China's Urbanization［J］. Regional Science & Urban Economics, 2016 (59): 90～102.

［134］David Campbell. Conviction Seeking Efficacy: Sustainable Agriculture and the Politics of Co-optation［J］. Agriculture and Human Values, 2001 (18): 353～363.

［135］De Bruyn S M, Opschoor J B. Developments in the Throughout-Income Relationship: Theoretical and Empirical observations［J］. Ecological Economics 1997, 20 (3): 255～268.

［136］Ebenstein A, Fan M, Greenstone M, et al. Growth, Pollution, and Life Expectancy: China from 1991～2012［J］. The American Economic Review, 2015, 105 (5): 226～231.

［137］Frédéric Gosselin. Redefining Ecological Engineering to Promote Its Integration with Sustainable Development and Tighten Its Links with the Whole of Ecology［J］. Ecological Engineering, 2008 (32): 199～205.

［138］G. Q. Chen, M. M. Jiang, B. Chen. Emergy Analysis of Chinese Agriculture［J］. Agriculture, Ecosystems and Environment, 2006 (115): 161～173.

［139］Emerson H. J, Gillmor D. A. The Rural Environment Protection Scheme of the Republic Ireland［J］. Land Use Policy, 1999, 16 (4): 235～245.

［140］H. E. Daly. BeyondGrowth ：the Economics of Sustainable Development［M］. Boston ：Beacon Press, 1996.

［141］Kenneth B. Beesley, Hugh Millward, Brian Ilbery, etc. The New Countryside: Geographic Perspectives on Rural Change [M]. Brandon: Brandon University Press, 2003.

[142] Hermann Haken, Knyazeva H. Arbitrariness in Nature: Synergetics and Evolutionary Laws of Prohibition [J]. Journal for General Philosophy of Science, 2000, 31 (1): 57~73.

[143] Ian Hodge. Beyond Agri~environmental Policy: towards an Alternative Model of Rural Environmental Governance [J]. Land Use Policy, 2001 (18): 99~111.

[144] Lu C, Liu Y. Effects of China's Urban Form on Urban Air Quality [J]. Urban Studies, 2016, 53 (12): 2607~2623.

[145] Mark Wang, Michael Webber, Brian Finlayson. Rural Industries and Water Pollution in China [J]. Journal of Environmental Management, 2008 (86): 648~659.

[146] Ms/Mpa J C S, Ryan C M, Blahna D J. Evaluating Ecological Monitoring of Civic Environmental Stewardship in the Green-Duwamish Watershed, Washington [J]. Landscape & Urban Planning, 2017, 158: 87~95.

[147] Nigel D. Mortimer, John F. Grant. Analysis of Energy Use in a Sample of Chinese Villages [J]. Journal of Environmental Management, 2008, (87): 268~275.

[148] Stern D. I, Common, M. S., and E. Barbier. Economic Growth and Environment Degredation: The Environmental Kuznets Curve and Sustainable Development [J]. World Development, 1996, 24 (7): 1151~1160.

[149] Theodore W. Schultz. Transforming Traditional Agriculture [M]. New Haven: Yale University Press, 1964.

[150] Zhang Y J, Hao J F, Song J. The CO_2, Emission Efficiency, Reduction Potential and Spatial Clustering in China's Industry: Evidence from the Regional Level [J]. Applied Energy, 2016, 174: 213~223.

后　　记

　　学术研究可谓苦甜相伴、喜忧相随。在该书的研究过程中，我经历了这样的心路历程：思路纷繁的迷茫、实际调研的感悟、报告写作的煎熬、文章发表的欣慰、提交结题后的苦等，其中的酸甜苦辣可用两句诗概括："都云作者痴，谁解其中味"，然而终究是"文章千古事，得失寸心知"。

　　由于课题研究领域的跨学科性，在研究过程中，我们一方面从理论的交叉和融合上寻求突破，另一方面，也从实际经验中获得新的认识。基于此，我们既向理论界的学者请教，也向农业、环保等实际部门和农村基层地区的同志们学习。通过实地调研，使我们对真实的情况有了更深刻的认识。

　　由于之前在承担"新农村建设中环境问题调研"等国家环境保护部3个专题课题时，我们对东北的辽宁、中部的江西和东部的浙江做了深入的调研，有了这样的基础，关于西部地区的认识，是放在全国的总体格局和宏观视野中去综合考察的。而且，在此期间，我们也完成了中华环保基金会"西北干旱区节水型农业模式研究"、甘肃省高校科研项目"生态文明视域下甘肃省国家生态全屏障综合试验区建设方略研究"、甘肃省教育科学规划课题"建设社会主义新农村背景下的甘肃农村环境教育研究"等相关课题5项，所有这些相关的研究工作，在资料共享、观点认识互通等方面取得了互促共进的积极效果。

　　从项目立项到本书出版之间，课题组发表文章31篇，出版专著2部，向地方政府和有关部门提交决策咨询报告4份，通过甘肃省委政策研究室《调查与研究》提交政策建议1份，向四川丹棱县和甘肃民勤县提交的研究结论，被采纳并作为政策制定的参考。我们通过其他途径，积极介绍我们的研究成果，如陈润羊作为专家多次参加了甘肃省企业清洁生产评估会，2012年7月陈润羊受甘肃省环保厅邀请为全省环保业务人员进行主题为农村环保的业务培训，2015年3月该培训课件入选全国环保系统网络学习平台。陈润羊、张永凯多次受邀参加了甘肃省三农问题研究会主办的会议，并通过《甘肃三农研究》等平台，及时推介研究的相关成果。

正是得益于许多老师、长辈、同事和朋友的帮助和支持，本书才能顺利出版。有幸首次申报国家社科项目就能顺利获批，不是偶然的，而是得益于诸多人的指导和支持。我的学术研究起步于硕士生导师花明教授的指引和带领，本课题的申报立项到整个研究过程都得到了他的大力支持，正是早年通过参与他主持的环保部的专题课题，才使我有机会了解农村环保的重要性和紧迫性，也为我申报国家社科项目奠定了前期的成果积累。本书的出版，也是花老师积极推动的结果。

申报课题之前，有幸聆听了兰州财经大学校长傅德印教授所做的课题申报辅导报告，他对《西游记》中悟净、悟能、悟空三种境界的阐释，对我启发颇大。在课题申报论证会上，傅德印、蔡文浩、周一虹、雷兴长等专家都提出了指导性很强的修改意见。

在项目研究的过程中，项目组成员都做出了各自的贡献。张永凯和田万慧两位老师鼎力付出，克服种种困难，全心投入各自分工的研究任务。花明教授指导制定了项目的研究方案，并在关键问题上给予解疑释惑。甘肃省社会科学院安江林研究员作为有重要影响的经济学界前辈，总是能高屋建瓴地指点迷津，从研究提纲到研究报告的撰写，他都给予了细致入微的指导，他引导我从经济学的角度去把握和审视相关的问题，我一直称呼他为安老师，因为我早已对他以师视之。

在项目的研究过程中，我也得到了诸多师长的指导和帮助。我多次向兰州财经大学副校长王必达教授请教，得到了许多有价值的指导意见。张贡生老师，在学术研究和工作生活上，都给了我很大的鼓励和支持。庞智强教授，带领我调研了陇南康县美丽乡村的建设情况，让我能够延续关于新农村建设未来走向的思考。王永瑜老师虚怀若谷的风范和提携后辈的精神，让我难以忘怀！王霞教授在不同的工作岗位上都给予了莫大的帮助。

在项目调研和资料收集方面，也得到了许多长辈、领导的支持和帮助。时任甘肃省属国有企业监事会主席魏秀鸿先生，给我出谋划策，帮我协调联系调研的政府部门，为项目的研究创造了有利的条件。时任甘肃省政府参事室主任卢有治先生，与我倾心交谈，并指点迷津。

甘肃省环保厅副厅长白志红，为项目的开展给予了大力的支持。甘肃省环境保护厅土壤环境管理处处长陈静荣和科技标准处副调研员卞晓珂为项目研究提供了许多便利。甘肃省清洁生产指导中心主任孔致祥，总是从朋友的角度，帮助我克服诸多环保方面的技术难题和实际困难。

甘肃省委农村工作办公室副主任陈崇贵、副巡视员黄明，在新农村建设的调研协调和资料收集方面，提供了许多便利。通过对许多地方的调研，实现了从实践到理论，再到实践的良性循环，如针对四川丹棱县和甘肃民勤县的调研，获得的研究成果，就得到了他们的采纳应用。通过这个项目，我们也有学术外的收获，如民勤县农办主任祁世贵、会宁县农办副主任杨晓舟、丹棱县委农工委的黄艳萍等，都成了我们的朋友。

一些素昧平生的前辈提携后辈的高风亮节，更是令人难忘。我们在四川调研期间，得到了两位老师当面的指点：四川大学经济学院博士生导师邓玲教授、四川农业大学经济学院博士生导师蒋远胜教授。通过电子邮件，我向中国科学院地理资源研究所区域农业与农村发展研究中心主任刘彦随研究员请教，没想到的是，他竟然回复了我的邮件，并在协同模式构建上给予了关键性的指点。

与东华理工大学的李小燕、华启和、熊国保和徐步朝等老师的共同研究经历，让我难忘。胡火旺、唐艳玲两位老师的言传身教对我有着潜移默化的影响。感谢卫忠元、刘亚洁、高柏等老师的关心，以及王学刚、刘富军、周仲魁等朋友的支持。

感谢东华理工大学地质资源经济与管理研究中心邹晓明主任的大力支持。感谢经济科学出版社杜鹏主任的组织协调和责任编辑耐心细致的校对。

十分感谢我的博士研究生导师——首都经济贸易大学张贵祥教授的接纳认可，期待在他的带领下，让我不断去领略经济学的奥妙。

亲友的支持是最为珍贵的。感谢我的好友胡爱军等一直以来的关心。铭记亲人们倾心的支持，尤其是妻子程若荷的理解和付出，更是我得以前行的基础。感谢程耀荣先生的题诗鼓励，但愿我在未来的日子里，不仅仅忙于工作方面的学术探究，还能去细细品味大千世界中的诗情画意。

本书的完成也得益于兰州财经大学在科研管理制度上的创新和改革。在此，对本书顺利出版和课题完成提供支持和帮助的所有单位和个人表示诚挚的感谢！当然，本书的文责自负，尤其是作为负责人的我来承担。

陈润羊

2017 年 11 月